LES FAIRE TAIRE

Du même auteur

Paix en guerre, Calmann-Lévy, 2019

RONAN FARROW

LES FAIRE TAIRE

Mensonges, espions et conspirations : comment les prédateurs sont protégés

Traduit de l'anglais (États-Unis) par Perrine Chambon et Elsa Maggion

CALMANN LEVY

Titre original :
CATCH AND KILL
Première publication : Little, Brown and Company,
Hachette Book Group, New York, 2019

COUVERTURE
Maquette : Gregg Kulick © Hachette Book Group, Inc
Adaptation : Alistair Marca

ISBN 978-2-7021-6735-9

Pour Jonathan

NOTE DE L'AUTEUR

Les faire taire est le fruit de deux ans de journalisme d'investigation. Il fait appel à plus de deux cents sources, ainsi qu'à des centaines de pages de contrats, d'e-mails et de textos, et des dizaines d'heures d'enregistrements. Il a fait l'objet d'une vérification aussi scrupuleuse que les articles du *New Yorker* auxquels il se réfère.

Tous les dialogues sont directement tirés de récits et d'enregistrements datant de l'enquête. Comme il s'agit d'une histoire de surveillance, de tierces personnes ont parfois assisté aux conversations et les ont enregistrées subrepticement, et j'ai parfois été en mesure d'obtenir leurs témoignages et enregistrements. Quand j'ai réalisé mes propres enregistrements, j'ai adhéré aux normes légales et éthiques.

La plupart des sources que vous trouverez dans cet ouvrage m'ont autorisé à utiliser leur nom et prénom. Certaines, cependant, ne sont toujours pas en mesure de le faire par peur des représailles juridiques ou à cause de menaces contre leur sécurité physique. Dans ces cas, les noms de code utilisés pour les sources au cours de l'investigation ont été repris ici. J'ai contacté tous les protagonistes clés de *Les faire taire* avant sa publication, pour leur offrir la possibilité de répondre à toute allégation faite à leur sujet. Quand ils ont accepté de s'exprimer, la narration reflète leurs réponses. Dans le cas contraire, je me suis efforcé en toute bonne foi d'inclure les déclarations publiques existantes.

Pour les citations écrites, les termes d'origine, les fautes d'orthographe et les erreurs de copie ont été conservées. Les événements rapportés dans *Les faire taire* se déroulent entre la fin de 2016 et le début de 2019. Cet ouvrage contient des descriptions de violence sexuelle qui peuvent heurter la sensibilité de certains lecteurs.

PROLOGUE

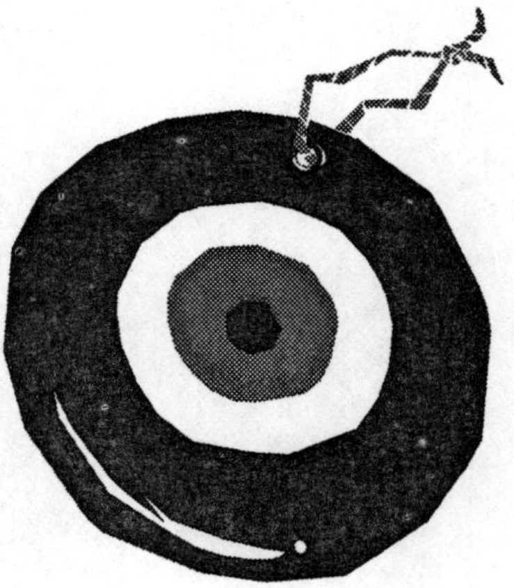

Les deux hommes étaient assis dans un angle du Nargis Cafe, un restaurant ouzbek et russe de Sheepshead Bay, à Brooklyn. Nous étions à la fin de l'année 2016, et l'air était froid. L'endroit était décoré de bibelots typiques des steppes et de céramiques représentant la vie paysanne : des vieilles dames en babouchkas, des fermiers avec des moutons.

L'un des hommes était russe, l'autre ukrainien, mais ils n'étaient pas très différents : tous deux avaient grandi dans l'Union soviétique en déclin et devaient avoir dans les trente-cinq ans. Roman Khaykin, le Russe, originaire de Kislovodsk, qui se traduit littéralement par « eaux acides », était petit, mince, et chauve avec un nez retroussé et des yeux marron. Tout chez lui était pâle : sourcils à peine existants, visage blême, crâne brillant. Il jetait des regards furtifs dans la salle.

Igor Ostrovskiy, l'Ukrainien, était plus grand et un peu enveloppé. Il avait des cheveux bouclés indisciplinés quand il les laissait pousser. Il avait fui avec sa famille aux États-Unis au début des années 90. Comme Khaykin, il cherchait toujours un moyen de contourner les règles. Il était aussi curieux et indiscret. Au lycée, il avait soupçonné plusieurs camarades de vendre des numéros de cartes bleues volées, puis avait aidé les forces de l'ordre à interrompre le trafic.

Khaykin et Ostrovskiy s'exprimaient dans un anglais agrémenté d'idiomes russes. Khaykin disait souvent « Krasavchik », un dérivé de « beau » mais qui en réalité décrit le talent ou le travail bien fait. Les deux hommes travaillaient dans le secteur de la filature. Quand Ostrovskiy s'était trouvé sans emploi dans le domaine des enquêtes privées en 2011, il avait cherché « détectives privés russes » dans Google, puis envoyé aussitôt un e-mail à Khaykin pour lui demander de l'embaucher. Khaykin avait apprécié cette *chutzpah** et commencé à faire appel à lui pour des missions de surveillance. Puis ils avaient eu un conflit au sujet des méthodes de Khaykin et s'étaient éloignés.

Quand les assiettes de kebab arrivèrent, Khaykin expliqua jusqu'où il avait poussé son travail depuis leur dernière collaboration. Un nouveau client obscur était entré en scène : une entreprise dont il tairait le nom qui l'utilisait comme sous-traitant. Il travaillait à des affaires importantes. « Je fais un truc super. Un truc mystérieux », dit-il. Il avait également adopté de nouvelles méthodes. Il pouvait se procurer sans autorisation des informations bancaires et des relevés de compte. Il avait des moyens d'obtenir les données de géolocalisation d'un téléphone portable pour traquer des cibles qui ne se doutaient de rien.

Il fournit le montant du traçage téléphonique : quelques milliers de dollars pour l'approche habituelle du problème avec des solutions plus ou moins coûteuses selon que les cibles étaient crédules ou insaisissables. Khaykin déclara avoir déjà utilisé la technique avec succès, dans le cas d'un client qui l'avait engagé pour retrouver un membre de sa famille.

Ostrovskiy se dit que Khaykin était bidon, mais il avait besoin de travail. Et il s'avéra que Khaykin avait besoin de main-d'œuvre supplémentaire pour s'occuper de son mystérieux nouveau client.

Avant de se séparer, Ostrovskiy posa de nouveau des questions sur le traçage de téléphone.

— Ce n'est pas illégal ? demanda-t-il.

— Comment ça ? répondit le Russe.

Sur un mur carrelé, près d'eux, un mauvais œil bleu et blanc pendait au bout d'une ficelle et les observait.

* Audace. *(Toutes les notes de bas de page sont des traductrices.)*

PARTIE I
POISON VALLEY

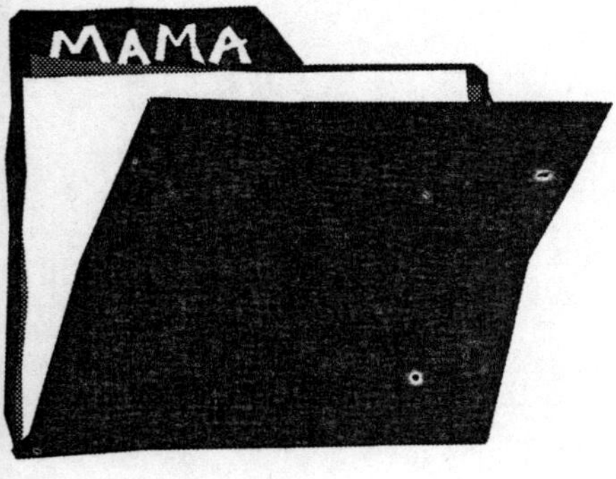

CHAPITRE 1

ENREGISTREMENT

— Comment ça, ce ne sera pas diffusé demain ?

Mes mots résonnèrent dans la salle de presse qui se vidait au cinquième étage du 30, Rockefeller Plaza, dans les bâtiments de Comcast, qui avait autrefois abrité la RCA (Radio Corporation of America), puis GE (General Electric). À l'autre bout de la ligne, Rich McHugh, mon producteur chez NBC News, me parlait au-dessus de ce qui ressemblait au bombardement de Dresde, mais était en réalité l'environnement sonore d'un foyer où vivaient deux paires de jeunes jumeaux.

— Ils viennent d'appeler, ils… Non, Izzy, il faut partager… Jackie, s'il te plaît ne la mords pas… Papa est au téléphone.

— Mais c'est l'histoire la plus importante de la série. Peut-être pas visuellement, mais c'est notre meilleure trame…

— Ils disent qu'il faut la déplacer. C'est *fakakt*, répondit-il en oubliant la dernière syllabe.

(McHugh tentait souvent d'employer des mots de yiddish. Il se trompait toujours.)

Diffuser à l'antenne une série d'enquêtes comme celle que nous étions sur le point de lancer, lui et moi, demandait une certaine habileté. Tous les sujets exigeaient de longues journées de travail chronophages dans la salle de montage de la chaîne. En déplacer une n'était pas une mince affaire.

— La déplacer quand ? lui demandai-je.

À l'autre bout de la ligne, j'entendis un fracas étouffé et quelques rires aigus.

— Je te rappelle, me dit McHugh.

McHugh était un vétéran de la télé qui avait travaillé pour la Fox et MSNBC et, au cours des dix dernières années, pour « Good Morning America ». Il avait un torse puissant, les cheveux roux, le teint rougeaud et portait souvent des chemises de travail à imprimé vichy. Il s'exprimait d'une manière franche et laconique qui tranchait avec le baratin passif-agressif de la bureaucratie d'entreprise. Le chef du service d'investigation qui nous avait réunis l'année précédente avait dit de lui :

— Il a l'air d'un paysan. D'ailleurs, il s'exprime comme un paysan. Vous n'avez rien à faire ensemble.

— Pourquoi cette mission alors ? lui demandai-je.

— Ça vous fera du bien à tous les deux, répondit-il avec un haussement d'épaules.

McHugh semblait sceptique. Je n'aimais pas parler de ma famille, mais la plupart des gens la connaissaient. Ma mère, Mia Farrow, est actrice et mon père, Woody Allen, réalisateur. Mon enfance a été affichée dans les tabloïdes après qu'il a été accusé d'agression sexuelle par ma sœur de sept ans, Dylan, avant d'entamer une relation avec une autre de mes sœurs, Soon Yi, qu'il a fini par épouser. D'autres articles parurent quand je rentrai à l'université, à un âge particulièrement précoce, et quand je partis pour l'Afghanistan et au Pakistan en qualité d'employé junior du département d'État. En 2013, j'ai commencé un contrat de quatre ans avec NBCUniversal, en tant que présentateur d'une émission de la mi-journée sur sa chaîne d'information câblée, MSNBC, pendant sa première année d'existence. J'avais rêvé d'une émission sérieuse et axée sur des faits, et j'étais fier de la manière dont j'avais utilisé ce créneau peu propice pour des sujets d'investigation. L'émission a reçu de mauvaises critiques au début, des bonnes à la fin, mais a été peu suivie. Sa suppression est passée presque inaperçue ; pendant des années, par la suite, des connaissances bien intentionnées continuaient à m'accoster dans des soirées pour me dire qu'elles aimaient l'émission et la regardaient encore tous les jours. Et je répondais : « C'est si gentil de me dire ça. »

J'avais rejoint la chaîne pour travailler en tant que correspondant. Aux yeux de Rich McHugh, j'étais un jeune sans envergure au nom célèbre, à la recherche de sujets à couvrir parce que la durée de mon contrat dépassait celle de mon émission. À ce stade, je dois dire que le scepticisme était mutuel, mais j'ai juste envie que tout le monde m'apprécie.

Collaborer en déplacement avec un producteur signifiait de longues journées passées ensemble dans des avions et des voitures de location. Lors de nos tout premiers tournages, un mur de silence nous séparait tandis que les glissières de protection de l'autoroute défilaient par les fenêtres. Je le comblais parfois en parlant trop de moi, suscitant un grognement de temps à autre.

En réaction à une anecdote vraiment tordue, j'obtenais un « Bon sang » ou la réponse fourre-tout favorite de McHugh : « Sérieusement ? »

Mais notre duo commençait à produire de bons sujets pour la série d'enquêtes destinées à mon émission « Today » et au « Nightly News », et un respect mutuel toutefois accordé à contrecœur. McHugh s'avéra être aussi intelligent que tous ceux que j'avais rencontrés dans le monde de l'information. Il était en outre un formidable rédacteur de scripts. Et nous aimions tous les deux les sujets difficiles.

Après le coup de fil de McHugh, je regardai les gros titres du câble sur l'écran de l'une des télévisions de la salle de rédaction, puis lui envoyai un texto :

« Ils ont peur de parler des agressions sexuelles ? »

Le sujet qu'on nous demandait de reprogrammer concernait les universités qui bâclaient les enquêtes d'agressions sexuelles sur les campus. Nous nous étions entretenus avec les deux victimes et les auteurs présumés des faits qui étaient parfois en pleurs ou dont le visage était caché. C'était le genre de reportage qui, dans le créneau du matin auquel il était destiné, inciterait Matt Lauer* à froncer les sourcils, à exprimer une réelle inquiétude, puis à passer à un segment concernant les rituels de beauté des célébrités.

McHugh me répondit :

« Oui. D'abord Trump et maintenant ça. »

* Présentateur de la matinale « The Today Show » entre 1997 et 2017.

C'était un dimanche soir du début du mois d'octobre 2016. Le vendredi précédent, le *Washington Post* avait publié un article intitulé : « Trump enregistré en 2003 tenant des propos obscènes sur les femmes[1]. » Une vidéo accompagnait l'article, contenant des propos explicites. Au cours d'une tirade filmée pour le programme d'actualités des célébrités « Access Hollywood », Donald Trump dissertait sur la façon dont il attrapait les femmes « par la chatte ». Il déclarait : « J'ai essayé de la baiser. Elle était mariée. Maintenant elle s'est refait des gros seins et tout[2]. »

C'était Billy Bush, le présentateur de « Access Hollywood » qui s'était entretenu avec Trump. Vous pouviez le mettre à côté de n'importe quelle célébrité et il produisait un flot continu de plaisanteries peu mémorables, mais parfois étranges. Un jour il demanda à Jennifer Lopez :

— Qu'est-ce que vous pensez de vos fesses ?

Manifestement mal à l'aise, elle répondit :

— Vous vous moquez de moi ? Vous me posez vraiment cette question ?

Il s'exclama gaiement :

— Oui !

Et ainsi, tandis que Trump décrivait ses exploits, Bush approuva gaiement, en ricanant :

— Oui ! Le Donald a marqué ![3]

« Access Hollywood » faisait partie de l'empire médiatique de NBCUniversal. Après la publication de cet article ce vendredi-là dans le *Washington Post*, les plateformes de NBC s'empressèrent de diffuser leurs propres versions. Quand « Access » diffusa l'enregistrement, les propos les plus risqués de Bush furent coupés. Certaines critiques voulurent savoir à quel moment les dirigeants de NBC avaient pris connaissance de l'enregistrement et s'ils avaient délibérément étouffé la nouvelle[4]. Les témoignages qui fuitèrent divergeaient[5]. Dans des appels « en coulisse » à des reporters, certains de ces dirigeants déclarèrent que le sujet n'était tout simplement pas prêt et qu'il avait nécessité un examen juridique plus approfondi. (Un rédacteur du *Washington Post* déclara avec aigreur au sujet de l'un de ces entretiens : « Les responsables ignoraient les problèmes juridiques soulevés par la diffusion d'un enregistrement vieux de onze ans présentant un candidat à l'élection présidentielle apparemment conscient à l'époque qu'il était filmé pour la télévision[6]. ») Deux avocats de NBCUniversal, Kim Harris et Susan Weiner, avaient examiné attentivement l'enregistrement et approuvé sa diffusion, mais NBC avait hésité et perdu un des sujets les plus importants concernant une élection de ces vingt dernières années.

Il y avait un autre problème : l'émission « Today » venait d'intégrer Billy Bush dans son équipe de présentateurs. À peine deux mois plus tôt, la chaîne avait diffusé une vidéo « Get to Know Billy », avec des images de lui en train de se faire épiler le torse à l'antenne[7].

McHugh et moi avions passé des semaines à monter notre série et nous avions demandé une caution juridique. Mais le problème apparut vraiment au moment où je commençai à promouvoir la série sur les réseaux sociaux. Un téléspectateur tweeta :

« Venez regarder les excuses de #BillyBush, restez regarder #RonanFarrow lui expliquer pourquoi des excuses s'imposent. »

Une heure plus tard, j'envoyai un texto à McHugh :

« Évidemment, ils ont déplacé les agressions sexuelles. Billy Bush doit s'excuser pour la conversation et son "attraper par la chatte" juste avant notre temps d'antenne. »

Billy Bush ne présenta pas ses excuses ce jour-là. Tandis que j'attendais en coulisse dans le Studio 1A le lendemain matin, examinant mon script, la présentatrice Savannah Guthrie annonça : « Jusqu'à nouvel ordre, NBC News a suspendu Billy Bush, le présentateur de la troisième heure de "Today", pour son implication dans cette conversation avec Donald Trump[8]. » Et sans transition, on enchaîna sur la cuisine – et des éclats de rire dopés à la caféine – puis sur mon sujet sur l'abus d'amphétamines dans les universités, diffusé in extremis pour remplacer celui sur les agressions sexuelles.

Au cours des années qui précédèrent la diffusion des images de « Access Hollywood », on avait vu réémerger des allégations d'agressions sexuelles à l'encontre du comédien Bill Cosby. En juillet 2016, l'ancienne présentatrice de Fox News, Gretchen Carlson, avait intenté un procès contre le dirigeant de la chaîne, Roger Ailes[9]. Peu après la diffusion de l'enregistrement, des femmes organisèrent des sit-in et des manifestations devant les immeubles de Trump dans une quinzaine de villes[10], prononçant des slogans en faveur de l'émancipation, portant des affiches avec des images de « chattes » qu'elles se réappropriaient, des chats, hurlant ou cambrés, ornés de la formule : « Les chattes vont t'attraper à leur tour. » Quatre femmes déclarèrent en public que Trump les avait pelotées ou embrassées sans leur consentement de la manière qu'il décrivait comme « habituelle » à Billy Bush. Elles furent accusées d'affabulation pendant la campagne de Trump. Un hashtag, rendu célèbre par la journaliste Liz Plank, sollicitait des explications sur la raison pour laquelle #WomenDontReport[11] (#Lesfemmesnedénoncentpas).

Rose McGowan tweeta :

« Une avocate en droit pénal m'a expliqué que puisque j'avais joué une scène de sexe dans un film, je ne gagnerais jamais contre le dirigeant du studio. Parce que c'était un secret de polichinelle à Hollywood et dans les médias, ils m'ont humiliée tout en adulant mon violeur. Il est temps qu'il y ait de l'honnêteté dans ce putain de monde[12]. »

CHAPITRE 2

MORDRE

Depuis la création des premiers studios de cinéma, on a connu peu de producteurs aussi dominants, ou dominateurs, que celui auquel faisait référence Rose McGowan. Harvey Weinstein cofonda les compagnies de production et de distribution Miramax et la Weinstein Company, participant à réinventer le modèle des films indépendants[1] notamment grâce à *Sexe, mensonges et vidéo*, *Pulp fiction* et *Shakespeare in Love*. Ses productions obtinrent plus de trois cents nominations aux oscars et, lors des cérémonies annuelles de remise des prix, il reçut plus de remerciements que quiconque dans l'histoire du cinéma, juste après Steven Spielberg, et devançant largement Dieu[2]. Parfois, cette comparaison semblait même appropriée : Meryl Streep l'appela Dieu en plaisantant.

Weinstein mesure un mètre quatre-vingt-deux et il est corpulent. Son visage est asymétrique et il plisse en permanence un œil. Il porte souvent des tee-shirts extra-larges et des jeans amples qui lui font une silhouette ballonnée. Fils d'un diamantaire, Weinstein grandit dans le Queens. À l'adolescence, son frère cadet, Bob, et lui firent le mur pour aller voir *Les Quatre Cents Coups* dans un cinéma d'art et d'essai, espérant qu'il s'agissait d'un « film de sexe[3] ». Mais ils se retrouvèrent devant un Truffaut et tombèrent amoureux des films d'auteur. Weinstein s'inscrivit à la State University of New York à Buffalo en partie parce que la ville comportait de nombreux cinémas. À l'âge de dix-huit ans, un de ses amis, Corky Burger, et lui rédigèrent une rubrique pour le journal de leur fac, le *Spectrum*, mettant en scène un personnage dénommé « Denny the Hustler » (Denny l'arnaqueur) qui menace les femmes pour qu'elles se soumettent. « Denny l'arnaqueur n'acceptait pas le refus », pouvait-on y lire. « Son approche repose sur une psychologie du contrôle, ou en terme profane : “Écoute bébé, je suis sans doute l'homme le plus séduisant et le plus excitant que tu rencontreras jamais, et si tu refuses de danser avec moi, je vais sans doute te casser cette bouteille de bière sur le crâne.” »[4]

Weinstein abandonna ensuite ses études pour monter avec son frère et Burger une entreprise d'abord appelée Harvey and Corky Productions, spécialisée dans la promotion de concerts. Mais dans le cinéma de Buffalo dont il fit l'acquisition, Weinstein proposait aussi les films indépendants et étrangers dont il s'était entiché. Finalement, Bob et lui créèrent Miramax, inspiré par les prénoms de leurs parents, Miriam et Max, et commencèrent à acheter de petits films étrangers. Weinstein s'avéra avoir le flair pour transformer des films en événements. Ils obtinrent des récompenses, dont la Palme d'or inattendue pour *Sexe, mensonges et vidéo*. Au début des années 90, Disney racheta Miramax. Weinstein passa une décennie telle une poule pondant œuf d'or après œuf d'or. Et dans les années 2000, quand la relation avec Disney vacilla et que les frères montèrent une nouvelle entreprise, la Weinstein Company, ils levèrent des centaines de millions de dollars de fonds[5]. Weinstein ne retrouva pas ses jours de gloire, mais remporta consécutivement l'oscar du meilleur film pour *Le Discours d'un roi* en 2010 et *The Artist* en 2011. Durant son ascension, il épousa son assistante, divorça, puis épousa plus tard une actrice en devenir à qui il avait commencé à donner de petits rôles.

Weinstein est connu pour sa manière brutale, voire menaçante, de gérer ses affaires. Il peut aller jusqu'à effrayer, à l'image du poisson-globe quand il se gonfle. Il approche ses rivaux ou ses subalternes en face à face, le visage cramoisi. Donna Gigliotti, qui partage avec lui un oscar pour la production de *Shakespeare in Love*, déclarera à un journaliste :

« Un jour, j'étais à mon bureau et j'ai eu l'impression que nous avions été frappés par un tremblement de terre. Le mur a tremblé. Je me suis levée. On m'a dit qu'il avait lancé un cendrier en marbre contre le mur[6]. »

Et puis il y a des récits, des rumeurs surtout, faisant état d'une forme de violence plus sombre à l'encontre des femmes, et des efforts pour faire taire ses victimes. De temps à autre, des journalistes, alertés par les rumeurs, vont fouiner, pour voir si celles-ci sont fondées.

Les mois précédant l'élection présidentielle de 2016 ne modifièrent pas beaucoup le quotidien de Weinstein. On le vit au cocktail organisé pour William J. Bratton, ancien préfet de police de New York[7]. On le vit en train de rire avec Jay-Z, annonçant la signature d'un contrat de cinéma et de télévision avec le rappeur[8]. Et on le vit, renforçant des liens de longue date avec les personnalités politiques du parti démocrate pour lequel il était depuis longtemps un collecteur de fonds majeur.

Toute l'année, il fit partie du groupe de réflexion d'Hillary Clinton. Dans un e-mail à l'équipe de Clinton, au sujet des messages envoyés par l'équipe de Bernie Sanders aux électeurs latinos et afro-américains, il écrivit :

« Je vous apprends sans doute des choses que vous savez déjà, mais il faut passer ça sous silence. »

Dans un e-mail qui contenait un article critiquant Sanders et qui insistait pour mener une campagne contre lui, on peut lire :

« Cet article vous donne tout ce dont j'ai parlé avec vous hier. »

Le directeur de campagne répondit :

« Vais envoyer des trucs créatifs. Suivi tout de suite votre idée. »[9]

À la fin de l'année, Weinstein avait levé des centaines de milliers de dollars pour Clinton[10]. Quelques jours avant le tweet de McGowan, Weinstein se trouvait au St James Theater à New York pour une généreuse collecte de fonds qui mettrait deux millions supplémentaires dans les coffres de la campagne de la candidate démocrate. La musicienne Sara Bareilles, baignée de lumière mauve, chanta :

Your history of silence won't do you any good
Did you think it would ?
Let your words be anything but empty
*Why don't you tell them the truth ?**

* « Votre passé de silence vous desservira / Croyiez-vous le contraire ? / Vos mots restent vides de sens / Pourquoi ne leur dites-vous pas la vérité ? », « Brave »,

Ce texte semble trop approprié pour être vrai. Mais la scène eut vraiment lieu[11].

Au cours des années précédentes, l'influence de Weinstein avait un peu diminué, mais elle était encore suffisante pour recueillir l'adhésion publique des élites. Quand arriva la fin de la saison des oscars cet automne-là, un critique de cinéma du *Hollywood Reporter*, Stephen Galloway, publia un article intitulé : « Harvey Weinstein, le retour », avec pour sous-titre : « Les raisons de le soutenir sont nombreuses, surtout maintenant. »[12]

À peu près au même moment, Weinstein envoya un e-mail à ses avocats, parmi lesquels David Boies, un avocat très en vue qui avait représenté Al Gore[13] dans le litige électoral de la présidentielle de 2000 et plaidé en faveur du mariage homosexuel devant la Cour suprême. Boies représentait Weinstein depuis des années. À soixante-dix ans bien sonnés, il était encore en forme, et son visage ridé lui conférait un air gentil et accessible. Weinstein écrivit :

« L'agence privée de renseignements israélienne, Black Cube, m'a contacté par le biais d'Ehud Barak. Ce sont des stratèges et ils disent que votre cabinet les a utilisés. Envoyez-moi un e-mail quand vous aurez le temps[14]. »

Barak était l'ancien Premier ministre d'Israël et le chef d'état-major de l'armée. Black Cube, l'entreprise qu'il avait recommandée à Weinstein, dirigée en majorité par d'anciens officiers du Mossad et d'autres agences de renseignements israéliennes, possédait des filiales à Tel-Aviv, Londres et Paris et proposait à ses clients les compétences d'agents qui étaient, selon sa propre description, « très expérimentés et entraînés au sein de l'élite militaire israélienne et les unités de renseignements gouvernementales[15] ».

Plus tard ce mois-là, le cabinet de Boies signa un contrat confidentiel et ses collègues envoyèrent un paiement de cent mille dollars

---

Sara Bareilles, Jack Antonoff, Marc Endert, extrait de l'album *The Blessed Unrest*, Epic, 2013.

pour une période initiale de travail. Dans les documents concernant cette commande, l'identité de Weinstein était souvent cachée. Il était fait état d'un « client final » ou d'un « M. X ». D'après un des hommes de Black Cube, nommer Weinstein « le mettrait très en colère ».

Weinstein semblait excité par la procédure. Au cours d'une réunion à la fin du mois de novembre, il pressa Black Cube de poursuivre son travail. Des sommes supplémentaires furent versées à l'agence, qui enclencha des opérations musclées appelées : « Phase A » et « Phase B ».

Peu après, un journaliste du nom de Ben Wallace reçut un coup de fil d'un numéro inconnu, avec un indicatif du Royaume-Uni. Wallace avait la quarantaine et portait de petites lunettes qui lui donnaient un air d'enseignant. Quelques années auparavant, il avait publié un ouvrage intitulé *The Billionaire's Vinegar*, l'histoire de la bouteille de vin la plus chère de tous les temps. Plus récemment, il avait écrit pour le *New York Magazine*, dans lequel il avait beaucoup évoqué des rumeurs visant Weinstein.

À l'autre bout de la ligne, une femme à l'accent européen raffiné lui dit : « Vous pouvez m'appeler Anna. » Après l'obtention de son diplôme universitaire, Wallace avait vécu pendant quelques années en République tchèque et en Hongrie. Il était doué pour reconnaître les accents, mais il ne reconnut pas celui-là. Il pensa que son interlocutrice pouvait être allemande.

« J'ai obtenu votre numéro par un ami », poursuivit-elle. Elle expliqua ensuite qu'elle travaillait sur un article concernant l'industrie du spectacle. Wallace essaya de trouver qui parmi ses amis avait pu lui transmettre ses coordonnées. Peu de personnes étaient au courant de sa mission.

« J'ai quelque chose qui pourrait être important pour vous », continua-t-elle. Quand Wallace la pressa de lui fournir de plus amples informations, elle resta évasive. L'information était sensible, disait-elle. Elle avait besoin de le rencontrer. Wallace hésita un instant, puis songea : où est le mal ? Il avait besoin d'avancer dans l'histoire. Ça viendrait peut-être grâce à elle.

Le lundi matin suivant, assis dans un café lumineux de Soho, il essayait de faire plus ample connaissance avec la mystérieuse journaliste. Elle avait dans les trente-cinq ans, de longs cheveux blonds, des yeux marron, des pommettes hautes, un nez aquilin et portait des Converses et des bijoux en or. La dénommée Anna lui expliqua qu'elle ne se sentait pas encore assez à l'aise pour révéler son vrai nom. Elle avait peur et hésitait encore à se dévoiler. Wallace avait déjà rencontré cette réaction dans ses échanges avec d'autres sources. Il dit à Anna qu'elle pouvait prendre son temps.

Pour le rendez-vous suivant, elle choisit le bar d'un hôtel dans le même quartier. Quand Wallace arriva, elle lui sourit de façon engageante, sensuelle même. Elle avait déjà commandé un verre de vin. Tapotant le siège à côté d'elle, elle lui dit : « Je ne mords pas. Venez vous asseoir. » Wallace expliqua qu'il était enrhumé et commanda un thé. S'ils devaient travailler ensemble, lui dit-il, il avait besoin d'en savoir davantage. À ces mots, elle s'effondra, le visage déformé par la peur. Elle semblait retenir ses larmes lorsqu'elle entama le récit de ses expériences avec Weinstein. Elle avait manifestement traversé une épreuve intime bouleversante, dont elle ne voulait pas révéler les détails. Elle voulait également en apprendre davantage avant de répondre aux questions de Wallace. Elle lui demanda ce qui l'avait poussé à accepter la mission et quelle sorte d'impact il espérait obtenir. Pendant qu'il répondait, Anna se pencha, tendant la main vers lui.

Pour Wallace, travailler sur cette histoire devenait une aventure étrange et complexe ; il n'était pas habitué au vif intérêt qu'il suscitait. Il était même sollicité par d'autres journalistes. Seth Freedman, rédacteur britannique pour le *Guardian*, le contacta peu après. Il avait entendu parler des recherches de Wallace et voulait l'aider.

CHAPITRE 3

CALOMNIE

La première semaine du mois de novembre 2016, juste avant l'élection présidentielle, Dylan Howard, rédacteur en chef du *National Enquirer*, fit une demande inhabituelle à l'un des membres de son équipe. « J'ai besoin de tout sortir du coffre. Et ensuite il nous faut faire venir une déchiqueteuse. » Howard était originaire du sud-est de l'Australie. Il avait une touffe de cheveux roux sur le crâne et un visage rond, portait des lunettes en cul-de-bouteille et des cravates aux couleurs criardes. Ce jour-là, il semblait paniqué. Le *Wall Street Journal* venait d'appeler l'*Enquirer* pour obtenir des commentaires sur un article impliquant Howard et David Pecker, le PDG d'American Media Inc., société mère de l'*Enquirer*. L'article prétendait qu'AMI avait accepté une mission sensible sur l'ordre de Donald Trump : suivre une piste avec pour objectif non pas de publier un article, mais de le faire disparaître[1].

Le rédacteur à qui Howard avait demandé de l'aider ouvrit le coffre, en retira des documents, puis essaya péniblement de le refermer. Plus tard, des journalistes feraient une description de ce coffre comme s'ils y conservaient l'arche perdue d'Indiana Jones. Mais en réalité l'objet était petit, de mauvaise facture et usé. Il était installé dans un bureau qui avait été, pendant des années, celui du rédacteur en chef du magazine, Barry Levine. Il avait tendance à se coincer.

Il fallut plusieurs essais et un appel FaceTime au compagnon du rédacteur afin d'obtenir des conseils pour fermer le coffre correctement. Une employée raconterait que plus tard ce jour-là une équipe de nettoyage ramassa et emporta un volume de déchets plus important qu'à l'accoutumée. Un document relatif à Trump ainsi que d'autres en la possession de l'*Enquirer* avaient été détruits.

En juin 2016, Howard avait constitué une liste des articles diffamatoires concernant Trump accumulés dans les archives d'AMI depuis des dizaines d'années. Après l'élection, l'avocat de Trump, Michael Cohen, demanda qu'on lui remette tout ce que l'empire du tabloïde possédait sur le nouveau président. Cela donna lieu à un débat en interne : certains commençaient à se rendre compte que tout livrer risquerait d'engendrer des complications d'ordre juridique et résistèrent. Néanmoins, Howard et les plus anciens employés demandèrent que tout soit exhumé des casiers de stockage en Floride et envoyé au siège d'AMI. Quand les documents arrivèrent, on les plaça d'abord dans le petit coffre, puis, quand la température politique commença à monter à cause des liens entre le magazine et le président, dans un plus grand, chez le responsable des ressources humaines, Daniel Rotstein. (Une personne proche de l'entreprise dirait avec moquerie que malgré les apparences, les bureaux des ressources humaines de la société mère de l'*Enquirer* ne se trouvaient pas dans un club de strip-tease.) Ce n'est que plus tard, quand l'un des employés sceptiques commença à s'agiter et alla vérifier le contenu du coffre qu'on découvrit que quelque chose clochait : la liste des articles diffamatoires à l'égard de Trump ne correspondait pas aux dossiers réels. Une partie des documents manquait. Howard jura à ses collègues que rien n'avait été détruit, une affirmation qu'il maintient encore aujourd'hui.

En un sens, la destruction de ces documents concorderait avec le passif de délits commis depuis des années par l'*Enquirer* et sa maison mère. Un ancien de chez AMI me confia : « Nous sommes toujours à la frontière de ce qui est légalement recevable. C'est exaltant. » Obtenir illégalement des dossiers médicaux était une manœuvre ordinaire[2]. Le journal avait des taupes dans les plus grands hôpitaux. Une de ces taupes, qui détenait des dossiers brûlants sur Britney Spears, Farrah Fawcett, et d'autres provenant du Centre médical de UCLA, finit par plaider coupable devant un tribunal.

AMI se livrait systématiquement à ce que de nombreux employés qualifiaient de « chantage », bloquant la publication d'informations compromettantes en échange de tuyaux ou de scoops. Et les employés prétendaient que les opérations d'AMI avaient une face plus sombre dont un réseau de sous-traitants parfois rémunérés de façon très originale pour éviter les soupçons, et amenés à recourir à des tactiques directes et intrusives.

Sur un autre plan, cependant, les bureaux d'AMI semblaient être le théâtre d'une nouveauté dans le quartier des affaires de Manhattan. Pecker connaissait Trump depuis des dizaines d'années. Quand, après l'élection, un journaliste déclara à Pecker que critiquer Trump ne signifiait pas critiquer AMI, ce dernier répliqua : « Pour moi, si. Ce type est un très bon ami[3]. » Au fil des ans, les deux hommes avaient profité d'une alliance bénéfique pour les deux parties. Pecker, ancien comptable grisonnant à la large moustache, issu du Bronx, devint proche du pouvoir et eut accès à de nombreux avantages annexes offerts par Trump. « Pecker utilisait son jet privé », déclara Maxine Page, qui avait travaillé par intermittence chez AMI de 2002 à 2012 notamment en tant que rédactrice en chef de l'un des sites web de l'entreprise. Howard, lui aussi, bénéficiait des faveurs de Trump. La veille de l'investiture en 2017, tout excité, il envoya à des proches et à des collègues des textos comportant les photos de son accréditation pour les festivités.

Le fruit de cette relation, pour Trump, était plus conséquent. Un autre ancien rédacteur en chef, Jerry George, estima que Pecker avait rejeté environ dix articles aboutis au sujet de Trump et bien d'autres pistes potentielles au cours de ses vingt-huit ans à l'*Enquirer*[4].

Avec la candidature de Trump, le lien sembla s'approfondir et se modifier. Soudain, le magazine soutenait officiellement Trump et d'autres publications d'AMI affichaient des titres d'une flagornerie évidente. « Ne salissez pas Donald Trump ! » pouvait-on lire dans un numéro du *Globe*. « Comment Trump va gagner ! » s'enthousiasmait l'*Enquirer*. Quand ce dernier titra : « Les secrets tordus des candidats ! » le tabloïde dit en réalité à propos de Trump : « Il jouit d'un plus large soutien et d'une plus grande popularité qu'il ne l'admet lui-même[5] ! » Le magazine multiplia les unes sur la supposée trahison et la santé déclinante d'Hillary Clinton. « Les dossiers psychiatriques secrets de la sociopathe Hillary Clinton enfin dévoilés ! » ; « Hillary :

Corrompue ! Raciste ! Criminelle ! ». Les points d'exclamations donnaient aux unes des airs de titres de comédies musicales de second ordre. Une des intrigues secondaires concernait la mort imminente de la candidate. (Elle défia miraculeusement les diagnostics du tabloïde et surmonta son agonie pendant toute la durée de la campagne.) Peu avant que les électeurs ne se rendent aux urnes, Howard demanda à des collègues de rassembler les unes pour que Pecker les présente à Trump.

Au cours de la campagne, les associés de Trump, dont Michael Cohen, appelèrent Pecker et Howard. Des couvertures concernant Ted Cruz, le concurrent de Trump à la primaire des républicains, relataient une folle théorie du complot selon laquelle le père de Cruz aurait été impliqué dans l'assassinat de Kennedy. Elles furent brandies par un autre associé de Trump, le conseiller politique Roger Stone. Howard entra même en contact avec Alex Jones[6], une personnalité hystérique de la radio dont les théories conspirationnistes aidèrent Trump à conforter sa candidature et seraient plus tard diffusées au cours de son émission. Parfois, on demandait aux employés d'AMI non seulement de refuser les pistes qui n'avantageaient pas le candidat favori du magazine, mais aussi de rechercher ces informations et de les enfermer à double tour dans la salle des coffres de l'entreprise. L'un d'eux me dirait plus tard : « C'est du n'importe quoi. On en est arrivé à des manœuvres dignes de la *Pravda.* »

L'alliance avec Trump n'était pas la seule que consolidaient Howard et Pecker. En 2015, AMI avait conclu un accord de production avec Harvey Weinstein[7]. Alors que les tirages déclinaient, l'accord autorisait AMI, nominalement, à créer une émission de télé dérivée de son site Radar Online. Mais leur relation avait une autre dimension. Cette année-là, Howard et Weinstein se rapprochèrent. Quand une mannequin déclara à la police que Weinstein l'avait tripotée, Howard demanda à son équipe de mettre un terme à l'enquête sur le sujet. Plus tard, il chercha à acheter le silence du mannequin en lui proposant un accord de confidentialité. Quand l'actrice Ashley Judd déclara avoir été victime de harcèlement sexuel par un responsable de studio[8], en décrivant sans le nommer Weinstein, on demanda aux journalistes d'AMI de se concentrer sur les rumeurs affirmant que l'actrice était en cure de désintoxication. Après que les déclarations de Rose McGowan eurent fait surface, un collègue de Howard se souvient qu'il avait dit : « Je veux qu'on traîne cette salope dans la boue. »

À la fin de l'année 2016, leur relation s'intensifia. Dans un e-mail, Howard transmit fièrement à Weinstein la dernière œuvre de l'un des sous-traitants d'AMI : l'enregistrement secret d'une femme qui avait été incitée à faire des déclarations préjudiciables à McGowan. Howard écrivit : « J'ai un truc GÉNIAL ! » La femme s'en était « prise violemment à Rose ».

Weinstein répondit :

— C'est de la tuerie. Surtout si mes empreintes ne sont pas dessus.

— Elles n'y sont pas, répondit Howard. Et, entre nous, la conversation… est ENREGISTRÉE.[9]

Dans un autre e-mail, Howard envoya une liste de contacts pour qu'ils soient ciblés de la même manière.

« Discutons des prochaines étapes pour chacune. »

Le *National Enquirer* était un dépotoir où affluaient la plupart des rumeurs abominables. Quand les sujets étaient abandonnés sur ordre des relations d'AMI haut placées, ils rejoignaient les archives de l'*Enquirer* dans ce que certains employés qualifiaient de « dossiers enterrés ». Tandis que sa collaboration avec Weinstein s'intensifiait, Howard se livrait à un examen minutieux de ces archives. Des collègues se rappellent qu'un jour, cet automne-là, il demanda qu'on ressorte un dossier particulier, lié à une présentatrice de télévision.

CHAPITRE 4

BOUTON

Matt Lauer était assis les jambes croisées, une main posée sur son genou. Même pendant une conversation ordinaire, il semblait prêt à lancer la pause publicitaire à tout instant. Quand je tentai d'imiter à l'antenne cette position, détendue mais posée, j'avais l'air d'un novice en yoga.

Nous étions en décembre 2016. Lauer et moi nous trouvions dans son bureau au deuxième étage du 30, Rockefeller Plaza. Il était assis derrière un plateau en verre. J'étais en face, sur le canapé. Les étagères et les buffets étaient ornés d'Emmy Awards. Lauer avait gravi les échelons. De la télévision locale en Virginie-Occidentale[1], il était arrivé à sa situation actuelle de figure la plus célèbre et la plus populaire des chaînes câblées. NBC le payait plus de vingt millions par an et le transportait par hélicoptère entre son lieu de travail et sa maison dans les Hamptons[2].

Lauer, commentant le dernier sujet de ma série d'investigation, me dit :

— C'est vraiment bon.

Il avait le crâne rasé, ce qui lui allait bien, et une barbe et une moustache poivre et sel broussailleuses, qui lui allaient moins bien.

— Cette centrale nucléaire qui fuit, où était-elle située… ? me demanda-t-il.

— Dans l'État de Washington, répondis-je.

— L'État de Washington. C'est vrai. Et ce type au gouvernement qui se chiait dessus ?

Il secoua la tête, gloussa.

Il parlait du sujet sur le complexe nucléaire de Hanford où le gouvernement avait enterré l'équivalent de plusieurs piscines olympiques de déchets nucléaires produits par le Projet Manhattan. Des employés étaient exposés à une dose alarmante de vapeurs toxiques émises par ces déchets.

— C'est exactement ça qu'il nous faut pour cette émission, déclara-t-il.

Nous parlâmes longuement de sa foi dans un journalisme d'investigation sérieux.

— Ça rend bien à l'antenne. Et ça fait de l'audimat. Tu es sur quoi en ce moment ?

Je jetai un coup d'œil à la liasse de documents que j'avais apportée.

— Il y a un sujet sur Dow et Shell qui pulvérisent les champs de Californie avec des produits chimiques toxiques.

Lauer hocha la tête en signe d'approbation, puis remonta ses lunettes à monture en écaille avant de se tourner vers son écran d'ordinateur. Les e-mails défilèrent, reflétés dans les verres. Je poursuivis :

— Il y a une série sur la dépendance, une sur les réformes de la sécurité des transports routiers bloquées par les lobbyistes. Et une sur le harcèlement sexuel à Hollywood.

Il leva brusquement les yeux. Je ne savais pas trop quel sujet l'avait interpellé.

— C'est pour une série sur les secrets de Hollywood. La pédophilie, le racisme, le harcèlement…

Lauer lissa sa cravate à rayures, puis reporta son attention sur moi.

— Ça a l'air super, me dit-il.

Il me fixait d'un regard inquisiteur.

— Tu te vois où dans quelques années ? me demanda-t-il.

Il y avait presque deux ans que MSNBC avait euthanasié mon émission sur le câble.

Page Six* avait récemment titré : « Ronan Farrow troque le plateau contre la vie de bureau[3]. » Il se trouve que mon bureau apparaissait

* Rubrique du *New York Post* dédiée aux célébrités.

en arrière-plan pendant les journaux télévisés de MSNBC. J'étais là, en train de taper à l'ordinateur derrière Tamron Hall ou au téléphone derrière Ali Velshi. J'étais fier du travail que j'accomplissais pour « Today ». Mais j'avais du mal à faire mon trou. J'ai tout envisagé, même la radio. Cet automne-là, je rencontrai Melissa Lonner, vice-présidente de Sirius XM Satellite Radio, qui avait quitté « Today » quelques années auparavant. Essayant de paraître confiant, je lui dis que selon moi l'émission matinale était la meilleure plateforme pour le journalisme d'investigation. Avec un sourire crispé, elle me répondit :

— Oui. J'adorais y travailler.

Mais la vérité, c'est que mon avenir semblait incertain et il était très important pour moi que Lauer m'accorde de son temps.

Je réfléchis à sa question au sujet de mon avenir, puis lui confiai :

— J'aimerais redevenir présentateur un jour.

— Je sais, je sais. C'est ce que tu crois vouloir, me dit-il.

Je m'apprêtai à répondre, mais il me précéda.

— Tu cherches quelque chose.

Il ôta ses lunettes, les inspecta.

— Tu trouveras peut-être. Mais il va falloir que tu te construises tout seul. Trouver ce qui t'intéresse vraiment. Tu as hâte d'être à la semaine prochaine ?

Il était prévu que je le remplace quand lui et les autres présentateurs prendraient leurs vacances de Noël.

— Oui ! m'exclamai-je.

— Souviens-toi, tu es le nouveau sur le plateau. L'interaction, ça fait tout. Quand tu rédigeras tes fiches pour l'Orange Room, pense à y inclure de quoi susciter des conversations.

L'Orange Room était la partie de « Today » pendant laquelle nous diffusions des diapositives de posts Facebook qui semblaient intéressants.

— Personnalise. Tu pourrais par exemple mentionner mes enfants. Tu saisis l'idée.

Je gribouillai quelques notes, le remerciai, me dirigeai vers la porte, puis l'ouvris.

Il me lança alors avec ironie :

— Ne nous laisse pas tomber. Je suivrai l'émission.

Je sortis.

Lauer pressa un bouton sur son bureau. La porte se referma.

Peu de temps après, j'envoyai chez lui dans les Hamptons un exemplaire du *Cerveau adolescent* de Frances E. Jensen. À l'antenne, je suivis son conseil sérieusement. À l'extérieur, devant les studios de « Today », je participais à la magie de Noël dans le froid. À l'intérieur, dans le studio 1A, je m'assis dans le canapé semi-circulaire avec les autres remplaçants pour les introductions et les conclusions, posai la main sur mon tibia. Je ne ressemblai pas du tout à Matt Lauer.

Un matin, on termina l'émission par un bêtisier de l'année précédente. Nous l'avions tous déjà visionnée, d'abord lors de sa première diffusion, puis une fois encore lors de la fête de fin d'année de l'émission. Quand la vidéo débuta et que l'éclairage du studio baissa, la plupart des membres de l'équipe s'éloignèrent pour consulter leurs téléphones. Seule une employée de longue date de « Today » resta devant l'écran, subjuguée. C'était l'une des personnes les plus vaillantes que j'avais rencontrées à la télévision. Elle avait gravi les échelons, depuis les infos locales jusqu'à la place qu'elle occupait à ce moment-là.

— Je ne vous envie pas, lui dis-je. De devoir regarder ça encore et encore.

— Non, répondit-elle, les yeux toujours rivés sur l'écran. J'adore ça. C'est le boulot dont je rêvais.

Je fus surpris de la voir au bord des larmes.

Quelques semaines après ma conversation avec Matt Lauer, j'étais assis dans un coin du bureau de la direction de NBC News en face du responsable de l'émission « Today », Noah Oppenheim. Ce jour-là, la vue depuis Rockefeller Plaza était dissimulée par le brouillard et la bruine. J'étais accompagné de McHugh, et de Jackie Levin, la productrice qui supervisait notre prochaine minisérie d'investigation sur Hollywood, celle dont j'avais parlé à Lauer.

— Alors, qu'est-ce que vous avez ? demanda Oppenheim, adossé au canapé.

Je me préparai à lui expliquer où nous en étions.

Oppenheim, comme Lauer, soutenait les sujets difficiles. Quand il fut sollicité pour diriger « Today », il vint me voir avant même d'avoir un bureau, et me demanda de ne m'adresser qu'à lui, et pas aux autres responsables de l'émission. Il me mit sur « Today » plus souvent et donna le feu vert à mes enquêtes, de plus en plus ambitieuses. Quand « Ronan Farrow Daily » devint « Ronan Farrow Rarely », c'est Oppenheim qui fit en sorte que je reste travailler pour la chaîne et que je continue ma série pour « Today ». Oppenheim avait bientôt quarante ans, des traits enfantins, une nature affable et une expression corporelle qui lui donnait l'air fainéant, l'air d'attendre que vous preniez les devants. Il possédait des qualités qui me faisaient défaut et que je lui enviais : il était insouciant, décontracté, cool. C'était un consommateur d'herbe aux grands yeux marron dont la gaieté semblait impossible à étouffer. Nous avions tous ri de ses anecdotes de fumeur de joints, par exemple quand il racontait s'être fait livrer le menu entier d'un restaurant thaï, et nous avions projeté de dîner un soir ensemble.

Il était intelligent et avait un parcours universitaire prestigieux. Au début de la campagne présidentielle, en 2000, une personnalité de MSNBC, Chris Matthews, et son producteur exécutif, Phil Griffin, qui finirait par diriger la chaîne câblée, furent pris dans une tempête de neige entre le New Hampshire et New York, et s'arrêtèrent à Harvard. Cette nuit-là, Griffin et un collègue tombèrent sur Oppenheim, qui écrivait alors pour le *Harvard Crimson*, saoul dans un bar. Ils finirent par lui proposer un poste à la télé. Plus tard, Oppenheim raconterait à un journaliste :

« Ils se sont arrêtés à Harvard Square et ont commencé à parler à de très jeunes étudiantes dans un bar. Elles les ont suivis dans une fête en deuxième partie de soirée, dans l'immeuble du journal, et l'un d'eux a pris un exemplaire du journal et a lu un article que j'avais rédigé sur la course à la présidence[4]. »

Après cette rencontre fortuite, Oppenheim quitta finalement le conservatisme d'Harvard pour devenir producteur à MSNBC, puis producteur pour « Today ». Mais il avait toujours nourri de plus hautes ambitions. Il avait coécrit une série de livres de développement personnel appelée *The Intellectual Devotional* (« l'incorrigible intello », « Impressionnez vos amis en leur expliquant l'allégorie de la caverne de Platon, glissez des termes d'opéra dans vos conversations mondaines », lisait-on en quatrième de couverture). Se vantant que Steven Spielberg en avait offert des exemplaires à Noël[5], il déclara : « Maintenant je peux mourir heureux. » En 2008, il quitta la chaîne pour rejoindre sa famille à Santa Monica et poursuivre une carrière à Hollywood. À propos du journalisme, il déclara : « J'ai vécu une expérience extraordinaire dans le journalisme pendant ma vingtaine, mais j'ai toujours aimé le monde du cinéma, les films et le théâtre. » Il travailla brièvement pour l'empire de téléréalité de l'héritière des médias Elisabeth Murdoch, puis passa à l'écriture de scénarios. Au sujet de la téléréalité, il dit : « Je l'ai fait, et puis j'ai eu la bougeotte parce que ça ne me menait toujours pas à mon véritable amour : les séries et les films dramatiques[6]. »

Oppenheim connut une ascension fulgurante dans ses deux carrières. Il envoya son premier scénario, *Jackie*, un biopic sombre sur la période entre l'assassinat de Kennedy et ses obsèques, à un responsable de studio, ancien camarade de Harvard. Il se souvient : « Moins d'une semaine après, je me suis retrouvé avec Steven Spielberg dans son bureau aux studios d'Universal[7]. » Le film, qui comprenait de nombreux plans longs sans dialogue de Jackie en train de faire les cent pas, les joues pleines de coulures de mascara, avait été salué par la critique, mais, je le découvrais, moins apprécié par le public. Sur le chemin du rendez-vous, McHugh m'avait dit :

— Comment s'appelle le film qu'il a fait, déjà ?

— *Jackie.*

— Oh là là…

Oppenheim avait aussi coécrit une adaptation de l'aventure postapocalyptique de jeunes adultes, *Le Labyrinthe*, qui avait bien rapporté et une suite à la série *Divergente*, qui, elle, n'avait pas marché.

Les années entre le départ d'Oppenheim et son retour furent éprouvantes pour « Today ». La présentatrice, Ann Curry, aimée du public mais pas de Matt Lauer, fut renvoyée. L'audience baissa à cause de la compétition avec « Good Morning America », plus caféinée. L'enjeu était de taille pour NBC, l'émission rapportait un demi-million de dollars de publicité par an. En 2015, NBC fit revenir Oppenheim pour une opération de sauvetage.

En juin 2016, j'avais obtenu le feu vert pour une série que j'avais baptisée à la manière exagérée des émissions matinales « The Dark Side of Hollywood ? », mais j'avais eu du mal à obtenir du soutien pour certains sujets. Le premier pitch que j'avais envoyé aux responsables s'intéressait aux accusations d'abus sexuels sur mineurs, dont celles relatées dans la revue *Atlantic*[8] concernant le réalisateur Bryan Singer, qui les niait depuis longtemps ainsi que les accusations de pédophilie proférées par l'acteur Corey Feldman. On avait obtenu une interview avec Feldman : le responsable des programmes, Matt Zimmerman, avait passé un marché supposant que l'ancien enfant star chanterait une chanson puis resterait pour répondre à mes questions. Mais Zimmerman avait ensuite appelé pour dire qu'Oppenheim considérait la question de la pédophilie « trop sombre » et nous avions renoncé au projet.

Les sujets que je proposai pour le remplacer se heurtaient eux aussi à des obstacles. Levin, le producteur, nous dit, à McHugh et moi, qu'un sujet sur les célébrités se produisant pour des dictateurs – en faisant référence au concert à sept chiffres de Jennifer Lopez pour Gurbanguly Berdimuhamedow, le leader totalitaire du Turkménistan – était intenable étant donné la relation qu'entretenait la chaîne avec la chanteuse. Personne n'accorda la moindre attention à ma proposition d'un sujet sur la discrimination raciale à Hollywood. Oppenheim finit par déclarer en ricanant : « Écoutez, j'ai conscience de tout ça, mais je ne pense simplement pas que nos téléspectateurs veulent voir Will Smith se plaindre des difficultés qu'il rencontre. »

La télévision est un médium commercial. Il est courant de se demander si un sujet va marcher ou pas. On choisit ses batailles, et aucune de celles-ci ne valait la peine d'être menée. Nous avons laissé de côté ma série sur Hollywood pendant quelques mois, puis l'avons relancée à la fin de l'année dans l'espoir de la diffuser vers la saison des oscars au début de l'année suivante.

Au mois de janvier, dans le bureau d'Oppenheim, nous avons réfléchi à des sujets plus à même d'être diffusés, dont un sur la chirurgie esthétique. Je revins ensuite à l'une de mes propositions antérieures : un sujet sur la « promotion canapé » à Hollywood – des artistes harcelés ou à qui on proposait de coucher pour du travail. « Nous progressons sans cesse », dis-je. J'avais déjà commencé à m'entretenir avec quelques actrices qui affirmaient avoir vécu ce genre de situation. Oppenheim me conseilla :

— Tu devrais enquêter sur Rose McGowan, elle a tweeté quelque chose à propos d'un directeur de studio.

— Je n'avais pas vu, répondis-je.

Je sortis mon téléphone puis téléchargeai un article de *Variety*. Les tweets de l'actrice défilaient devant mes yeux.

— Elle parlera peut-être, dis-je. Je vais regarder ça.

Oppenheim haussa les épaules, optimiste.

CHAPITRE 5

KANDAHAR

Quelques jours plus tard, Harvey Weinstein se trouvait à Los Angeles pour rencontrer des agents de Black Cube. Ils lui apprirent qu'ils avaient progressé[1], cernant les cibles convenues. Les avocats de Weinstein avaient rapidement effectué le paiement de la Phase 2A[2], mais les agents s'asseyaient depuis plus d'un mois sur une facture pour la Phase 2B. Il fallut plusieurs échanges tendus avant qu'un autre paiement soit effectué, puis la phase suivante de l'opération, plus risquée, commença.

Notre reportage pour NBC prenait aussi de l'ampleur. Au cours du mois de janvier, la série sur Hollywood commença à voir le jour. J'avais entamé des recherches sur les campagnes truquées pour les oscars, sur les pratiques d'embauche sexistes derrière la caméra et sur l'influence chinoise planant sur les blockbusters américains. (Les adversaires dans *L'Aube Rouge* deviennent nord-coréens en post-production, les médecins de Beijing sauvent Iron Man en sirotant du lait de la marque Yili.)

L'histoire de harcèlement sexuel s'avérait être un challenge de programmation. Les actrices faisaient machine arrière l'une après l'autre, souvent après avoir consulté d'importants publicitaires. Les réponses étaient de l'ordre de : « Ce n'est tout simplement pas un sujet dont nous voulons parler. » Mais alors que les appels n'aboutissaient à rien, le nom de Harvey Weinstein revenait sans cesse dans nos recherches.

Une productrice, Dede Nickerson, arriva au 30 Rock pour une interview sur l'influence chinoise. Nous étions installés dans une salle de conférences impersonnelle agrémentée d'une plante en pot et d'éclairages colorés. Ensuite, alors que McHugh et l'équipe démontaient le matériel et que Nickerson se dirigeait à grands pas vers l'ascenseur le plus proche, je la rattrapai et lui dis :

— Je voulais vous demander quelque chose. Nous réalisons un sujet sur le harcèlement sexuel dans l'industrie du cinéma. Vous avez travaillé pour Harvey Weinstein, n'est-ce pas ?

Son sourire s'effaça.

— Je suis désolée. Je ne peux pas vous aider, me répondit-elle.

Nous avions à présent atteint les ascenseurs.

— Bien sûr, je comprends. S'il y a quelqu'un à qui vous pensez que je devrais parler…

— J'ai un avion à prendre.

Elle entra dans la cabine, marqua une pause, puis ajouta :

— Mais… soyez prudent.

Quelques jours plus tard, assis dans un des cubes de verre installés aux abords de la salle de rédaction et destinés aux appels privés, je téléphonai à Rose McGowan, que j'avais auparavant contactée via Twitter. Nous nous étions déjà rencontrés, en 2010, quand je travaillais au département d'État. Les officiels du Pentagone avaient annoncé sa visite et demandé si je pouvais déjeuner avec elle, comme s'ils cherchaient un spécialiste en linguistique et avaient pensé que je « parlais » couramment l'actrice. McGowan avait rencontré les officiels au cours d'une récente tournée de l'association à but non lucratif United Service Organizations. Sur les photos, elle apparaissait à l'aérodrome de Kandahar vêtue d'un court tee-shirt fluo et d'un jean slim, ses longs cheveux volant au vent[3]. « On avait fait de moi une bombe sexuelle[4] », se rappellera-t-elle plus tard.

McGowan était charismatique et avait une réelle présence à l'écran. Dans ses premiers rôles – *The Doom Generation*, *Jawbreaker*, *Scream* –, on sentait en elle une vivacité d'esprit et un humour acerbe qui en faisait une chouchoute des films indépendants. Mais depuis quelques années, on lui proposait de moins en moins de rôles et toujours dans des navets. Quand on se rencontra, sa dernière apparition comme actrice principale avait été dans *Planète Terreur*, un film de série B réalisé par son petit ami de l'époque, Robert Rodriguez, dans lequel elle interprétait une stripteaseuse armée d'une mitrailleuse en guise de jambe, Cherry Darling.

Lors de ce déjeuner, en 2010, nous sympathisâmes. Elle me murmura des extraits de dialogues de *Présentateur vedette : La Légende de Ron Burgundy*, et je lui donnai la réplique. Elle savait que j'avais grandi dans une famille de Hollywood. Elle parla du métier d'actrice – les rôles amusants, et les rôles sexistes ou qui relevaient de l'exploitation, à savoir la plupart d'entre eux. Elle me fit comprendre qu'elle se lassait du milieu et de la vision oppressante et étroite des femmes qui y dominait. Le lendemain elle m'envoya un e-mail : « Quoi que je puisse faire dans l'avenir, je me rendrai disponible. N'hésitez pas à me demander. »

En 2017, elle répondit au coup de fil que je passai depuis la salle de rédaction. Son orientation contreculture était encore évidente. Elle m'apprit que Roy Price, le chef du tout jeune studio de cinéma et de télévision d'Amazon, lui avait donné son feu vert pour une émission surréaliste qu'elle voulait réaliser à propos d'une secte. Elle anticipait une bataille au sujet des structures patriarcales à Hollywood et au-delà.

— Personne n'a parlé de ce que la défaite d'Hillary signifie pour les femmes. La guerre contre les femmes est bien réelle. C'est Ground Zero.

Elle parla, déterminée, et plus en détail que dans ses tweets, de ses allégations de viol par Weinstein.

— Vous le nommeriez devant la caméra ?

— Je vais y réfléchir, me répondit-elle.

Elle avait un projet de livre et se demandait ce qu'elle devait révéler dans ses pages. Mais elle était également disposée à raconter dès à présent son histoire.

Les médias, me dit-elle, l'avaient rejetée et lui avaient donc tourné le dos.

— Alors pourquoi me parler ? lui demandai-je.

— Parce que vous savez ce que c'est. J'ai lu ce que vous avez écrit.

Environ un an plus tôt, le *Hollywood Reporter* avait publié un portrait élogieux de mon père, abordant sans s'attarder les allégations d'abus sexuels à son encontre faites par ma sœur Dylan. Le magazine avait dû faire face à de vigoureuses critiques, que Janice Min, la rédactrice en chef, avait décidé d'affronter directement en me demandant de rédiger un papier sur le bien-fondé de cette réaction violente.

La vérité, c'est que j'avais passé la plus grande partie de ma vie à éviter de parler des déclarations de ma sœur – et pas seulement publiquement. Je ne voulais pas être défini par rapport à mon enfance ou à mes parents, pas plus que par les pires années de la vie de ma mère. Mia Farrow est l'une des grandes actrices de sa génération et une mère formidable qui a beaucoup sacrifié pour ses enfants. Et pourtant, son talent et sa réputation ont été ravagés par les hommes qui ont partagé sa vie. Cela a suscité en moi le désir de voler de mes propres ailes, d'être connu surtout pour mon travail, quel qu'il soit. Les événements qui se sont produits dans le foyer où j'ai grandi se sont trouvés fossilisés dans de vieux reportages de tabloïdes et, comme non résolus, non résolubles, ont fait naître un doute permanent.

Je décidai donc d'interviewer ma sœur sur ces événements, en détail, pour la première fois. Je me plongeai dans les dossiers des tribunaux et dans tous les documents sur lesquels je pouvais mettre la main. Selon les propos qu'elle avait tenus quand elle avait sept ans, et qu'elle répétait mot pour mot depuis, Allen l'avait emmenée dans un vide sanitaire de notre maison de famille du Connecticut et l'avait pénétrée avec un doigt. Elle avait confié à un thérapeute qu'Allen l'avait touchée de manière inappropriée. (Le thérapeute, engagé par Allen, ne fit état des plaintes que bien plus tard, au tribunal.) Immédiatement après l'agression présumée, une baby-sitter avait surpris Allen avec la tête sur les genoux de Dylan. Quand un pédiatre finit par rendre compte de ses allégations aux autorités, Allen engagea des détectives privés – au moins dix, estime l'un de ses avocats – grâce à un réseau de juristes et de sous-traitants[5]. Ces derniers filèrent des représentants de la loi pour chercher des preuves de problèmes de drogue ou de jeu. Un procureur du Connecticut, Frank Maco, qualifierait plus tard cette tentative de « campagne pour perturber les enquêteurs » et des collègues affirmeront que l'épisode l'avait secoué. Maco renonça à inculper Allen, prétendant vouloir épargner à Dylan le traumatisme d'un procès, bien qu'il ait eu des « raisons suffisantes » pour le poursuivre.

J'informai Min que je rédigerais une tribune libre. Je ne prétendais pas être un arbitre impartial dans l'histoire de ma sœur. Je l'aimais et je la soutenais. J'affirmais simplement qu'elle entrait dans une catégorie de personnes crédibles ayant déclaré avoir subi des abus sexuels trop souvent ignorés par les agences d'Hollywood et les médias en général. « Ce genre de silence n'est pas simplement injuste, écrivis-je. Il est dangereux. Il envoie aux victimes le message suivant : porter plainte ne vaut pas l'angoisse que ça génère. Cela nous interroge sur nous-mêmes, à savoir : quelle société incarnons-nous, sur quoi fermerons-nous les yeux, qui ignorerons-nous, qui a de l'importance et qui n'en a pas[6] ? » J'espérais que ce serait mon unique déclaration sur le sujet.

— On m'a demandé de faire quelque chose et je l'ai fait, dis-je à McGowan en tentant de clore le sujet. Et ça ne va pas plus loin.

Elle eut un rire amer.

— Ça va beaucoup plus loin que ça.

Je n'étais pas le seul journaliste à essayer d'approcher McGowan. Seth Freedman, rédacteur au *Guardian*, avait appelé Ben Wallace pour lui proposer de l'aider pour son reportage. Il avait envoyé des e-mails à HarperCollins, l'éditeur du livre de McGowan. Persévérant, Freedman le contacta à de nombreuses reprises pour exprimer son soutien et faire pression pour obtenir une interview. Quand il joignit Lacy Lynch, une agent littéraire qui conseillait McGowan, il resta vague. Il déclara travailler avec un groupe de journalistes sur un article concernant Hollywood. Il ne précisa pas s'il y aurait une publication particulière. Mais Lynch dit à McGowan qu'elle pensait que le journaliste était bienveillant et que l'opportunité semblait intéressante.

Peu après ma conversation avec McGowan, Freedman et elle se téléphonèrent. Il se trouvait devant la ferme que sa famille possédait dans la campagne anglaise, lui expliqua-t-il, et parlait donc à voix basse pour éviter de réveiller quelqu'un.

— De quoi vouliez-vous me parler ? lui demanda McGowan.

— Nous voulons donner un aperçu de la vie des gens à Hollywood en 2016-2017, répondit-il.

Il aborda le sujet des vives critiques de McGowan à l'encontre de Donald Trump, suggérant qu'il y avait peut-être là l'opportunité d'écrire « un genre de spin-off » sur son activisme. Visiblement, il pouvait disposer de beaucoup de ressources. Il mentionna plusieurs fois d'autres journalistes qui l'aidaient à rassembler les informations, sans lui donner leur nom.

McGowan avait eu plus que son lot de trahison et d'abus et se montrait en général prudente. Mais Freedman était chaleureux et semblait même se confier à elle. À plusieurs reprises, il fit référence à sa femme et à leur famille qui s'agrandissait. McGowan commença peu à peu à l'apprécier, parla de sa vie et, à un moment, pleura. Tandis qu'elle baissait la garde, Freedman devint plus explicite.

— Bien entendu, tout ce que nous nous disons est confidentiel, mais j'ai contacté des gens qui ont travaillé pour Miramax qui m'ont dit avoir signé une clause de confidentialité. Ils ne peuvent rien raconter de ce qui leur est arrivé, mais ils veulent à tout prix dire : « cette personne a abusé de moi » ou « cette personne a fait de ma vie un enfer ».

— Mon livre va aborder beaucoup de ces sujets, répondit McGowan.

Freedman semblait porter un grand intérêt à son ouvrage et à ce qu'elle envisageait d'y révéler. Faisant référence aux allégations, il lui demanda :

— Comment allez-vous faire en sorte que l'éditeur le publie ?

— J'ai un document signé. Un document signé à l'époque de l'agression.

Mais quelles seraient les conséquences, se demandait-il, si elle en révélait trop ? Il poursuivit :

— La plupart des gens avec qui je parle à Hollywood m'expliquent qu'ils n'ont pas le droit d'en parler publiquement.

— Parce qu'ils ont tous trop peur.

— Et s'ils en parlent, ils ne travailleront plus ou ils ne…

Mais Freedman ne fut pas en mesure de poursuivre. McGowan devenait loquace et il ne pouvait plus en placer une.

À une, deux, trois reprises, il lui demanda ce qu'elle entendait révéler, et à qui dans les médias, avant la publication du livre.

— Quelle serait votre plateforme de choix maintenant pour délivrer le message ? demanda-t-il. Est-ce que ça signifie que vous ne mentionnez pas de nom dans la presse parce que vous en souffririez ? Si vous révélez le nom et que quelqu'un s'en prend à vous ?

— Je ne sais pas. Je verrai, répondit McGowan.

Freedman semblait plein d'empathie, un allié.

— Alors, qu'est-ce qui aujourd'hui pourrait encore vous faire reculer ? lui demanda-t-il.

CHAPITRE 6

CONTINENTAL

Une semaine après la conversation avec McGowan, j'étais assis dans le bureau des présentateurs au Studio 1A et les caméras du « Today Show » tournaient. Je venais de terminer un segment sur le conflit qui opposait les défenseurs de la sécurité à l'industrie du transport routier pour décider s'il fallait ou non installer des poutrelles de sécurité sur les semi-remorques afin d'éviter que les voitures ne glissent dessous. Les défenseurs de la sécurité affirmaient que cela sauverait des vies. Les lobbyistes déclaraient que ce serait trop coûteux.

— C'est une source de conflit entre eux depuis des années, dis-je à Matt Lauer.

— Ronan, bon boulot, me félicita-t-il.

Puis il passa très vite au segment suivant.

— Très fort. Une bonne intervention ensuite, ça a fait parler les gens, ajouta-t-il.

Il s'apprêtait à quitter le plateau avant la coupure pub suivante tandis que les assistants affluaient autour de lui, lui tendant son manteau, ses gants, ses pages de script.

— Merci, dis-je en m'approchant.

— Et sinon, où en sont les autres sujets ?

Je ne savais pas trop auxquels il faisait référence.

— Celui sur les champs contaminés en Californie, je pense qu'il va t'intéresser.

— C'est sûr, c'est sûr, répondit-il.

Il y eut un moment de silence.

— Et je serai aux oscars pour celui sur Hollywood dont je t'ai parlé, tentai-je.

Il sourcilla un peu, puis il retrouva son sourire.

— Super, dit-il en me donnant une tape dans le dos.

Il se dirigea vers la sortie et ajouta par-dessus son épaule :

— Si tu as besoin de quoi que ce soit, tu viens me voir, d'accord ?

Quand il franchit la porte à tambour, je le regardai avancer dans l'atmosphère fraîche sous les hurlements des fans.

Nous étions au début du mois de février 2017. McHugh et moi étions coincés dans des réunions avec le service juridique et le service des normes réglementaires qui examinait à la loupe chacun des éléments de la série sur Hollywood dont la diffusion était imminente. La supervision éditoriale était confiée à un vétéran de NBC, Richard Greenberg, récemment nommé pour assurer l'intérim en qualité de responsable du service d'enquête de la chaîne. Greenberg portait des tweeds fripés et des lunettes de lecture. Il avait passé presque dix-sept ans à NBC, dont dix comme producteur de « Dateline* », et plusieurs autres à mener des enquêtes pour le service des normes réglementaires. Il était réservé, bureaucrate. Mais il avait aussi de fortes convictions morales. Sur son blog, il qualifiait les agresseurs sexuels de « pervers » et de « monstres ». Après avoir travaillé avec Chris Hansen de l'émission « To catch a predator » sur un sujet dans un bordel au Cambodge, Greenberg écrivit : « Souvent, quand je reste éveillé la nuit dans mon lit, je suis hanté par les visages des filles que nous avons vues et qui n'ont pas été sauvées et sont encore violées[1]. » L'avocat qui examinait la série, Steve Chung, était diplômé de Harvard et très sérieux.

Cette semaine de février, McHugh et moi nous trouvions avec Greenberg dans son bureau près de la salle de presse du troisième étage à exposer les grandes lignes de notre planning de tournage pour la semaine suivante, dont certaines interviews pour lesquelles le visage des protagonistes resterait dans l'ombre, une pratique fréquente dans mon travail d'investigation ainsi que pour de nombreux sujets pour

* Magazine d'information diffusé par la chaîne NBC depuis 1992.

« Dateline » sur lesquels Greenberg avait travaillé. Il acquiesça d'un hochement de tête.

— Et vous avez vu tout ça avec Chung ? me demanda-t-il.

Je l'avais fait. À ce moment-là, Greenberg fit pivoter son fauteuil pour se placer face à son écran d'ordinateur et ouvrit un navigateur.

— Je veux juste m'assurer…

Il tapa le nom de mes parents et celui de Weinstein.

— Bonne idée, dis-je. Je n'y avais pas pensé.

Les résultats furent ceux auxquels je m'attendais. Comme la plupart des patrons de studios, le nom de Weinstein était associé à des films sur lesquels mes deux parents avaient travaillé. Il avait distribué plusieurs longs-métrages de Woody Allen dans les années 90 et, plus récemment, quelques-uns dans lesquels avait joué ma mère, dans les années 2000. La distribution des films tend à être un business à part entière : je ne les avais jamais entendus mentionner le nom de Weinstein.

— Ça a l'air bon, conclut Greenberg après avoir survolé plusieurs articles. Je voulais juste m'assurer que tu n'as pas d'intérêt personnel dans l'histoire. Manifestement pas.

— Mis à part un intérêt pour l'affaire, non.

J'avais apprécié Weinstein la fois où je l'avais vu, lors d'un événement organisé par le rédacteur en chef de CBS News, Charlie Rose.

Quelques jours plus tard, je me trouvais dans une chambre d'hôtel à Santa Monica en compagnie de Dennis Rice, un vieux cadre commercial qui transpirait abondamment. L'éclairage du studio aux abat-jours en forme de cube le plongeait dans l'ombre. Au départ, il avait prévu de parler exclusivement des campagnes truquées des oscars. Mais je l'interrogeai sur les années où il avait occupé le poste de directeur du marketing chez Miramax à la fin des années 90 et au début des années 2000, et il devint nerveux.

— Vous n'avez pas idée de ce qui m'attend si je dis quoi que ce soit, me confia-t-il.

Mais Rice sentit que c'était l'occasion d'apporter son aide pour un problème important et accepta de revenir pour l'interview suivante à visage découvert.

— Il y avait de l'argent disponible en cas de bavure à régler, précisa-t-il au sujet de sa période de travail chez Miramax.

— Quel genre de bavures ? lui demandai-je.

— Intimidation, violences physiques, harcèlement.

Il affirma avoir vu son chef en train de « toucher de manière inappropriée » des jeunes femmes et il regrettait de ne pas pouvoir en dire davantage.

— Elles étaient soudoyées. On les encourageait à ne pas en faire tout un plat, au risque de mettre fin à leur carrière.

Il affirmait connaître des cas précis de représailles et, quand les caméras arrêtèrent de filmer, il jeta un coup d'œil à la ronde et me dit :

— Allez voir Rosanna Arquette.

L'actrice avait connu la célébrité pour son rôle principal dans *Recherche Susan désespérément*. Dans *Pulp Fiction*, dont Weinstein avait assuré la distribution, elle avait eu un petit rôle, toutefois mémorable, celui de la femme d'un dealer aux nombreux piercings.

— Je ne sais pas, ajouta Rice en essuyant la sueur à son front, peut-être qu'elle parlera.

Plus tard, en visionnant l'enregistrement, je rembobinai pour revoir un échange sur la culture des proches de Weinstein.

— Et parmi tous ceux, dans l'entourage de cet homme, qui ont vu se produire ce genre de choses, personne n'a jamais protesté ? lui demandais-je.

— Non, répondit-il.

Ce soir-là et dans les jours qui suivirent, je passai des coups de fil. Je rassemblai une liste croissante de femmes, souvent actrices ou mannequins, mais parfois productrices ou assistantes dont on disait qu'elles avaient émis des plaintes à l'encontre de Harvey Weinstein. Certains noms revenaient, comme celui de McGowan, et celui d'une actrice et réalisatrice italienne, Asia Argento.

Je rappelai Nickerson, la productrice qui avait jusque-là hésité à parler de Weinstein.

— J'en ai tellement assez de ce qui arrive aux femmes dans cette industrie. Je veux aider, vraiment. J'ai vu des choses. Et ensuite on m'a versé de l'argent et j'ai signé un document.

— Qu'avez-vous vu ?

Elle marqua une pause.

— Il ne pouvait pas se contrôler. Il est comme ça. C'est un prédateur.

— Et vous pouvez en témoigner ?

— Oui.

Elle aussi accepta d'être filmée, dans le domaine Encino où elle résidait. Visage dans l'ombre. Elle se rappela un schéma de prédation étrangement semblable à celui décrit par Rice.

— Je crois que ça arrivait tout le temps, le tripotage, déclara-t-elle dans l'interview. Ça ne s'est pas produit qu'une fois. Ça n'a pas duré qu'un moment. C'était un comportement constant de prédateur envers les femmes, qu'elles soient consentantes ou pas.

Selon elle, ça participait de la culture de cette entreprise ; il y avait parmi le personnel un maquereau, dont la description de poste restait très laconique pour dissimuler son rôle, qui consistait à procurer des femmes à leur patron.

— Tout le monde savait-il qu'il avait, pour reprendre votre terme, un comportement de « prédateur » envers les femmes ?

— Absolument, tout le monde était au courant.

J'envoyai un texto à Oppenheim :

« Pour info, ça devient un boulot de recherche sur HW. Les deux cadres le désignent nommément devant la caméra. Mais l'un me demande de ne pas montrer d'enregistrements de lui en train de prononcer le nom. »

Et en faisant référence à Rice, j'ajoutai :

« Les gens ont la trouille des représailles. »

« J'imagine », répondit Oppenheim.

Plus j'appelais de gens, plus les déclarations de Rice et Nickerson se confirmaient. Je cherchais aussi des éléments en faveur de Weinstein. Mais ceux que je trouvais sonnaient creux. Nickerson avait cité le nom d'une productrice, victime probable selon lui. Je finis par la localiser en Australie où elle était partie commencer une nouvelle vie. Quand elle m'apprit qu'elle n'avait rien à dire sur Weinstein, elle sembla épuisée et triste, ce qui suggérait que je l'avais placée dans une situation embarrassante.

Une conversation avec Donna Gigliotti, la productrice de *Shakespeare in Love*, se déroula à peu près de la même façon.

— Est-ce que j'ai entendu des choses ? Peut-être. Mais ai-je vu des choses ? demanda-t-elle.

— Qu'avez-vous entendu ?

Elle poussa un soupir exaspéré, comme si la question était absurde.

— Cet homme n'est pas un saint. Croyez-moi, on ne s'aime pas. Mais il n'est coupable de rien de pire qu'un million d'autres hommes dans ce business.

— Vous dites qu'il n'y a pas d'affaire ?

— Je dis que votre temps serait mieux employé ailleurs, répondit-elle d'un ton acerbe. D'autres ont enquêté là-dessus, vous savez. Ils sont tous revenus bredouilles.

Je l'ignorais. Mais bientôt, je découvris en effet que d'autres journalistes avaient enquêté sur l'histoire. Deux ans plus tôt, une rédactrice du *New York Magazine*, Jennifer Senior, avait tweeté :

« À un moment, toutes les femmes qui ont eu peur de parler de Harvey Weinstein vont devoir se prendre par la main et se lancer[2]. »

Puis, plus tard :

« C'est un secret de polichinelle méprisable. »

Les commentaires donnèrent lieu à des posts dans des blogs, puis l'affaire s'estompa. Dans un message, je la priai de parler.

« Ce n'était pas un signalement. David Carr, dont je partageais le bureau quand il travaillait au *NY Mag*, a rédigé un article sur lui et a découvert d'innombrables témoignages décrivant le porc qu'il était[3]. »

Carr, l'essayiste et journaliste décédé en 2015, avait raconté des anecdotes relatées par Senior sur Weinstein exhibant son sexe devant des femmes et les pelotant, mais il ne rassembla jamais assez d'éléments pour qu'elles soient publiables.

« Nombreux sont ceux qui ont essayé d'obtenir cette histoire », me dit Senior avant de me souhaiter bonne chance, comme si elle encourageait Don Quichotte devant un moulin à vent.

Je téléphonai à d'autres personnes proches de Carr qui m'apprirent que pendant qu'il travaillait sur son article, il était devenu paranoïaque. Sa veuve, Jill Rooney Carr, me raconta qu'il croyait être surveillé, même s'il ignorait par qui. « Il pensait être suivi », se souvient-elle.

Mis à part cela, Carr semblait avoir emporté ses secrets dans la tombe.

Après les interviews avec Rice et Nickerson, j'avais rendez-vous avec une amie qui travaillait comme assistante d'un responsable important de NBCUniversal et qui m'avait fourni les contacts d'autres sources potentielles. Elle m'envoya un texto :

« Ma question est : est-ce que “Today” diffuserait un truc comme ça ? Ça semble un peu lourd pour eux. »

Je répondis :

« Noah, le nouveau responsable de l'émission, il le défendra. »

La semaine suivante, le matin du 14 février, Igor Ostrovskiy, l'Ukrainien grassouillet qui avait rencontré Roman Khaykin, le Russe dégarni, au Nargis Cafe, était assis dans le hall d'un hôtel du cœur de Manhattan. Khaykin l'y avait envoyé en mission pour le compte du mystérieux nouveau client. Ostrovskiy faisait mine d'être accaparé par son téléphone alors qu'il filmait discrètement un quinquagénaire en trench-coat en train de serrer la main à un homme, grand, vêtu d'un costume. Il suivit ensuite ses deux cibles jusqu'au restaurant de l'hôtel et s'assit à une table proche.

Il avait consacré les derniers jours à ce genre de tâche dans des hôtels et des restaurants de luxe. Il épiait les rendez-vous des agents envoyés par le client secret et de cibles qui visiblement ne se doutaient de rien. Ostrovskiy était chargé de contre-surveillance : il devait s'assurer que les agents du client n'étaient pas suivis.

Ce jour-là, dans le restaurant de l'hôtel, Ostrovskiy envoya par texto une photo à Khaykin, puis commanda un petit déjeuner continental. Le repas était un bonus de la mission.

« Faites-vous plaisir, profitez bien de votre petit déjeuner », lui avait dit son patron.

Quand le jus de fruit et les petits pains arrivèrent, Ostrovskiy eut du mal à entendre la conversation à la table voisine. Les hommes avaient un accent qu'il n'arrivait pas à définir. D'Europe de l'Est, peut-être. Il perçut des bribes de conversation concernant des lieux lointains : Chypre, une banque au Luxembourg, quelque chose sur des ressortissants russes.

Il passait habituellement le plus clair de son temps à essayer de prendre en flagrant délit des employés en arrêt maladie sous de faux prétextes, ou des conjoints volages. Les agents en costume impliqués dans ces nouvelles missions, certains aux allures de militaires, c'était autre chose. Ostrovskiy regarda toutes les photos déjà prises de ces hommes et se demanda qui il espionnait et pour le compte de qui.

CHAPITRE 7

FANTÔMES

Je me faufilais dans West Hollywood au volant de ma voiture pour me rendre sur le lieu de mon prochain tournage quand j'entendis la nouvelle à la radio : Noah Oppenheim avait été promu président de NBC News. Il prenait en charge des projets décisifs aux côtés de son patron, Andy Lack, qui supervisait les informations pour NBC et MSNBC.

Leur première salve : lancer le nouveau rôle de Megyn Kelly sur la chaîne. Plusieurs points positifs composaient la pierre angulaire de l'ascension d'Oppenheim : génie d'une université prestigieuse, carrière de scénariste, progression rapide dans le monde impitoyable de la télévision. Les prédécesseurs de Lack et d'Oppenheim étaient des femmes : Deborah Turness, une Anglaise à la « démarche arrogante de rockeuse[1] », comme on la décrivait, ce qui à ma connaissance signifiait juste qu'elle portait parfois des pantalons, et Patricia Fili-Krushel, cadre avec une expérience dans les ressources humaines.

La hiérarchie était à présent composée d'hommes blancs : Noah Oppenheim, son supérieur Andy Lack, puis Steve Burke, le PDG de NBCUniversal et Brian Roberts, le PDG de son entreprise parente, Comcast.

J'envoyai un texto à Oppenheim :

« Je suis ravi, ravi, ravi de cette annonce, mon ami ! »

Je lui cirais un peu les pompes, mais j'étais sincère.

« Ah, merci », me répondit-il.

Je passai en revue mes contacts et hésitai un instant. Il y en avait un que je n'avais pas joint depuis un certain temps.

— Je vais faire une interview, dis-je à ma sœur Dylan. C'est une actrice connue. Elle accuse une personne très influente d'un crime très sérieux.

Sur mes photos de famille, Dylan, de deux ans et demi mon aînée, se cachait souvent derrière moi : nous étions là, en couches, sur le vilain canapé marron du salon ; au jardin d'enfants, elle en combinaison lapin ; devant des sites touristiques, riant, elle me serrant dans ses bras.

Je fus surpris qu'elle décroche. En général, elle n'avait pas son téléphone sur elle. Dans un moment de franchise, elle m'avait confié que les sonneries de téléphone l'angoissaient. Les voix d'hommes à l'autre bout de la ligne constituaient en particulier un vrai défi. Elle ne gardait jamais un emploi s'il supposait de passer ou de recevoir des coups de fil. Dylan est auteure et artiste. Ses travaux s'inspirent de mondes aussi éloignés de la réalité que possible. Enfants, nous inventions des royaumes imaginaires très élaborés, peuplés de figurines de dragons et de fées en étain. Le monde imaginaire est son échappatoire. Elle a écrit des centaines de pages de fiction aux descriptions minutieuses et peint des paysages lointains, rangés dans des tiroirs. Quand je lui suggérais de constituer un book, ou encore de soumettre un manuscrit, elle se figeait, sur la défensive. Je ne comprenais pas pourquoi.

— Et tu me demandes conseil ? s'étonna-t-elle, un peu fatiguée.

Ses déclarations et les questions qui tourbillonnaient autour de nous pour savoir si j'en avais fait assez, assez tôt, pour les prendre en considération, avaient créé entre nous une distance qui n'était pas perceptible sur nos photos d'enfance.

— Oui, je veux ton conseil, répondis-je.

Elle soupira.

— Eh bien, c'est le plus dur. Le temps de réflexion. Attendre que l'affaire sorte. Mais une fois que tu as parlé, ça devient bien plus facile. Dis-lui juste de tenir bon. C'est comme arracher un pansement.

Je la remerciai. Après un silence, elle ajouta :

— Si tu obtiens ça, n'abandonne pas, d'accord ?

Rose McGowan vivait dans une caricature de résidence de star du cinéma : un assemblage de cubes « années 50 » parmi les cyprès sur les hauteurs de Hollywood. Dehors, il y avait une large terrasse agrémentée d'un jacuzzi avec vue sur Los Angeles. À l'intérieur, la maison semblait prête pour la revente : aucune photo de famille, juste des œuvres d'art. À côté de la porte d'entrée était accrochée une enseigne au néon de récupération en forme de chapeau melon, sur laquelle on lisait : « Le derby, entrée des dames », et juste en dessous, au sommet de marches menant au salon, le portrait d'une femme dans une cage, consumée par la lumière. Une statue d'elle en bronze dans son rôle dans *Planète Terreur*, avec la jambe en mitrailleuse, était posée à côté d'une cheminée en brique blanche.

La femme assise en face de moi n'était plus celle que j'avais rencontrée sept ans plus tôt. Elle avait l'air fatigué, le visage tendu. Elle portait un sweat-shirt beige large, peu de maquillage et elle avait le crâne rasé dans le style militaire. Mais surtout, elle avait abandonné le métier d'actrice pour se consacrer à la musique, parfois pour sonoriser des vidéos la mettant en scène dans des performances artistiques surréalistes. Elle s'était essayée à la réalisation, avec un court-métrage, *Dawn*, diffusé au festival Sundance en 2014. Dans le film, deux hommes attirent une adolescente, en 1961, dans un lieu reculé, l'assomment avec une pierre, puis l'abattent par balle.

McGowan a connu une enfance difficile. Elle a grandi dans la campagne italienne dans la secte des Enfants de Dieu, où les femmes étaient dures et les hommes violents[2]. Quand elle avait quatre ans, me confiera-t-elle plus tard, l'un d'eux lui avait arraché sans prévenir une verrue à l'aide d'une lame, la laissant ensuite saigner, étourdie. Adolescente, elle avait été un moment sans-abri. Quand elle eut réussi à Hollywood, elle crut pouvoir laisser derrière elle le risque d'être exploitée. Avant son agression par Weinstein, lors du festival du film de Sundance en 1997, elle avait confié à des techniciens d'une équipe de tournage : « Je pense que ma vie devient enfin plus facile. »

Pendant que les caméras filmaient, elle me raconta comment le directeur commercial de Weinstein avait organisé le rendez-vous – subitement déplacé d'un restaurant d'hôtel à une suite dans un hôtel – au cours duquel ça s'était produit. Elle se rappelait la première heure, de la routine. À ce moment-là, elle considérait encore l'homme comme son patron et il n'avait pas tari d'éloges pour son jeu dans un film qu'il avait produit, *Scream*, ainsi que dans un autre, *Phantoms*, encore en cours de tournage. Puis elle revécut le moment qui la bouleversait toujours.

— Au moment de me lever, c'est devenu autre chose qu'un rendez-vous, me confia-t-elle. Tout se passe très vite et très lentement en même temps. Je crois que toutes les victimes disent la même chose… tout d'un coup, votre vie prend un virage à quatre-vingt-dix degrés. C'est… c'est un choc dans votre système. Et votre cerveau essaie de suivre ce qui se passe.

Elle essayait de garder son calme.

— Je me suis mise à pleurer. Et je ne savais pas ce qui se passait. Et je suis très petite. Et cette personne est très grande. Alors imagine.

— C'était une agression sexuelle ?

— Oui, répondit-elle simplement.

— C'était un viol ?

— Oui.

Elle m'apprit qu'elle avait contacté un avocat pénaliste et avait envisagé de porter plainte. L'avocat lui avait conseillé de se taire.

— Il m'a fait remarquer que j'avais tourné une scène de sexe. Personne ne me croirait.

Elle avait décidé de ne pas donner suite et négocié un arrangement financier, renonçant à son droit d'attaquer Weinstein en justice.

— C'était très douloureux. Je pensais que cent mille dollars représentaient beaucoup d'argent à l'époque parce que j'étais une gamine.

C'était, me dit-elle, un « aveu de culpabilité ».

Elle me décrivit un système impliquant assistants, managers et personnes d'influence dans l'industrie, que, d'un ton véhément, elle accusait tous de complicité. Elle se rappelait la mine désemparée de ces employés quand elle était entrée dans la suite avec Weinstein, et quand elle en était sortie.

— Ils ne me regardaient même pas. Ces hommes-là, ils gardaient les yeux baissés. Ils ne me regardaient pas dans les yeux.

Et elle se rappelait son partenaire dans *Phantoms*, Ben Affleck, qui, la voyant bouleversée quelques minutes plus tard et apprenant d'où elle venait, lui avait déclaré : « Bon sang, je lui avais dit d'arrêter. »

McGowan pensait avoir été blacklistée après l'incident.

— Je n'ai presque plus tourné ensuite. Et j'étais pourtant en pleine ascension. Et quand j'ai enfin tourné dans un autre film, il lui a été vendu pour qu'il le distribue, dit-elle en faisant référence à *Planète Terreur*.

Les souvenirs hantent toutes les victimes. Pour les personnes agressées par des individus très en vue, vient s'ajouter une impression d'inéluctable.

— J'ai ouvert le journal et j'ai vu Gwyneth Paltrow en train de lui remettre [un] prix.

Il était « omniprésent ». Et puis il y avait les tapis rouges et les conférences de presse où elle devait poser à ses côtés, souriante.

— Je sortais à nouveau de mon corps. Je me fabriquais un sourire.

Après l'avoir revu pour la première fois, elle vomit dans une poubelle.

Elle n'était pas encore prête à prononcer son nom face à la caméra. Elle se préparait. Mais elle identifia son agresseur pendant les entretiens, à de nombreuses reprises, exhortant les futurs téléspectateurs à « faire le lien ».

— Est-ce que Harvey Weinstein t'a violée ? lui demandai-je.

On pouvait entendre une mouche voler dans la pièce. Elle marqua une pause.

— Je n'ai jamais aimé ce nom. J'ai du mal à le prononcer.

Hors caméra, avec moi, elle avait déjà prononcé son nom. Son souci était en partie de s'assurer que des organes de presse traiteraient le sujet jusqu'au bout si elle s'exposait à des risques juridiques. Je fus franc avec elle : ce serait une procédure judiciaire délicate pour NBC. Je devrais être armé de tous les détails qu'elle pouvait me fournir.

— Montre ça aux avocats, me dit-elle.

— Oh, ils le visionneront, répondis-je avec un rire lugubre.

Elle fixa la caméra, les larmes aux yeux.

— Regardez ceci. Ne vous contentez pas de le lire. Et j'espère que vous serez courageux aussi. Parce que laissez-moi vous dire, c'est arrivé à votre fille, à votre mère, à votre sœur.

CHAPITRE 8

ARME À FEU

« L'interview de Rose est un choc », écrivis-je à Noah Oppenheim dans un texto.

« Ah ouais ? », répondit-il.

« C'était comme une bombe qui explose. Et deux cadres de Miramax ont dit face caméra qu'ils étaient témoins de harcèlement sexuel organisé. Ce sera du pain béni pour les juristes. »

« Bon sang. En effet. »

Tandis que nous finissions nos prises de vues pour la série sur Hollywood, McHugh et moi échangions des coups de fil avec Greenberg, le responsable du service d'investigation, et Chung, l'avocat. À ce moment-là, j'avais parlé à deux personnes de l'équipe de management de McGowan auprès de qui elle s'était plainte immédiatement après le rendez-vous avec Weinstein. Si elle mentait, elle mentait depuis ce matin de 1997.

— Elle a l'air un peu… volage, commenta Greenberg.

McHugh et moi étions de retour dans ce même motel de Santa Monica, par une journée ensoleillée, pour préparer l'interview d'un réalisateur chinois.

— Eh bien, c'est pour ça qu'on prend des dispositions pour recueillir beaucoup de témoignages probants, expliquai-je à Greenberg. Et elle a dit qu'elle nous fournirait le contrat qu'elle a avec Weinstein…

— Sois prudent avec ça.

— Que veux-tu dire ?

— Je ne sais pas si on peut interférer avec des contrats. Soyons juste prudents si on nous les remet.

McHugh semblait frustré.

— On devrait le montrer à l'antenne, suggéra-t-il. C'est explosif. C'est de l'actualité.

— Je pense que ce ne sera pas prêt à temps pour la série, répondit Greenberg.

Le reportage devait être diffusé une semaine plus tard, juste avant les oscars.

— Je pense que je peux me débrouiller pour recueillir le témoignage d'autres victimes d'ici là, dis-je.

— Prenez le temps qu'il faut, répondit Greenberg. On peut diffuser les autres sujets maintenant et vous pouvez poursuivre les recherches là-dessus.

Je m'entendais bien avec le personnel juridique de la chaîne. Je défendais mes projets d'une manière, disons, énergique. Mais je suis moi-même avocat, et j'admirais le soin traditionnel apporté à la production d'un simple reportage pour des programmes comme le « Nightly News ». NBC était une entreprise sérieuse accordant de l'importance à la vérité, une institution englobant radio, télé, câble et Internet – qui avait du poids cinquante ans plus tôt quand elle était l'un des trois réseaux existants, et qui, malgré notre ère fractionnée et conflictuelle, comptait toujours. Le délai ne me dérangeait pas.

— OK, répondis-je. On attendra.

La nouvelle du reportage se répandit comme une tache d'encre. Le lendemain de l'entretien avec McGowan, nous nous trouvions dans les bureaux du *Hollywood Reporter* pour réaliser une interview avec leur journaliste Scott Feinberg sur les récompenses des oscars. Nous ne pouvions pas faire l'impasse sur Harvey Weinstein : il avait quasiment inventé la campagne actuelle des oscars. Weinstein menait ses campagnes comme des guérillas. Un attaché de presse de Miramax rédigea un jour une tribune libre encensant le film *Gangs of New York*, produit par l'entreprise, et le fit passer pour une création de Robert Wise, le réalisateur de *La Mélodie du bonheur*, qui avait, à ce moment-là, quatre-vingt-huit ans. Weinstein organisa une campagne de diffamation contre le film rival *Un homme d'exception*, au moyen d'articles de presse affirmant que le protagoniste, le mathématicien John Nash, était homosexuel (et, voyant que ça ne fonctionnait pas, qu'il était antisémite). Quand *Pulp fiction* perdit l'oscar du meilleur film au bénéfice de *Forrest Gump*, Weinstein menaça publiquement de se rendre sur la pelouse du réalisateur Robert Zemeckis et de « régler ça à l'ancienne[1] ».

Avant de quitter les bureaux du *Hollywood Reporter*, je rencontrai son nouveau rédacteur en chef, Matt Belloni. J'avais entendu des rumeurs selon lesquelles Janice Min – qui avait occupé ce poste auparavant et m'avait convaincu de rédiger la tribune libre sur le besoin de couvrir davantage les allégations d'agression sexuelle – avait enquêté sur celles entourant Weinstein pendant des années. Quand je demandai à Belloni si son travail avait porté ses fruits, il secoua la tête et déclara : « Personne ne parlera. »

Mais il soupçonnait certaines personnes évoluant dans ce milieu de détenir des informations sur les déclarations d'autres victimes. Il me suggéra de contacter l'ancien agent et manager Gavin Polone – « qui empoche ses dix pour cent et roule en Ferrari[2] » comme l'avait décrit *Variety* – devenu producteur à succès et à la réputation de trublion. En 2014, il avait écrit un article pour le *Hollywood Reporter* intitulé « Bill Cosby et la culture des pots-de-vin, du viol et du secret à Hollywood ». Il y faisait référence à des déclarations mettant en cause un directeur de studio dont le nom n'était pas divulgué, qui « tirait avantage de son pouvoir et de son argent pour tout étouffer ». Il accusait les journalistes d'éviter le sujet parce qu'ils « avaient peur d'être poursuivis en justice et encore plus peur de perdre des contrats de publicité[3] ». Personne, semblait-il, n'avait relevé le défi.

Polone était apparu à l'occasion comme commentateur pendant mon émission à la MSNBC. En fin de journée, j'étais au téléphone avec lui. « Il faut révéler ça au grand jour », me dit-il. Il avait entendu parler d'un certain nombre d'allégations au sujet de Weinstein. Certaines directement sorties de la bouche des accusateurs, d'autres de seconde main. « L'exemple le plus flagrant, le Graal de cette histoire, c'est Annabella Sciorra, poursuivit-il. Ce n'était pas du harcèlement. C'était du viol. » Je lui demandai de se renseigner pour savoir si les femmes qui avaient raconté leur histoire voudraient me parler aussi. Il me promit de le faire. Après que je l'eus remercié de m'avoir accordé de son temps, il ajouta :

— Encore une chose. Surveillez vos arrières. Ce type, les gens le protègent. Ils ont beaucoup en jeu.

— Je suis prudent.

— Vous ne saisissez pas. Je vous recommande de vous tenir prêt, au cas où. Je veux dire, procurez-vous une arme.

Je ris. Pas lui.

Les sources avaient peur. Beaucoup refusaient de parler, mais certaines semblaient disposées à me rencontrer. Je contactai l'agent d'une actrice britannique dont McGowan et d'autres pensaient qu'elle avait des raisons de porter plainte. « Elle m'a raconté les faits en détail, dès que nous avons commencé à travailler ensemble, me dévoila Polone. Pendant le tournage, il a sorti son pénis et a couru après elle dans son bureau. Il lui a sauté dessus, l'a maintenue au sol, mais elle s'est libérée. » Je lui demandai si l'actrice voudrait bien s'entretenir avec moi. « Elle en parlait facilement à l'époque, me répondit-il. Je ne vois pas pourquoi elle ne voudrait pas. »

Le lendemain, il me rappela pour me transmettre son numéro de téléphone et son adresse e-mail. L'actrice serait heureuse de discuter d'une potentielle interview.

De la même manière, un agent travaillant avec Rosanna Arquette sembla deviner immédiatement le motif de mon appel. « C'est un sujet difficile pour elle, me dit-il. Mais je sais qu'il lui tient à cœur. Je suis sûr qu'elle parlera. »

Je contactai Annabella Sciorra sur Twitter. Je lui expliquai qu'il s'agissait d'un sujet sensible. Elle paraissait inquiète, un peu sur ses gardes. Mais nous fixâmes un horaire pour un coup de fil.

Je recherchais aussi la seule allégation contre Weinstein entrée dans le système de justice pénale. En mars 2015, Ambra Battilana Gutierrez, mannequin italo-philippin et ancienne finaliste du concours de Miss Italie, se rendit directement au commissariat après un rendez-vous avec Weinstein dans ses bureaux de Tribeca et déclara que l'homme l'avait tripotée. Les forces de l'ordre convoquèrent

Weinstein pour un interrogatoire. Les tabloïdes new-yorkais couvrirent frénétiquement la nouvelle.

Puis quelque chose d'étrange se produisit : les articles sur Weinstein disparurent au profit d'articles désobligeants sur Gutierrez. On pouvait lire qu'en 2010, jeune concurrente pour le concours de Miss Italie, elle avait assisté à une fête « Bunga bunga[4] » organisée par Silvio Berlusconi, alors Premier ministre d'Italie, après laquelle il avait été accusé d'avoir des rapports sexuels avec des prostituées. L'article affirmait que Gutierrez en était une, et qu'elle avait des clients en Italie, essentiellement de vieux riches. Le *Daily Mail* signalait que le lendemain du supposé incident, elle avait assisté à *Finding Neverland*, une comédie musicale de Broadway produite par Weinstein. Plus tard, elle avait demandé un rôle dans un film, rapportait Page Six. Gutierrez déclara ne jamais s'être prostituée, avoir été conduite à la fête de Berlusconi par obligation professionnelle, s'en être éclipsée aussitôt qu'elle en avait perçu la dimension sordide et n'avoir jamais demandé de rôle dans un film. Mais les dénégations ne furent publiées qu'après coup, voire pas du tout. Les photos d'elles changèrent : jour après jour, elle apparaissait vêtue de lingerie ou en bikini. Les tabloïdes insinuaient qu'elle était une prédatrice, piégeant Weinstein avec ses stratagèmes féminins. Et puis, soudain, les accusations disparurent. De même qu'Ambra Gutierrez.

Mais le nom d'un de ses avocats était mentionné dans des rapports publics, et les avocats ne vivent pas coupés du monde.

— Je ne suis pas autorisé à en parler, me dit-il.

— D'accord, répondis-je.

Mes études de droit et mon expérience par la suite me permettent de reconnaître une clause de confidentialité quand j'en vois une.

— Mais pouvez-vous faire passer un message ? lui demandai-je.

Gutierrez m'envoya presque aussitôt un texto.

« Bonjour, mon avocat m'a dit que vous vouliez me contacter. Je voulais juste savoir à quel sujet. »

« Je suis journaliste pour NBC News et je cherche des informations pour un sujet sur lequel je travaille pour l'émission "Today". Je pense qu'il est sans doute plus facile d'en parler au téléphone, si ça vous va. »

« Pourriez-vous être un peu plus précis quand vous dites “sur lequel je travaille” ? »

Ambra Gutierrez n’était pas née de la dernière pluie.

« Ça concerne une plainte déposée par quelqu’un, et peut-être par plusieurs personnes, qui pourrait présenter des ressemblances avec la vôtre dans l’enquête menée par les services de police de New York en 2015. Ça pourrait rendre un grand service à celles qui portent le même genre d’accusations si je pouvais vous parler. »

Elle accepta de me rencontrer le lendemain.

Avant notre rendez-vous, j’appelai méthodiquement les personnes impliquées dans l’affaire. Un de mes contacts au bureau du procureur m’informa que son équipe avait trouvé Gutierrez crédible.

— Il y avait… certains éléments dans son passé, me dit-il.

— Quelle sorte d’éléments ?

— Je ne peux pas développer. Mais rien n’a laissé penser qu’elle mentait. Et j’ai entendu dire que nous détenions des preuves.

— Quelles sortes de preuves ?

— Je ne sais pas exactement.

— Vous pouvez vous renseigner ?

— Bien sûr. Et ensuite je remettrai ma démission.

CHAPITRE 9

MINIONS

Lorsque j'arrivai à la Gramercy Tavern, Gutierrez était assise au fond dans un coin, droite comme un I et parfaitement immobile. « Je suis toujours en avance », me dit-elle. Je découvris aussi qu'elle était incroyablement organisée et stratégique. Née en Italie, à Turin, elle avait grandi en voyant son père, qu'elle décrivait comme un « Dr. Jekyll et Mr. Hyde », frapper sa mère. Quand elle tentait d'intervenir, il la frappait aussi. Adolescente, elle était devenue « la gardienne » du foyer, soutenant sa mère et éloignant son frère cadet de la violence paternelle. Elle était terriblement belle, comme un personnage de dessin animé : très mince avec de très grands yeux. Ce jour-là, elle était nerveuse. « Je veux apporter mon aide, me dit-elle avec des trémolos dans la voix. C'est juste que je suis dans une situation difficile. »

C'est uniquement quand je lui appris qu'une autre femme avait réitéré devant la caméra des propos accusateurs à l'encontre de Weinstein et que d'autres envisageaient de l'imiter, qu'elle commença à me livrer son histoire.

En mars 2015, son agent à l'agence de mannequins l'avait invitée à une réception au Radio City Music Hall pour le « New York Spring Spectacular », une émission produite par Weinstein. Comme d'habitude, Weinstein avait mobilisé des amis dans l'industrie pour soutenir le projet. Steve Burke, le PDG de NBCUniversal, avait accepté de fournir des costumes de personnages de la franchise des « Minions » omniprésente à l'époque. Lors de la réception, Weinstein regarda ostensiblement Gutierrez traverser la pièce. Il s'approcha d'elle pour la saluer et déclara à plusieurs reprises, devant son agent, qu'elle ressemblait à l'actrice Mila Kunis. Après la réception, l'agence de mannequins envoya à Gutierrez un e-mail l'informant que Weinstein voulait organiser un rendez-vous professionnel dès que possible.

Gutierrez arriva dans le bureau de Weinstein à Tribeca le lendemain en fin d'après-midi, munie de son book. Quand elle prit place sur le canapé à côté de Weinstein pour qu'il le consulte, il se mit à fixer ses seins et lui demanda si c'étaient des vrais. Il se jeta ensuite sur elle, lui saisissant la poitrine, puis tenta de mettre la main sous sa jupe malgré ses protestations. Il finit par battre en retraite, et lui dit que son assistante lui fournirait des tickets pour *Finding Neverland* dans la soirée et qu'il la retrouverait là-bas.

Gutierrez avait vingt-deux ans à l'époque. « À cause des traumatismes dans mon passé, me confia-t-elle, c'était grave pour moi qu'on me touche. » Elle se souvient avoir tremblé après le rendez-vous avec Weinstein et s'être arrêtée aux toilettes pour pleurer. Elle prit ensuite un taxi jusqu'au bureau de son agent et pleura là-bas aussi. Son agent et elle se rendirent au commissariat le plus proche. Elle garde en mémoire le commentaire d'un des policiers quand elle eut donné le nom de Weinstein. Il avait dit : « Encore ? »

Plus tard dans la soirée Weinstein lui téléphona, agacé qu'elle ne soit pas venue assister à l'émission. Elle répondit alors qu'elle se trouvait encore avec les enquêteurs de l'unité spéciale pour les victimes. Ils écoutèrent la conversation et mirent au point un plan : Gutierrez accepterait d'aller voir l'émission le lendemain et rencontrerait Weinstein. Elle serait équipée d'un micro et essaierait d'obtenir des aveux. « C'était une décision effrayante, me raconta-t-elle. Et bien entendu je n'ai pas fermé l'œil de la nuit. » Toute personne sollicitée pour prendre des risques afin de mettre au jour une affaire importante doit trouver l'équilibre complexe entre intérêts personnels et motivations altruistes. Parfois les deux coïncident. Mais pour Gutierrez, il n'y avait presque aucun avantage. Elle s'exposait à un anéantissement juridique et professionnel et voulait simplement empêcher Weinstein de recommencer. « Tout le monde m'a dit qu'il pouvait me fermer toutes les portes. Mais j'étais prête à prendre ce risque parce qu'il fallait que ce type ne fasse plus ça à personne. »

Le lendemain, elle rencontra Weinstein dans le bar du Tribeca Grand Hotel, une salle luxueuse aux murs bleus décorés d'étoiles dorées et de nuages peints au pochoir. Une équipe d'agents en civil montait la garde. Weinstein se montra flatteur. Il la complimenta abondamment sur sa beauté. Il l'aiderait à obtenir des rôles si elle acceptait d'être son amie et nomma plusieurs actrices célèbres pour qui, disait-il, il avait fait de même. Elle devrait bien sûr travailler son accent, mais il pourrait lui faire suivre des cours.

Il s'excusa pour aller aux toilettes, et quand il revint lui demanda sur un ton pressant de le suivre dans sa suite du dernier étage car il voulait prendre une douche. Gutierrez, craignant qu'il ne la touche encore ou découvre qu'elle portait un micro, s'y opposa. Ne se laissant pas décourager, il essaya à plusieurs reprises de la convaincre. La première fois, elle eut recours à une tactique suggérée par les agents de police : elle fit semblant d'oublier sa veste dans le bar et insista pour qu'ils descendent la chercher. La seconde fois, un des agents, qui se faisait passer pour un photographe de TMZ, se mit à mitrailler Weinstein de questions, ce qui le mena à se plaindre aux employés de l'hôtel. Gutierrez essaya de s'extirper de la situation mais Weinstein parvint à la faire monter et à la conduire jusqu'à sa chambre. Les agents sous couverture ne pouvaient plus l'aider. Pour ajouter à ses problèmes, la batterie du téléphone que la police lui avait demandé de laisser allumé dans son sac pour enregistrer, au cas où, était presque déchargée.

De plus en plus pugnace, Weinstein demanda à Gutierrez d'entrer dans la chambre. Terrifiée, elle implora et tenta de s'éloigner. Au cours de cet échange, Weinstein reconnut l'avoir pelotée la veille : une confession entière, spectaculaire, enregistrée. Elle continua de le supplier et, quand il se fut enfin calmé, ils redescendirent. Les agents, ne dissimulant plus leur identité, s'approchèrent de lui et l'informèrent que la police voulait lui parler.

S'il avait été inculpé, Weinstein se serait exposé à des poursuites pour abus sexuel au troisième degré, une infraction passible de trois mois d'emprisonnement. « Nous avions tant de preuves, de tout, me confia Gutierrez. Tout le monde me disait : “Félicitations, on a arrêté un monstre.” » Mais les tabloïdes se mirent à publier des articles sur le supposé passé de prostituée de Gutierrez et le bureau du procureur de Manhattan, Cyrus Vance Jr., reprit les mêmes allégations. D'après deux sources dans la police, Martha Bashford, la directrice du service de Vance dédié aux crimes sexuels, interrogea Gutierrez, la bombardant de questions sur sa vie sexuelle et sur Berlusconi avec une hostilité inhabituelle. Le service de presse du bureau du procureur déclara plus tard au *New York Times* que l'interrogatoire avait été « normal », afin d'anticiper les questions du contre-interrogatoire. Les sources de la police n'étaient pas du même avis : « Ils se sont acharnés sur elle comme s'ils étaient les avocats de Weinstein », me confiera l'une d'elles. « C'était bizarre, se souvient Gutierrez. Je me suis dit, mais enfin, où est le rapport ? Je ne comprends pas. Écoutez juste la preuve, l'enregistrement. »

Le 10 avril 2015, deux semaines après la dénonciation, le bureau du procureur annonça qu'il n'allait pas donner suite. Il prononça une brève déclaration : « Ce dossier a été pris au sérieux dès le début. Notre service dédié aux crimes sexuels a mené une enquête approfondie. Après analyse des preuves disponibles, dont de multiples entretiens avec les deux parties, l'inculpation pénale n'est pas retenue[1]. »

La décision révolta le NYPD – à tel point que la division spéciale pour les victimes lança un examen interne des dix plaintes précédentes à Manhattan issues de semblables allégations d'attouchements. « Elles ne comportaient pas le quart des preuves que nous détenions pour celle-là, me dit une autre source dans la police. Il n'y a pas eu d'enregistrements lors des rendez-vous et très peu d'appels sur écoute. » Et pourtant cette même source ajouta que « toutes [avaient] débouché sur des arrestations ». Le public n'avait jamais eu connaissance des preuves accablantes que détenait Vance.

Dans la police, on murmura que le bureau du procureur avait agi de manière étrange. Les employés de Vance recevaient régulièrement de nouvelles informations sur le passé de Gutierrez sans révéler leur source. C'était, me dit un policier, comme si Weinstein avait infiltré lui-même le bureau de Vance.

Au moment de l'incident avec Gutierrez, l'équipe juridique de Weinstein bénéficiait d'une influence politique considérable. L'ancien maire de New York, Rudolph Giuliani, était personnellement impliqué. « Après l'incident avec Ambra, Rudy venait sans cesse dans le bureau, se souvient un employé de la Weinstein Company. Il avait encore sa tête à l'époque. » Giuliani travaillait tant sur l'affaire Gutierrez qu'une dispute éclata à propos de la facturation. Les querelles au sujet des factures étaient un thème récurrent dans les affaires de Weinstein.

Plusieurs membres de l'équipe juridique de Weinstein firent des dons pour la campagne de Vance. Un avocat, Elkan Abramowitz, partenaire du cabinet ayant employé Vance par le passé, avait contribué aux campagnes de Vance depuis 2008 à hauteur de 26 450 dollars[2]. Je reconnus le nom Abramowitz. Quand ma sœur avait réitéré ses déclarations d'agressions par Woody Allen, il avait envoyé Abramowitz sur les plateaux des émissions matinales pour afficher un sourire affable et nier ces allégations. Après cela, je décidai de ne pas faire d'Abramowitz une affaire personnelle. Pour lui et pour bien d'autres avocats, elle n'était pas une victime. C'était juste une affaire comme une autre.

David Boies avait lui aussi travaillé sur l'imbroglio Gutierrez et était resté proche du procureur de Manhattan. Il était donateur de longue date et dans les mois qui suivirent le refus d'engager des poursuites, il versa 10 000 dollars pour la campagne de réélection de Vance[3].

Après cette décision, Gutierrez, bouleversée, s'inquiéta pour son avenir. « Je ne dormais plus, je ne mangeais plus », me confia-t-elle. Weinstein fit jouer ses contacts dans les tabloïdes pour obtenir des articles présentant Gutierrez comme une prostituée. Elle avait l'impression que l'histoire se répétait. Elle pensait que ses problèmes en Italie, où on lui reprochait d'avoir vendu ses charmes, résultaient de ses témoignages dans l'affaire de corruption concernant Berlusconi. Elle me confia qu'il s'était servi de son influence pour la salir. « Ils ont dit que je participais à des parties fines, que j'entretenais des liaisons avec des hommes riches. Tous ceux qui me connaissent savent que c'est complètement faux. » La diffamation, la qualification de salope étaient, semble-t-il, un langage universel. Plusieurs rédacteurs en chef de tabloïdes m'ont dit plus tard qu'ils regrettaient la façon dont ils avaient traité l'affaire Gutierrez et qu'elle mettait désagréablement à nu les relations transactionnelles de Weinstein dans leur industrie.

Weinstein exploita aussi sa relation avec Pecker et Howard au *National Enquirer*. Les employés de Weinstein se souviennent d'une légère hausse du nombre de coups de fils passés à Pecker. Howard ordonna à son équipe de ne plus aborder le sujet Gutierrez, puis demanda d'acheter l'histoire pour l'enterrer. Le journal publia ensuite un article affirmant que Gutierrez se servait de sa situation pour faire sa promotion. C'était comme si, me dit-elle : « [...] juste parce que je posais pour de la lingerie, je devais avoir tort. Des gens me disaient : "C'est peut-être à cause des vêtements que tu portais." » (Lors de son rendez-vous avec Weinstein, elle portait un tailleur et d'épais collants à cause du froid.)

Sa réputation tournait comme du lait. « Mon métier repose sur l'image et mon image était détruite. » Les castings s'évaporèrent. Les paparazzis campaient devant son appartement. Son frère lui téléphona d'Italie pour lui annoncer que des journalistes étaient venus sur son lieu de travail. Au début, quand les avocats qu'elle consulta lui conseillèrent vivement d'accepter un accord, elle résista. Mais sa détermination faiblit. « Je ne voulais plus faire souffrir ma famille. J'avais vingt-deux ans. Je savais que s'il pouvait autant influencer la presse, je ne pouvais pas me battre contre lui. »

Le matin du 20 avril 2015, elle se retrouva dans les bureaux d'un cabinet d'avocats, au centre de Manhattan, devant un volumineux accord juridique et un stylo. En échange d'un paiement d'un million de dollars, elle acceptait de ne plus jamais parler en public de Weinstein ni de ses démarches pour l'accuser. « Je comprenais à peine ce que je faisais avec ces documents. J'étais vraiment désorientée. Je parlais très mal anglais. Tous les mots de cet accord étaient extrêmement difficiles. Je pense que même aujourd'hui, je ne pourrais pas vraiment tout saisir. » De l'autre côté de la table, l'avocat de Weinstein, Daniel S. Connolly, du cabinet de Giuliani, trembla ostensiblement quand elle prit le stylo. « Je l'ai vu trembler et j'ai compris l'ampleur de l'affaire. Mais j'avais le devoir de soutenir ma mère et mon frère ; j'ai pensé à ma vie qui était en train d'être détruite, et j'ai signé. Au moment où je l'ai fait, j'ai vraiment eu l'impression que ce n'était pas bien. » Elle savait que certains la jugeraient d'avoir accepté l'argent. « Beaucoup de gens n'ont pas d'empathie. Ils ne se mettent pas à la place des autres. »

Après la signature du contrat, elle plongea dans la dépression et développa un trouble alimentaire. Finalement, son frère, inquiet, se rendit aux États-Unis. « Il savait que j'allais très mal. » Il l'emmena aux Philippines pour « prendre un nouveau départ ». Elle me confia avoir été « complètement détruite ».

CHAPITRE 10

MAMAN

Deux ans plus tard, Gutierrez ferma les yeux à l'évocation de ce souvenir.

— Vous avez le document ? lui demandai-je.

Elle ouvrit les yeux, me dévisagea.

— Je vous promets, ajoutai-je, que je me servirai de ce que vous me dites aujourd'hui uniquement si vous êtes d'accord. Même si ça signifie abandonner l'enquête.

Gutierrez saisit un iPhone blanc et fit défiler une liste de fichiers. Elle me tendit ensuite le téléphone et me laissa lire l'accord de non-divulgation d'un montant d'un million de dollars.

Le document comportait dix-huit pages. La dernière était signée par Gutierrez et Weinstein. L'avocat qui en avait rédigé une première version était sans doute à tel point convaincu de son caractère exécutoire qu'ils n'avaient jamais envisagé la possibilité qu'il sorte de l'ombre. L'accord ordonnait la destruction de tous les enregistrements audios de Weinstein avouant le délit. Gutierrez acceptait de remettre son téléphone et tout autre appareil susceptible de contenir des preuves à Kroll, l'entreprise de sécurité privée engagée par Weinstein. Elle acceptait aussi de fournir les mots de passe de ses comptes de messagerie et d'autres moyens de communication numérique susceptibles de contenir des copies. Un des avocats de Gutierrez me confiera plus tard : « L'accord de confidentialité Weinstein est sans doute le plus usuraire que j'ai vu au cours de dizaines années de carrière. » Une déclaration sur l'honneur, préalablement signée par le mannequin et jointe au document, serait divulguée en cas de rupture du contrat. Elle stipulait que contrairement à ses aveux recueillis sur l'enregistrement, Weinstein n'avait jamais eu un tel comportement.

Je levai vite les yeux de l'écran et du carnet sur lequel je prenais des notes. « Ambra, est-ce que toutes les copies de l'enregistrement ont été détruites ? » lui demandai-je. Elle croisa les mains sur ses genoux et les regarda.

Après avoir quitté le restaurant, je me dirigeai d'un bon pas vers le métro et j'appelai McHugh pour lui raconter l'entretien. « C'est la vérité. Et il y a des enregistrements audio de ses aveux. »

J'envoyai ensuite un texto à Noah Oppenheim.

« Pour info, je suis maintenant en contact avec cinq femmes. Je viens de voir une mannequin qui a porté un micro pour une enquête du NYPD en 2015. Elle va me faire écouter les enregistrements. Elle veut parler, mais elle a accepté de l'argent en échange d'une clause de confidentialité – elle m'a montré le document. Il est légal. Signé par HW, un million de dollars. »

Quand il me répondit plusieurs heures plus tard, il me demanda seulement :

« Qui est ton producteur pour ce sujet ? »

Sans rien ajouter.

De retour au 30, Rockefeller Plaza, McHugh et moi étions assis en face de Rich Greenberg dans son bureau au troisième étage.

— C'est une sacrée histoire, dit-il en se recalant dans son fauteuil ergonomique.

— Enfin, c'est énorme, dit McHugh. Il admet avoir commis un délit.

Greenberg fit pivoter son siège pour se placer face à l'écran de son ordinateur.

— Voyons ça…

Il tapa le nom de Gutierrez dans Google et cliqua ensuite sur l'onglet image. Il passa en revue quelques photos d'elle en lingerie dans des poses langoureuses.

— Pas mal, dit-il.

— On n'est pas loin de la preuve accablante là, m'impatientai-je. Elle promet de me faire écouter l'enregistrement.

— Eh bien, nous verrons ça, répliqua Greenberg.

— Et il y a le contrat, ajouta McHugh.

— Cette partie est compliquée. On ne peut pas lui demander de rompre son contrat.

— On ne l'oblige à rien, répliquai-je.

Plus tard dans l'après-midi, je téléphonai à Chung, l'avocat de NBC. « En théorie, quelqu'un pourrait affirmer que nous l'avons incitée à rompre son contrat, m'expliqua-t-il. Mais ce délit est bizarre. Les éléments nécessaires pour le prouver sont sujets à beaucoup d'interprétations contradictoires. Certains affirment qu'il faut démontrer que l'accusé avait pour seul but de violer le contrat, ce qui n'est évidemment pas ton objectif. Je suis sûr que Rich fait juste preuve de prudence. »

J'avais essayé de contacter Jonathan plusieurs fois dans l'après-midi, mais je ne réussis à le joindre qu'en sortant de Rockefeller Plaza au coucher du soleil.

— Six appels ! J'ai cru que c'était une urgence ! s'exclama-t-il.

Il sortait d'une réunion.

— Cinq ! répliquai-je.

Nous nous étions rencontrés peu de temps après qu'il avait arrêté de travailler comme rédacteur de discours présidentiels. Au fil des ans, il s'était dispersé. Il avait créé une sitcom qui n'avait pas fait long feu et surtout rédigé beaucoup de tweets. Deux mois plus tôt, ses amis et lui avaient créé une société de médias consacrée aux podcasts de la côte ouest. Elle avait décollé plus vite que prévu. Ses voyages à New York devenaient plus courts et plus rares.

— Je vérifie, dit-il.

— Vas-y.

Je patientai trente secondes.

— Jonathan !

— Désolé ! J'avais oublié que t'étais là.

Cela se produisait assez souvent. Ces derniers temps, notre relation consistait presque exclusivement de coups de fils interminables. À l'occasion, il essayait de me mettre en pause, oubliant que je n'étais pas un podcast.

Mon téléphone sonna. Je regardai l'écran et découvris une vingtaine de messages sur mon Instagram. Ils provenaient d'un compte sans photo de profil. Ils répétaient, encore et encore : « Je te regarde, je te regarde, je te regarde. » Je les supprimai. Les messages étranges sont un risque qui va de pair avec le travail à la télévision.

— Les fous m'adorent, dis-je à Jonathan.

Je lui lus les messages.

— Il croit t'aimer, mais attend qu'il sorte avec toi.

— Qu'est-ce que ça veut dire ?

— Ça veut dire que je t'aime ?

— Vraiment ?

— Je travaille juste sur mes vœux pour la cérémonie. Sur la lune. Avec nos bottes gravitationnelles.

C'était une plaisanterie récurrente entre nous. La mère de Jonathan voulait des petits-enfants, et avant l'apparition de bases lunaires.

— On parle encore de ça ? dis-je, jouant le jeu.

— Trouve quelqu'un chez NBC pour jeter un coup d'œil à ces menaces. Prends-les au sérieux s'il te plaît.

Après ce premier rendez-vous avec Gutierrez, je repris contact avec mon informateur au bureau du procureur. « C'est bizarre, déclara-t-il. L'enregistrement est mentionné dans le dossier de l'affaire. Mais je ne crois pas que nous l'ayons. »

Cela semblait improbable. Selon la procédure habituelle, le bureau du procureur aurait dû conserver toutes les preuves au cas où l'enquête serait rouverte. Je le remerciai et mis ça sur le compte d'un manque de rigueur dans ses recherches.

Une semaine après notre première conversation, je revis Gutierrez dans un petit restaurant souterrain situé près de Union Square. Elle sortait d'un casting, coiffée et maquillée. J'avais l'impression de mener une interview dans une pub pour shampoing. Elle parla de l'empire médiatique corrompu de Berlusconi, de l'énergie qu'elle avait dû dépenser pour aider à étaler au grand jour ses agissements. À chacune de nos conversations, elle semblait davantage disposée à recommencer.

Plus tôt dans la journée, elle m'avait envoyé une photo d'un vieux MacBook, m'indiquant qu'elle en avait perdu le câble. J'en avais déniché un, et tandis que nous parlions, l'ordinateur chargeait sur une chaise à côté de nous. J'y jetais sans cesse des coups d'œil, puis je finis par lui demander aussi nonchalamment que possible s'il était assez rechargé. Comme le restaurant était bruyant, on sortit s'installer dans une librairie Barnes & Noble. Gutierrez rouvrit l'ordinateur. Son regard glissant d'un côté à l'autre, elle navigua à travers une série de sous-dossiers : des photos de mannequinat et des documents Word visiblement inoffensifs.

Elle fouilla plus profondément dans son disque dur, puis me dit : « Avant qu'on m'ordonne de remettre le contenu de mon téléphone et de mon ordinateur, je me suis envoyé des enregistrements à toutes mes adresses e-mails. »

Elle avait accepté de livrer à Kroll les mots de passe de tous ses comptes et savait qu'ils trouveraient ceux qu'elle n'avait pas révélés. Mais, pour se laisser la possibilité de contester l'accord, elle avait affirmé ne pas se rappeler un des mots de passe. Puis, tandis que Kroll effaçait les autres comptes, un par un, elle s'était connectée à celui dont elle était censée récupérer le mot de passe, avait transféré l'enregistrement sur un compte e-mail « non traçable » temporaire, puis avait effacé le message qu'elle venait de s'envoyer. Elle avait ensuite téléchargé les fichiers sur ce vieil ordinateur portable qu'elle avait fourré au fond d'un placard. « Je n'étais pas sûre que ça marche, dit-elle. J'avais l'impression… » Mais Kroll ne vint pas frapper à sa porte et l'ordinateur portable prit la poussière, jamais rechargé pendant des années.

Sur l'écran devant elle, s'afficha un dossier nommé « Maman ». Il contenait des fichiers audio nommés Maman1, Maman2 et Maman3 : les enregistrements qu'elle avait dû enclencher frénétiquement pendant l'opération de la police à chaque fois que son téléphone émettait une alerte signalant la perte imminente d'autonomie de la batterie. Elle me tendit des écouteurs. Je me concentrai. Tout était là : les promesses de promotion professionnelle, la liste des actrices qu'il avait aidées, le face à face dans l'ascenseur avec le policier en civil que Weinstein prenait pour un photographe de TMZ. Sur l'enregistrement, la panique de Gutierrez était perceptible. « Je ne veux pas », disait-elle dans le couloir devant la chambre, refusant d'aller plus loin alors que le ton de Weinstein se faisait menaçant. « Je veux partir, ajoutait-elle. Je veux retourner au rez-de-chaussée. » À un moment, elle lui demandait pourquoi il lui avait peloté les seins la veille.

— Oh, s'il te plaît, je suis désolé. Mais entre, répondait Weinstein. Je fais ça souvent. Allez. S'il te plaît.

— Vous faites ça souvent ? s'étonnait-elle.

— Oui, répondait-il.

Puis il ajoutait :

— Je ne recommencerai pas.

Après presque deux minutes d'échanges dans le couloir, il avait enfin accepté de retourner au bar de l'hôtel.

Il l'avait flattée, menacée, intimidée, et ne s'était pas laissé décourager. Mais surtout, l'enregistrement constituait une preuve tangible et irréfutable. On l'entendait, non seulement admettre un délit, mais aussi reconnaître qu'il le commettait régulièrement. *Je fais ça souvent.*

— Ambra, dis-je en retirant le casque. Il faut que nous rendions ça public.

Je sortis de ma poche une clé USB et la glissai vers elle.

— Je ne peux pas vous dire quoi faire. La décision vous appartient.

— Je sais.

Elle ferma les yeux, sembla chanceler un instant.

— Je vais le faire, ajouta-t-elle. Mais pas encore.

CHAPITRE 11

BLOOM

Mon second entretien avec Gutierrez me mettait en retard pour mon rendez-vous avec une ancienne assistante de Phil Griffin, mon patron chez MSNBC. Je la prévins par texto :

« C'est l'histoire la plus importante que j'ai jamais traitée. Si je ne suis pas à l'heure, c'est que je n'ai absolument pas le choix. »

Après le journalisme, en faire des tonnes et être en retard étaient mes grandes passions. Tolérante, elle me répondit :

« Pas de problème. J'espère que ça se passe bien. »

J'étais encore en train de lui présenter mes excuses quand j'arrivai dans le petit bistro français où nous avions convenu de nous retrouver. Je lui demandai comment se portait Griffin. Elle me répondit que c'était drôle que je le mentionne, qu'il avait demandé de mes nouvelles.

Griffin était celui qui m'avait donné une chance et m'avait introduit chez NBC. Producteur talentueux, il avait gravi les échelons à CNN, et plus tard au « Today » et à « Nightly News ». À CNN, il était spécialisé dans le sport. Il se passionnait pour le baseball et me pardonnait de ne pas comprendre ses monologues enflammés. Quand il parlait de son rêve de toujours de travailler pour les New York Mets, on avait l'impression qu'il plaisantait. Aux commandes de MSNBC, il avait géré les périodes de grand succès de la chaîne et survécu à ses moments les plus brutaux. Il était le fils d'un cadre de chez Macy et avait grandi dans des banlieues chics aux abords de New York et Toledo[1]. Svelte, chauve et nerveux, il possédait l'insouciance d'un homme qui avait souvent obtenu ce qu'il désirait.

Au cours des deux ans qui suivirent l'annulation de mon émission, nos contacts se limitèrent à de cordiales chamailleries de bureau. Quand son ancienne assistante m'apprit qu'il m'avait mentionné, je me demandai si elle se montrait juste polie, et, s'il l'avait fait, pourquoi je me serais trouvé dans sa ligne de mire.

Harvey Weinstein téléphona à Boies, son avocat, peu de temps après le tweet de Rose McGowan, à l'automne précédent. Mais il mentionna NBC seulement au début du printemps.

« J'ai entendu dire qu'ils travaillent sur un sujet fort », avait-il déclaré. Il voulait savoir si Boies avait eu vent de rumeurs. Boies répondit que non. Quelques jours plus tard, Weinstein était de nouveau au téléphone, répétant sa question.

Lors du second coup de fil à Boies, il sembla mécontent de cette réponse. « J'ai des contacts chez NBC, rappela-t-il à Boies. Je vais trouver les informations. »

Weinstein, inquiet, appelait depuis des années ses avocats pour discuter d'organes de presse enquêtant sur des sujets gênants. Mais cette fois-ci c'était différent : il racontait à son entourage qu'il tenait ses informations directement de NBC. Bientôt, il affirma savoir exactement quelles pièces la chaîne avait en sa possession et connaître le nom du journaliste qui travaillait sur le dossier.

Au cours des semaines suivantes, je vis plusieurs fois Gutierrez au Barnes & Noble de Union Square. Elle me dit qu'elle nous rencontrerait, Greenberg, moi et le service juridique de NBC pour nous faire écouter l'enregistrement et nous montrer le contrat. Elle n'était toujours pas certaine de vouloir nous les remettre.

Après l'un de ces entretiens, j'hésitai à nouveau avant d'appeler ma sœur, Dylan. « Alors, comme ça, tu as encore besoin de mes conseils ? » se moqua-t-elle.

Je lui exposai la situation : une source, un enregistrement, un contact. Tous ceux avec qui je m'étais entretenu étaient de potentiels informateurs, susceptibles de transmettre les informations à

Weinstein. Si jamais je réunissais tous les éléments nécessaires, je lui présenterais le rapport et je solliciterais ses commentaires. Mais pour le moment, j'étais vulnérable et les avertissements des sources concernant les tactiques de Weinstein m'angoissaient.

— À qui je peux m'adresser ? demandai-je à ma sœur. À qui faire confiance ?

Elle réfléchit un instant.

— Tu devrais appeler Lisa Bloom.

Lisa Bloom était le genre d'avocate qui passe à la télévision, mais elle semblait utiliser la plateforme pour défendre non seulement ses clients mais aussi sa profonde aspiration à protéger les victimes de violences sexuelles confrontées aux riches et puissants. Elle s'était exprimée à de nombreuses reprises en faveur de ma sœur, quand peu d'autres s'y étaient risqués. « Vous, votre sœur et votre mère avez fait preuve d'élégance et de dignité dans la tempête en encourageant toutes les victimes d'abus sexuels, m'avait-elle écrit un jour. Le moins que je puisse faire, c'est de parler ouvertement de la crédibilité évidente de Dylan[2]. »

Bloom était apparue souvent dans mon émission, en tant que représentante des accusateurs de Bill O'Reilly et Bill Cosby. « Les riches et puissants ont un passe-droit. Je vois ça tous les jours dans mon cabinet, déclarait-elle dans un segment sur Cosby. Je représente de nombreuses victimes de riches et célèbres prédateurs. Leur première réaction c'est d'attaquer la victime, d'essayer de déterrer tout ce qu'ils peuvent trouver dans sa vie pour lui faire honte. »

Elle avait vu comment « les femmes sont bafouées ou menacées de diffamation »[3].

Quand Bloom décrocha, je lui proposai de garder cette conversation confidentielle. Elle rejeta ma proposition.

— Mais enfin, dit-elle d'une voix chaude et légèrement éraillée. La plupart du temps, je n'aime pas me taire, vous le savez bien.

— Merci, répondis-je. Mais j'apprécierai tout de même votre discrétion.

— Bien entendu.

— Je sais que vous n'êtes pas tenue au secret professionnel ici, mais en tant que confrère, je vous fais confiance. Si je vous pose des questions sur une affaire sensible, ça ne vous ennuie pas de promettre de ne mentionner personne avant que l'affaire soit exposée au grand jour ?

— Absolument pas, répondit-elle.

Je lui expliquai que je travaillais sur un article impliquant de lourdes clauses de confidentialité et sollicitai son point de vue sur leur caractère exécutoire. En général, me dit-elle, les accords tenaient la route et stipulaient souvent que des dommages et intérêts forfaitaires dévastateurs devraient être versés à titre de pénalité en cas de rupture du contrat. Ils contenaient également des clauses d'arbitrage qui permettaient de les appliquer en secret, plutôt que devant les tribunaux. (Curieusement, l'accord de Gutierrez, par ailleurs draconien, ne comportait pas une telle clause.)

Certains médias, comme Fox News, avaient récemment refusé de faire appliquer les clauses de non-divulgation signées par d'anciens employés qui s'étaient plaints de harcèlement sexuel. Bloom m'indiqua que tout dépendait de la personne chargée de l'application.

— Ça m'aiderait de savoir de qui il s'agit, Ronan, me dit-elle en détachant les mots.

— Et vous promettez que j'ai votre parole que ça restera confidentiel ?

— Je vous donne ma parole.

— Il s'agit de Harvey Weinstein.

Je me trouvais dans mon appartement, à regarder par les fenêtres qui occupaient tout un mur. L'une d'elle offrait une vue partielle sur un studio de danse. Un dos vêtu de léopard entrait et sortait du cadre.

— Je vais solliciter une réaction de sa part si nous en arrivons là, poursuivis-je. Mais en attendant, il est important pour ces femmes que ça ne revienne pas aux oreilles de ses contacts.

Il y eut une autre pause, puis Lisa Bloom déclara :

— Je comprends parfaitement.

Gutierrez et McGowan avaient toutes les deux exprimé le besoin de recourir à des avocats. En tant que journaliste, je devais garder une distance avec les affaires juridiques de mes sources. Je leur avais expliqué que je ne pouvais pas leur donner de conseils juridiques ni leur recommander directement des avocats. Mais je pouvais leur recommander des noms connus de tous. Je demandai à Bloom les noms d'avocats expérimentés dans les affaires de clauses de confidentialité. Plus tard, McGowan contacterait l'un d'eux.

L'approche habituelle de Harvey Weinstein pour joindre les gens par téléphone consistait à aboyer leur nom à ses assistants. Peu après ses discussions avec Boies au sujet de NBC, il hurla les deux nouveaux noms : « Trouvez-moi Andy Lack, tout de suite ! Et Phil Griffin ! »

Quand il joignit Lack, ils échangèrent quelques propos anodins. Mais Weinstein, visiblement tendu, aborda vite la question qui l'intéressait.

— Hé, ton Ronan fait un reportage sur moi. Sur les années 90 et tout ça.

Mon nom ne sembla pas évoquer grand-chose à Lack, qui conseilla à Weinstein de contacter Griffin, mon ancien chef chez MSNBC. Weinstein se lança alors dans un démenti de sa culpabilité et une diatribe contre la stupidité de l'histoire.

— Andy, c'était les années 90. Tu vois ? Est-ce que je suis sorti avec une ou deux assistantes alors que je n'aurais pas dû, est-ce que j'ai couché avec une ou deux d'entre elles ? Évidemment.

Lack ne réagit pas à ces déclarations.

— C'était les années 90, Andy, répéta Weinstein.

Pour lui, cela semblait être un motif important de disculpation. Puis, sur le ton de la menace, il ajouta :

— Nous avons tous fait ça.

Il y eut une pause avant qu'Andy Lack réponde :

— Harvey, n'en dis pas plus. On va se renseigner.

Bloom me rappela le soir même. Je rentrais chez moi et sortais d'une bouche de métro.

— Comment ça se passe ? me demanda-t-elle. Je me disais, tu vois, comme je connais un peu David Boies. Et… même un peu Harvey.

— Tu n'as parlé de ça à personne, hein ?

— Bien sûr que non ! J'ai juste pensé que peut-être… je pourrais te mettre en contact avec eux.

— Lisa, le sujet est très sensible, et c'est encore très tôt. Je te promets que je te recontacterai le moment venu. Mais s'il te plaît, ne dis rien pour le moment. Tu m'as donné ta parole.

— Je crois juste que ça vaut le coup d'y réfléchir.

— Je te tiendrai au courant si les choses progressent.

Je passai devant Saint-Paul-de-Tarse, l'église néogothique aux airs de forteresse proche de mon appartement. Je levai les yeux, puis m'écartai en toute hâte de l'ombre qu'elle projetait sur le sol.

— Je suis là si tu as besoin de quoi que ce soit, d'accord ? me dit Bloom. Quoi que ce soit.

CHAPITRE 12

DRÔLE

McHugh et moi nous trouvions dans le bureau de Greenberg pour le tenir informé des conversations avec Gutierrez. Je lui parlai de sa proposition de rencontrer notre service juridique pour leur montrer les preuves. « Organisons ça avant qu'elle se dégonfle », proposai-je.

Greenberg ne donna pas son aval. Il déclara que nous avions besoin d'avoir les enregistrements en main, pas simplement qu'on nous les fasse écouter. J'étais d'accord, mais je lui expliquai que Gutierrez était de plus en plus disposée à les partager avec nous et que le rendez-vous avec NBC pourrait aider à la convaincre. Greenberg exprima de nouveau son inquiétude. Examiner les contrats pourrait engager la responsabilité de la chaîne. « Vous devez confier tout ça au service juridique. » Il n'arrêtait pas de jouer avec son stylo.

Je lui rappelais que je leur avais déjà présenté tous les éléments, à chaque étape de l'enquête, quand le téléphone sonna sur son bureau. Il jeta un coup d'œil au numéro affiché, marqua une pause.

— C'est Harvey Weinstein, dit-il. Il a déjà appelé aujourd'hui.

On se regarda, McHugh et moi. Nous n'étions pas au courant. Greenberg nous apprit que Weinstein avait lourdement insisté pour qu'il lui fournisse des détails au sujet du reportage. Il avait commencé par la flatterie, affirmant être un grand fan de mon travail, un fan de la chaîne. Puis il avait montré les dents.

— Il a mentionné avoir engagé des avocats.

Greenberg survola ses notes.

— David Boies ? lui demandai-je.

— Il a mentionné Boies, mais il y avait quelqu'un d'autre. Ah, voilà, j'ai trouvé, Charles Harder.

Harder était le pitbull qui avait récemment gagné dans une affaire d'atteinte à la vie privée financée par le milliardaire Peter Thiel en faisant fermer le site people « Gawker »[1].

— Je lui ai dit que nous ne pouvions pas discuter des détails, bien entendu, poursuivit Greenberg. On fait ça dans les règles. Laissons-le appeler autant qu'il veut.

Notre enquête piétinait. Gutierrez hésitait encore à nous remettre les enregistrements audio. L'agent de Rosanna Arquette avait cessé de répondre à mes appels. L'actrice britannique avait confirmé l'histoire que m'avait relatée son agent, puis avait pris peur et s'était tue. Ashley Judd – dont les commentaires sur un directeur de studio anonyme avaient fait écho aux déclarations de McGowan et Gutierrez (à savoir qu'il donnait tour à tour rendez-vous dans un restaurant puis dans une chambre d'hôtel avant de demander qu'elle le regarde prendre une douche) – n'avait pas répondu à mes sollicitations.

Un après-midi de ce mois de mars, je m'installai dans un des boxes tranquilles libérés pour rénovation et téléphonai à Annabella Sciorra que j'avais auparavant contactée sur Twitter. Au cours des semaines précédentes, on m'avait dit qu'elle raconterait peut-être sa propre expérience. Élevée à Brooklyn par des parents italiens, elle s'était fait un nom grâce à des films tels que *La Main sur le berceau* et avait reçu une nomination aux Emmy Awards pour une apparition dans *Les Sopranos*. Elle avait la réputation d'interpréter des personnages inflexibles et durs, mais quand elle décrocha le combiné, sa voix était faible et fatiguée.

— C'était tellement étrange que vous me contactiez, me dit-elle. J'ignorais vraiment de quoi il s'agissait. Mais je regarde MSNBC, vous savez, alors j'étais contente de parler avec vous.

Je l'informai que je travaillais sur une enquête concernant des allégations de harcèlement sexuel contre Harvey Weinstein, et que deux personnes m'avaient suggéré qu'elle pourrait m'aider.

— Oh, ça, répondit-elle en parvenant à rire un peu. C'est bizarre, j'ai déjà entendu cela. Qui vous l'a dit ?

Je lui répondis que je ne pouvais pas lui révéler l'identité des autres sources sans leur autorisation.

— Vous pourriez aider beaucoup de gens, quoi que vous acceptiez de faire, insistai-je. Même si vous ne pouvez vous exprimer que de façon anonyme.

À l'autre bout du fil, dans son salon à Brooklyn, elle contemplait l'East River. Elle hésita, puis répondit :

— Non. Il ne s'est rien passé.

Elle eut un autre petit rire.

— Je ne sais pas. Je suppose que je n'étais pas son genre, ajouta-t-elle.

Je la remerciai, puis lui demandai de me contacter si elle se rappelait quoi que ce soit.

— J'aimerais pouvoir vous aider, conclut-elle. Je suis désolée.

Au début du mois d'avril, je reçus un texto :

« Salut, c'est Matthew Hiltzik, j'ai une petite question à vous poser. » Hiltzik, éminent conseiller en communication, était un choix fiable pour les personnalités médiatiques et gérait depuis des années la communication de Katie Couric*. Plusieurs années auparavant, quand je désespérais devant le flot d'articles de tabloïdes nous concernant ma famille et moi, j'avais brièvement fait appel à ses services, sur la suggestion de MSNBC, et il avait fait preuve d'empathie. Hiltzik, spécialiste de l'image des partis politiques, était favorable à l'égalité des chances. Il était très proche des familles Clinton et Trump. Ivanka Trump était cliente de son entreprise et deux de ses sous-fifres, Hope Hicks et Josh Raffel, avaient obtenu des postes à la Maison-Blanche.

Bientôt, Hiltzik m'appela.

— Hé, comment ça va ? me demanda-t-il sur un ton enjoué.

* Première femme journaliste à avoir présenté un journal du soir au États-Unis.

Derrière lui, en fond sonore, j'entendais un bourdonnement de conversations, comme s'il sortait d'une fête.

— J'assiste à un événement. Hillary prononce un discours, me dit-il.

Il n'appelait jamais sans raison. Je restai vague quand je répondis à sa question.

— Je jongle avec quelques interviews. Et je négocie des délais pour un bouquin.

À cette époque-là, je passais mes nuits à mettre en forme un ouvrage en gestation depuis longtemps sur le déclin du rôle de la diplomatie dans la politique étrangère américaine.

— Alors, on dirait que tes autres projets sont un peu relégués au second plan. Comme je viens de te le dire, Hillary est là, et Harvey, avec qui j'ai déjà travaillé, est là aussi.

Je ne réagis pas.

— Il vient d'arriver, en fait, poursuivit Hiltzik. Il m'a dit : « C'est qui ce Ronan ? Il pose des questions sur moi ? Il enquête sur moi ? »

— Est-ce que tu le représentes ?

— Pas exactement. Notre relation remonte à loin. Il sait que je te connais, et j'ai proposé de lui rendre un petit service. Je lui ai dit : « Écoute, calme-toi, Harvey, Ronan est un mec bien. » Et je lui ai dit que nous aurions une petite discussion toi et moi.

— Je suis un tas de pistes et je ne peux vraiment pas en parler avant qu'elles soient prêtes.

— C'est pour NBC ?

— Enfin, je fais du journalisme d'investigation pour NBC.

— C'est au sujet de Rose McGowan ? insista-t-il. Parce qu'il affirme pouvoir dissiper le malentendu.

Choisissant soigneusement mes mots, je lui répondis que j'appréciais toujours les informations. J'entendis des cris étouffés derrière lui.

— Il est tellement drôle. Il raconte toutes sortes de trucs…

Il marqua une pause pour l'effet.

— Des trucs drôles.

Deux heures plus tard, il m'envoya un texto :

« Il est à mourir de rire. Je lui ai transmis ton message. Il m'a demandé de te rappeler. »

Il me rappela et, parlant de Weinstein, déclara :

— Il n'a pas toujours des réactions normales. Il est agité. Et contrarié.

— Je suis désolé de l'apprendre, répondis-je.

— Les gens peuvent parfois se montrer agressifs et essayer de l'embêter en suggérant qu'il y a matière à affaire. Il dit que les mêmes histoires reviennent sans arrêt et au final ce n'est jamais vrai, ou du moins pas autant que les gens le pensent.

Il mentionna que *The New Yorker* et le *New York Magazine* avaient continué de traiter ce sujet. Un des journalistes avait « téléphoné à tout le monde gravitant dans l'univers de Harvey. Ça l'[avait] fait flipper ». Weinstein était « devenu plus susceptible sur le sujet ».

— Qu'est-ce que tu entends par « susceptible » ? demandai-je.

— Il est plus âgé maintenant. Il s'est un peu adouci. Je ne pense pas qu'il va prendre des mesures tout de suite, mais…

— Prendre des mesures ?

— Eh bien, il n'est pas idiot. Il va faire quelque chose. Écoute, tu as ton bouquin à finir, non ? Alors ça, ça passe au second plan.

Je jetai un coup d'œil aux notes que j'avais prises pendant l'appel. J'écarquillai les yeux en relisant : Hiltzik avait laissé échapper une piste, petite, mais utile.

J'entendis des applaudissements à l'autre bout de la ligne.

— À quel événement assistes-tu ? lui demandai-je.

Il m'expliqua qu'Hillary Clinton venait de terminer une conversation en privé avec Weinstein, son vieil ami et collecteur de fonds, puis était montée sur l'estrade pour donner un discours au sommet annuel de Women in the World.

J'envoyai aussitôt un texto à Greenberg. Il m'appela le lendemain. Il commença par raconter des banalités à propos de mon livre sur la politique étrangère qui suggéraient qu'il allait passer à un autre sujet. Puis il se lança :

— À propos, j'ai vu Noah aujourd'hui, et tu sais… On parlait de tout et de rien, on ne s'était pas donné rendez-vous pour discuter de ça en particulier, mais il m'a demandé où tu en étais de ton enquête préférée.

Il gloussa, puis poursuivit :

— Je lui ai répondu qu'il y a de la fumée, mais que je ne pense pas qu'il y ait encore le feu. On n'a pas vraiment de preuve irréfutable.

Je lui rappelai que j'avais écouté des enregistrements de Weinstein reconnaissant l'agression et vu sa signature au bas d'un accord de confidentialité s'élevant à un million de dollars. J'insistai pour savoir si nous pouvions organiser le rendez-vous entre Gutierrez et nos avocats.

— Ce n'est pas aux infos. Selon moi, on n'est pas pressés. Pour le moment, il faut faire une pause.

— Comment ça : « faire une pause » ? m'étonnai-je.

— Tu sais, garder ça au second plan, répondit Greenberg.

Je pensai alors : *Encore cette phrase ?*

— Ronan, tu travailles sur tellement de projets prometteurs en ce moment. Tu as plein d'investigations en cours, la série marche bien. Tu sais, tu n'as pas forcément besoin de te concentrer là-dessus.

Quelques minutes plus tard, j'étais au téléphone avec McHugh. Il se montra aussi perplexe que moi.

— On dirait que quelqu'un les a appelés, dit-il. D'abord tu as des nouvelles de Hiltzik et de Harvey et maintenant de lui ? Ça n'a pas l'air d'une coïncidence.

— Je suis sûr qu'on les a prévenus et je suis sûr qu'ils leur tiennent tête. Noah va nous soutenir.

— Eh bien, notre supérieur direct ne veut pas que tu enquêtes. Tu vas devoir décider si tu es d'accord avec lui.

— On va lui fournir davantage de preuves, il changera d'avis, répondis-je.

Mais quand McHugh informa Greenberg qu'il consacrait un après-midi à passer des coups de fil pour avancer sur l'affaire Weinstein, Greenberg répondit simplement : « Je pense que ça peut attendre. » La situation devenait inextricable. Nous avions besoin de davantage de preuves, mais continuer à les rassembler ouvertement devenait soudain un obstacle.

— Que va-t-il se passer quand on aura besoin de faire plus d'interviews ? demanda McHugh.

— On tient un truc super là, s'enthousiasma Alan Berger.

Berger travaillait pour la Creative Artists Agency, la CAA. La faille de San Andreas aurait pu se fendre et Los Angeles glisser dans le Pacifique que les agents seraient encore en train de courir partout pour assurer à leurs clients que tout allait très bien.

— Ton sujet pour « Nightly » sur les prisons. Waouh ! s'exclama Berger.

Il avait une voix chaude et rassurante avec un accent venu tout droit de Long Island. Dans le milieu, on le considérait comme un bon négociateur.

— Tu sais que ton contrat prend fin cet automne, me dit-il.

— Je sais, répondis-je.

J'étais dans mon appartement. De l'autre côté de la rue dans le studio de danse, quelqu'un polissait le sol. L'affaire Weinstein prenait de l'ampleur et supplantait les autres enquêtes et les considérations de carrière. J'avais manqué tellement d'échéances pour mon livre sur la politique étrangère que mon éditeur avait fini par abandonner et annuler le projet, cette même semaine. Berger, faisant référence à NBC, me dit :

— Ils t'adorent là-bas. Noah t'adore. Tout le monde te voit accéder à un poste plus important.

— Eh bien, je travaille sur des sujets qui rendent les choses un peu…

— Un peu quoi, Ronan ?

— Je ne peux pas en parler, Alan. Dis-moi juste si quelque chose paraît bizarre.

— Ronan, t'es incroyable, répondit Berger en riant. Continue juste à faire ce que tu fais. Et ne fais chier personne.

CHAPITRE 13

POISON VALLEY

Je feuilletai les notes rédigées pendant ma conversation avec Hiltzik et m'interrogeai sur son commentaire au sujet des magazines *New York Magazine* et *The New Yorker*. Au *New York Magazine*, Carr, avec ses soupçons de surveillance et d'intimidation, avait mené des recherches pour un article, mais dans les années 2000. Un détail dans la remarque d'Hiltzik sur la susceptibilité de Weinstein suggérait que quelqu'un avait essayé plus récemment.

J'envoyai de nouveau un message à Jennifer Senior, l'auteure qui avait travaillé avec Carr.

« Pouvez-vous vous renseigner pour savoir si quelqu'un d'autre au *NY Mag* a enquêté, peut-être plus récemment que David, sur le sujet dont nous avons discuté ? On n'arrête pas de me dire que ça a pu être le cas. »

Elle me répondit :

« Vous avez raison. Je viens de consulter mes e-mails. Mais ça m'ennuie, dans le cas présent, de révéler son identité. »

La tentative d'écrire un article, semblait-il, n'avait pas donné de bons résultats. Je lui demandai de transmettre un message à l'auteur mystère.

Au *New Yorker*, Ken Auletta, connu pour ses enquêtes rigoureuses sur des dirigeants de l'industrie et des médias, avait dressé le portrait de Weinstein en 2002. Intitulé « La Belle et la Bête », l'article ne mentionnait pas explicitement la prédation sexuelle, mais s'attardait sur la brutalité de Weinstein. Il était, écrivait Auletta, « extrêmement grossier et même menaçant ». Et dans un curieux passage, explosif, il laissait entendre que l'histoire ne s'arrêtait pas là. Auletta rapportait que les associés de Weinstein se sentaient « violés[1] » – un terme souvent utilisé par ceux qui avaient affaire à lui. J'envoyai un message à une connaissance au *New Yorker* pour lui demander l'adresse e-mail d'Auletta.

Auletta était âgé de soixante-quinze ans. Il avait grandi à Coney Island avec sa mère, juive, et son père, italien. Son maintien et sa manière de s'exprimer avaient quelque chose d'élégant et de désuet. Et c'était un journaliste prudent et expérimenté. Je l'appelai depuis un bureau vide près de la salle de rédaction réservée aux articles d'investigation. « Bien entendu, ça ne s'arrêtait pas à ce que nous pouvions imprimer », me révéla-t-il. En 2002, Auletta avait enquêté sur Weinstein et sa propension à s'en prendre aux femmes et, au cours d'une interview enregistrée, il lui avait même posé des questions sur les allégations portées contre lui. Ils se trouvaient alors dans le bureau de Weinstein à Tribeca. Weinstein s'était levé, cramoisi jusqu'aux oreilles et lui avait hurlé : « Vous essayez de pousser ma femme à demander le divorce ? » Auletta s'était levé lui aussi « prêt à lui démolir le portrait ». Mais Weinstein s'était effondré. Il s'était rassis et s'était mis à sangloter. Auletta ajoutait :

« Il m'a dit en substance : “Écoutez, je ne me comporte pas toujours bien, mais j'aime ma femme.” »

Weinstein n'avait pas nié les allégations.

Auletta n'avait pas pu obtenir de déclaration enregistrée comme celle de McGowan, ni de preuve irréfutable comme celle du contrat de Gutierrez. Mais il s'était entretenu avec Zelda Perkins, l'une des deux anciennes employées de Miramax à Londres impliquées dans un arrangement avec Weinstein après avoir été victimes de harcèlement sexuel. Bien que Perkins eût trop peur pour être enregistrée, Auletta avait pu utiliser son témoignage comme levier pour contraindre Weinstein à reconnaître l'existence d'une sorte d'accord avec elle et l'autre employée à Londres. Weinstein montra même au *New Yorker* le chèque annulé utilisé dans la transaction, pour prouver qu'il avait été provisionné non pas par la société mère de

Miramax, Disney, mais par des fonds privés, sur un compte au nom de son frère, Bob.

Le chèque lui avait toutefois été présenté à titre confidentiel. Quand les deux frères, accompagnés de David Boies, avaient rencontré Auletta et le rédacteur en chef du *New Yorker*, David Remnick, Weinstein n'avait fourni aucune des informations supplémentaires qui, espéraient-ils, leur auraient permis de publier les affirmations. Il avait uniquement opposé des dénégations en contrôlant à peine son humeur.

Des années plus tard, la frustration d'Auletta était encore palpable. Comme celle d'un enquêteur de la brigade criminelle qu'une affaire non résolue aurait empêché de dormir. « Je faisais une fixation », me confia-t-il. À la fin de son enquête, il avait « fini par avoir la conviction que [c'était] un prédateur, un violeur en série, et [il avait] considéré que le révéler serait un service d'intérêt public ». Il avait tenté deux fois de relancer l'enquête, récemment après l'affaire Gutierrez. Mais ses efforts avaient été vains. « Si vous avez la moindre chance de réussir là où j'ai échoué, persévérez », m'encouragea-t-il.

Rose McGowan était restée en contact avec nous, nous incitant à venir réaliser d'autres vidéos avec elle. Elle disait avoir trouvé davantage de soutien. Lacy Lynch, l'agent littéraire qui lui avait transmis la demande de Seth Freedman, l'ancien journaliste empathique du *Guardian*, lui faisait parvenir des messages de solidarité. Le jour où je parlai avec Auletta, un de ses e-mails arriva, envoyé par Reuben Capital Partners, un cabinet de gestion du patrimoine cherchant à recruter McGowan pour un projet caritatif appelé Women in Focus[2]. Le cabinet organisait une soirée de gala à la fin de l'année et espérait qu'elle prononcerait le discours d'ouverture. « Nous nous sommes pris d'un vif intérêt pour le travail que Mme Rose McGowan réalise pour la défense des droits des femmes et nous pensons que les idéaux vers lesquels elle tend s'apparentent de près avec ceux que soutient notre nouvelle initiative. » Lynch écrivit à McGowan :

« Ça a l'air intéressant. Je serais ravie de passer un coup de fil pour en savoir plus. »

L'e-mail de Reuben Capital Partners était signé par Diana Filip, administratrice de l'investissement durable et responsable[3].

Le lendemain matin, un e-mail que je me procurerais des mois plus tard apparut dans le compte Gmail privé de Harvey Weinstein. Dans le champ « objet » on pouvait lire : « Info sur RF. SOUMIS AU SECRET PROFESSIONNEL. »

Le message se poursuivait ainsi : « Harvey, voici un bref aperçu des informations que j'ai rassemblées sur Ronan Farrow[4]. » Il comprenait plusieurs dizaines de pièces jointes. Dans une partie intitulée « Individus suivis par Farrow à surveiller », on trouvait la liste des accusateurs que j'avais trouvés et d'autres que je n'avais pas encore découverts. L'e-mail indiquait que McHugh et moi-même avions suivi, sur les médias sociaux, un petit groupe des collaborateurs de McGowan aux alentours de la date de notre interview, « sans prévenir », et laissait entendre que je l'avais amenée à parler. J'étais en outre un « fan » de Lisa Bloom. L'auteur du message évaluait dans quelle mesure elle pouvait me joindre, décrivait mes tentatives de prise de contact avec Judd, Sciorra et Arquette, et analysait la probabilité que chacune d'elles parle. Il signalait toutes les déclarations publiques faites par ces femmes au sujet de violences sexuelles.

Une partie intitulée « Environnement professionnel de Farrow » contenait une liste exhaustive de collègues susceptibles de m'aider à contacter des sources ou à obtenir des informations. Parmi eux on trouvait bien entendu les correspondants journalistes d'investigation à l'antenne avec qui j'avais travaillé, comme Cynthia McFadden et Stephanie Gosk. Mais la liste incluait aussi des collègues qui ne seraient pas publiquement identifiables, par exemple un stagiaire de NBC dont le bureau était adjacent au mien.

Une section biographique semblait chercher des points sensibles. L'auteur parlait d'un « drame familial » provoqué par « sa sœur Dylan Farrow avec ses accusations de viol contre leur père Woody Allen ». Le sujet auquel j'avais passé des années à essayer d'échapper revenait me hanter.

Cet e-mail était signé par Sara Ness, détective privée pour une entreprise du nom de PSOPS, gérée par des époux, Jack Palladino et Sandra Sutherland. Un des rares profils d'eux, publié dans le magazine *People*, les comparait à Nick et Nora Charles[5], le couple de détectives de *L'introuvable*, le glamour en moins. Pendant la campagne présidentielle de 1992, Bill Clinton engagea Palladino pour, selon le *Washington Post*, « discréditer les récits des femmes affirmant avoir eu des relations avec le gouverneur de l'Arkansas[6] ». À la fin des années 90, Palladino hérita du surnom de « President's Dick[7] » (« la bite du président »). Il affirma ne jamais avoir enfreint la loi, mais déclara fièrement : « Je repousse les limites au maximum[8]. »

Ce jour-là d'avril, Ness écrivit à Weinstein :

« Jack est à l'étranger, mais je l'ai tenu au courant de cette enquête et je m'entretiendrai avec lui cette semaine sur les enjeux et les stratégies possibles dont vous et moi avons discuté hier. » Elle promit qu'un dossier plus complet et plus formel serait bientôt disponible. Le message mettait deux choses au clair : la recherche était destinée à compléter une démarche plus vaste impliquant d'autres acteurs que l'entreprise de Palladino ; et le dossier n'était qu'une première salve.

Rich McHugh et moi évoquions sans cesse l'idée de réaliser d'autres recherches sur Weinstein, et Greenberg nous disait sans cesse de nous concentrer sur d'autres sujets. Greenberg était notre patron. Les conversations devenaient embarrassantes. Mais après le coup de fil avec Auletta, il apparaissait évident que nous avions obtenu des preuves plus solides que personne avant nous, sur un sujet enterré pendant des dizaines d'années.

— Qu'est-ce qu'on fait maintenant ? demandai-je à McHugh.

Nous nous trouvions aux abords de la salle de rédaction.

— Je ne sais pas, répondit-il. Je pense que si tu vas voir Greenberg… il te dira de remettre à plus tard…

— Il ne nous a pas demandé d'arrêter, répondis-je avec lassitude. Il a dit qu'on pourrait se revoir pour en discuter.

— OK, répondit McHugh d'un ton sceptique.

— Mais d'un point de vue stratégique, il faudrait être armés autant que possible avant le rendez-vous.

— C'est ce que j'ai tendance à penser. On continue.

Nous décidâmes de consolider notre enquête. Nous reviendrions avec des preuves irréfutables et nous demanderions pardon, pas la permission. Nous pouvions passer les coups de fil discrètement. Mais il restait à savoir comment poursuivre nos interviews filmées à huis clos sans se mettre Greenberg à dos.

Le lendemain, McHugh me fit signe de venir à son poste de travail.

— On a le feu vert pour tourner quoi ? Trois ou quatre sujets ?

Nous travaillions à plusieurs sujets sur l'addiction et sur Dow Chemical et Shell qui épandaient des déchets toxiques sur les terres agricoles de Californie.

— Tu penses pouvoir programmer ces interviews de Weinstein autour des dates de ces tournages ? me demanda-t-il.

— Hum, oui. Mais elles apparaîtront en tant qu'interviews de Weinstein de toute façon.

— Pas forcément. On ajoute tout le temps des interviews qui se présentent au cours de nos déplacements. Et on peut les appeler comme on veut.

Il y avait des limites au travail que nous pouvions cacher. Le thème de toute nouvelle interview apparaîtrait sur les notes de frais détaillées. Mais nous pouvions éviter d'attirer l'attention de la direction sur leur contenu.

McHugh navigua sur son ordinateur jusqu'à un lecteur en réseau sur un serveur NBC. Il parcourut une liste de dossiers contenant nos sujets. Puis il sortit les fichiers Weinstein d'un dossier nommé « BOSS DES MÉDIAS » et les déplaça dans un autre. Je regardai l'écran en riant. Le dossier qu'il avait choisi, baptisé d'après l'enquête sur les déchets en Californie, était nommé « POISON VALLEY ».

PARTIE II
DÉCROCHER LA LUNE

CHAPITRE 14

DÉBUTANT

Le 24 avril, Weinstein était assis à sa table habituelle près des cuisines au fond du Tribeca Grill en compagnie de Dylan Howard du *National Enquirer* et d'un jeune agent de Black Cube au lourd accent.

Lanny Davis entra et jeta un coup d'œil à la salle. C'était un septuagénaire, un homme aux cheveux grisonnants avec des poches sous les yeux. De parents dentistes, il avait grandi à Jersey City. En fac de droit à Yale, il s'était lié d'amitié avec Hillary Rodham et plus tard avec Bill Clinton. Après avoir brigué sans succès le Congrès et exercé quelques années comme avocat, il avait fait évoluer ces amitiés en relations professionnelles, devenant leur plus fervent défenseur dans les périodes de scandale et de péril politique[1].

Puis Davis avait accepté des missions lucratives[2]. Pour faire pression sur la Guinée équatoriale afin de contourner les violations des droits de l'homme, il toucha un million de dollars, et perçut 100 000 dollars par mois pour minimiser l'importance d'une élection manifestement truquée en Côte d'Ivoire. Si un passager disparaissait en laissant une trace de sang sur le pont de votre bateau de croisière, ou que le président critiquait le nom raciste de votre équipe de football, Davis répondait présent. Plus tard, quand j'essayai de trouver un moyen de le joindre, je demandai à Jonathan :

— Qui pourrait avoir le numéro de Lanny Davis ?

— Je ne sais pas. Pol Pot ?

Weinstein – qui devait rencontrer Davis à l'occasion d'un meeting en l'honneur d'Hillary Clinton et savait qu'il connaissait bien les allégations de comportement sexuel répréhensible à l'encontre de Bill Clinton – avait téléphoné au printemps pour l'engager.

Au Tribeca Grill ce matin-là, Davis rappela à Weinstein que s'il désirait conserver la confidentialité client-avocat, ils ne pouvaient pas avoir de conversation devant l'agent de Black Cube.

— Je ne peux pas parler devant des gens qui ne sont pas avocats, déclara Davis. Si je suis assigné à comparaître, je suis tenu de dire si une autre personne était présente.

Cela sembla ennuyer Weinstein.

— Oh si, tu peux, répliqua-t-il. Tu peux conserver la confidentialité s'il travaille pour moi.

Il s'agissait là d'une simplification excessive de la loi. Mais Weinstein était insistant et Davis céda.

Weinstein fulmina. McGowan, affirma-t-il, était folle, c'était une menteuse. Il voulait discréditer toutes les femmes qui faisaient, selon lui, de fausses déclarations à son égard.

— À mon avis, il vaudrait mieux vous en abstenir, lui conseilla Davis. Même si vous pensez que c'est justifié.

— Pourquoi ? Pourquoi ? Pourquoi ? hurla Weinstein.

— Parce que ça ne sent pas bon.

Dylan Howard sourit, comme souvent. L'agent de Black Cube, non. Quelques heures après cette entrevue au Tribeca Grill, le docteur Avis Yanus, directeur et PDG de Black Cube, envoya un e-mail aux avocats de Weinstein chez Boies Schiller Flexner dans lequel il qualifiait la rencontre de « productive ». Il écrivait que Weinstein avait accepté une prolongation de dix semaines de l'opération que Black Cube menait pour lui. Une facture était jointe au message. Et il poursuivait : « Nous sommes tenus comme toujours de vous fournir des renseignements qui changeront la donne dans cette affaire, et d'atteindre avec succès tous nos principaux objectifs[3]. »

À la recherche de sources susceptibles de me conduire aux deux accords conclus à Londres, je passai au peigne fin le profil de Weinstein dressé par Auletta, les appelant les unes après les autres. Donna Gigliotti, la productrice de *Shakespeare in Love*, m'en avait dissuadé lors de notre premier échange. Mais lorsque je la rappelai, elle m'en révéla davantage. « Il existe des documents dans lesquels il n'avoue jamais sa culpabilité, mais reconnaît que de grosses sommes d'argent sont versées. Il vous les faut. Cependant, les victimes ne sont jamais autorisées à les conserver. » Je lui demandai si elle parlait, par exemple, des documents liés aux deux femmes de l'accord passé à Londres. « Si vous les trouvez, me répondit-elle, je pourrai peut-être parler. D'ici-là, je crains de ne pas pouvoir. » Elle me communiqua cependant les noms de plusieurs anciennes employées qui avaient travaillé dans les bureaux de Londres durant la même période et qui pourraient peut-être m'aider.

Je la remerciai. Elle n'était pas optimiste. « Rien n'arrête Harvey, me dit-elle. Il étouffera cette histoire. »

Un défilé de célébrités sortait de SUV, baissant la tête sous la pluie torrentielle avant de pénétrer dans la salle où se déroulait le dîner de gala annuel du *Time* célébrant son palmarès des « 100 personnalités les plus influentes ». Je n'y figurais pas. J'étais, néanmoins, trempé.

— Je suis un aquarium, dis-je à ma mère en entrant dans le Time Warner Center. Je suis le décor de *Chinatown*.

Elle haussa les épaules.

— La pluie, ça fait toujours chic. C'est un classique, me répondit-elle.

L'événement accueillait d'innombrables personnalités récemment apparues dans le monde de la télévision. Je participai maladroitement à de gênantes conversations avec elles. Vêtue ce soir-là d'une tenue pailletée, Megyn Kelly, tonique et charismatique au point de vous donner l'impression d'être la seule personne dans la pièce, mentionna son émission qui allait débuter sur NBC. Je la félicitai, puis ajoutai que j'étais désolé pour le « truc sur Twitter ». Je me rendis rapidement compte de ma gaffe. Kelly avait quitté Fox News poursuivie par des montages vidéo la montrant tenir des propos, qui, selon la personne à qui on s'adressait, relevaient soit de la maladresse, soit de la malveillance à l'égard des personnes de couleur. Le « truc Twitter », c'est que j'avais qualifié de raciste un de ses commentaires. Elle se raidit, puis avec un sourire en coin, me lança : « J'ai fait beaucoup d'erreurs moi aussi quand j'en étais à votre stade de ma carrière. Vous êtes en quelque sorte un débutant dans le monde du reportage. »

Je sortis d'un pas raide, encore trempé, dans l'espoir de trouver des toilettes, un verre ou n'importe quoi qui puisse m'épargner une nouvelle conversation, mais je tombai sur Andy Lack. Quand nous nous serrâmes la main, il me dévisagea en silence. Lack avait des touffes de cheveux grisonnants et un sourire affable, mais sceptique. À presque soixante-dix ans, il avait mené une carrière éclectique, axée sur l'art de la mise en scène créative. Tout comme Oppenheim, il avait rêvé d'Hollywood. Il avait étudié l'art dramatique à l'université de Boston et, après son diplôme, avait obtenu des rôles dans une production de *Inquest*, une pièce sur Julius et Ethel Rosenberg, ainsi que dans quelques publicités[4]. Un de ses proches me dirait plus tard : « Il était charmant, charismatique. Son expérience dans le théâtre en fait un esprit créatif unique. » Dans les années 80, son grand succès fut « West 57th » sur CBS News, une interprétation audacieuse et élégante du format classique du magazine d'actualités. On lui devait un rétablissement de la situation dans une période de confusion et de baisse d'audimat chez NBC News dans les années 90[5]. Des postes chez Sony Music et Bloomberg Television suivirent. En 2015, NBC l'avait réintégré pour redresser la barre.

Lack me considérait encore d'un regard scrutateur. Je me présentai rapidement.

— Ronan.

On l'aurait cru en train de draguer un objet pesant en eau profonde.

— Oui. Oui, bien sûr, répondit-il enfin.

Il m'apprit qu'Oppenheim parlait beaucoup de moi. Je le remerciai pour son soutien de mes sujets d'investigation. Cherchant à établir un lien plus personnel entre nous, je lui parlai de sa maison à Bronxville, dont mon frère venait de faire l'acquisition.

— Apparemment, vous avez laissé un coffre géant qu'ils n'ont toujours pas ouvert, lui dis-je.

Lack se mit à rire.

— C'est vrai. Il y a un vieux coffre.

Il m'expliqua qu'il se trouvait déjà là avant lui et qu'il ne l'avait pas ouvert non plus, puis haussa les épaules.

— Parfois il vaut mieux laisser les choses comme elles sont, conclut-il.

La salle commençait à se vider. Les invités entraient petit à petit dans un amphithéâtre adjacent pour dîner. Je retrouvai ma mère, qui se dirigeait aussi vers cette salle. Oppenheim s'approcha de nous.

— C'est Noah, murmurai-je à ma mère. Dis-lui que tu as aimé *Jackie*.

— Mais je n'ai pas aimé, me répondit-elle.

Je lui lançai un regard noir.

Ils se saluèrent, puis Oppenheim me prit à part.

— Alors, Harvey est ici, me dit-il. Il dîne à ma table.

Je le dévisageai. Je lui avais fait part de tous les éléments du reportage.

— Tu sais que j'ai écouté un enregistrement de lui admettant une agression sexuelle, lui dis-je.

Il leva les mains en un geste défensif.

— Je te crois !

— Il ne s'agit pas de croire...

Je laissai ma phrase en suspens.

— Ne lui parle de rien, bien entendu, ajoutai-je.

— Bien entendu.

Un moment plus tard, je le vis devant l'entrée de l'amphithéâtre en pleine conversation avec un homme massif en smoking noir. Harvey Weinstein, appuyé sur une canne, se remettait d'une opération du genou.

La première semaine du mois de mai, Black Cube le contacta pour lui annoncer une avancée prometteuse. Yanus, le directeur, écrivit aux avocats de Weinstein chez Boies Schiller :

« Nous avons informé le client qu'à la suite de nos intenses efforts, nous avons programmé un rendez-vous la semaine prochaine à L.A., et nous pensons qu'il conduira à la révélation d'informations de première importance et de preuves solides pour l'objectif de notre mission[6]. » Cette nouvelle phase du projet nécessiterait une nouvelle injection de fonds. Quelques jours plus tard, le 12 mai, Christopher Boies, fils de David Boies et associé dans son cabinet, s'assura que 50 000 dollars supplémentaires soient versés à Black Cube.

Au cours des jours précédents, Lynch, l'agent qui conseillait Rose McGowan, avait négocié la rencontre entre McGowan et Diana Filip de chez Reuben Capital Partners, qui avait sollicité l'actrice pour la campagne Women in Focus. Filip écrivit :

« Rose, c'est un grand plaisir d'entrer en contact avec vous. »

McGowan répondit :

« C'est un grand plaisir pour moi aussi. »

Le jour où le dernier paiement de Boies Schiller apparut sur le compte de Black Cube, Filip et McGowan se rencontrèrent enfin en personne, au Belvedere, le restaurant méditerranéen aux couleurs pastel de l'hôtel Peninsula à Beverly Hills. Filip avait les pommettes hautes, le nez saillant et les cheveux blond cendré. McGowan ne parvint pas à identifier son accent élégant. Elle se méfiait des inconnus, mais Filip semblait tout savoir d'elle, et, plus encore, elle semblait la comprendre. L'actrice baissa la garde, juste un peu.

CHAPITRE 15

PARASITES

Jennifer Senior tint sa promesse et me présenta à Ben Wallace, le journaliste du *New York Magazine* à l'origine de la dernière tentative de publication d'un papier sur l'affaire Weinstein. Un après-midi du mois de mai, je l'appelai en quittant Rockefeller Plaza. Wallace me confia à quel point la tâche avait été frustrante. Tout ce qu'il apprenait semblait, de manière inexplicable, revenir aussitôt aux oreilles de Weinstein. « Tout le monde était agent double », me dit-il.

Cela semblait particulièrement vrai de plusieurs sources ayant proposé leur aide. Il soupçonnait qu'Anna, l'Européenne qui lui avait affirmé détenir des révélations sur Weinstein, cachait quelque chose. Certaines de ses questions paraissaient étranges. Elle voulait savoir non seulement avec combien de sources il travaillait, mais également connaître leur identité. L'information qu'elle semblait à tout prix vouloir soutirer était disproportionnée en comparaison de ce qu'elle proposait en échange. Parfois, elle semblait le pousser à faire des déclarations qui trahissaient un parti pris. Au bar de l'hôtel, quand elle raconta enfin son histoire sur Weinstein, elle livra seulement des détails anodins et des banalités. Elle déclara avoir eu avec Weinstein une liaison qui s'était mal terminée et vouloir se venger. Ce faisant, elle tenait son poignet près de lui. Wallace soupçonna qu'elle enregistrait leur conversation. Il lui dit qu'il compatissait, mais qu'il considérait que les aventures consenties de Weinstein ne regardaient que Weinstein. Il quitta ensuite le bar de l'hôtel et cessa de répondre à ses appels.

Wallace eut cette même impression que quelque chose clochait en lisant l'e-mail qu'il reçut de Seth Freedman, l'ancien journaliste du *Guardian*, qui voulait l'aider. Il écrivait qu'il « travaill[ait] avec un groupe de journalistes internationaux sur un vaste sujet concernant l'industrie du cinéma, qui donn[ait] une bonne idée de la culture actuelle d'Hollywood et d'autres capitales du cinéma ». Il affirmait être « tombé sur énormément d'informations [qu'ils ne pouvaient] pas inclure dans [leurs] articles, mais qui pourraient [lui] être utiles[1] ». Il serait heureux de les partager avec lui s'il était intéressé. Mais après plusieurs conversations avec Freedman, Wallace n'avait toujours pas obtenu d'informations significatives. Wallace se souvenait : « Il me cuisinait pour savoir ce que j'avais entendu et appris. » Soupçonneux, il coupa les ponts là aussi.

Les associés de Weinstein se mirent à appeler le *New York Magazine*, menaçant parfois de livrer sur Wallace des informations personnelles non spécifiées. Weinstein sollicita un rendez-vous entre son service juridique, les enquêteurs de Kroll et les responsables du magazine. Son intention, supposait Wallace, était d'« arriver avec des dossiers diffamatoires sur diverses femmes et [lui-même] ». Le magazine déclina le rendez-vous. En janvier 2017, après trois mois d'enquête, Wallace et son rédacteur en chef, Adam Moss, décidèrent de se retirer. « Au bout d'un moment, me dit Wallace, le magazine ne pouvait plus se permettre d'y accorder un temps illimité. »

Cette expérience l'avait exaspéré. Quand Weinstein et son équipe, visiblement au fait des pistes qu'il possédait, commencèrent à appeler le *New York Magazine*, Wallace se procura une déchiqueteuse et détruisit ses notes. « J'étais plus parano que jamais. Il y avait bien plus de parasites et de perturbations que pour tous les autres sujets que j'avais traités auparavant. »

Wallace n'avait trouvé aucune source susceptible d'être citée ni découvert de documents ou d'enregistrements déterminants. Mais il avait rassemblé une liste de femmes qui avaient formulé des allégations à l'encontre de Weinstein. Il énuméra quelques noms que j'avais entendus moi-même, dont celui d'Asia Argento, l'actrice italienne que plusieurs des anciens collègues de Weinstein m'avaient suggéré de retrouver. Il y avait aussi quelques sources qu'il avait réussi à faire parler incognito et qui avaient raconté leurs histoires en entier mais en réclamant l'anonymat – dont une ancienne assistante harcelée par Weinstein qui s'était plainte aux ressources humaines de son entreprise.

Je priai Wallace de lui demander si elle accepterait de me parler.

Dans la vitre qui séparait l'open space des journalistes d'investigation et le studio du troisième étage, j'apercevais parfois mon reflet. Ce printemps-là, j'avais pris un peu de poids et légèrement bronzé avec tous les tournages à Los Angeles. La petite série d'enquêtes que nous menions, McHugh et moi, suscitait un certain engouement. Nous recevions le genre de récompenses attribuées au journalisme de télévision dont on n'entend pas parler en dehors du milieu professionnel ainsi que des critiques enthousiastes dans la presse spécialisée dans les médias. Le responsable de la communication chez NBC News, Mark Kornblau, avait occupé un emploi au département d'État à l'époque où j'y travaillais moi aussi. Autour d'un café, alors que je passais de mon rôle chez MSNBC à celui pour la chaîne, et lors de nos rencontres depuis, il m'avait soutenu. Kornblau et son équipe entretenaient toujours une couverture médiatique positive à mon égard.

Cet état d'esprit semblait s'étendre à d'autres. Un vétéran de NBC, David Corvo, petit homme vif à la barbe broussailleuse et producteur exécutif de « Dateline », m'arrêta dans le couloir. Il travaillait à NBC depuis le milieu des années 70 et était proche de Lack. « Voyons-nous, me dit-il. Vous traitez exactement le genre de sujet qui nous intéresse. »

En fin d'après-midi, je m'installai avec Ambra Gutierrez dans un restaurant tranquille du quartier des théâtres appelé Brazil Brazil. J'avais passé le mois précédent à tenter de trouver un autre moyen d'obtenir l'enregistrement. Les sources policières m'avaient déclaré prêter foi au témoignage de Gutierrez. Elles étaient convaincues de détenir les preuves nécessaires pour inculper Weinstein, malgré la décision du procureur. Mais aucune de ces conversations n'avait permis de concrétiser l'enregistrement.

J'avais réfléchi à toutes les approches qui auraient pu permettre à Gutierrez de me remettre sa copie. Et si elle allait aux toilettes et que j'avais par hasard accès à son ordinateur ? Non, me répondit-elle. Elle risquait trop gros. Elle craignait pour son frère.

— Je dois le faire venir des Philippines, me dit-elle.

Elle semblait de plus en plus anxieuse.

C'était Jonathan qui, la nuit précédente, avait suggéré une autre feinte pour pouvoir recourir au doute raisonnable.

— Et si tu enregistrais son enregistrement ? Que tu tenais un micro devant un haut-parleur. Tu crées un nouveau support. Elle ne livrerait aucun témoignage.

— Et alors ?

— C'est juste comme si on sautait une étape, aucun fichier ne change de main. Oublie. C'est idiot.

— Attends, ça pourrait être bien.

— C'est super bien.

Je ris.

Du reste, je n'avais pas de meilleure idée. Au restaurant, je me penchai vers Gutierrez et formulai mon ultime proposition.

— Il n'y aurait pas de trace numérique. Pas de clé USB cachée. Et j'aurais un fichier qui ne provient pas de ton disque dur.

Elle prit une grande inspiration. Je me reculai sur mon siège, l'observai. Ça ne marcherait jamais.

— Pourquoi pas, répondit-elle.

Elle sortit son vieux MacBook de son sac et ajouta :

— OK, ça vaut peut-être la peine d'essayer.

Je sentis un flot d'adrénaline se répandre dans mon corps. Nous savions tous les deux que cette couverture serait fragile. Elle prenait un risque.

Je la remerciai. Elle hocha la tête. Je me munis de mon téléphone.

— Attends, me dit-elle. On a un problème.

Son vieil ordinateur n'était pas équipé de haut-parleurs en état de marche.

— Ambra, si je vais chercher un haut-parleur externe, est-ce que tu seras là à mon retour ?

Elle jeta un coup d'œil autour d'elle, m'adressa un regard hésitant.

— Donne-moi juste vingt minutes, lui dis-je.

Je sortis en vitesse du restaurant et me retrouvai dans la foule de Ouest 46th Street. Où aller ? Il y avait sans doute sur Broadway un magasin d'électronique parmi les quelques boutiques pour touristes qui vendaient des chapeaux « I Love New York », mais je ne savais pas exactement où chercher. Je sortis mon téléphone et trouvai la grande surface d'électronique la plus proche. Elle était un peu éloignée, mais c'était plus sûr. Je me faufilai dans la foule des gens qui allaient dîner avant le spectacle, atteignis l'angle de la rue et fis frénétiquement des signes de la main aux taxis.

Quand j'entrai dans le magasin, j'étais en nage. Je descendis à la hâte un escalier mécanique, puis m'arrêtai net devant une quantité impressionnante de haut-parleurs. Un vendeur s'approcha de moi.

— Bonjour, comment puis-je vous aider ?

— J'ai besoin d'un haut-parleur, répondis-je à bout de souffle.

— Eh bien, monsieur, nous avons ce qu'il vous faut, répondit-il gaiement. Nous avons des Bluetooth, des WiFi, des USB. Vous cherchez un produit activé par Alexa ? Celui-ci dispose d'un petit jeu de lumières LED.

Je le dévisageai d'un regard affolé. Un quart d'heure plus tard, je retournai dans le restaurant en courant, quatre haut-parleurs différents et hors de prix sous le bras. Gutierrez était encore là. Elle m'adressa un sourire nerveux.

Dans un jardin à l'arrière du restaurant, je déballai un des haut-parleurs. Le Bluetooth, par bonheur, fonctionna sur le vieux Mac. Nous décidâmes qu'elle passerait le milieu des trois fichiers : tout ce qui pouvait reproduire les coupures entre les fichiers trahirait qu'ils provenaient de son téléphone plutôt que de ceux vraisemblablement sans interruption obtenus avec le micro de la police. Elle prit une profonde inspiration, puis me dit : « J'espère que les autres filles obtiendront justice. » Nous nous penchâmes sur l'ordinateur. Elle cliqua sur « play ». J'enregistrai deux minutes de conversation entre une femme terrifiée luttant pour s'extirper d'une suite d'hôtel et un homme brutal qui ne se laissait pas décourager. Et je l'entendis répéter : « Je fais ça souvent. »

J'avais besoin de conseils. Le lendemain, je frappai à la porte du bureau de Tom Brokaw* au quatrième étage du 30 Rock. Au cours de mes premiers mois chez NBC, Brokaw était venu vers moi alors que nous faisions la queue pour prendre un café à emporter dans la galerie marchande au sous-sol de l'immeuble. Il avait regardé mon émission. Selon lui, j'essayais de faire quelque chose de plus intelligent que le format habituel.

— Merci monsieur. Ça veut dire beaucoup venant de vous, lui dis-je.

— Appelle-moi Tom, s'il te plaît. On n'est plus à l'école. Je ne suis pas ton prof, me répondit-il.

Il accepta mes invitations à apparaître avec moi à l'antenne plus souvent qu'il n'y était obligé, et ses commentaires s'avérèrent toujours convaincants et pleins de recul historique.

Brokaw avait alors plus de soixante-dix ans. Quelques années plus tôt, on lui avait diagnostiqué une leucémie. Ce jour-là, il traîna dans son bureau, me montra des photos de Meredith, sa femme depuis plus de cinquante ans, et me raconta quelques anecdotes sur le vieil Hollywood. Il me demanda ensuite ce qu'il pouvait faire pour moi.

Je lui expliquai que je travaillais sur un sujet sensible et lui confiai mon inquiétude de ne pas voir mon projet encouragé comme il aurait dû l'être. Je mentionnai les mots « au second plan » de Greenberg.

— Je sais que Noah soutiendra le projet, lui dis-je. Je crains juste les interférences avant que ça aboutisse.

— Eh bien, il faut rester ferme, Ronan. Si tu fais marche arrière, tu vas bousiller ta crédibilité.

Je ris.

Brokaw ajouta que c'était une bonne idée d'explorer le maximum de pistes supplémentaires avant d'en informer la hiérarchie. Il appellerait Andy Lack et Noah Oppenheim quand ce serait fait.

---

* Journaliste culte ayant notamment présenté le NBC Nightly News de 1982 à 2004.

— Sur qui enquêtes-tu d'ailleurs ? me demanda-t-il finalement.

J'hésitai un instant puis lui répondis qu'il s'agissait de Weinstein. L'atmosphère chaleureuse déserta la pièce.

— Je vois. Eh bien, je dois t'annoncer, Ronan, que Harvey Weinstein est un ami.

Ils avaient sympathisé quand Brokaw avait sollicité des conseils pour un documentaire sur les vétérans. Weinstein avait été bienveillant avec lui.

Je me demandai s'il existait quelqu'un qui n'était pas ami avec ce type.

— Je suppose que je peux quand même compter sur ta discrétion, dis-je à Brokaw.

— Tu peux.

Il me reconduisit à la porte de son bureau, visiblement perturbé.

Quand j'en sortis, mon téléphone sonna. C'était Lisa Bloom.

Elle me salua d'un ton enjoué, puis me parla d'une mannequin qu'elle représentait et qui avait été victime d'une revanche pornographique.

— On devrait se voir pour discuter, me proposa-t-elle. Je pourrais t'avoir une interview avec elle.

Distrait, je répondis :

— OK.

— D'ailleurs, est-ce que tu travailles toujours sur les clauses de confidentialité ?

Bloom avait dit connaître Weinstein et son équipe – et, bien sûr, elle était attentive à la promotion de son cabinet et ne rechignait pas devant une petite conférence de presse – mais elle avait une fibre morale et je sentais que je pouvais lui faire confiance. En outre, elle était avocate. Le respect des confidences est la pierre angulaire de notre profession. Après un petit instant, je répondis :

— Oui.

— Alors ça avance, me dit-elle.

— Je… je suis dessus.

— Est-ce que tu as pu voir des clauses de confidentialité ?

Je marquai de nouveau une pause.

— Je suis au courant d'accords particuliers, oui.

— À combien de femmes parles-tu ? Peux-tu me révéler leur identité ? Je pourrais peut-être t'aider à obtenir des informations, si tu me dis avec qui tu t'entretiens.

— Je ne peux pas parler de sources particulières. Mais il y a un groupe et il s'élargit. Et si tu as des conseils sur ce que je devrais faire pour les mettre à l'abri des poursuites, je suis preneur.

— Absolument.

Quand je consultai mon téléphone après qu'on eut raccroché, je découvris que j'avais manqué une salve de messages Instagram envoyés par l'abonné au mystérieux pseudonyme. Cette fois-ci, le dernier message était une photo de pistolet. Et l'un d'eux disait : « On doit parfois blesser les choses qu'on aime. » Je fis quelques captures d'écran et me notai de chercher prochainement les personnes en charge de la sécurité chez NBC.

CHAPITRE 16

A.H.

Lorsque mon téléphone sonna à nouveau, j'appris de meilleures nouvelles. Ben Wallace, du *New York Magazine*, donnait suite. L'ancienne assistante dont il n'avait pas réussi à obtenir l'enregistrement voulait bien me parler.

La semaine suivante, à la fin du mois de mai, j'entrai dans le hall d'un hôtel de Beverly Hills. Je n'avais pas cherché à savoir à quoi ressemblait la source, mais je la reconnus rapidement. Elle était mince, blonde et attirait l'œil. Elle m'adressa un sourire nerveux.

— Salut ! Moi, c'est Emily, me dit-elle.

Emily Nestor, la vingtaine, avait obtenu des diplômes de droit et de commerce à Pepperdine. Elle travaillait pour une start-up de technologie, mais semblait chercher une activité plus enrichissante. Elle me fit part de son désir de trouver un emploi dans l'éducation, peut-être auprès d'enfants défavorisés. Quelques années plus tôt, elle avait nourri des ambitions dans l'industrie du cinéma, espérant produire des films et peut-être diriger un jour un studio. Mais une expérience comme assistante intérimaire avait ébranlé ses convictions. La nature désinvolte du harcèlement pratiqué de manière habile lui avait fait craindre que ce ne soit monnaie courante. Et la réaction qu'elle avait obtenue quand elle s'en était plainte l'avait plus que déçue.

Je lui exposai les informations que je détenais : McGowan et Gutierrez qui apparaissaient nommément ; les enregistrements audio ; et le nombre croissant de collaborateurs qui s'exprimaient devant la caméra. Je ne lui cachai pas non plus la fragilité de l'enquête.

Nestor semblait encore effrayée. Elle y réfléchirait. Elle craignait les représailles. Mais je sentais qu'elle avait des convictions trop féroces pour se dérober.

Quelques jours plus tard, elle accepta. Elle parlerait devant la caméra, en restant toutefois anonyme, le visage caché pour commencer. Elle verrait par la suite. Et elle avait des preuves : des messages d'Irwin Reiter, qui avait travaillé pour Weinstein pendant presque trente ans, reconnaissant l'incident et laissant entendre que la prédation faisait partie de la culture de l'entreprise. Une troisième femme prête à témoigner et davantage de preuves solides : j'avais l'impression de toucher au but.

— Une fois qu'on lui aura fourni tout ça, dis-je à McHugh, Noah fera en sorte que ça passe à l'antenne. Il sera obligé.

De retour chez moi à New York, j'assistai au dîner de gala au Museum of the Moving Image où l'élite des médias new-yorkais se rassemblait pour rendre hommage à Lester Holt et Roy Price, dirigeant des studios Amazon. L'acteur Jeffrey Tambor, qui jouait à l'époque dans *Transparent*, porta un toast en l'honneur de Price. Noah Oppenheim rendit hommage à Holt, louant sa couverture sans faille des sujets difficiles. Puis il retourna s'asseoir à la table de NBC à côté de David Corvo, le producteur de « Dateline ». Près de là, à la table d'Amazon, Harvey Weinstein applaudissait[1].

Peu de temps après, McHugh et moi nous trouvions dans une chambre d'hôtel avec vue sur la marina scintillante de Santa Monica. Nous tournions encore autour du pot avec nos images pour le documentaire afin de rendre le projet inattaquable avant d'amorcer une discussion avec nos supérieurs. Nous avions fixé la date pour l'interview de Nestor aux alentours de celle d'un déplacement dans la Vallée Centrale où nous couvrions le sujet sur les polluants.

Le visage dans l'ombre, Nestor nous dit anticiper une réaction « personnelle et vengeresse » de la part de Weinstein quand il visionnerait le document. En décembre 2014, alors âgée de vingt-quatre ans, elle avait travaillé comme réceptionniste temporaire à la Weinstein Company à Los Angeles. Elle était surqualifiée, mais avait accepté la mission sur un coup de tête pour se faire une meilleure idée de l'industrie du divertissement. Le premier jour, deux employées lui apprirent qu'elle était « le genre » de Weinstein physiquement. Quand celui-ci arriva au bureau, il fit des commentaires sur son apparence, l'appelant « la jolie fille ». Il lui demanda son âge, puis fit sortir ses assistantes de la pièce et réclama son numéro de téléphone.

Il lui demanda ensuite de le rejoindre dans la soirée pour boire un verre. Nestor inventa une excuse. Comme il insistait, elle proposa un café le lendemain matin, supposant qu'il refuserait. Il lui proposa de le retrouver au Peninsula, l'un de ses lieux de prédilection. Des amis dans l'industrie du spectacle et des employés de l'entreprise l'avaient prévenue de la réputation de Weinstein. « Je m'étais particulièrement mal fagotée », se rappelle-t-elle.

Lors du rendez-vous, Weinstein lui proposa de l'aider dans sa carrière, puis se vanta de ses liaisons avec d'autres femmes, parmi lesquelles des actrices célèbres. Il lui dit : « Tu sais, tu pourrais bien t'amuser. Je pourrais te faire entrer dans mes bureaux de Londres, tu pourrais y travailler et être ma petite amie. » Elle déclina la proposition. Il lui demanda s'il pouvait lui prendre la main ; elle refusa. Elle se rappelait sa remarque : « Oh, les filles disent toujours non. Tu sais : "Non, non." Et ensuite elles boivent une bière ou deux et elles se jettent sur moi. » Nestor décrivait comme « étrangement fier » le ton qu'il avait employé. Il ajouta ensuite « qu'il ne [ferait] jamais rien du genre de Bill Cosby ». Sur le moment, elle supposa qu'il voulait dire qu'il ne droguerait jamais une femme. Nestor qualifiait le comportement de Weinstein de « harcèlement sexuel typique ». Elle repoussa ses avances au moins une dizaine de fois. « "Non" ne voulait pas dire "non" pour lui. »

Au cours de ce même rendez-vous, Weinstein interrompit leur conversation pour hurler dans son téléphone, en jurant que c'était un comble, sur l'équipe de management de « Today », furieux que le segment d'émission avec Amy Adams, star dans le film *Big Eyes* qu'il avait produit, ait été annulé après son refus de répondre à des questions sur un récent piratage des dirigeants de Sony. Weinstein dit ensuite à Nestor de garder un œil sur les actualités en continu, qui, promettait-il, tourneraient en sa faveur et discréditeraient NBC.

Plus tard dans la journée, des éléments critiquant le rôle de NBC dans le différend apparurent comme promis. Weinstein s'arrêta au bureau de Nestor pour s'assurer qu'elle les avait bien vus.

Nestor fut déstabilisée par la férocité avec laquelle il agissait pour intimider une agence de presse. « J'avais très peur de lui. Je savais qu'il avait beaucoup de relations haut placées. Et que si je l'énervais je pouvais dire au revoir à une carrière dans l'industrie du cinéma. » Elle raconta tout de même l'incident à un ami qui alerta les ressources humaines de l'entreprise. Nestor eut une conversation avec les responsables mais n'alla pas plus loin après qu'ils lui eurent expliqué que Weinstein serait informé de tout ce qu'elle leur dirait. Plus tard, de nombreux employés me confieraient que le service des ressources humaines de l'entreprise était un simulacre, un endroit où les plaintes étaient enterrées.

Irwin Reiter, vice-président exécutif de la comptabilité et du reporting financier de la Weinstein Company, contacta Nestor via LinkedIn. « Nous prenons l'affaire très au sérieux et je suis personnellement désolé que votre premier jour se soit passé ainsi. S'il y a d'autres avances malvenues, je vous prie de nous le faire savoir. » Fin 2016, juste avant l'élection présidentielle, il la recontacta. « Toutes ces histoires au sujet de Trump m'ont fait penser à vous. » L'expérience de Nestor, écrivait-il, faisait partie des conduites déplacées en série de Weinstein. « Trois semaines avant l'incident avec vous, nous avons eu une altercation au sujet de son mauvais traitement des femmes. Je lui ai même envoyé un e-mail qui m'a valu d'être qualifié de police du sexe. La dispute que j'ai eue avec lui à votre sujet a été terrible. Je lui ai dit que si vous étiez ma fille il ne s'en serait pas sorti à si bon compte. »[2] Nestor me fournit les messages et, finalement, me donna la permission de les diffuser.

Nestor partit à la fin de son contrat temporaire, traumatisée. « À cause de cet incident, j'ai décidé de ne pas me lancer dans le divertissement. » Derrière elle, le soleil se couchait dans la marina. « Est-ce comme ça que ça se passe ? » se demandait-elle. « Cet homme s'en sort en toute impunité ? »

Tandis que McHugh et moi nous démenions pour réaliser des interviews avec des toxicologues, des autorités locales et des riverains exposés aux déchets toxiques dans la Vallée Centrale, le nombre de sources chez Miramax et à la Weinstein Company disposées à s'exprimer augmentait. Dans un bar de West Hollywood, je rencontrai une ancienne employée qui avait travaillé en proche collaboration avec Weinstein. Elle me raconta que son attitude de prédateur avait commencé à perturber sa vie professionnelle. Il lui demandait de le rejoindre pour débuter ses rendez-vous avec des jeunes femmes, des entretiens dont l'horaire était souvent déplacé de la journée à la soirée et de halls d'hôtel à des chambres. Weinstein était sans gêne. Au cours d'un rendez-vous avec une mannequin, il avait lancé à cette employée : « Dis-lui quel super petit ami je suis. » Quand elle refusait de se joindre à lui pendant ces rendez-vous, Weinstein entrait parfois dans des colères furieuses. Un jour, dans une limousine, il ouvrit et claqua la portière plusieurs fois, le visage écarlate et déformé par la colère en criant : « Va te faire foutre, tu étais ma couverture ! »

Weinstein demandait à ses assistants de suivre la trace de ces femmes. L'ancienne employée les avait toutes classées dans son téléphone dans une même rubrique : A.H. pour « Amis de Harvey ». « Il faisait ça systématiquement depuis longtemps », me confia-t-elle.

Elle sortit son iPhone pour y chercher une phrase qu'elle avait retranscrite dans son application de notes quelques années plus tôt. Weinstein se l'était murmurée, à lui-même, à ce qu'elle en savait, après l'une de ses crises de hurlements. Terriblement énervée, elle avait écrit, mot pour mot : « J'ai fait des choses dont personne n'est au courant. »

Cette ancienne employée me mit sur la piste de quelques autres. Au début du mois de juillet, elles commencèrent à parler devant la caméra. Dans une chambre d'hôtel à Beverly Hills, une ancienne cadre, Abby Ex, visage caché, me confia : « Harvey avait de très nombreux rendez-vous avec des filles qui voulaient devenir actrices ou mannequins. Ils se déroulaient tard le soir, en général dans des bars ou des chambres d'hôtel. Et, pour que ces femmes se sentent plus à l'aise, il demandait à une assistante ou à une collègue de l'accompagner pour commencer. » Elle me confia qu'elle avait refusé les demandes de Weinstein de se joindre à lui en pareilles circonstances, mais qu'elle avait été témoin de rendez-vous au cours desquels il exerçait des violences physiques et verbales.

Ex me raconta que son avocat lui avait expliqué qu'elle pouvait être redevable de centaines de milliers de dollars de dommages et intérêts si elle violait la clause de confidentialité incluse dans son contrat de travail. Mais, ajouta-t-elle : « Je crois que ce problème justifie le non-respect de la clause de confidentialité. »

Après l'entretien, je me rendis chez Jonathan. Je m'assis à la table de sa cuisine pour étudier attentivement les transcriptions sur mon ordinateur. Jonathan avança d'un pas feutré vêtu d'un tee-shirt à motif d'astronaute.

— Tu as mangé ? me demanda-t-il.

Les yeux encore rivés sur l'écran, je répondis :

— Non.

— Allons manger un truc sain, ou dégoûtant.

— Je ne peux pas.

Je me rendis compte alors que nous n'avions rien fait ensemble depuis un moment. Je retirai mes lunettes, me frottai les yeux.

— Désolé. Je sais que je suis pénible en ce moment.

Il s'assit sur une chaise à côté de moi.

— Oui, toutes nos conversations tournent autour du harcèlement sexuel, maintenant. Qu'est-ce qu'on se marre.

Mon téléphone bipa. C'était une notification : « Tapez "oui" pour recevoir des alertes météo. » Je fixai l'écran, perplexe. On était à Los Angeles, la météo n'existait pas dans cette ville.

— Tu envoies des textos ! s'écria Jonathan. J'espère qu'il en vaut la peine. J'espère qu'il vaut le coup de dire au revoir à tout ça !

— Carrément, répondis-je.

Et j'effaçai le message.

CHAPITRE 17

666

Pendant que les anciennes employées de Weinstein me confiaient leurs histoires, Weinstein discutait avec Black Cube. Le 6 juin, ses agents le rencontrèrent au cabinet Boies Schiller à New York accompagné de ses avocats pour présenter un bilan réjouissant. Après ce rendez-vous, Yanus, le directeur, prit contact avec Christopher Boies. Yanus écrivit : « Ce fut un grand plaisir de vous rencontrer, vous et votre client aujourd'hui, pour vous présenter notre rapport final. Nous avons réussi à atteindre les objectifs du projet et à satisfaire aux trois clauses qui déterminent les honoraires en cas de succès… dont la plus importante consiste à trouver qui se cache derrière la campagne négative contre le client. » Il joignit une facture de 600 000 dollars[1]. Le contrat avec Black Cube stipulait que ces « honoraires en cas de succès » seraient réglés si Weinstein utilisait le fruit de leurs recherches dans les médias pour résoudre des litiges ; si l'agence réussissait à « mettre un terme à la campagne négative » contre Weinstein ; ou si ses agents découvraient « la personne ou l'entité » à l'origine de cette campagne.

Une semaine plus tard, Yanus le recontacta : « Bonjour Chris, je me demandais si vous pouviez nous dire où en est le règlement[2]. » Ce message n'obtint pas de réponse non plus. Le 18 juin, Weinstein rencontra Black Cube à Londres, et, selon le récit de Yanus dans un e-mail maussade envoyé à Boies peu après, « réexamina minutieusement [leurs] conclusions et discuta des étapes suivantes pour soutenir la cause de [leur] client qui a de nouveau dit beaucoup de bien de [leur] travail[3] ».

Weinstein tardant à régler la facture, il mettait ses rapports avec Black Cube à rude épreuve. Yanus appelait et lui disait avec tact : « Vous ne nous avez pas payés. » Les bons jours, Weinstein feignait de ne pas être au courant et mettait en cause le conseiller juridique de sa compagnie. « Je n'étais pas au courant ! hurlait-il à l'avocat de son entreprise. Payez-les ! » Mais par-dessus tout il criait à Black Cube : « Pourquoi je vous paie ? Vous êtes censés bosser là-dessus ! »

À la fin du mois de juin, la situation devint critique. Weinstein se renseigna pour savoir si Black Cube avait pu enfreindre la loi, l'exposant à des ennuis par la suite. Comme l'indiquait un bref e-mail envoyé par le chef de projet opérationnel, subordonné de Yanus, l'opération « n'avait pas complètement résolu son problème[4] ». Weinstein rappelait à l'organisation que « d'autres agences de renseignement étaient impliquées dans la résolution de [cette] crise et que Black Cube [n'était] qu'une pièce d'un bien plus grand puzzle ».

Finalement, début juillet, Boies et Black Cube signèrent un accord révisé. Weinstein accepta de payer 190 000 dollars pour régler les frictions au sujet des « honoraires en cas de succès ». Et Black Cube signa pour un nouveau calendrier, jusqu'à la fin novembre de cette année-là, avec de nouveaux objectifs plus ciblés.

En interne et en privé, le chef de projet concéda que ses agents « étaient à cours de personnel pour traiter certaines questions ». Dans les conversations au sujet des contentieux avec Weinstein, ils avaient promis d'aller plus loin. Ils pouvaient encore résoudre le problème. Il leur fallait juste faire preuve de davantage d'agressivité.

Chaque fois que McHugh et moi reconnaissions auprès de nos supérieurs que nous gardions toujours un œil sur l'enquête Weinstein, nous recevions une nouvelle salve d'avertissements concernant notre manque d'efficacité pour couvrir d'autres sujets. Bientôt McHugh se vit confier de nouvelles missions avec d'autres correspondants. Steve Chung, l'avocat de NBC qui avait tempéré les hésitations de Greenberg quant aux clauses de confidentialité, en concédant, au moins, qu'il existait dans la jurisprudence des zones d'ombre qui auraient permis à une agence de presse de les examiner, appela pour nous informer qu'il quittait l'entreprise. « Vous serez entre de bonnes mains avec le reste de l'équipe juridique », nous dit-il.

Certains signes indiquaient que nous risquions de nous faire doubler. Je tentai une dernière fois de contacter Ashley Judd. J'appelai Nicholas Kristof, chroniqueur au *New York Times*, qui avait travaillé sur un documentaire auquel Judd et moi avions tous les deux participé. J'avais beaucoup de respect pour Kristof car il traitait dans ses articles de questions délicates concernant les droits de l'homme. Si quelqu'un pouvait convaincre Judd de parler, c'était lui.

Je l'informai que j'enquêtais sur un sujet sur les droits des femmes et les droits de la personne, un thème qui lui tenait à cœur. Il me répondit aussitôt.

— La personne dont parle ce sujet, est-ce que son prénom commence par un H ?

Quand je répondis par l'affirmative, Kristof resta un instant silencieux, puis ajouta lentement :

— Je ne suis pas autorisé à poursuivre cette conversation.

Et il y mit rapidement fin.

Pour McHugh et moi, la seule explication possible était que le *New York Times* préparait un article sur le même sujet. J'étais heureux d'apprendre que nous n'étions pas seuls, mais j'étais impatient d'avancer. Quand nous en parlâmes à Greenberg, il sembla content, lui aussi, mais pour d'autres raisons. « Parfois, il vaut mieux laisser quelqu'un d'autre y aller en premier », nous dit-il.

On commençait à sentir que les intervenants du reportage ne tiendraient pas tous indéfiniment. Rose McGowan était partante à cent pour cent depuis des mois. Elle nous envoyait des messages. « Je peux vous en dire plus », écrivait-elle. Et : « Il faut que ce soit une émission spéciale en soirée. Ou un long reportage du matin. Je crois que vous devriez venir en filmer davantage. »

Mais en juillet, sa patience sembla s'épuiser. « J'ai réfléchi et j'ai décidé de ne pas poursuivre ma participation au projet pour NBC », me dit-elle. La nouvelle me décontenança. Elle n'était pas la seule femme nommée dans le reportage, mais son intervention était importante. Je lui demandai d'écouter ce que j'avais découvert avant de prendre sa décision. Nous décidâmes de nous revoir.

Je me rendis chez elle encore une fois. Elle vint m'ouvrir vêtue d'un tee-shirt, sans maquillage. Elle paraissait exténuée. Nous nous trouvions dans la cuisine où elle préparait du café. Elle m'apprit qu'elle commençait déjà à payer le prix de ses révélations. Elle avait confié à Price, le directeur des studios Amazon, que Weinstein l'avait violée. Peu après, son contrat avec le studio avait été résilié.

Elle soupçonnait aussi qu'on la suivait. Elle ne savait pas à qui faire confiance. Je lui demandai si elle avait des amis et de la famille dans la région. Elle haussa les épaules. Elle me dit qu'elle avait du soutien. Diana Filip, la gestionnaire des fonds pour le projet sur les droits des femmes, s'était rapprochée d'elle. Et d'autres journalistes l'avaient soutenue, notamment Freedman, l'ancien rédacteur du *Guardian*.

Elle se méfiait de NBC. Les délais la gênaient. Elle était préoccupée par ce qu'on lui avait dit des personnes qui y travaillaient. Je lui demandai ce qu'elle entendait par là. Elle me répondit : « Je ne veux pas servir de remplissage dans les émissions du matin. » Je lui expliquai que ce n'était pas notre but, que je faisais aussi des reportages pour « Nightly News » et que notre sujet pouvait passer à d'autres créneaux, pas uniquement le matin.

Je lui assurai qu'il y avait des gens bien à NBC, comme Oppenheim qui menait une carrière de scénariste et ne se préoccuperait pas de la réticence traditionnelle de la chaîne pour certains sujets d'actualité. Mais j'ajoutai que j'avais besoin de lui apporter tous les éléments, sous la forme la plus aboutie possible, et que pour ce faire, j'avais besoin d'elle. Je l'informai ensuite de ce que nous avions déjà. Nous avions rencontré d'autres témoins des actes de Weinstein – il ne s'agissait pas de rumeurs ou de sous-entendus – et qu'ils avaient accepté de parler, en partie parce qu'ils savaient qu'elle avait déjà témoigné. Elle eut alors les larmes aux yeux et me dit : « Je me sens seule depuis si longtemps. »

Elle avait beaucoup réfléchi, composé de la musique. Lors de notre première rencontre nous nous étions liés d'amitié, et avions parlé de chansons que nous avions écrites. Ce jour-là on se fit écouter quelques démos. Quand une de ses chansons intitulée « Lonely House » passa, elle ferma les yeux et s'écouta chanter :

I stand for mind
For women who can't
And men too scared
To beat that beast
*To watch him drown**

McGowan retrouva son courage. Nous pourrions diffuser son interview. Elle voulait bien être filmée de nouveau et nommer Weinstein. Et elle se porta volontaire, avant ça, pour téléphoner au service juridique de NBC afin d'annoncer qu'elle le nommerait publiquement.

Quelques minutes plus tard, j'étais au téléphone avec l'assistante d'Oppenheim. Je lui expliquai que j'avais du nouveau et que je prendrais un vol de nuit pour le rencontrer le lendemain. Je m'accommoderais de n'importe quel créneau libre dans son agenda.

— C'est bon, me répondit McHugh. L'horloge tourne.

Le lendemain matin, à New York, je descendis un escalier en colimaçon jusqu'au sous-sol de la Bank of America. Il abritait une vieille chambre forte comme on en voit peu, à la porte ronde munie de verrous derrière laquelle se trouvait une rangée de coffres-forts. Un employé de la banque me remit une petite boîte en métal. Elle portait le chiffre 666.

Nous la fixâmes un instant.

« Vous savez quoi, me dit-il, je vais vous en trouver une autre. »

Dans une boîte moins sinistre, je plaçai la liste de la dizaine de sources contactées avec McHugh, les transcriptions des conversations avec elles, et la description des pratiques de prédation récurrentes et des arrangements pour faire taire les victimes. J'ajoutai une clé

* « Je représente la conscience / Les femmes impuissantes / Et les hommes qui ont trop peur / Pour vaincre cette bête / Pour le regarder sombrer », « Lonely House », Rose McGowan, extrait de l'album *Planet 9*.

USB contenant l'enregistrement du coup monté de la police. Je posai par-dessus le mot rédigé par une personne fatiguée et qui ne savait sincèrement plus ce qui relevait de la paranoïa ou de la réalité. Le voici :

> *Si vous lisez ceci, c'est parce que je ne peux pas rendre moi-même cette information publique. Il y a là le projet d'un reportage qui pourrait mener un prédateur en série devant la justice. Plusieurs reporters qui ont tenté de faire remonter cette affaire ont fait l'objet d'intimidations et de menaces. J'ai déjà reçu des appels menaçants d'intermédiaires. Il faut que Noah Oppenheim de NBC News puisse accéder aux séquences vidéo. S'il devait m'arriver quelque chose, assurez-vous que cette information soit rendue publique.*

CHAPITRE 18

QUIDDITCH

Noah Oppenheim resta sans voix. Je venais de lui remettre une liste imprimée des éléments du reportage. « Waouh, dit-il. Ça fait beaucoup à digérer. » Nous étions le 12 juillet. Par la fenêtre de son bureau, on voyait le soleil se coucher sur Rockefeller Plaza. Je lui expliquai que nous disposions de preuves solides et de sources crédibles. Il connaissait même certaines d'entre elles. Abby Ex, qui avait parlé à visage découvert, l'avait recruté pour rendre plus percutant, sans que son nom apparaisse au générique, le script du film de Ryan Reynolds *Renaissances*.

— Nous allons montrer ça à Greenberg, le faire passer par les canaux normaux, dis-je vite. Je voulais juste que tu sois au courant.

Il souleva de nouveau la page du dessus, regarda celle en dessous.

— Bien sûr, je m'en remettrai à Rich, mais…

Il reposa le document sur ses genoux, soupira.

— On va devoir prendre des décisions.

— Des décisions ?

— Par exemple : est-ce que ça en vaut vraiment la peine ?

Il était assis sur un canapé beige. Sur un mur à côté de lui, des écrans clignotaient à mesure que les bandeaux de dépêches défilaient. À côté, un diptyque encadré montrait un match de Quidditch dessiné au feutre marron et vert et signé par son fils de huit ans.

— C'est une grosse histoire, plaidai-je. On a là l'enregistrement d'un homme très en vue qui reconnaît une faute sérieuse.

— Eh bien, avant tout, je ne sais pas si c'est… tu sais, un crime.

— C'est une infraction. Passible de plusieurs mois de prison.

— D'accord, d'accord. Mais on doit décider si ça présente un intérêt médiatique.

Je le dévisageai.

— Écoute, reprit-il. Tu sais qui est Harvey Weinstein. Je sais qui est Harvey Weinstein. Mais je travaille dans cette industrie. Je ne sais pas si c'est le cas d'un Américain moyen.

— Roger Ailes n'était pas non plus connu de tous, lui fis-je remarquer. Weinstein est plus célèbre que ça. Et le système est, tu sais… plus puissant que lui.

— Je vois. Je dis simplement que nous allons devoir prouver aux avocats que ça en vaut la peine. On s'expose à de gros problèmes si on diffuse ça.

À s'en fier aux souvenirs de paranoïa de Wallace, je savais qu'il avait raison.

En sortant de la pièce, je le remerciai.

— Et s'il devait m'arriver un « accident »…

Il rit, tapota le papier que je lui tendis.

— Je m'assurerai que ça sorte, dit-il.

— Merci. Et, ne fais pas *Renaissances 2*.

Pince-sans-rire, il répondit :

— Je ne sais pas. Je pourrais avoir besoin d'autres options de carrière après ça.

Cet après-midi-là, je reçus une autre série de messages Instagram étranges, dont une autre image de pistolet. J'envoyai un texto à l'assistante d'Oppenheim, Anna.

« Je ne veux pas que ça arrive aux oreilles de Noah, mais est-ce qu'on a une personne de confiance à la sécurité chez NBC à qui je pourrais parler ? » Je faisais face à des « problèmes de harcèlement ». Des choses qui me semblaient « un peu plus inquiétantes que d'habitude ».

Elle me répondit qu'elle allait se renseigner.

Quelques heures plus tard, je reçus un coup de fil de Matthew Hiltzik, l'expert en relations publiques. « Je prends juste des nouvelles des gens, me dit-il gaiement. Tu étais sur ma liste. » Depuis son dernier appel, il m'avait envoyé quelques textos, me proposant un déjeuner, me demandant où en étaient mes projets. Il me témoignait un intérêt contraire à ses habitudes. Au téléphone ce jour-là, je lui appris que j'essayais de tenir le délai pour mon livre et que je travaillais sur plusieurs sujets pour NBC.

— Tu es toujours sur Harvey, alors ?

Je jetai un coup d'œil au studio tout proche. Derrière la vitre en verre dépoli au logo de paon, un journaliste de la mi-journée articulait silencieusement les gros titres.

— Je travaille sur plusieurs sujets, répétai-je.

— Très bien ! s'écria-t-il en riant un peu. Je suis là pour te fournir des informations dès que tu en as besoin. Et je trouve vraiment bien que tu sois occupé à d'autres choses.

Ce soir-là, je rentrai chez moi un peu tendu. Dans l'ascenseur, je sursautai quand le voisin avec qui le gardien me trouvait une ressemblance me salua. Peu après, Jonathan m'appela d'une Bank of America de la côte ouest où il signait les documents qui faisaient de lui le copropriétaire du coffre-fort que je venais de remplir. « Ne. Perds. Pas. La clé », lui dis-je. Pendant notre conversation, mon téléphone émit un petit tintement : un autre message automatique me proposait une alerte pour les actualités météo. Je le supprimai.

J'étais couché quand je reçus un texto de Lisa Bloom. « Salut Ronan, est-ce que tu rédiges toujours un truc sur les clauses de confidentialité ? J'ai du nouveau sur mon affaire Kardashian (tu sais peut-être que je représente Blac Chyna et que la famille K soulève une affaire de clause). Bref, je viens demain pour “The View”. Café ou déj jeudi ou vendredi[1] ? »

J'éloignai mon téléphone et ne réussis pas à m'endormir.

McHugh et moi étions convenus de retrouver Greenberg à 8 h 30. J'étais à mon bureau, épuisé, quand McHugh arriva.

— T'as une sale mine, me dit-il.

— Merci, content de te voir aussi.

Quelques minutes plus tard, nous étions dans le bureau exigu de Greenberg.

Après avoir parcouru la même liste qu'Oppenheim la veille, il nous dit :

— Vous en tenez beaucoup.

Il leva les yeux, puis nous demanda :

— Je peux écouter l'enregistrement ?

Je posai mon téléphone en face de lui sur son bureau et appuyai sur « play ». Nous entendîmes Weinstein déclarer qu'il faisait ça souvent.

Pendant que Greenberg écoutait, un sourire se forma sur ses lèvres.

— Et puis merde, lança-t-il à la fin de l'enregistrement, qu'il nous fasse un procès. Si ça passe à l'antenne, il est cuit.

Je lui expliquai que nous allions encore interviewer devant la caméra quelques sources de l'entreprise de Weinstein et rédiger une ébauche de script et de récit écrit pour le web. Greenberg, l'air toujours un peu excité, nous demanda de nous préparer pour un rendez-vous avec le service juridique. McHugh et moi quittâmes son bureau triomphants.

Plus tard, Anna, l'assistante d'Oppenheim, donna suite à ma demande concernant les harceleurs. « Je passe ça au service RH, ils s'en occuperont bien. Malheureusement, ces trucs arrivent plus souvent que tu crois. » Les RH, en retour, me mirent en contact avec Thomas McFadden, un ancien flic grisonnant.

— C'est assez courant, me dit-il en parcourant les messages sur mon téléphone dans son petit bureau. J'ai vu ça un million de fois.

— J'imagine.

— On va regarder de plus près. En général, on trouve l'auteur des messages, on lui passe un petit coup de fil et il arrête. Une fois de temps en temps, on appelle nos amis dans la police.

— Merci. J'ai l'impression que c'est peut-être plus que les tarés habituels. Des spams bizarres, ça me donne l'impression…

— D'être suivi ?

Je ris.

— Eh bien…

Il se recala dans son fauteuil, sembla réfléchir.

— Vous subissez beaucoup de pression, me dit-il avec un regard bienveillant. Laissez-moi m'en occuper et reposez-vous.

Tout au long du mois, McGowan et sa nouvelle amie, Diana Filip de chez Reuben Capital Partners, échangèrent des e-mails et des coups de fil. Quelle que soit la côte sur laquelle se trouvait McGowan, Filip semblait s'y trouver aussi. Quelques jours après mon rendez-vous avec Oppenheim, elles firent une sortie entre filles au Peninsula à New York. Encouragée par les questions amicales de Filip, McGowan parla franchement de ses efforts pour rendre publiques ses allégations de viol. Elle lui apprit même qu'elle avait parlé à un reporter de NBC. Filip l'écouta avec attention, une expression de compassion sur le visage.

Le même jour, Sara Ness, l'enquêtrice du cabinet de Jack Palladino à San Francisco, envoya un autre e-mail à Harvey Weinstein. Il contenait un nouveau dossier, plus détaillé[2]. Les enquêteurs retraçaient, sur quinze pages, mes activités des mois précédents, identifiant beaucoup de mes sources. Le dossier concluait que j'avais été en contact avec Sciorra, qui, « confirmait HW », était « une source adverse potentielle ».

La liste des journalistes s'était allongée : le dossier faisait mention de Kim Masters, la rédactrice pugnace du *Hollywood Reporter*, Nicholas Kristof et Ben Wallace. Il concluait que Wallace « aidait sans doute à diriger Farrow ». Et une nouvelle personne apparaissait : une rédactrice du *New York Times*, Jodi Kantor.

Le dossier identifiait plusieurs des agents doubles de Weinstein qui m'avaient parlé et lui avaient ensuite rapporté mes activités. La productrice australienne au ton exaspéré en faisait partie. Elle avait « mis en garde HW contre la prise de contact de Farrow ». « N'avait pas donné d'info négative sur HW à Farrow. »

Et il contenait d'autres références, moins explicites, à des collaborateurs. Le dossier mentionnait qu'une personne, seulement identifiée par les lettres « LB », avait été impliquée dans la recherche d'informations pour le compte de Weinstein, s'entretenant discrètement avec au moins un avocat consulté par une accusatrice.

Le dossier se terminait par ces mots : « L'enquête se poursuit. »

Nous continuions de rencontrer des sources qui nous mettaient sur de fausses pistes ou informaient Weinstein de nos activités. Mais certaines étaient de plus en plus disposées à lui résister. Une ancienne assistante, attribuée à temps partiel à Weinstein pendant ses déplacements à Londres et victime de harcèlement sexuel, avait tout d'abord considéré que nous parler ne valait pas la peine de s'exposer à des représailles. Ses peurs s'étaient intensifiées quand les collaborateurs de Weinstein s'étaient mis à lui passer des coups de fil « assez violents » après vingt ans de silence radio. « C'est très déstabilisant, me confia-t-elle. Il est sur vos traces. » Mais paradoxalement, ces appels lui avaient donné envie de m'aider. « Je ne voulais pas parler. Mais quand j'ai eu des nouvelles de lui, ça m'a mise en colère. En colère qu'il pense toujours pouvoir réduire les gens au silence. »

Elle savait pour Zelda Perkins, qui s'était entretenue avec Auletta, et l'accord conjoint pour harcèlement sexuel qu'elle et une de ses collègues avaient obtenu. Mais elle savait aussi pour Katrina Wolfe, une ancienne assistante chez Miramax qui avait ensuite accédé à un poste plus important. Wolfe s'exprima devant la caméra ce mois-là, à visage caché. « Quand je travaillais chez Miramax, j'ai appris que deux employées de l'entreprise avaient accusé Harvey Weinstein d'agression sexuelle et que leurs cas avaient été réglés. » Il ne s'agissait pas de on-dit, elle avait été témoin de la mise au point et de l'exécution de la transaction.

Une nuit de 1998, Weinstein avait surgi en trombe. Il cherchait Steve Hutensky, un avocat de Miramax sous-fifre de Weinstein surnommé « Le nettoyeur ». Les deux hommes s'étaient entretenus pendant quarante-cinq minutes, la voix tendue de Weinstein audible par les employés qui se trouvaient à proximité. Hutensky avait ensuite ordonné aux assistants de sortir les dossiers personnels de deux de leurs collègues, dont Perkins, à l'époque assistante de Donna Gigliotti, la productrice de *Shakespeare in Love*.

Au cours des jours et des semaines suivants, Weinstein, affolé, avait appelé ses conseillers, dont l'éminent avocat new-yorkais Herb Wachtell. (Quand j'étais étudiant en droit, le cabinet de Wachtell était le Graal des stages d'été. J'avais été effondré, comme seuls les étudiants peuvent l'être, quand ma candidature avait été refusée et j'avais dû me rabattre sur Davis Polk.) Wachtell et Hutensky avaient cherché un avocat anglais pour Weinstein – Hutensky demandait le « meilleur avocat pénaliste d'Angleterre » – et Weinstein avait pris un Concorde pour Londres afin de s'occuper personnellement du problème.

Les accords conclus à Londres pourraient bientôt figurer dans le reportage.

Les interviews face caméra se multipliaient. Quelques jours après celle de Wolfe, j'en menais une autre avec un ancien assistant et producteur chez la Weinstein Company. Il précisa que les plaintes récurrentes pour harcèlement n'avaient pas cessé après les années 90. Au cours des dernières années, on l'avait chargé de faire venir des jeunes femmes dans les réunions « appâts » décrites par les autres anciens employés. Certaines femmes semblaient « ne pas connaître la nature de ces réunions » et « étaient incontestablement effrayées ».

Parfois, il était perturbé par les suites de ce genre de réunions. « On voyait des femmes sortir de la pièce et éprouver soudain un énorme besoin de… Je n'ai pas envie de dire gérer la situation, mais s'assurer qu'elles seraient récompensées ou recevraient une compensation professionnelle pour ce qui venait de se passer. Et ces femmes semblaient paniquées. » Weinstein, disait-il, était un « prédateur », « au-dessus des lois qui s'appliquent à la plupart d'entre nous et devraient s'appliquer à tous ».

L'interview fut tournée au Four Seasons à Beverly Hills, par McHugh, un cameraman free-lance du nom de Jean-Bernard Rutagarama et moi-même, entassés dans une petite pièce près de nos éclairages, tripodes et caméras.

Ce mois-là, Black Cube fit circuler la dernière version d'une liste de noms. Un chef de projet la révisa dans l'antenne de Black Cube à Londres – un demi-étage dans une tour en verre sur Ropemaker Street où les œuvres d'art au mur représentaient des agents dressés au-dessus de paysages urbains animés. Il transmit ensuite la liste à un réseau de contacts partout dans le monde.

Elle contenait beaucoup de noms déjà cités dans les dossiers établis par le cabinet de Jack Palladino. Mais les recherches s'étaient approfondies. À présent, les sources secondaires qui avaient corroboré les récits de McGowan, Nestor ou Gutierrez étaient aussi visées.

Au fil de l'été, la liste s'allongea. Les faits marquants étaient surlignés en jaune, puis en rouge pour indiquer le caractère d'urgence. Certains des noms étaient repris dans des profils distincts. Peu après l'interview au Four Seasons, un de ces profils, sous l'appellation « JB Rutagarama », atterrit dans les mêmes boîtes de réception. Un sous-titre indiquait : « Pertinence : cameraman qui travaille avec Ronan Farrow et Rich McHugh sur le rapport HW[3]. » Le profil signalait que Rutagarama avait grandi au Rwanda et détaillait des « moyens de l'approcher ». La mise en forme était caractéristique. Les titres apparaissaient en italique bleu police Times New Roman et il y avait toujours des inexactitudes de langage caractéristiques d'un anglais appris en deuxième langue.

Parmi les contacts auxquels le chef de projet de Black Cube envoyait la liste et le profil de Rutagarama se trouvait Seth Freedman, l'ancien rédacteur du *Guardian*.

CHAPITRE 19
SPIRALE

En juillet, je rappelai Auletta. Je l'avisai que je détenais d'autres informations sur les accords passés à Londres et lui demandai s'il pouvait me fournir plus d'éléments pour m'aider à étayer mon reportage. À ma grande surprise, il me répondit par l'affirmative. Il avait confié tous les carnets, documents imprimés et enregistrements de ses reporters à la New York Public Library. La collection restait fermée au public. Mais je pouvais y jeter un coup d'œil.

Les dossiers d'Auletta étaient conservés dans la pièce consacrée aux livres et aux manuscrits rares, derrière le grand hall. C'était une salle sombre aux étagères vitrées et où des rangées de bureaux bas brillaient sous les lampes de lecture. La bibliothèque possédait au total plus de soixante grands cartons de documents d'Auletta. McHugh et moi nous enregistrâmes, puis un bibliothécaire nous les apporta tous.

Nous en prîmes un chacun et commençâmes à lire attentivement leur contenu. Auletta n'en tenait pas autant que nous. Mais il avait réuni les pièces essentielles du puzzle. C'était étrange de découvrir des notes datant de quinze ans qui couvraient un terrain aussi similaire. Même à cette époque-là, Auletta était confronté à des reportages abandonnés. Sur une page de notes, il avait griffonné en cursives bleues presque illisibles : « David Carr : croit au harcèlement sexuel. »

Dans les carnets à spirale d'Auletta, je découvris des pistes qui me conduisirent à d'autres pistes, recoupant l'image (émergente) que je me forgeais de ce qui s'était passé entre Weinstein et les deux assistantes à Londres.

À la fin des années 90, Perkins avait été engagée comme assistante de Gigliotti. En pratique, cela signifiait travailler la plupart du temps pour Weinstein. « Dès la première fois où je me suis retrouvée seule avec Harvey, me confiera-t-elle, j'ai dû gérer sa présence soit en slip soit complètement nu[1]. » Il avait essayé de l'attirer dans son lit. Perkins était menue, blonde, et faisait plus jeune que son âge. Mais elle avait aussi une forte personnalité et manifestait déjà à l'époque une assurance insolente. Weinstein ne parvint jamais à ses fins. Mais ces tentatives incessantes épuisaient Perkins. Et bientôt, il l'épuisa d'une autre façon. Comme tant d'anciennes employées de Weinstein, elle se retrouva dans le rôle d'entremetteuse chargée de nourrir son appétit sexuel avec des actrices et des mannequins qui rêvaient de faire carrière. « On devait lui amener des filles. Même si je n'en avais pas conscience au début, je servais d'appât. » Weinstein lui demandait d'acheter des préservatifs et de nettoyer derrière lui après les rendez-vous dans des chambres d'hôtel avec les jeunes femmes.

En 1998, Perkins reçut le feu vert pour embaucher sa propre assistante, ce qui, espérait-elle, mettrait de la distance entre elle et Weinstein. Elle prévint les candidates que Weinstein leur ferait des avances. Elle rejeta même les candidates « très séduisantes » parce qu'elle savait qu'il ne les laisserait pas tranquilles. « Ça ne s'arrêterait jamais. » Elle choisit finalement une diplômée d'Oxford « incroyablement brillante », qui, même quinze ans plus tard, avait trop peur des représailles pour accepter que son nom apparaisse.

À l'hôtel Excelsior, pendant le festival du film de Venise en septembre 1998, elle se retrouva seule pour la première fois dans une chambre d'hôtel avec Weinstein d'où elle ressortit tremblante, en larmes, affirmant qu'il l'avait agressée sexuellement. Perkins alla le voir, interrompant un déjeuner d'affaires avec un réalisateur célèbre sur la terrasse de l'hôtel. Elle se souvient : « Et il était là, à s'obstiner dans son mensonge. Je lui ai dit "Harvey, tu mens." Et il m'a répondu : "Je ne mens pas, je le jure sur la vie de mes enfants." »

L'assistante était, raconte Perkins, « choquée et traumatisée » et avait trop peur pour aller porter plainte. Signaler l'incident s'avérait d'autant plus difficile qu'ils se trouvaient à l'époque sur le Lido de Venise. « Je ne savais pas vers qui me tourner. Le vigile de l'hôtel ? »

Perkins fit son possible pour s'assurer que la nouvelle assistante reste à l'écart de Weinstein pendant le reste du voyage. Une fois rentrée en Angleterre, elle prévint Gigliotti qui la dirigea vers un avocat spécialisé en droit du travail. Finalement, l'assistante et elle envoyèrent un préavis de démission, quittèrent Miramax et engagèrent des poursuites judiciaires.

Leur départ de l'entreprise enclencha la frénésie de réunions chez Miramax dont Wolfe m'avait parlé. Weinstein et d'autres cadres appelèrent Perkins et la nouvelle assistante à de très nombreuses reprises. La nuit de sa démission, Perkins reçut dix-sept appels de Weinstein « de plus en plus désespérés ». Dans ses messages, il oscillait entre supplications et menaces. « S'il te plaît, s'il te plaît, appelle-moi. Je t'en supplie », l'implorait-il dans l'un d'eux.

Perkins et l'assistante embauchèrent des avocates du cabinet Simons Muirhead & Burton de Londres. Au début, Perkins refusa d'accepter ce qu'elle appelait « l'argent sale » et se renseigna sur un éventuel dépôt de plainte à la police, ou un signalement à Disney, la société mère de Miramax. Mais les avocats semblaient déterminés à bloquer toute solution hormis un compromis et les deux femmes acceptèrent un accord de 250 000 livres, à se partager. Le frère de Weinstein, Bob, fit un chèque à l'ordre de Simons Muirhead & Burton, dissimulant ainsi la transaction à Disney et mettant Harvey à l'écart de celle-ci.

Au cours d'un épuisant processus de négociation de quatre jours, Perkins l'emporta en ajoutant des clauses au contrat qui, espérait-elle, changeraient le comportement de Weinstein. L'accord exigeait l'affectation de trois « responsables », dont un avocat, pour répondre aux allégations de harcèlement sexuel chez Miramax. L'entreprise était tenue de fournir la preuve que Weinstein suivait une psychothérapie, pendant trois ans ou « aussi longtemps que son thérapeute le jugerait nécessaire ». L'accord enjoignait aussi à Miramax de rendre compte à Disney du comportement de Weinstein et de le licencier si un autre accord pour harcèlement sexuel était conclu au cours des deux années suivantes.

L'entreprise mit bien en œuvre les changements en matière de ressources humaines, mais d'autres clauses de l'accord ne furent pas respectées. Perkins insista pendant des mois, puis abandonna. « J'étais épuisée. J'étais humiliée. Je ne pouvais pas travailler dans ce secteur au Royaume-Uni parce que les rumeurs qui couraient sur ce qui s'était passé m'en empêchaient. » Pour finir, elle déménagea en Amérique centrale. Elle en avait assez. « L'argent et le pouvoir permettaient ces choses, et le système juridique les permettait. » « En fin de compte, si Harvey Weinstein a continué c'est qu'on le lui a permis et c'est notre faute. Et cette culture, nous en sommes responsables. »

Auletta n'avait pas obtenu tous les détails de l'histoire, mais il en avait saisi l'essentiel. Je regardai ses notes minutieusement organisées et, l'espace d'un instant, je ressentis de la tendresse pour ces cartons poussiéreux et les vieux secrets qu'ils contenaient. Je voulais vraiment croire que les informations ne meurent pas, même quand elles ont été occultées pendant aussi longtemps.

Alors que je terminais notre script pour la télévision et un article de six mille mots pour le site web de NBC, les reportages avortés autrefois paraissaient converger. À la fin du mois de juillet, j'appelai finalement Janice Min, l'ancienne rédactrice en chef du *Hollywood Reporter*. Elle avait la farouche conviction que l'histoire était vraie et elle doutait qu'elle ne soit jamais révélée. Min avait quitté le *US Weekly* pour rejoindre le *Hollywood Reporter*, mais elle avait commencé comme chroniqueuse juridique pour le *Reporter Dispatch* à New York. « Nous savions tous que c'était vrai. Mais nous n'avons jamais franchi la ligne d'arrivée. Tout le monde avait toujours trop peur de parler. » Elle me dit qu'elle me mettrait en contact avec Kim Masters, la rédactrice qui avait enquêté sur le sujet à l'époque où elle travaillait pour le magazine. Avant qu'on raccroche, elle ajouta : « C'est une histoire impossible. C'est vouloir décrocher la lune. »

Plus tard dans la journée, McHugh m'envoya un texto :

« *Décrocher la lune*. C'est un sacré bon titre. »

Masters était invariablement décrite comme une journaliste chevronnée, formule qu'elle qualifiait en plaisantant d'euphémisme pour dire qu'elle était vieille. Elle avait travaillé comme rédactrice pour le *Washington Post* et comme contributrice pour *Vanity Fair, Time* et *Esquire*. Elle m'apprit qu'elle avait « toujours » entendu des rumeurs sur Weinstein. Des années plus tôt, elle l'avait même interpellé à propos de ces rumeurs.

Lors d'un déjeuner au Peninsula à Beverly Hills, il lui avait hurlé :

— Pourquoi vous écrivez ces conneries sur moi ? Pourquoi vous dites que je suis un harceleur ?

Masters se rappelait lui avoir répondu :

— Eh bien, Harvey, j'ai appris que vous violez des femmes.

Il avait calmement répliqué :

— Parfois on couche avec une femme qui n'est pas la sienne ; il y a un différend à propos de ce qui s'est passé et il faut juste signer un chèque pour clore le dossier.

Hiltzik, le responsable des relations publiques, était aussi présent ce jour-là. Masters se souvient qu'il avait eu l'air choqué. Il nierait plus tard l'avoir entendue parler de viol.

Masters n'était pas convaincue que les choses avaient beaucoup changé. Quelques mois plus tôt, elle avait mené une enquête pour un article sur des accusations de harcèlement sexuel contre Roy Price, le dirigeant d'Amazon Studio qui avait mis fin au contrat de McGowan, et contre une autre personne qui faisait depuis longtemps l'objet de telles accusations. Mais le *Hollywood Reporter*, pour lequel Masters écrivait des articles depuis sept ans, avait refusé l'article. Elle essaya de le sauver[2] en l'envoyant à *BuzzFeed*, puis au *Daily Beast*. Price avait engagé Charles Harder, l'avocat de *Gawker* dont se servait Weinstein, pour approcher les organismes de radiodiffusion. « Un de ces jours, me dit Masters avec lassitude, le barrage va devoir céder. »

Je revins vers Ken Auletta pour solliciter une interview. Pour nous, mettre devant la caméra un journaliste de la presse écrite qui avait œuvré pour un article relevait de la routine. Pour lui, c'était une démarche inhabituelle que de défendre à nouveau un vieux reportage. Mais quand je lui révélai les éléments que nous possédions, dont la confession enregistrée de Weinstein, il me dit qu'il ferait une exception. On arriva chez lui à Long Island au milieu d'une averse torrentielle et on transporta notre matériel sous la pluie. Il confirma avoir vu des preuves des accords passés à Londres. Il avait conclu, comme nous, que Weinstein avait systématiquement acheté le silence de ses accusatrices. Auletta parla aussi de son désir, insatisfait pendant des dizaines d'années, de voir ses recherches aboutir. Publier l'article était important « pour l'empêcher peut-être de recommencer ».

Auletta regarda spontanément la caméra.

— Dites à Andy Lack, qui est un ami, qu'il devrait diffuser ce sujet. Il le fera.

— OK, répondis-je.

— Si NBC, qui détient des preuves, n'avance pas sur cette affaire, c'est un scandale.

Notre cameraman et McHugh échangèrent un regard nerveux. Je dis à Auletta que j'étais sûr que NBC diffuserait le reportage.

— Eh bien, vous feriez mieux de vous dépêcher. Si le *New York Times* est dessus…

— Je sais, répondis-je.

Puis nous regardâmes tous les deux la tempête par la fenêtre de son salon.

Le même jour, Diana Filip recontacta Rose McGowan. « Je suis de retour chez moi, je voulais juste te remercier encore pour cette excellente soirée ! lui écrivit-elle. C'est toujours un plaisir de te voir et de passer un moment avec toi :-) J'espère vraiment revenir bientôt et que cette fois nous aurons plus de temps ! »

Ensuite, elle en venait au fait : « J'ai pensé à Ronan Farrow, que tu as mentionné pendant notre rendez-vous. Je ne peux toujours pas me sortir sa photo de l'esprit. Il a l'air très impressionnant et très gentil. J'ai lu quelques trucs à son sujet et j'ai été vraiment impressionnée par son travail, malgré ses liens familiaux problématiques… Je me disais que quelqu'un comme lui pourrait être un atout intéressant et précieux pour notre projet (pas pour la conférence, mais pour notre activité annuelle en 2018), puisque c'est un homme pro femmes. Tu penses que tu pourrais nous présenter, pour étudier cette possibilité plus en détail[3] ? »

CHAPITRE 20

SECTE

Le script que nous rédigeâmes à la fin du mois de juillet était sobre et économique. Il incluait l'enregistrement réalisé par Gutierrez – dont le nom apparaissait – pour la police ; le témoignage de McGowan devant la caméra et son interview officielle ; et l'interview de Nestor à visage caché, accompagnée par les images de messages reçus d'Irwin Reiter prouvant qu'on considérait le comportement de Weinstein comme un problème récurrent dans l'entreprise. Les preuves des deux accords signés à Londres y figuraient également, fondées sur de multiples témoignages de première main concernant cette négociation et sur le chèque provenant du compte de Bob Weinstein. Et puis il y avait aussi de petites phrases des quatre anciennes employées qui avaient témoigné devant la caméra.

Durant la même période, McHugh avait découvert une intrigue secondaire. Lors d'un match de hockey – il jouait beaucoup et arrivait régulièrement au bureau en boitant avec des blessures aux origines obscures récoltées sur la glace – il avait croisé un ami travaillant dans le secteur du cinéma qui lui avait donné un tuyau : on surveillait de plus en plus le rôle de Weinstein dans le comité de l'amfAR, une fondation pour la recherche sur le sida. D'autres membres du conseil d'administration le soupçonnaient de détourner des fonds destinés à cette association caritative. Il essayait de leur faire signer des accords de confidentialité. McHugh m'envoya un texto :

« Ça sent le deuxième temps, mais ça vaut peut-être la peine d'être rentre-dedans ? »

Je répondis :

« Je suivrai la piste discrètement. Il ne faut pas enclencher de recherches qui pourraient avoir un impact négatif sur ce premier volet. »

Après que McHugh m'eut envoyé ses notes sur le script, il m'écrivit :

« C'est le moment d'obtenir une vraie conversation, toi, moi, les juristes et Rich, pour voir le vrai caractère de cette agence de presse. »

Je répondis :

« Ouais »

Il ajouta :

« On fait une sacrée bonne paire. Pas parce qu'on bosse bien, mais parce que ça doit être frustrant d'essayer de dégoter des ragots sur nous ou de nous dénigrer séparément. »

Nous ne savions ni l'un ni l'autre que le nom de McHugh – et même ceux des membres de notre équipe – figurait partout dans des dossiers qui circulaient dans le monde entier.

Nous terminions la rédaction et nous avions tous les deux l'intuition que les attaques ne tarderaient pas à arriver. Nous ignorions juste la forme qu'elles prendraient. « Il a beaucoup à perdre, me fit remarquer McHugh. Ça va être la guerre. »

Au cours de la dernière semaine de juillet, Susan Weiner, la conseillère juridique de NBC News, nous rencontra Rich Greenberg, McHugh et moi dans le bureau de Greenberg. Elle parcourut le script et la liste d'éléments. J'avais déjà travaillé avec elle par le passé sur des enquêtes considérées particulièrement gênantes ou susceptibles de déclencher des contentieux. Je la trouvais bonne avocate, douée d'un instinct sûr. Et elle avait soutenu mes reportages, même quand j'avais choisi de m'intéresser à une secte apocalyptique coréenne sujette aux controverses. Avant sa vingtaine d'années chez NBC, Weiner avait exercé comme directrice juridique adjointe à la New York Metropolitan Transportation Authority (régie des transports de la ville de New York). Elle était mince et claire de peau, avec une crinière crépue. Dans le bureau ce jour-là, elle regarda au-dessus de la monture de ses lunettes, fit la moue, puis déclara :

« Vous en tenez beaucoup. » Greenberg, avec un enthousiasme non dissimulé, nous demanda si nous pouvions passer l'enregistrement. Il avait déjà lu et aimé le script. Au cours d'une entrevue avec lui plus tôt dans la journée, McHugh l'avait convaincu de l'intérêt de rédiger un script plus long que la moyenne, dans l'optique de le diffuser sur le web. On pourrait facilement en tirer des versions plus courtes pour « Today » et « Nightly News ».

Pendant que l'enregistrement passait, l'expression tendue de Weiner se changea en demi-sourire.

— Waouh, dit-elle.

— Et la source te rencontrera, toi, ou la personne de ton choix au service juridique, pour te montrer le contrat signé par Weinstein, lui expliquai-je.

Je lui demandai si elle relevait des problèmes juridiques sur la base de ce qu'elle connaissait déjà et elle me répondit que non. « Je pense que la prochaine étape, c'est de chercher des commentaires », dit-elle. McHugh me lança un regard soulagé. La meilleure avocate et Greenberg voulaient tous les deux continuer. Greenberg hocha la tête à l'intention de Weiner, puis déclara : « Je veux mettre Noah au courant avant d'agir. »

Greenberg était encore tout excité, dissimulant à peine son sourire pendant que Weiner, McHugh, lui et moi nous installions dans le bureau d'Oppenheim plus tard dans la journée. Oppenheim survola son exemplaire du script, de l'histoire rédigée, de la liste d'éléments. Une ride sur son front se creusa davantage.

— C'est juste une ébauche de script, lui expliquai-je. On va préciser.

D'une voix atone, il répondit :

— OK.

Greenberg, visiblement déstabilisé par le manque d'enthousiasme d'Oppenheim, intervint :

— On s'est dit que tu devrais écouter l'enregistrement. C'est plutôt puissant.

Oppenheim hocha la tête. Il examinait encore les pages, sans nous regarder. Greenberg me donna le signal d'un hochement de tête. J'appuyai sur « play » et tendis mon téléphone. On entendit Ambra Gutierrez dire d'une voix angoissée :

— Non. Je ne me sens pas à l'aise.

Et Weinstein répéter :

— Je fais ça souvent.

Oppenheim s'avachit encore un peu plus dans son fauteuil, se recroquevillant presque.

Après la fin de l'enregistrement, il y eut un grand silence. Visiblement conscient que nous attendions un commentaire de sa part, Oppenheim émit un son à mi-chemin entre un soupir de lassitude et un « hein » apathique accompagné d'un haussement d'épaules, puis déclara :

— Enfin… Je ne sais pas ce que ça prouve.

— Il admet l'avoir pelotée, répondis-je.

— Il essaie de se débarrasser d'elle. Les gens disent beaucoup de choses quand ils essaient de se débarrasser de filles comme ça.

J'écarquillai les yeux. Greenberg et Weiner écarquillèrent les yeux.

— Écoutez, poursuivit-il avec une pointe d'agacement dans la voix, je ne dis pas que ce n'est pas grossier, mais je ne suis toujours pas sûr que ça vaille la peine d'être diffusé.

— On a l'enregistrement d'une personne en vue qui admet un délit important. On a plusieurs sources qui témoignent de cinq cas de délit, dont deux femmes disposées à donner leur nom, on a plusieurs anciennes employées qui affirment que c'était fréquent, on a sa signature sur un accord d'un million de dollars…

Oppenheim m'arrêta d'un geste de la main.

— Je ne sais pas si nous pouvons montrer les contrats.

McHugh et moi nous regardâmes. Nous ne parvenions pas à comprendre pourquoi une agence de presse qui rapportait souvent des informations protégées par contrat dans des contextes de sécurité nationale ou d'affaires financières s'inquiéterait soudain de révéler l'existence d'accords relatifs à du harcèlement sexuel.

— On ne s'appuie pas uniquement sur les contrats, plaidai-je. Mais la récurrence de ces accords mérite qu'ils fassent l'actualité. Regarde l'histoire Fox…

— Ce n'est pas Fox. Je ne pense toujours pas que Harvey Weinstein est un nom que le public de « Today » connaît.

Il jeta de nouveau un coup d'œil au document.

— Et de toute façon, quand pourrions-nous le diffuser ? Ça a l'air long.

— On a déjà passé des reportages de sept minutes dans « Today ». Je peux réduire à ce format.

Semblant ignorer mon intervention, il ajouta :

— Peut-être dans l'émission de Megyn, mais elle est sur la fin.

Megyn allait bientôt cesser de présenter un magazine d'actualités du dimanche soir.

— On peut le diffuser sur le Web, suggéra McHugh.

J'acquiesçai.

— Et la version écrite peut aussi paraître en ligne.

Oppenheim se tourna vers Greenberg.

— Que proposes-tu ?

— Nous aimerions joindre Harvey Weinstein pour qu'il fasse un commentaire.

Oppenheim adressa un coup d'œil à Weiner. Elle hocha la tête.

— Je pense qu'il y en a assez pour passer ce coup de fil, répondit-elle.

— Non, non, non, rétorqua Oppenheim.

Il eut un petit ricanement nerveux.

— On ne peut pas appeler Harvey. Je dois montrer ça à Andy.

Il se leva, les pages à la main. La réunion était terminée.

Quand il me reconduisit, je bredouillai :

— Merci. Je pense que ça aura un gros impact, quelle que soit la plateforme sur laquelle on le diffuse.

McHugh me lança un regard abasourdi. Nous n'arrivions pas à comprendre la réaction d'Oppenheim.

Au cours des premiers mois de l'année, Ostrovskiy, le détective privé ukrainien, avait surtout été chargé de missions classiques : quatre heures par-ci à suivre un conjoint infidèle, six par-là à filer un fils rebelle pour une mère inquiète. En échange, Khaykin le rémunérait trente-cinq dollars de l'heure comme convenu. Mais au fil de l'été, Khaykin lui confia des missions différentes. Elles lui donnaient à réfléchir. Elles le ramenaient à son ennuyeuse tendance à poser des questions.

À l'aube, le 27 juillet, il se rendait vers sa mission suivante. Arrivé devant l'adresse fournie par Khaykin dans une zone résidentielle, il aperçut sa voiture, une Nissan Pathfinder métallisée. Khaykin et lui avaient convenu qu'ils agiraient séparément. Ostrovskiy garderait un œil sur le domicile de la cible et Khaykin se tiendrait devant son lieu de travail, prêt à se lancer à sa poursuite.

Khaykin était resté vague au sujet de ces nouvelles missions. Il lui avait simplement envoyé une série de captures d'écran provenant du dossier d'un client. Ces images comprenaient des adresses, des numéros de téléphone, des dates de naissance et des informations biographiques. Ces données identifiaient des conjoints et d'autres membres de la famille. Ostrovskiy supposa tout d'abord que l'enquête concernait un différend pour le droit de garde d'un enfant, mais à mesure que l'été avançait, cette explication devenait de moins en moins plausible.

Ostrovskiy s'installa pour surveiller la maison, puis consulta les captures d'écran. La mise en forme était identique à celle des documents qui avaient circulé sur Ropemaker Street à Londres : titres en Times New Roman italique bleu et texte rédigé dans un anglais bancal. Quand il examina les détails, il éprouva un étrange sentiment. Il n'avait pas l'habitude de suivre des journalistes.

CHAPITRE 21

SCANDALE

Par un matin lourd et humide, peu après notre réunion avec Oppenheim, me dirigeant vers le East Village dans la foule, en sueur, je passai devant le cube penché d'Astor Place. J'avais envoyé un texto à McGowan qui avait accepté un rendez-vous. À l'airbnb où elle logeait, elle m'ouvrit la porte en pyjama, un patch de silicone en demi-lune sous chaque œil. Elle me fit signe d'entrer dans une pièce ridicule couleur rose bonbon pleine de coussins duveteux. « Ce n'est pas moi qui ai fait la décoration », ironisa-t-elle. Elle avait les traits tirés et l'air mal à l'aise, encore plus stressée que lors de notre dernière entrevue. Je lui expliquai que nous détenions des éléments plus décisifs que jamais, mais que son témoignage allait avoir de l'importance. Je voulais accepter sa suggestion de filmer d'autres images avec elle et sa proposition d'incriminer Weinstein auprès des avocats de NBC.

— Je ne fais pas confiance à NBC, me dit-elle.

— Ils ont été… prudents. Mais je sais que ce sont des gens bien qui agiront dans les intérêts du projet.

Elle prit une profonde inspiration.

— OK. Je vais le faire.

Elle accepta de tourner une interview dans les jours qui suivirent. Elle devait d'abord remplacer Val Kilmer au Comic Con de Tampa Bay (festival de bandes dessinées de Tampa Bay).

— Ce sera sympa, lui dis-je en sortant retrouver la chaleur.

— Non, répondit-elle.

De retour au 30 Rock, à la cafétéria, mon téléphone sonna. C'était Greenberg.

— Super nouvelle, lui dis-je. J'ai parlé avec Rose et…

— Tu peux venir pour discuter ?

Dans son petit bureau, il me laissa débiter mes nouvelles sur McGowan.

— Bon, je sais que tu as demandé à savoir où en était le service juridique, me dit-il.

Au cours des deux jours qui avaient suivi notre réunion avec Oppenheim, je m'étais arrêté dans le bureau de Greenberg trois fois pour lui demander s'il avait des nouvelles de Lack.

Il prit une profonde inspiration, comme s'il préparait quelque chose.

— Le projet est maintenant « à l'étude par NBCUniversal ».

Il prononça les derniers mots de sa phrase d'une manière étrange, comme s'il faisait une citation dans une langue étrangère. *Dōmo arigatō, Mr. Roboto**.

— NBCUniversal, dis-je. Pas NBC News.

— C'est passé à l'étage supérieur. Je ne sais pas si ça implique Steve Burke ou Brian Roberts.

Il faisait référence aux hauts responsables de NBCUniversal et sa société mère, Comcast.

— Mais c'est en cours d'étude par les juristes, dit-il.

Il gigotait, agitant une jambe sous son bureau. Il ajouta :

— Une fois, peut-être, il est arrivé qu'on soit près de diffuser un sujet difficile et qu'il y ait un examen par les hautes sphères. Mais c'est très atypique.

— Sur quoi fondent-ils l'examen ?

Personne ne nous avait demandé de copies supplémentaires du matériau, ni l'audio.

— Je ne sais pas, me répondit-il distraitement.

Une étude juridique par NBCUniversal supposait l'intervention de Kim Harris, la conseillère juridique générale de NBCUniversal, qui avait, avec Weiner, présidé pour l'imbroglio de l'enregistrement du

* Paroles de « Mr. Roboto » du groupe Styx.

« attraper par la chatte » l'année précédente. Et quelques années plus tôt, Harris m'avait recruté comme stagiaire d'été chez Davis Polk.

— Je serais heureux d'envoyer le matériau à Kim, dis-je à Greenberg. Je peux lui passer l'enregistrement.

Mortifié comme si j'avais proposé une orgie avec ses grands-parents ou quelque chose dans ce goût-là, il s'écria :

— Mon Dieu, non ! Non, non, non ! Nous allons respecter la procédure et nous tenir à distance. Je vais m'assurer que Susan leur envoie tout ce qu'il leur faut.

Je me demandais où était la logique de garder nos propres avocats « à distance », mais je répondis :

— Eh bien, j'aimerais en savoir autant que possible, dès que possible. Et je te tiendrai au courant pour l'interview avec Rose.

Il tressaillit.

— On est censés arrêter l'enquête.

— Rich, ç'a été la croix et la bannière de garder Rose dans la course. Maintenant qu'elle nous en a révélé plus, tu veux que je revienne la voir pour annuler ?

— Pas annuler. Mettre en pause.

— On a convenu d'une date d'interview. Ce serait annuler.

Je lui demandai combien de temps on était censés « mettre en pause ».

— Je… je dirais que ça ne va pas avancer vite. Enfin, je ne connais pas leur fonctionnement. Mais ça pourrait prendre plus que quelques jours.

— Rich, à titre d'info, je pense que personne dans notre hiérarchie ne veut se retrouver à devoir annuler des morceaux de reportage difficilement obtenus, pendant une étude par notre société mère.

— On annule des choses pour tout un tas de raisons. Personne en dehors de l'entreprise n'a à savoir pourquoi.

— Si tu leur dis ce que tu nous as dit, à Rich et moi, ça comptera pour la suite du projet.

Je faisais référence au « merde, qu'il fasse un procès » et à sa décision d'aller voir Weinstein pour obtenir un commentaire. J'avais du mal à faire coïncider ce Greenberg-là avec celui auquel j'étais en train de parler.

— C'est une décision de Steve Burke. C'est une décision d'Andy. Ce que je dis n'aura aucune importance, répliqua-t-il en détournant le regard.

Je croyais Rich Greenberg quand il affirmait se soucier de journalisme. Je croyais, en l'absence de désaccord, qu'il aurait soutenu le reportage et le projet d'interview de McGowan. Mais plusieurs de ses collègues affirmaient qu'il n'osait pas aller à la confrontation quand elle était difficile. Un ancien m'avait déclaré : « Il est très bon tant qu'il n'est pas dans la première ligne de la meute. Il n'a pas les épaules pour un journalisme d'investigation du style "quelqu'un va être en colère contre toi". » Peu de sujets énervaient autant que celui-ci. Ce jour-là, dans son bureau, je me souviens de l'avoir trouvé petit – pas abattu, mais plutôt à l'aise dans les limites étroites de ce qu'il pouvait faire ou non au sein d'une organisation à laquelle il avait consacré dix-sept ans de sa vie.

Exaspéré, je lui lançai :

— Écoute, Ken Auletta vient de dire face caméra que si la chaîne ne diffusait pas cette affaire, ce serait un scandale.

Greenberg écarquilla les yeux.

— Vous avez filmé ça ? C'est dans le script ?

Je le dévisageai, perplexe.

— C'est dans la transcription.

— Envoie-la-moi, me dit-il.

Une fois sorti du 30 Rock, de retour dans la chaleur estivale, j'échangeai des textos avec McHugh pour discuter de la suite des opérations. Visiblement, dans les plus hautes sphères de l'entreprise, personne ne s'intéressait à l'enregistrement ni ne voulait connaître toute l'ampleur du reportage. La seule personne susceptible d'avoir accès à l'examen du matériau que Greenberg ne nous avait pas découragés d'atteindre était Weiner, qui, en tant que responsable des juristes de la section actualités, rendait compte à Harris. J'avais commencé à l'appeler dès ma sortie de l'entretien avec Greenberg. L'assistante que j'avais eue au bout du fil m'avait dit de passer. Après des heures au téléphone, Weiner m'envoya un e-mail m'informant qu'elle était occupée et qu'elle partait en week-end prolongé.

Se posait ensuite le problème concernant l'interview avec McGowan. McHugh m'écrivit par texto :

« On tourne avec Rose. On n'annule pas. »

Nous savions tous les deux que remettre à plus tard signifiait perdre la chance d'interviewer McGowan. D'un autre côté, refuser l'annulation du tournage exigée par Greenberg signifiait mettre en péril le soutien de plus en plus précaire au sein de la chaîne.

Le service juridique ne prenait pas nos appels et je ne savais plus vers qui me tourner. De retour chez moi, je décidai de prendre le risque d'appeler Tom Brokaw.

— Tom, je vais avoir besoin de compter sur ta promesse de ne pas évoquer l'histoire dont nous avons parlé.

— Tu as ma parole.

Je le mis au courant de l'intervention de l'entreprise. Je lui fis la liste des interviews et des preuves.

— Ce n'est pas possible, me dit-il.

Il contacterait la direction de la chaîne pour soulever la question.

— Il faut que tu parles à Andy. Il faut que tu lui passes l'enregistrement.

J'envoyai la transcription d'Auletta à Greenberg, comme il me l'avait demandé, en ajoutant que ce serait un scandale de ne pas diffuser le sujet. Je la fis suivre ensuite à Oppenheim.

Quelques heures plus tard, le téléphone sonna.

— J'ai reçu ton e-mail, me dit Oppenheim. Alors… J'espère que sur la base de nos deux ans et demi, enfin peu importe, de collaboration, tu sais que tu peux me faire confiance pour mener à bien ce processus. Et il ne s'agit pas d'un « Andy ne veut pas le faire » ni d'un « Je ne veux pas le faire ». Si nous pouvons établir que c'est un « prédateur », pour reprendre tes mots…

— Juste pour que ce soit clair, ça ne vient pas de moi. On a des documents et des sources internes dans sa société qui l'affirment.

— Très bien, très bien. J'entends ce que tu dis. Si nous pouvons établir qu'il l'est, ce qu'il est, bien sûr qu'on veut que ça sorte. On a juste besoin de l'avis d'un juriste, et Kim, que tu connais au moins depuis tes seize ans, va s'en charger et nous dire ce qu'on peut vraiment révéler sans rien risquer, ce qu'on pourra soutenir devant un tribunal.

Je lui répondis que tout ça était très bien tant que l'enquête n'était pas interrompue. Je mentionnai l'interview que nous avions planifiée avec McGowan.

— Tu ne peux pas, Ronan. Si Kim décide qu'une ingérence délictuelle ou une incitation à la rupture du contrat sont de gros soucis pour nous, on ne peut pas se lancer dans cette interview avant qu'elle donne son feu vert.

— Ce n'est pas comme ça que ça marche. On peut tourner l'interview et décider de la réexaminer plus tard. La diffusion, c'est ça qui pourrait créer un litige.

— Je ne sais pas, dit-il sur la défensive. Je ne suis pas avocat. S'ils parlent d'ingérence délictuelle, on doit les écouter.

— Mais moi, je suis avocat, Noah. Ce n'est pas une vraie raison. La moitié de nos reportages politiques ne verraient pas le jour si nous refusions de parler aux sources qui violent des contrats.

C'était vrai : il existait peu de dossiers solides en faveur de l'idée que les organes de presse, agissant de bonne foi, pouvaient être exposés à des actions en responsabilité civile dans des cas comme celui-ci.

— Eh bien, excuse-moi si je suis les conseils juridiques de Kim Harris plutôt que les tiens, me dit-il sèchement.

J'essayai de trouver une manière de souligner les enjeux tout en disant que je jouais en équipe.

— Je sens que ça va sortir et la question est de savoir si ça sortira avec nous ou sans nous si on s'assied sur les preuves qu'on détient.

Il y eut un long silence.

— Tu ferais mieux d'être prudent, dit-il enfin. Parce que je sais que tu n'es pas menaçant, mais certains pourraient croire que tu menaces de faire sortir l'affaire.

Je savais ce qu'il entendait par là, mais le choix de ses mots me parut étrange. Notre métier ne consistait-il pas à révéler les informations au grand jour ?

— Mais c'est justement ça, continuai-je. Je pense précisément que Ken Auletta nous menace. Et je pense que c'est pour ça que Rich m'a demandé de lui envoyer cette citation. Et pourquoi je te l'ai fait suivre. Beaucoup de gens savent que nous l'avons.

— Eh bien, on ne « s'assied pas dessus », on l'étudie attentivement.

Il se radoucit un peu, tentant une approche différente.

— Ronan, tu sais qu'au cours de toutes ces années où je t'ai soutenu, on a diffusé des reportages qui auraient pu nous valoir des procès et qu'on les a maintenus.

— Je te fais confiance pour agir au mieux. Il y a juste eu des signaux étranges.

— On met simplement sur pause pendant qu'on s'occupe de ça. C'est tout ce que je demande.

D'une certaine manière, je savais que ces euphémismes – les « pause », le « s'occuper de ça » – étaient absurdes. Annuler une interview, c'était annuler une interview. Le mot *doubleplusungood* (« catastrophique ») me traversa l'esprit. Mais j'avais besoin du soutien d'Oppenheim pour que le projet aboutisse.

Je regardai par la fenêtre. De l'autre côté de la rue, la lumière était éteinte dans le studio de danse.

— Merci de m'avoir appelé, lui dis-je. Je te fais vraiment confiance.

— Tiens bon. Et plus de reportage pendant un petit moment.

CHAPITRE 22

AVANT-POSTES

Je reçus un texto de McHugh :

« On a eu raison de tenir notre langue. »

Nous avions décidé de pousser Oppenheim autant que possible.

« Je me contenterai de rester à mon bureau, de répondre au téléphone et tout ça, mais je laisserai l'équipe de NBC tranquille. Tu as dit ce qu'il fallait. »

Mais il restait toujours l'épineux problème de la proposition de tournage avec McGowan et l'ordre de l'annuler.

« Est-ce que Noah a dit de ne pas le faire ? » écrivit McHugh.

« Oui. »

« Dilemme. »

« C'est tentant de reporter, quitte à risquer de la perdre. Juste pour éviter le conflit avec Noah. Tu penses que je peux consulter Greenberg tranquille ? »

« J'en suis plus certain. »

Nous commencions à admettre que nous devrions peut-être prendre le risque de reporter avec McGowan.

« Je ne suis pas sûr qu'une autre interview de Rose soit essentielle pour notre projet. Mais le soutien de NBC, par certains côtés, le sera. Il y a peut-être un moyen d'aller quand même à L.A. et de gagner un peu de temps ? »

Je pris une profonde inspiration, puis composai le numéro de McGowan.

— On envisage de faire l'interview plus tard, lui dis-je pour tâter le terrain. On pourrait tourner encore avec toi à Los Angeles, chez toi.

Elle me répondit d'une petite voix :

— Je ne sais pas si je vais pouvoir. Je vais être très occupée.

— Attends, attends deux minutes. S'il te plaît. Pense aux autres sources en cause. Je te promets que ça mettra juste un peu plus de temps.

— Je savais que NBC n'allait pas prendre ça au sérieux.

— Ils prennent ça au sérieux. Je prends ça au sérieux.

— J'ai proposé d'appeler les avocats.

— Ils… On va le faire, ils vérifient juste des trucs.

Elle ne réagit pas.

— Si tu ne peux que mardi, on le fera mardi, ajoutai-je vite. Ne t'inquiète pas.

Elle me répondit qu'on pouvait envisager d'autres options. Mais je sentais au ton de sa voix qu'elle doutait.

Quelques minutes plus tard, au téléphone depuis Los Angeles, Jonathan était très remonté. Selon lui, je devais faire fi des ordres de Greenberg et appeler Kim Harris. Il ne croyait pas aux arguments juridiques soulevés par Oppenheim. Pour tout profane qui se rappelait vaguement le sens du mot, l'« ingérence délictuelle » était plutôt associée à la raison spécieuse utilisée par la maison mère de CBS News pour empêcher la diffusion d'un reportage sur le tabac. Exaspéré, Jonathan me fit la même remarque que McHugh plus tôt dans la journée : « Mais personne dans cette entreprise n'a vu *Révélations* ? »

Le lendemain matin, j'appelai le bureau de Kim Harris plusieurs fois avant de recevoir une réponse par e-mail. Elle m'écrivit qu'elle était partie en voyage pendant plusieurs jours. On pouvait peut-être se voir la semaine suivante. Mais ce serait trop tard pour l'interview de McGowan. Je plaidai ma cause. Je répondis : « Annuler pourrait vouloir dire la perdre. » Je proposai de prébriefer avec Harris et de la laisser me dicter mon attitude pendant l'interview comme je l'avais fait avec Chung pour les premières interviews. J'appelai ensuite Weiner et lui laissai un message vocal dans lequel je tenais le même discours. « Susan, à titre d'information, je ne veux pas qu'on soit obligés d'annuler le reportage. Je sais que vous n'êtes pas disponibles toutes les deux, mais réponds s'il te plaît. »

Comme je raccrochais, Greenberg me fit signe de venir dans son bureau.

— Donc, commença-t-il, j'ai rappelé Harvey.

— Qu'est-ce que tu as dit ?

— Je lui ai dit que le service juridique examine le reportage et que rien ne va passer pour le moment.

Il m'apprit que Weinstein voulait envoyer une lettre au service juridique de NBC et qu'il l'avait dirigé vers Susan Weiner.

— Il pourrait t'accuser de le diffamer dans les conversations, ajouta-t-il.

Je ris. Greenberg resta sérieux.

— J'ai fait extrêmement attention à ne pas lui nuire en posant des questions neutres. Je m'en tiendrai à tout ce que j'ai dit ou écrit.

— Mais sois prudent, me dit Greenberg.

Je lui demandai s'il avait du nouveau pour l'interview de McGowan. Il me répondit que le service juridique était encore en train de déterminer si elle pouvait avoir lieu. Je pensai à la détermination de plus en plus fragile de McGowan, à son choc quand j'avais essayé d'annuler.

Peu de temps après, le verdict tomba. Mes supplications avaient porté leurs fruits. Le service juridique autorisait que l'interview ait lieu la semaine suivante. Mais l'hésitation avait provoqué des dégâts. Pendant qu'il prenait sa décision, McGowan m'envoya un texto :

« Je ne peux pas être filmée. Ou apparaître dans votre reportage. Je suis vraiment désolée. Je suis confrontée à l'aspect juridique et je n'ai aucun recours. »

Au cours des heures suivantes, mes tentatives pour la faire revenir sur sa décision n'aboutirent à rien. Elle finit par dire : « Je suis paralysée. Je ne peux pas parler. » Elle semblait de plus en plus désemparée. Dans les semaines suivantes, ses avocats nous adressèrent des lettres de mise en demeure agressives.

J'allai voir Greenberg dans son bureau pour le mettre tout de suite au courant.

— Je vais essayer de la convaincre à nouveau.

Il réfléchit un moment, puis haussa les épaules.

— Sincèrement, ça me stresse moins si elle n'apparaît pas dans le script. Elle a toujours semblé un peu… enfin, tu sais.

— Emily Nestor était à deux doigts d'accepter de parler à visage découvert. Je peux retourner vers elle.

— Attends juste un peu.

— Il s'agit seulement de rappeler une source existante.

— Contentons-nous d'agir selon les règles à partir de maintenant. Pas de nouveau tournage pour le moment, conclut-il.

Comme Oppenheim.

Quand je rentrai chez moi, mon téléphone bipa : un autre texto me proposait d'activer des alertes météo. Je l'effaçai. Un autre bip : cette fois-ci, c'était Erin Fitzgerald, une ancienne amie d'école. Je fermai les yeux.

— Je ne peux pas sortir, Erin, lui dis-je.

Elle occupait un poste de consultante du genre haut de gamme que des explications répétées ne convainquaient pas.

— Personne ne t'a vu depuis… six mois peut-être, me dit-elle par-dessus un brouhaha de conversations. Qu'est-ce qui t'arrive ?

— Tu sais. Je suis sur un gros truc.

— Je n'en doute pas.

— Oui.

— Eh bien, ce soir tu viens.

Et elle n'accepterait pas de refus. Je me retrouvai ainsi avec elle et une autre amie sur un *rooftop* bondé de Brooklyn. Je regardai la ville et je me rendis compte que je n'étais presque pas sorti de chez moi de tout l'été.

— L'enquête que je fais en ce moment me donne l'impression de scier la branche sur laquelle je suis assis, lui dis-je.

Elle haussa les épaules.

— Allez, viens ! me lança-t-elle en me traînant vers le parapet.

On resta un moment à regarder les immeubles scintillants de Manhattan, puis on prit la pose pour une photo.

Le lendemain, Ostrovskiy se livra à son inspection de routine de mes comptes sur les réseaux sociaux et de ceux de mes amis et de mes proches. En voyant un post Instagram me montrant en compagnie d'une jolie fille avec les toits de Manhattan en arrière-plan, il se sentit un instant soulagé. J'étais en ville finalement.

À ce moment-là, Khaykin et lui avaient entamé une nouvelle mission, mais sans beaucoup de succès. Ils avaient facturé quelques heures pour la filature de la femme du *New York Times* et pour les quelques photos qu'ils avaient prises dans le métro avant qu'elle disparaisse dans l'immeuble du *Times*. L'attention du client s'orienta vite vers le journaliste de télévision dont le projet semblait être en train d'évoluer.

Mais ça s'avéra être un challenge aussi. Un matin, me voyant dans « Today », Ostrovskiy et Khaykin ne parvinrent pas à se mettre d'accord sur la manière de tirer profit de cette opportunité.

— Hé, il est en train de tourner l'émission, dit Ostrovskiy.

— Ça vaut la peine d'y aller ? De voir si on arrive à l'avoir quand il sort ? répondit Khaykin.

Ostrovskiy réfléchit. Cette idée le mettait un peu mal à l'aise.

— Le Rockefeller Center est très fréquenté, lui répondit-il. On ne peut pas y aller en voiture. On n'est pas assez nombreux pour couvrir toutes les entrées et les sorties.

Peu de temps après, tandis que le mois de juillet caniculaire laissait la place à un mois d'août encore plus caniculaire, je sortis un matin de mon immeuble et remarquai une Nissan Pathfinder garée juste en face dans la rue. C'est seulement plus tard que je me rappelai avoir déjà vu les deux hommes assis à l'intérieur : un mince et chauve, un plus musclé aux cheveux bruns frisés.

Tout au long du printemps et de l'été, le harcèlement et les abus sexuels faisaient de plus en plus souvent la une des journaux : une nouvelle série d'articles au sujet de Fox News ; un examen plus approfondi des agissements du président Trump. Je commençai les enquêtes de terrain auprès de militantes pour les droits des femmes qui soutenaient mon reportage sur les discriminations entre les sexes.

Les faire taire

Pendant qu'Ostrovskiy et Khaykin débattaient pour savoir si le 30, Rockefeller Plaza était approprié pour m'intercepter, un message atterrit dans ma boîte de réception. Il décrivait un programme de défense des droits des femmes dirigé par une société de gestion de fonds, et son auteur sollicitait un rendez-vous pour la semaine suivante. Je jetai un coup d'œil au message, puis retournai à mes occupations sans y répondre. Diana Filip m'avait écrit : « Je suis très impressionnée par votre travail en tant qu'homme actif dans la lutte pour l'égalité des sexes et je crois que vous seriez un atout précieux pour nos activités[1]. »

CHAPITRE 23

CANDY

Au cours de la première semaine d'août, je me rendis dans le bureau de Harris, à un étage élevé du bâtiment baigné de lumière. Ayant rejeté un appel de ma mère en arrivant, je lui envoyai un texto : « Rendez-vous avec une avocate de la société mère. Prie pour moi. »

J'avais contacté Harris sans prévenir personne et elle n'avait ajouté aucun destinataire à nos e-mails. Mais Greenberg arriva quelques minutes plus tard, suivi de Weiner.

La différence entre les deux femmes présentes dans la pièce était considérable. Alors que Weiner était une bureaucrate calme, Harris possédait un charisme démesuré. Elle avait obtenu ses diplômes dans une des meilleures facultés du pays et avait suivi le cursus requis pour accéder au maximum de prestige. Elle avait travaillé à la Maison-Blanche sous la présidence d'Obama et comme associée dans un illustre cabinet. Elle avait l'esprit plus vif que Greenberg et Weiner, et était moins encline à respecter l'étiquette. Elle avait le visage aimable et souriait souvent. Harris était du genre implacable, si brillante que sa tâche semblait facile.

Elle sortit un exemplaire du script, parcourut quelques annotations sur la formulation, puis déclara : « Je pense aussi que nous nous exposons à des problèmes d'ingérence délictuelle. » Je ne laissai rien paraître sur mon visage. Je n'allais pas discuter jurisprudence avec la conseillère juridique de l'entreprise, mais je savais que c'était n'importe quoi.

Toutefois, l'échange avec Harris fut globalement rassurant. Elle nous recommandait, d'un point de vue juridique – différent de la décision éditoriale –, de ne pas lâcher la barre. Elle voulait un autre script comportant les modifications dont nous avions discuté.

Quelques heures plus tard, en sortant de l'immeuble, je tombai sur Weiner. Dehors, la pluie martelait les portes à tambour. À ma grande surprise, elle m'adressa un regard éloquent et me dit : « Continuez. »

Tandis que l'histoire Weinstein nous occupait jour et nuit McHugh et moi, je luttais pour assurer la survie de mon livre sur la politique étrangère, dont la publication avait été annulée, en tentant de lui trouver un nouvel éditeur. Tous les secrétaires d'État avaient accepté d'y être cités et j'avais couru de tournages en interviews avec eux. Hillary Clinton, à qui j'avais fait part du projet quand je travaillais pour elle au ministère des Affaires étrangères, avait accepté dès le début avec enthousiasme. En juillet, elle m'avait envoyé un courrier :

« Merci, mon ami, pour votre message ; c'est agréable d'avoir de vos nouvelles et je suis ravie d'apprendre que vous êtes sur le point de terminer votre projet de livre[1]. »

La lettre était imprimée sur du papier gaufré dans une police à arabesques style art déco, comme un gros titre du *New Yorker* ou un élément du jeu *BioShock*. C'était ravissant, mais pas du genre qui remporte les élections dans le Wisconsin. Plusieurs échanges d'e-mails et de coups de fil s'ensuivirent, et une date d'interview fut fixée ce mois-là, avant qu'elle commence une tournée de promotion pour la publication de ses mémoires.

L'après-midi du rendez-vous avec Harris, après avoir marché sous l'averse, je passais la porte de mon immeuble quand je reçus un appel de Nick Merrill, l'attaché de presse de Clinton. Nous parlâmes brièvement du livre, puis il me dit :

— Au fait, on est au courant pour le reportage que vous préparez.

Je m'assis sur une des chaises du hall d'entrée.

— Eh bien, Nick, je travaille en permanence sur de nombreux reportages.

— Vous savez ce que je veux dire.

— Je ne peux vraiment pas en parler.

— Eh bien, vous savez, ça nous préoccupe.

Je sentis la sueur couler dans mon cou.

— Puis-je vous demander qui vous a mis au courant ?

— Peut-être officieusement, autour d'un verre. Disons juste que les gens parlent.

Je changeai de conversation pour aborder l'interview avec Clinton. Il me dit qu'elle était « très prise par la campagne de promotion ». Je lui fis remarquer que c'était pour cette raison que nous avions programmé l'interview avant qu'elle débute. Comme si je n'avais pas entendu, il répéta : « très prise ». Au cours des semaines suivantes, chaque tentative de fixer une date pour l'interview conduisit à une réponse succincte m'indiquant qu'Hillary n'était soudain plus disponible. Elle s'était blessé le pied. Elle était trop fatiguée. Et pourtant, à cette époque-là, elle devenait l'un des personnages du monde politique les plus disponibles.

Plus tard, Merrill jurerait ses grands dieux que la subite réticence de Clinton n'était que coïncidence. Quelle que fût l'explication, c'était de mauvais augure – un autre tour de vis, un autre signe que mon existence en dehors du reportage sur Weinstein s'appauvrissait. Il était difficile de ne pas voir se dessiner un schéma : chaque fois que nous allions voir nos patrons avec des éléments neufs, la nouvelle se répandait. McHugh et moi nous inquiétions de la protection de nos sources.

— Si quelqu'un divulgue des informations à Hillary Clinton, alors qu'est-ce qui doit remonter jusqu'à Harvey ? se demanda McHugh.

— Merde. Tu ne penses pas qu'ils…

— Je ne sais pas. C'est ça le problème.

La pression sur le reportage s'amplifiait et McHugh et moi nous éloignions. Nos échanges devenaient laconiques. Il fut contrarié de ne pas avoir participé au rendez-vous avec Harris et il semblait se demander de quel côté j'étais. « C'est juste bizarre que tu te sois retrouvé en solo. » Je lui expliquai que j'avais essayé de laisser la porte ouverte à un face-à-face plus sincère, que je ne savais pas que Greenberg se joindrait à nous. « Je ne veux juste pas qu'ils nous isolent », ajouta-t-il avec circonspection.

Au mois d'août, je rentrai de déplacement un jour plus tôt que prévu. Mon concierge, un homme grisonnant et trapu à la mâchoire carrée, vint à ma rencontre sous la marquise de l'immeuble. Il était mécontent.

— Vous connaissez les deux types qui sont là dehors aujourd'hui ? me demanda-t-il avec son accent albanais.

— Quels types ? lui demandai-je.

— Heu, deux types. Dans une voiture. Ils fument à côté. Tout le temps.

Je jetai un coup d'œil des deux côtés de la rue. Elle était presque vide.

— Pourquoi pensez-vous qu'ils étaient là pour moi ?

Il leva les yeux au ciel.

— Ronan, c'est toujours vous. Vous emménagez, votre adresse est partout, maintenant je n'ai plus la paix.

Je lui affirmai qu'il s'agissait de gars de chez TMZ désœuvrés.

— S'ils reviennent, je leur apporte du café et je leur dis de partir.

Il secoua la tête, puis m'adressa un regard dubitatif.

Bien entendu, nous pouvions fournir plus d'éléments si NBC le demandait. Je passai un coup de fil à Nestor pendant que notre projet était réexaminé.

— Je sais que vous envisagez de franchir cette dernière étape et de faire une interview où votre visage apparaît, lui dis-je. Ça ne me plaît pas de faire peser ça sur vous, mais ce pourrait être important que vous le fassiez.

— Je postule pour des boulots. Je ne suis pas sûre, répondit-elle.

— Je ne vous le demanderais pas si je ne pensais pas que ça pouvait peser lourd dans la balance.

Elle réfléchit un instant.

— Si ça s'avère aussi important, je suis disposée à le faire.

Malgré les signaux étranges envoyés par nos patrons, McHugh et moi continuions le travail. Il m'aidait dans les recherches, ouvrant de nouvelles fenêtres sur l'écran de son ordinateur quand Greenberg passait. Je me couchais tard, téléphonant aux anciens employés de Weinstein partout dans le monde. J'avais besoin d'une avancée capable de mettre un terme au blocage du reportage.

Un matin, en partant de chez moi, je remarquai une Nissan Pathfinder métallisée que j'étais sûr d'avoir déjà aperçue garée au même endroit. Je me figeai tandis que les autres riverains marchaient sous le soleil. Le voisin qui me ressemblait un peu me sourit en passant. Je restai planté là, je me sentais ridicule. Il y avait un millier de raisons pour que deux hommes stationnent près de Columbus Circle plusieurs fois par semaine. Mais je décidai que ma vie privée serait mieux préservée en travaillant de chez moi et remontai à l'étage.

Juste après midi, je reçus un coup de fil de Greenberg.

— Où en est le script ? me demanda-t-il.

Je l'avais remanié conformément aux directives de Harris.

— C'est du béton, répondis-je. Et bien entendu, on continue à répondre à tous les appels pertinents de nos sources.

— Le service juridique vient de me contacter. Ils veulent que tu interrompes le reportage.

Je songeai : *Encore cette histoire ?*

— Pourquoi ? Je croyais… Puisqu'ils nous avaient donné le feu vert pour Rose…

— Non, on fait une pause. Comment ça va ton livre ? Les interviews se passent bien ?

Greenberg n'avait jamais manifesté d'intérêt pour mon livre. Nous parlâmes de Condoleezza Rice pendant quelques minutes puis je lui dis :

— Rich, au sujet de l'arrêt du reportage…

— Faut que j'y aille. Je prends l'avion pour aller voir mon père. Je serai parti tout le week-end. On pourra discuter la semaine prochaine.

Et il raccrocha.

J'envoyai un texto à McHugh :

« Greenberg m'a appelé. Le service juridique veut qu'on annule tout nouveau contact. Alors sois discret. »

Il répondit :

« Oh, merde. Pourquoi ? »

Ça n'avait aucun sens. Nous décourager était une chose, mais il n'y avait aucune raison logique, journalistique ou juridique, de nous donner l'ordre d'arrêter. Je rappelai Greenberg.

— Rich, excuse-moi de te déranger encore, j'ai juste besoin d'un petit éclaircissement. Qu'est-ce qu'a dit le service juridique exactement ? Qui dans le service ? Et pourquoi ?

— Je ne sais pas. Je ne suis pas avocat. Il faut vraiment que j'y aille, je dois prendre mon avion.

Comme pour égayer le ton, il ajouta :

— Désolé.

Je faisais les cent pas dans mon appartement. J'appelai Harris à son bureau, expliquai que c'était urgent mais n'eus pas de retour. Mon téléphone tinta : un message de Diana Filip me suppliant de la rencontrer pour parler de mon reportage sur les questions de genre.

Cet après-midi-là, en quittant mon immeuble, je regardai par la porte d'entrée vitrée si la voiture était là. Rien. Je devais avoir l'air idiot. Mais je commençai à prendre des précautions. Je notai toutes les informations sensibles sur papier. Je plaçai les nouveaux documents dans le coffre-fort. Finalement, je consultai John Tye, un ancien dénonciateur de pratique de surveillance gouvernementale qui avait ouvert un cabinet juridique à but non lucratif : Whistleblower Aid (« Aide aux lanceurs d'alerte »). Il me configura un iPod Touch pourvu d'une unique application de messagerie cryptée et connecté à Internet par un hotspot WiFi anonyme payé en liquide. L'abonnement était établi sous un pseudonyme.

Le mien était « Candy ».

— Non, sérieusement, dis-je à Tye, incrédule.

— Je ne choisis pas les noms, me répondit-il, très sérieux.

— Ça fait penser à une gentille fille du Midwest qui aurait dû s'abstenir de s'installer à L.A.

— Je ne choisis pas les noms.

CHAPITRE 24

PAUSE

« J'attendais cet appel. » Une femme à l'accent britannique venait de me répondre. Il s'agissait d'Ally Canosa qui travaillait pour Weinstein depuis 2010. Elle me confirma immédiatement être au courant des rendez-vous « appâts » récurrents de Weinstein. Et ça ne s'arrêtait pas là.

— Harvey Weinstein m'a violée, me confia-t-elle. À plusieurs reprises.

Je pris le risque de lui exposer les éléments que nous détenions.

— Oh, mon Dieu, me dit-elle avec des sanglots dans la voix. Ça va enfin sortir au grand jour.

Quand je lui demandai si elle voudrait bien témoigner devant la caméra, elle sembla effrayée, mais ouverte à l'idée.

— Je veux participer, me dit-elle. Voyons-nous.

Elle était disponible ce week-end-là et accepta de me rencontrer à Los Angeles. Quand une source vous propose ce genre d'avancée, vous foncez.

Je m'apprêtai à réserver un billet d'avion, puis je me ravisai. C'était un jeudi après-midi. Pour honorer le rendez-vous avec Canosa, je devais partir vite. Mais Greenberg venait de donner l'ordre d'arrêter le reportage, invoquant cette fois une décision du service juridique.

McHugh suggéra à nouveau de demander pardon plus tard, pas l'autorisation avant d'agir.

« Si tu n'expliques ça à personne, tu peux maintenir le rendez-vous, la voir et lui parler ce week-end, et peut-être la convaincre de témoigner face à la caméra. Si tu leur dis, tu laisses des gens bien plus puissants que nous dicter la suite des opérations. »

Mais nous rebeller plutôt que procéder discrètement comme nous l'avions fait au printemps me semblait excessif. J'appelai Weiner pour lui indiquer que cette interview était importante. J'envoyai ensuite un e-mail pour demander l'autorisation de continuer.

Personne ne répondit.

McHugh m'écrivit :

« Ils sont sans doute en train de discuter. Essaie de te sortir ça de l'esprit. »

J'attendis une journée, puis réservai mon billet pour L.A.

Il pleuvait de nouveau le lendemain matin, une bruine grise oppressante. McHugh appela du bureau de bonne heure pendant que je jetais quelques vêtements dans une valise.

— Tu ne m'as pas dit que Greenberg devait prendre un avion hier ? me chuchota-t-il.

— Si. Il devait se dépêcher.

— C'est marrant. Parce qu'il est là.

— Son vol a peut-être été annulé.

— Peut-être.

Je mettais ma valise dans le coffre d'un taxi quand Greenberg essaya de me joindre. Il m'envoya ensuite un texto :

« Appelle-moi ASAP. »

— Salut, lui dis-je. Je suis en route pour l'aéroport.

— Quoi ? s'écria-t-il.

À sa voix, il semblait en train de se liquéfier.

— Je dois te passer Susan.

Il me la passa. Elle me parla lentement, avec prudence.

— On a discuté de ton e-mail au sujet du rendez-vous de ce week-end. NBC voudrait que tu arrêtes tous les tournages et les contacts avec tes sources.

— Tout contact avec mes sources ? demandai-je, incrédule.

Ces conversations devenaient pesantes, comme si on ne se contentait pas de se parler, mais qu'on se préoccupait du public qui pourrait un jour décortiquer nos décisions. J'eus cette impression, puis songeai qu'elle relevait peut-être de l'autoglorification. Cependant, elle me donnait l'étrange pouvoir de les pousser à exprimer clairement ce qu'ils espéraient simplement insinuer.

— Je ne comprends pas, poursuivis-je. Quelqu'un a-t-il soulevé un problème concernant le reportage ou mes agissements ?

— Non, non, me répondit Greenberg.

— Y a-t-il un doute sur l'intérêt journalistique de l'interview d'une femme qui se propose de parler d'une allégation sérieuse d'abus sexuel par un personnage important ?

— Eh bien… c'est au-delà de mes compétences.

— D'accord. Alors d'où ça vient ? C'est le service juridique qui l'exige ?

Le silence qui suivit sembla interminable.

— Ce n'est pas… dit Weiner.

— Il faut que tu saches que ça vient directement de Noah, dit Greenberg.

— Alors le service juridique n'a pas estimé que nous devrions cesser l'enquête et les contacts avec nos sources ?

— Noah a estimé que nous devrions arrêter l'enquête et les contacts avec nos sources.

— Personne n'a expliqué pourquoi continuer nous mettrait en péril, si on procède avec la plus grande prudence et en concertation avec le service juridique. Il a donné une raison ?

— Eh bien… si je devais deviner, de mon point de vue, bégaya Weiner, je dirais qu'on pourrait vouloir réexaminer ce que… heu… ce qu'on a avant d'entamer quoi que ce soit de nouveau.

Elle prononça sa phrase comme si elle déchiffrait les caractères cunéiformes d'une tablette tout juste déterrée.

— Ce n'est pas nouveau, insistai-je. Le rendez-vous a été prévu.

Mon téléphone vibra. Un appel de McHugh. Je le déclinai, rédigeai un texto.

« Au tél avec Greenberg et Weiner. »

« Faut que j'intervienne ? »

Ça ressemblait à une opération de sauvetage.

« Va peut-être jeter un coup d'œil. »

Greenberg poursuivit :

— À la lumière de ce qu'a dit Noah, nous pensons que tu ne devrais rencontrer aucune source.

McHugh m'envoya un texto. Greenberg lui avait fait signe de ne pas entrer dans son bureau. Mission de sauvetage annulée.

— Je ne peux pas empêcher les sources de me contacter, dis-je à Greenberg.

— Nous comprenons.

Je n'abordai pas la question de l'annulation du rendez-vous et acceptai de les mettre au courant de ce que me raconterait Canosa « si » nous entrions en contact. Je n'avais jamais fait ça auparavant : prétendre que j'arrêtais de contacter des sources, feindre la réticence à les voir revenir vers moi.

— Elle acceptera très probablement de parler devant la caméra, dis-je. Et si c'est le cas, j'aurai très envie de donner suite.

— On va… on va devoir en parler à Noah.

Je raccrochai, désorienté, puis appelai Jonathan.

— C'est complètement dingue ! s'exclama-t-il.

— Je crois que je ne peux pas prendre le risque d'annuler une autre interview.

— Rich McHugh et toi devriez commencer à vous écrire des mémos. Des descriptions détaillées de tout ça, envoyées en temps réel. Ils vous balancent des trucs incriminants.

Par la vitre de la voiture, je regardai l'enchevêtrement de véhicules avançant pare-chocs contre pare-chocs devant l'aéroport JFK.

— Ce n'est que du bon pour vous, les gars, me rassura Jonathan. Tant que vous continuez, tant que vous poursuivez le reportage.

— C'est facile à dire pour toi. Je les gonfle avec ce machin. À ce rythme, je serai bientôt au chômage.

— On s'en fiche ! Regarde ce qui se passe. Personne ne veut posséder ces informations, parce que clairement, elles dérangent ! C'est comme *Le Crime de l'Orient-Express* mais à l'envers. Tout le monde veut que le type meure, mais personne ne veut le poignarder !

Au 30, Rockefeller Plaza, McHugh frappait de nouveau à la porte du bureau de Greenberg.

— Qu'est-ce qui se passe ? demanda McHugh.

— Noah nous a demandé de mettre notre reportage en stand-by en attendant les conclusions de l'examen juridique, lui répondit Greenberg.

— Je ne comprends pas pourquoi, dit McHugh.

Greenberg n'avait fourni aucune explication lors de notre entretien au téléphone, pas plus qu'il n'en avait fourni à McHugh. Il énuméra les avocats de Weinstein – Charles Harder, David Boies et un nouveau dont McHugh ignorait le lien avec Weinstein, Lanny Davis.

— Non pas que nous ayons peur d'eux, ajouta Greenberg. Mais pour le moment, vous devez cesser tout contact ayant un rapport avec l'enquête.

Comme moi, McHugh déclara qu'il ne pouvait pas empêcher qu'on le contacte et n'alla pas plus loin.

Je venais d'arriver à l'aéroport quand Canosa m'appela.

— Vous venez toujours à L.A. ? me demanda-t-elle d'une voix nerveuse.

Je m'arrêtai un instant. Des voyageurs impatients traînaient leurs lourds bagages autour de moi. Je songeai qu'il serait facile de lui répondre non, de respecter les exigeances de nos supérieurs, de sauvegarder nos relations avec Greenberg et Oppenheim.

— Ronan ? répéta-t-elle.

— Oui, je viens, lui répondis-je.

Dans l'avion, j'apportai la touche finale au script, échangeant des notes avec McHugh sur le choix d'un mot ou le traitement des extraits d'interviews. Le résultat, même réduit aux éléments que le service juridique avait examinés et validés, était explosif. « Je fais ça souvent », disait Weinstein pendant que Gutierrez, paniquée, essayait de s'échapper. Je notai : « NBC News a obtenu en exclusivité un enregistrement audio recueilli au cours du coup monté par le NYPD. »

Gutierrez était nommée et l'histoire était racontée en détail, suivie par un paragraphe résumant l'affaire. « NBC News s'est entretenu avec quatre autres femmes qui ont travaillé pour Weinstein et qui témoignent de délit sexuel… Des allégations portées depuis la fin des années 90 jusqu'à il y a trois ans. » L'interview de Nestor figurait aussi, ainsi que les messages de Reiter corroborant ses propos, et des extraits des interviews des cadres, décrivant leurs souvenirs de délits.

Je joignis au script une note qui, je l'espérais, avertirait nos supérieurs de NBC que nous allions interviewer Canosa :

> *Rich,*
> *Tu trouveras ci-joint le script, revu selon les inquiétudes de Kim et Susan, et les suggestions que tu as ensuite formulées, que j'ai suivies à la lettre.*
> *Note qu'une autre ancienne assistante a formulé des allégations d'abus sexuels de première main et affirme posséder une trace papier utile à notre reportage. Elle a exprimé sa volonté d'y participer et est en train de décider dans quelle mesure.*
> *Ronan*

Après avoir envoyé le message à Greenberg et Weiner, je me sentais tendu. J'appuyai sur le bouton de mon siège et testai les limites de son inclinaison à plusieurs reprises. J'avais l'impression que nous restions immobiles alors que le monde extérieur accélérait autour de nous. Pendant le vol, le *HuffPost* publia un article révélant que le présentateur de Fox News Eric Bolling avait envoyé des textos obscènes à des collègues[1]. Les sources étaient entièrement anonymes – ce qui n'était jamais arrivé dans nos ébauches. Ce même après-midi, le *Hollywood Reporter* annonça que Harvey Weinstein allait recevoir le Truthteller Award inaugural du L.A. Press Club pour sa « contribution au débat public et à l'essor culturel de la société[2] ».

CHAPITRE 25

PUNDIT

Je rencontrai Ally Canosa dans un restaurant à l'extrémité est de Sunset Boulevard. Elle était raide comme un piquet, très crispée. À l'image d'autres victimes interviewées pour le reportage sur Weinstein, sa beauté était éblouissante, mais à Hollywood elle était un simple critère d'embauche.

Canosa était hésitante. Son contrat de travail avec Weinstein comprenait une clause de confidentialité. Elle essayait toujours de percer comme productrice et les représailles la terrifiaient. Weinstein pouvait l'empêcher de trouver un employeur. Et à cela s'ajoutaient les hésitations normales de victimes de violences sexuelles. Ses blessures avaient fini par cicatriser et elle avait appris à avancer. Elle n'avait rien raconté à son père ni à son petit ami. « Je ne veux pas souffrir davantage », me dit-elle. Un jour, alors qu'elle pensait avoir trouvé le courage d'aborder enfin le sujet avec sa thérapeute, elle l'avait aperçue à la première d'un film de Weinstein et avait découvert qu'elle avait produit l'un de ses films.

Canosa avait fait la connaissance de Weinstein presque dix ans plus tôt, quand elle travaillait pour l'événementiel de la branche de West Hollywood du club privé Soho House. Elle organisait une réception pour la Weinstein Company au cours duquel il la remarqua et la regarda avec insistance avant de lui tendre sa carte. Au début, il la traqua presque, lui demandant sans arrêt un rendez-vous. Quand elle fut « complètement effrayée » et cessa de répondre, il lui força la main en sollicitant un rendez-vous formel via Soho House, soi-disant pour discuter d'un projet d'événement.

À l'hôtel Montage, leur rendez-vous de midi fut déplacé dans la suite de Weinstein qui lui fit ses habituelles promesses d'ascension professionnelle suivies d'avances. « Tu devrais être actrice. T'as vraiment une gueule », la flatta-t-il. Lorsqu'il lui demanda si elle ne voulait pas l'embrasser, elle dit non et quitta les lieux, troublée.

Elle tenta encore de l'ignorer, mais il était tenace et elle craignait l'impact qu'il pourrait avoir sur sa carrière si elle le repoussait. Elle accepta un nouveau rendez-vous au restaurant. Au cours du dîner, on diffusa la reprise de « Autumn Leaves » par Eva Cassidy. Canosa raconta la vie de la chanteuse à Weinstein, qui lui proposa de réaliser un biopic, avec son aide. Après le repas, il l'attrapa par le bras, la poussa contre une rampe d'escalier et l'embrassa violemment. Elle fut horrifiée.

Mais il se répandit ensuite en excuses. Canosa se rappelait lui avoir proposé d'« être de simples amis » et ajouta : « Je veux vraiment faire ce film avec toi. » Weinstein organisa un entretien téléphonique avec un de ses producteurs de longue date et bientôt ils rencontraient les détenteurs des droits et échangeaient des notes de script.

« J'ai appelé mes parents et je leur ai dit : "Bon sang, vous n'allez pas croire ce qui vient de se passer. Harvey Weinstein veut que je l'aide à produire un film à partir d'une idée que je lui ai donnée." J'étais si naïve. C'est embarrassant d'en parler, mais vous voyez, sur le moment, je me disais : "C'est tout ce que j'ai toujours voulu." »

Canosa prit son temps avant d'aborder ces sujets avec moi. Après notre rendez-vous au restaurant, elle m'expliqua qu'elle serait plus à l'aise en privé et on se retrouva chez Jonathan dans West Hollywood. Par la suite, de plus en plus de sources désespérées allaient venir chez lui. Pundit, le goldendoodle que ma mère lui avait offert, se lova contre elle pendant qu'elle poursuivait son récit.

La première année de leur collaboration, Canosa avait essayé à maintes reprises d'ignorer les avances de Weinstein. Au cours d'une rencontre pour parler du film sur Cassidy, il lui dit nonchalamment qu'il devait remonter dans sa chambre d'hôtel pour aller chercher quelque chose. « C'était le milieu de l'après-midi, alors je n'ai pas réfléchi. » Quand ils arrivèrent, il lui dit qu'il allait prendre une douche. Il lui demanda si elle voulait venir avec lui. Elle lui répondit que non.

— Viens sous la douche avec moi, insista-t-il. Je n'ai même pas besoin de… je ne veux pas coucher avec toi. Je veux juste que tu viennes sous la douche avec moi.

— Non, répéta-t-elle.

Après quoi, elle se dirigea vers le salon de la suite. Depuis la salle de bains, Weinstein annonça qu'il allait se masturber de toute façon et commença, la porte ouverte, tandis qu'elle détournait le regard. Canosa quitta la chambre, bouleversée.

Lors d'une autre entrevue, Weinstein oublia sa veste et lui demanda de la lui garder. Dans les poches, elle découvrit un paquet de seringues et leur contenu. En cherchant sur Google, elle découvrit qu'elles étaient destinées à traiter les problèmes d'érection. Elle fut abasourdie qu'il s'arme pour des rapports sexuels avant leurs rendez-vous.

À ce moment-là, elle travaillait sur le film avec lui. Sa vie professionnelle tournait à présent autour de lui. Ils avaient développé une amitié réelle bien qu'équivoque en raison du déséquilibre des pouvoirs et des avances de Weinstein. Cet été-là, lors d'un dîner de travail avec quelques collègues, il pleura quand il apprit que Disney allait vendre Miramax. Il demanda, encore, à Canosa de l'accompagner dans sa chambre d'hôtel. Quand elle refusa, il lui hurla : « T'as pas intérêt à refuser ! Pas quand je pleure ! » Elle céda et il ne se passa rien. Il se contenta de sangloter. Elle se rappelait qu'il s'était lamenté : « Je n'ai jamais été heureux. Tu es une de mes meilleures amies. Tu es si loyale. » Elle espéra que ces déclarations d'amitié signifiaient qu'il comprenait ses réticences. Elle se méprenait.

« La suite, c'est qu'il m'a violée », me confia-t-elle en pleurant. La première fois, ce fut après un rendez-vous dans un hôtel. Lors d'une discussion sur le projet Cassidy, il lui dit qu'une scène du film lui rappelait un classique et lui demanda de venir avec lui dans sa chambre pour visionner la scène en question. À ce moment-là, il s'était répandu en excuses pour lui avoir fait des avances. Et après tout, c'était son patron. « J'ai pensé que je pouvais gérer la situation. »

La seule télévision de la suite se trouvait dans la chambre. Canosa s'assit sur le lit et visionna l'extrait, mal à l'aise. « Il a fait une tentative et je lui ai dit "Non". » Il recommença et elle répéta : « Non. » Weinstein se mit en colère, devint agressif. Il se rendit aux toilettes, puis revint quelques minutes plus tard en robe de chambre. Il la poussa sur le lit. « J'ai dit non plus d'une fois, et il s'est couché sur moi. Je ne criais pas, mais je ne voulais pas. Et il pesait sur moi de tout son poids. »

Canosa s'attarda sur ce qu'elle aurait dû faire différemment. « À ce moment-là, j'avais l'impression de ne pas m'être assez débattue. » Finalement, elle cessa de dire non. « J'étais paralysée. Je ne pleurais pas. Je fixais le plafond. » Ce n'est qu'une fois partie qu'elle se mit à sangloter sans pouvoir s'arrêter. Weinstein ne s'était pas protégé. Il lui avait expliqué, des mois plus tôt, à sa grande gêne, qu'il avait eu une vasectomie. Mais elle était terrifiée qu'il ait pu lui transmettre une MST. Elle envisagea de tout raconter à son petit ami, mais elle avait trop honte. « Aujourd'hui, je me traînerais jusqu'au commissariat si je pouvais. »

Elle s'effondra en racontant son histoire. Pundit, inquiet, se leva et essaya de lui lécher le visage. Elle se mit à rire, soulagée qu'il apaise sa douleur. « C'est le chien le plus gentil que j'ai jamais rencontré », dit-elle.

Elle continua de travailler pour Weinstein. « J'étais dans une posture vulnérable et j'avais besoin de mon travail. » Plus tard, quand elle perdit son emploi dans une autre société de production, elle signa un contrat avec la Weinstein Company pour travailler sur les campagnes de promotion de *The Artist* et de *La Dame de fer*.

Les agissements de Weinstein furent loin de cesser. Il la pressa un jour de l'accompagner à un rendez-vous chez un ostéopathe où il se faisait soigner une sciatique tenace, puis de rester dans la pièce pendant qu'il ôtait ses vêtements. Une autre fois, lors d'une crise du même syndrome, il lui demanda de lui masser les cuisses. Devant son refus, il lui avait crié dessus.

— Enfin merde ! Pourquoi tu veux pas ? Pourquoi ?

— Parce que ça me met mal à l'aise. Je suis ton employée.

— Putain, Ally ! Putain, tu peux me masser les cuisses !

— Non, je ne vais pas le faire.

— Alors tire-toi d'ici ! Va te faire foutre !

Quand elle travaillait à la production de la série de Netflix *Marco Polo*, Weinstein arriva sur le lieu du tournage en Malaisie et sema la pagaille. Lors d'un dîner organisé pour les réalisateurs et les producteurs, il lui demanda, devant ses collègues, de se rendre dans sa chambre d'hôtel. Quand elle essaya de rejoindre la sienne, les assistants de Weinstein la bombardèrent de textos :

« Harvey veut te voir. » « Harvey veut te voir. »

Parfois, ses efforts pour lui échapper échouaient et de nouvelles agressions s'ensuivaient. Plus tard, les documents judiciaires détailleraient : « Rapport sexuels anaux ou oraux avec la plaignante par contrainte exercée par la force et/ou alors que la plaignante n'était pas en mesure de donner son consentement ou se trouvait dans l'incapacité physique de le faire. »

Tout autour de Canosa, des signes montraient qu'elle n'était pas la seule. Durant sa visite sur le tournage de *Marco Polo*, Weinstein se rendit dans le dressing d'une actrice où il resta un quart d'heure. Canosa se souvient qu'ensuite, « elle [avait] été l'ombre d'elle-même pendant une semaine ». Canosa se sentait dans l'obligation morale d'agir mais était terrifiée par les démonstrations de vengeance de Weinstein. « Le nombre de fois où j'ai rencontré des gens qui avaient vu leur vie, la vie de leur femme ou leur réputation menacées… », me dit-elle.

J'essayai de me montrer honnête au sujet de la précarité du reportage et de l'importance de sa participation pour l'avenir du projet. Je lui expliquai, comme je l'avais fait pour bien d'autres sources cet été-là, que la décision lui appartenait, que je ne pouvais rien faire sinon l'assurer que son témoignage changerait les choses pour beaucoup de personnes. À la fin de notre conversation, je la sentais presque prête à accepter de témoigner devant la caméra.

CHAPITRE 26

GARS

C'était le début de soirée. Les ombres s'allongeaient dans les bureaux de l'immeuble de la société Harvey Weinstein sur Greenwich Street quand le coup de fil arriva.

L'ancien gouverneur de New York, George Pataki, demanda à l'assistant qui lui répondit s'il pouvait lui passer Harvey. Il le fit aussitôt.

— Salut Harvey, c'est George. Je veux juste te dire que Ronan Farrow travaille toujours sur son enquête.

— Ce n'est pas ce qu'on m'a dit.

Pataki lui soutint que plusieurs femmes s'entretenaient avec moi.

— Il est sur le point de boucler. C'est censé être diffusé…

— Quand ? Quand c'est censé être diffusé ?

— Dans deux ou trois semaines.

Nulle part ailleurs qu'à New York les interventions de Weinstein dans la vie politique ne prirent une ampleur aussi considérable. Entre 1999 et l'été 2017, sa société et lui-même avaient versé de l'argent à au moins treize hommes politiques new-yorkais ou à leurs comités d'action politique. Il avait assuré ses arrières, en particulier auprès des démocrates, mais aussi, de temps à autre, auprès des républicains comme Pataki. Il s'était montré généreux avec la sénatrice Kirsten Gillibrand, le procureur général Eric Schneiderman et le gouverneur Andrew Cuomo[1].

Les contributions de Weinstein à la campagne de Pataki avaient participé à créer des liens d'amitié comme cela avait été le cas avec Hillary Clinton. L'ancien gouverneur était souvent photographié lors des événements organisés par le magnat du cinéma. Weinstein avait donné un coup de pouce à sa fille, Allison, pour sa carrière d'auteur de romans historiques. Un an avant le coup de fil de Pataki, Weinstein avait organisé une fête pour la sortie du livre d'Allison[2]. Et l'année précédente, quand son mari avait été victime d'un AVC, Weinstein s'était arrangé pour qu'il bénéficie des soins de spécialistes compétents. L'agent littéraire d'Allison Pataki, Lacy Lynch, travaillait aussi avec McGowan. Au cours de l'été, le nom de Lynch commença à apparaître dans les e-mails de Weinstein et à être prononcé lors de ses appels téléphoniques.

Weinstein était toujours en contact avec Boies au sujet du problème avec NBC. Après sa conversation avec Lack, il poursuivit ses entretiens avec les responsables de NBC et continua d'affirmer sans complexe autour de lui que le projet était abandonné. Mais il ne se passa pas longtemps avant qu'il rappelle Boies, moins sûr de lui. Visiblement en colère, il lui dit : « Je pense que NBC travaille encore sur un reportage. Je vais aller au fond de l'affaire. »

Après le coup de fil de Pataki, il appela de nouveau Phil Griffin, Andy Lack et Noah Oppenheim. Il avait crié leurs noms si souvent à ses assistants – « Passez-moi Phil ! Passez-moi Andy ! Passez-moi Noah ! » – qu'ils les surnommaient le « triumvirat ». En août, son attention se porta de plus en plus sur Oppenheim. Mais Griffin, qui, disait-il à son équipe, était celui qu'il connaissait le mieux, avait fait l'objet de son attention dès le début et continuait d'être un soutien efficace.

L'insouciance de Griffin contribuait à son indéniable charme. Cependant, ce trait de caractère embarrassait parfois ses collègues. Il était irascible, jurait comme un charretier et était connu pour sa consommation excessive d'alcool après le travail. Bien qu'il fût un des producteurs des « Nightly News », il prenait souvent ses quartiers en fin de journée chez Hurley, un bar de Midtown. Un soir, après quelques verres, il dit à trois productrices qu'il voulait aller à Times Square. L'une d'elles se rappelle qu'il s'était écrié : « Je veux voir les lumières sur Times Square ! J'adore voir les lumières ! »

Griffin conduisit la troupe dans un hôtel de Times Square. Le groupe atterrit ensuite sur 8th Avenue. Griffin exhorta ses collègues à venir voir un peep-show avec lui. Deux d'entre elles échangèrent des regards embarrassés. Il leur dit de se détendre. Ils se rendirent ensuite à l'étage où se trouvaient des cabines sombres. L'une d'elles s'ouvrit et une femme qui portait en tout et pour tout des escarpins s'accroupit devant eux, puis demanda de l'argent à Griffin pour continuer le show.

Il regarda alors ses collègues avec ce que l'une d'elles décrivit comme « une lueur de honte ». Il répondit : « Non merci » à la strip-teaseuse. La cabine se referma, puis tous sortirent et se dirent au revoir, gênés. Pour ces femmes, l'incident avait été dégoûtant, mais banal : elles avaient toutes connu ce genre de comportement de la part des hommes dans le métier.

Quatre collègues déclarèrent que Griffin était célèbre pour ses remarques obscènes et grossières dans les e-mails professionnels. Lors d'une réunion à laquelle j'avais assisté après que le sexe de Maria Menounos, personnalité de la télévision, eut été photographié à cause d'un dégrafage malencontreux de sa tenue de bain, Griffin proposa aux personnes présentes dans la pièce de venir regarder une photo zoomée imprimée sur une feuille. Avec un sourire en coin, il déclara : « Vous voyez ça ? Pas mal, pas mal. » Sur un canapé à côté, une employée leva les yeux au ciel.

Griffin semblait considérer l'actualité comme un simple business et manifestait moins de ferveur pour le journalisme que pour le sport. Quand le vent de l'industrie souffla en faveur du journalisme partisan, il se rangea du côté de l'opinion générale. Quand cette tendance s'épuisa, il fut le premier à revenir à l'actualité pure. Et quand on le soumettait à une discussion rigoureuse sur le reportage, il plissait les yeux, l'air perplexe.

Mais Griffin s'enthousiasmait dès qu'un intérêt commercial était en jeu. Un jour, alors que je coanimais le Global Citizen Festival, un concert de bienfaisance – un grand festival sérieux mais un concert humanitaire au rabais –, j'interviewai la tête d'affiche, le groupe No

Doubt. Un des buts du festival consistait à promouvoir la vaccination, alors même que le mouvement antivaccination aux États-Unis recueillait des partisans et que sévissait une épidémie de rougeole. Je demandai à Gwen Stefani si elle avait fait vacciner ses enfants et ce qu'elle pensait du mouvement. Elle me répondit qu'elle soutenait la vaccination et conseillait aux gens d'en parler avec leurs médecins. Mais, de retour à Rockefeller Plaza, alors que je montais les prises de vues, je reçus un coup de fil d'une productrice de MSNBC qui travaillait sur le concert.

— Les responsables de l'image de Stefani ont examiné la transcription et ils aimeraient des changements, me dit-elle.

— Qui leur a envoyé une transcription ?

— Je… je ne sais pas, répondit-elle.

Je trouvai dans ma boîte de réception un script remanié, avec des extraits de l'interview de Stefani, réarrangés et coupés de manière à donner l'impression qu'elle était partagée sur le sujet, voire opposée à la vaccination. Je fis savoir à la productrice que je ne le passerais pas à l'antenne.

Très vite, je me retrouvai dans le bureau de Griffin avec un autre membre de son équipe.

— Enfin merde ! s'écria-t-il, exaspéré.

Je regardai le script proposé posé devant moi.

— Phil, je ne vais pas changer le sens des réponses.

— Et pourquoi pas ?

Il semblait n'avoir jamais rien entendu d'aussi stupide.

— C'est contraire à l'éthique ?

Ma question était moins une pique qu'une sorte de rappel, espérant que la sienne était de pure forme et qu'il avait terminé.

Au lieu de ça, il se recala dans son fauteuil et adressa à sa collègue un regard qui semblait dire : « Que Dieu me donne la force ! »

Celle-ci tenta une approche plus douce.

— Nous savons tous que tu te soucies beaucoup de…

Elle hésita, semblant sincèrement lutter pour trouver une formulation aimable.

— … « journalisme avec un grand J », mais il ne s'agit pas ici d'un thème politique sensible.

— C'est un reportage insignifiant ! intervint Griffin. Allez, merde.

— Il y a des enfants qui meurent à cause de ce problème. Stefani est célèbre. Et depuis quand d'ailleurs on balance les transcriptions des interviews hors de ces murs ?

— On ne sait pas comment c'est arrivé…, commença sa collègue.

— Qui ça intéresse ? lança Griffin qui s'impatientait. Tu sais ce qui va se passer si on ne fait pas ces changements ? Stefani menace de se retirer ! L'ordre vient directement de son manager.

— C'est lui qui a fait ces changements ?

Griffin éluda la question.

— Le truc, si elle se retire, c'est que les sponsors vont commencer à se retirer aussi, les responsables de la chaîne seront furieux…

Le partenariat de la chaîne avec le Global Citizen Festival était, comme le faisait souvent remarquer Griffin, un appât pour attirer le sponsoring. Pendant des semaines, nous diffusions des segments comportant des noms de marques comme Unilever et Caterpillar.

— Alors ne le diffusons pas, dis-je.

— Il faut que tu le diffuses, répliqua Griffin.

— Pourquoi ?

— Ça fait partie du contrat avec les sponsors, ces gens…

— On a tout transmis aux responsables, ajouta sa collègue.

Elle parlait des instances supérieures de la chaîne.

— Tes préoccupations ne sont pas partagées.

Griffin me raconta ce qu'il avait dit à un autre présentateur qui avait essayé de diffuser un passage difficile sur la neutralité de réseau – le principe selon lequel les fournisseurs d'accès à Internet ne doivent pas facturer des prix variables pour les différents types de données sur Internet et contre lequel notre société mère faisait du lobbying.

Il avait dit au présentateur : « Si tu veux travailler pour PBS, avoir une liberté totale et gagner 100 000 dollars par an, libre à toi. Si tu veux te battre avec moi pour défendre les finances de la boîte, je serai ravi de publier ton salaire dans la presse. »

J'envisageai de démissionner. J'appelai Tom Brokaw, qui me dit que sous aucun prétexte je ne pouvais diffuser des modifications trompeuses. Il me fit la même mise en garde qu'il me ferait plus tard concernant l'affaire Weinstein : je ficherais ma crédibilité en l'air. J'appelai ensuite Savannah Guthrie, qui savait s'y prendre pour couper court aux idioties.

— Et ne pas diffuser cette partie de l'interview ? me suggéra-t-elle.

— Enfin, c'était la plus grande partie.

— Trouve autre chose à diffuser.

C'était un conseil simple et, avec le recul, évident – ne diffuse pas la partie trompeuse, mais ne t'immole pas à cause d'une interview de chanteuse en coulisse. Choisir les bons combats était une leçon que j'étais lent à apprendre. Pour finir, je m'assis à mon bureau de présentateur et diffusai cinq minutes d'échange de banalités avec No Doubt. Je ne me sentis ni très bien ni très mal.

Deux ans plus tard, tandis que Weinstein continuait d'appeler son triumvirat, il contacta Griffin.

— Je croyais que c'était bouclé, lui dit-il.

— Ça l'est, Harvey.

— Il faut que tu remettes ton gars au pas.

Il semblait en colère.

— Harvey, répliqua Griffin sur la défensive. Il ne le diffusera pas chez nous.

Plus tard, Griffin nierait avoir jamais promis l'annulation du reportage.

D'après de nombreux employés du bureau de Weinstein, c'était au moins l'un des quinze appels entre Weinstein et le triumvirat de NBC. À la fin de l'été, l'humeur de Weinstein après les coups de fil devint triomphante. Il expliqua à l'un de ses conseillers juridiques qu'il avait parlé aux responsables de la chaîne et qu'ils « [lui avaient] dit qu'ils ne feraient pas le reportage ».

CHAPITRE 27

AUTEL

Dans un premier temps, les nouvelles de NBCUniversal semblèrent bonnes. Au début du mois d'août, Greenberg nous informa que le service juridique avait approuvé la version épurée du script. Pour l'aspect éditorial, il ajouta :

— Selon moi, tous les éléments sont diffusables.

— Alors on va chercher des commentaires. On passe au montage.

— « Diffusable » ne veut pas dire que ça va passer à l'antenne. Maintenant, ça part chez Noah et Andy.

— Mais si le service juridique approuve et que tu considères qu'on peut le diffuser…

— Leur décision est au-delà de mes attributions. Il peut y avoir des questions qui n'ont rien à voir avec le droit de diffusion. Ils peuvent s'inquiéter de savoir si c'est bon pour la télé. Tu tiens peut-être un article incroyable, une histoire incroyable pour *Vanity Fair*, par exemple.

— Je… Quoi ?

— Tu sais, ça ferait vraiment un article parfait pour *Vanity Fair*, insista-t-il.

Plus tard, dans une salle de conférences, McHugh et moi nous interrogions sur le commentaire.

— Il a peut-être raison, peina-t-il à dire. Peut-être que tu sauveras le projet en le proposant ailleurs.

— Rich, tu sais que si ça arrive, tu seras foutu.

Il avait produit un reportage incroyable pour la télévision. À ce moment-là du projet, nous avions tourné huit interviews face caméra. Tout ça tombait à l'eau dans l'alternative proposée par Greenberg à la légère. Et même si je voulais soumettre un article ailleurs, est-ce que ça serait possible ? Le film était la propriété de NBCUniversal et, de ce fait, de la Comcast Corporation.

— On diffuse ça ici, dis-je fermement. Avec toi comme producteur.

McHugh, moins affirmatif, me répondit :

— OK.

La pluie tomba toute la journée ce jour-là. Des questions sans rapport avec le projet Weinstein s'empilaient dans ma boîte de réception. Diana Filip m'envoya un e-mail, cette fois par l'intermédiaire de mes agents à la CAA. Les messages relatifs au reportage étaient anxiogènes. L'un d'eux, de Auletta, sans fioritures, disait :

Ronan
Où en est Harvey ?
ken

Je descendis tous les étages de 30 Rock pour prendre le métro sur la ligne D. Malgré la pluie, il était presque désert. Soudain, j'aperçus quelque chose, ou crus l'apercevoir. Je me figeai. C'était le crâne chauve d'un homme assis de profil de l'autre côté de la voiture, qui, je l'aurais juré, était celui que j'avais vu dans la Nissan. Je discernai le visage pâle et le nez retroussé. Mais je n'étais sûr de rien. Je me dis que j'avais des hallucinations. Mais quand la rame s'arrêta, je me sentis suffisamment calme pour descendre avant mon arrêt. Je me faufilai dans la foule sur le quai en regardant par-dessus mon épaule.

Dehors, New York était un vrai paysage onirique ; rues, immeubles et passants comme suspendus dans la brume et la pluie. Je pressai le pas, fis une halte dans une pharmacie, inspectant les alentours pour voir si je reconnaissais un des passagers de la voiture de métro ou du quai. Quand je sortis, la luminosité baissait. J'arrivai devant l'église aux airs de forteresse proche de mon appartement, montai rapidement les marches, puis passai la porte. Là où ma chemise trempée ne collait pas à ma peau, la pluie me coulait le long du dos, de la poitrine et des bras. La nef était plus petite que je ne l'aurais cru de l'extérieur. L'autel se dressait sous d'imposants vitraux. J'avançai et me tins devant avec la sensation de ne pas être à ma place. À côté de l'autel se trouvait un blason en marbre incrusté représentant un livre et une épée sur une image de la terre : l'emblème de saint Paul. « *Praedicator Veritatis in Universo Mundo.* » Je cherchai plus tard la traduction dans Google : « Un prêtre de la vérité pour le monde entier. »

Près de moi, une femme à l'accent prononcé me surprit.

— On vous regarde, me dit-elle.

Je titubai. C'était une dame d'un certain âge, aux cheveux bruns. Une femme plus jeune l'accompagnait. Ma réaction sembla les alarmer.

— On vous regarde. Depuis le début. Votre émission. Ma fille est une grande fan, ajouta-t-elle.

— Oh, merci, répondis-je.

Puis, reprenant mes esprits, je parvins à sourire et faire une plaisanterie au sujet de l'indice d'écoute médiocre de l'émission.

— Vous devez être les seules, avec ma mère.

J'étais rentré chez moi quand mon agent chez CAA m'appela.

— Ronan ! s'exclama-t-il. Comment ça va ?

— Ça va.

— Tu vas mieux que bien, tu es formidable.

Reprenant le ton direct du professionnel, un peu plus calme, il ajouta :

— Écoute, je ne connais pas les détails de cette grosse histoire…

— Noah t'en a parlé ?

Berger était notre agent à tous les deux, mais il était plus proche d'Oppenheim.

— Ronan, je ne sais absolument rien.

Il me rappela que mon contrat était sur le point d'être examiné pour être renouvelé.

— Je dis juste que si ça te cause des problèmes, traite en priorité ce qui marche.

J'hésitai un instant, puis je téléphonai à ma sœur.

— Alors, comment se passe le reportage ? me demanda-t-elle.

— Honnêtement, je ne sais pas.

— Mais tu n'as pas un enregistrement de lui en train d'avouer ?

— Si.

— Alors…

— J'ai fait tout ce qui était en mon pouvoir. Je ne sais pas comment en faire plus.

— Alors tu vas laisser tomber.

— Ce n'est pas aussi simple. Il faudra peut-être que je privilégie d'autres projets le temps de trouver une solution.

— Je sais ce que c'est quand les autres arrêtent de se battre pour toi.

Il y eut un silence avant qu'on se dise au revoir.

Il faisait nuit à ce moment-là. Je consultai mon téléphone. Je découvris un texto d'Oppenheim.

« Discutons demain. Quelle heure t'arrange ? »

J'allumai mon ordinateur et créai un document Word : « AUTRES SUJETS ». J'appuyai sur « supprimer » à quelques reprises puis remplaçai « AUTRES » par « PROCHAINS ». J'insérai des tirets pour deux reportages que nous étions en train de tourner – l'un sur la consolidation des services de santé, l'autre sur les bébés dépendants aux opioïdes – ainsi que pour quelques autres qu'Oppenheim avait appréciés dont un « Vicey travelogue » sur le centre de données de Facebook au cœur du permafrost de Luleå, en Suède. J'avais écrit : « Il rappelle le repaire d'un méchant dans *James Bond*. » D'autres thèmes de reportages d'évasion bénins suivirent. Il s'avère que Luleå est l'un des ports les plus dynamiques de Suède et une plaque tournante de son industrie de l'acier, mais je n'en savais rien. Je m'imaginais un vaste lieu désert et frais où on pouvait respirer et admirer les aurores boréales.

Au 30 Rock, McHugh pénétra dans la cabine de l'ascenseur, où il trouva Weiner et lui sourit. Elle, de son côté, le salua en tressaillant et en regardant ses pieds.

CHAPITRE 28

PAON

Pendant mes années passées au 30 Rock, la salle d'attente du bureau des responsables de l'actualité, au deuxième étage, connut plusieurs changements de mobilier. Cet été-là, elle se composait d'une chaise basse et d'une petite table sur laquelle était posée une collection de magazines datant de plusieurs mois qui tendent à décorer toutes les salles d'attente. Une couverture du *Time*, noir profond avec une police rouge sang, posait la question : « La vérité est-elle morte ? » C'était un hommage à une couverture mythique des années 60 titrée : « Dieu est-il mort ? », mais pas aussi réussie. En effet, la tâche était impossible. Malgré des efforts louables de crénage des lettres, « Vérité » ne sonnait pas comme « Dieu ». Je l'observai un instant puis allai voir l'assistante d'Oppenheim, Anna, pour bavarder un peu avec elle. « Je suppose que vous bossez sur un gros truc », me dit-elle. Elle m'adressa ensuite un sourire accompagné d'un regard de conspirateur qui signifiait : « Motus et bouche cousue. »

Quand j'entrai dans le bureau d'Oppenheim, il ne se leva pas et n'alla pas non plus s'asseoir dans le canapé comme d'habitude. Il avait l'air stressé. « Alors, à quoi penses-tu ? » lui demandai-je. Je tenais, plié dans une main, un exemplaire de la liste de mes sujets alternatifs. Peut-être Berger avait-il raison. Je pouvais renoncer au terrible sujet que je traitais, en choisir de moins sombres, me recentrer. Oppenheim remua dans son fauteuil, puis prit un exemplaire du script.

— Eh bien. Nous avons là des sources anonymes.

— Le reportage met en avant une femme que nous nommons. On voit son visage, on entend sa voix.

Il poussa un soupir exaspéré.

— Je ne sais pas à quel point elle est crédible. Enfin… Les avocats de Harvey vont objecter qu'elle se trouvait dans un espace public et puis, rien ne se passe en réalité…

— Mais il reconnaît que quelque chose s'est déjà passé, une chose grave et bien définie.

— On en a déjà parlé. Il essaie de se débarrasser d'elle. Et de toute façon, tu écris, là…

Il lut la partie du script en question.

— … qu'elle a des problèmes de crédibilité.

— Non. On a des sources dans la police et au bureau du procureur qui attestent de sa crédibilité.

— C'est écrit là dans le script validé !

— Noah, je l'ai rédigé. On révèle tout ce qui a été balancé à cette source. Mais le procureur, la police…

— Le procureur n'a pas donné son aval ! Et il va dire que c'est une pute…

— OK, alors on révèle tout et on laisse le public se faire sa propre opinion.

Il secoua la tête, regarda de nouveau la page. Et, comme lors de tous nos échanges sur le sujet, il conclut par :

— Et c'est… Est-ce que cette histoire est vraiment grave de toute façon ?

Pendant que nous discutions, une conversation datant de l'année précédente, à l'époque de la campagne, me revint à l'esprit. J'avais déjeuné avec Oppenheim à la cafétéria de NBC, un jus vert posé sur la table devant moi. Il s'était penché, l'air un peu plus cancanier que d'habitude, et m'avait appris que des employées de NBC News avaient signalé être harcelées par un responsable de campagne de Trump pendant la tournée. Je m'étais alors écrié :

— C'est une histoire énorme !

— On ne peut pas la raconter, avait répondu Oppenheim en haussant les épaules. Ils ne veulent pas en tout cas.

— Oh, eh bien, il doit y avoir un moyen de fournir des preuves sans violer le secret des confidences...

— Non, ça ne va pas se faire, m'avait-il répondu.

Il avait prononcé sa phrase comme pour dire : « C'est la vie », avec la nonchalance et l'assurance que j'admirais à l'époque au point de ne pas réfléchir à son opinion plus générale sur le harcèlement sexuel.

Pendant les années où il rédigea des articles pour le journal étudiant *Harvard Crimson*, Oppenheim s'autoproclama provocateur. Il se faisait passer pour un participant sincère lors des réunions de groupes féministes et rédigeait ensuite des articles explosifs dans lesquels il soutenait que leur discours était bidon. Si les chroniqueurs ne choisissent pas toujours leurs titres, ceux d'Oppenheim – tels que : « Lire les "Notes du clito"[1] » ou « L'absurde du transgenre[2] » – reflétaient avec exactitude leur contenu. Il écrivit : « Il ne fait aucun doute que mes plus fervents adversaires sont les membres de groupes féministes. Le vitriol de leur rhétorique est inégalé. De même, il va sans dire, que leur hypocrisie. Apparemment, il est facile de rendre le patriarcat responsable de tous vos malheurs et de réduire au silence ses adversaires en les accusant de misogynie. En revanche, il est plus difficile de s'interdire le plaisir de faire des cabrioles avec les séduisants rejetons dudit patriarcat. Je n'oublierai jamais la soirée fatidique où j'ai rencontré la dirigeante d'une importante organisation féministe dans le vestibule du Porcellian [un club privé réservé aux hommes]. Visiblement, le dogmatisme politique est valable tant qu'il n'interfère pas avec les projets du samedi soir[3]. »

Après avoir assisté à une réunion au sujet de la fusion de Radcliffe, l'ancienne université pour filles de Harvard, avec la principale section de premier cycle, le jeune Noah Oppenheim écrivit : « Pourquoi les réunions de femmes méritent-elles un espace protégé plus que celles des autres[4] ? » Dans un papier défendant le bon vieux temps des clubs non mixtes à Harvard, il argumenta : « Aux féministes en colère : les institutions non mixtes n'ont rien de mal. Les hommes, tout comme les femmes, ont besoin de se retrouver entre eux. Nous avons besoin d'un endroit où laisser libre cours à nos instincts primaires, pour nous débarrasser du vernis social que nous appliquons afin d'apaiser les sensibilités féminines[5]. » Il ajoutait :

« Les femmes qui se sentent menacées par les environnements de ces clubs [devront] se mettre en quête de pâturages plus cultivés. Cependant, les femmes apprécient visiblement les endroits confinés où elles s'abreuvent d'alcool et où on les convoite. Elles se sentent désirées, pas rabaissées. »

Les années passant, Noah Oppenheim avait mûri. Mais ce jour-là, en 2017, alors que je le regardais se tortiller en baissant les yeux, j'eus le sentiment que sa sensibilité aux critiques concernant le reportage était avérée : le problème n'était pas d'une grande importance, il s'agissait simplement d'une brute de Hollywood, célèbre à SoHo et à Cannes, qui dépassait un peu les bornes. Il me dit :

— Megyn Kelly a enquêté sur les femmes dans le monde de la technologie, et il y avait plein de femmes sur le plateau…

— Si tu veux simplement plus de matière, alors dis-le franchement. On peut en obtenir rapidement.

Il sembla ne pas m'entendre.

— L'intérimaire a le visage caché.

— Elle témoignera à visage découvert. Elle a proposé de le faire si on en avait besoin.

Il déglutit, rit un peu.

— Eh bien, je ne sais pas. Tout dépend de ce qu'elle a à dire.

— On sait ce qu'elle a à dire. Elle a des preuves. Elle a des messages d'un responsable de la société…

— Je ne sais pas si c'est ce qu'on veut, je ne sais pas…

— Et il y a une troisième femme, comme je te l'ai expliqué, qui témoigne d'un viol. Noah, elle est près d'accepter d'apparaître à l'écran. Si tu dis qu'on a besoin de plus, je vais en trouver plus.

— Attends une seconde, je ne sais pas si… On devra voir avec le service juridique, alors.

Il semblait déçu, comme s'il s'attendait à une conversation plus simple. Il pâlissait et transpirait comme quand il avait écouté l'enregistrement.

— C'est le problème, Noah. Chaque fois qu'on essaie d'en obtenir davantage, vous nous repoussez.

Cette remarque le mit en colère.

— Eh bien, rien de tout ça n'a d'importance. On a un bien plus gros problème.

Il posa violemment une feuille imprimée sur le bureau et se recala dans son siège.

Je pris la feuille. C'était la photocopie d'un article du *Los Angeles Times* daté du début des années 90 indiquant que Weinstein acceptait de distribuer les films de Woody Allen.

— Harvey affirme que tu as un énorme conflit d'intérêts.

— « Harvey affirme » ?

Il détourna de nouveau le regard.

— Harvey l'a dit à Rich Greenberg. Moi, je n'ai jamais parlé à Harvey.

— Mais nous le savions déjà. Greenberg, McHugh et moi avons fait des recherches et on a découvert qu'il avait travaillé avec mes deux parents. Il a travaillé avec tout le monde à Hollywood.

— Il a travaillé avec Woody Allen quand c'était un paria ! s'écria-t-il.

— Beaucoup de distributeurs ont travaillé avec lui.

— Ça n'a pas d'importance. Il n'y a pas que ça, c'est… ta sœur a subi des agressions sexuelles. Tu as écrit cet article dans le *Hollywood Reporter* l'année dernière au sujet des agressions sexuelles à Hollywood, et c'est à cause de ça que tu es éclaboussé.

— Où veux-tu en venir ? Quelqu'un dont un membre de la famille a subi des agressions sexuelles ne peut pas s'exprimer sur le sujet des agressions sexuelles ?

Il hocha la tête.

— Non. Ça va directement au cœur de tes… intentions cachées !

— Tu crois que j'ai des intentions cachées, Noah ?

J'avais la même impression que pendant les conversations avec Greenberg. Je devais poser des questions directes, seul moyen de mettre en lumière la différence entre ce qu'il insinuait et ce qu'il disait.

— Bien sûr que non ! s'écria Oppenheim. Mais je te connais. Il ne s'agit pas de ça, il s'agit du message que ça va renvoyer au public :

« Ronan Farrow, qui vient de s'afficher comme… comme militant contre les agressions sexuelles, qui hait son père… »

— Ce n'était pas une lutte, c'était une mission. Une mission que tu m'as confiée !

— Je ne m'en souviens pas. Je ne pense pas que j'aurais fait ça.

— C'est pourtant vrai. Je n'ai pas lancé l'idée et je n'ai pas travaillé seul, d'ailleurs. C'est un projet sur lequel tout ton service d'actualité a travaillé.

Je lui fis de nouveau glisser la feuille.

— On savait qu'il allait essayer de me salir d'une manière ou d'une autre. Si c'est tout ce qu'il a contre moi, franchement, je suis soulagé et tu devrais l'être aussi.

— Je préférerais qu'il trouve une vidéo de toi en train de baiser dans des toilettes publiques ou un truc dans le genre.

L'amitié que nous partagions aurait pu valoir à cette blague que je lève les yeux au ciel et que je rie, mais elle cédait la place à autre chose, une situation où il était juste mon supérieur et le numéro un de la chaîne. J'en étais ennuyé.

Plus tard, Jonathan s'écria :

— C'est complètement dingue ! C'est dingue qu'il t'oppose cet argument. Ce n'est pas sérieux. Ce n'est pas une véritable objection. C'est ignoble.

Tous les journalistes que je consultai ensuite – Auletta, et même Brokaw – me confirmèrent qu'il n'y avait pas de conflit d'intérêts, que l'argument n'était pas pertinent. Ce que décrivait Oppenheim, c'était un journaliste concerné par son sujet, et non pas en conflit avec une personne en particulier. Malgré tout, je lui dis que je serais plus que ravi de divulguer cette histoire.

Oppenheim eut une mimique presque suppliante.

— Je ne dis pas que c'est du vent. C'est un incroyable…

Il chercha comment terminer sa phrase.

— … un incroyable article pour le *NY Mag.* Et tu sais, si tu veux le leur proposer, que Dieu soit avec toi ! Dieu soit avec toi !

Il leva les mains dans un geste de capitulation.

Je le dévisageai un instant comme s'il était fou, puis je lui demandai :

— Noah, ce reportage est mort ou pas ?

Il regarda de nouveau le script. Derrière lui, je voyais l'architecture art déco de l'historique Rockefeller Plaza.

Je pensais à ma sœur. Cinq ans plus tôt, elle avait annoncé à la famille qu'elle voulait relancer ses allégations d'agressions sexuelles par Woody Allen. Nous étions dans le salon de notre maison dans le Connecticut.

— Je ne comprends pas pourquoi tu ne peux pas simplement aller de l'avant, lui dis-je.

— Toi, tu as pu faire ce choix ! cria-t-elle. Pas moi !

— Il nous a fallu à tous des dizaines d'années pour laisser ça vaguement derrière nous. Maintenant, j'essaie de lancer quelque chose de sérieux, quelque chose sur quoi les gens pourraient se concentrer. Et tu veux… Tu veux tout recommencer.

— Il ne s'agit pas de toi. Tu ne comprends pas ?

— Non, il s'agit de toi. Tu es intelligente, tu as du talent, tu as tellement de potentiel.

— Mais je ne peux pas. Parce que ça me poursuit.

Elle se mit à pleurer.

— Tu n'en as pas besoin. Et tu vas gâcher ta vie si tu le fais.

— Va te faire foutre.

— Je te soutiens. Mais il faut que tu arrêtes.

Oppenheim leva les yeux de la feuille.

— Je peux en reparler aux autres. Mais pour le moment, on ne peut pas diffuser ça.

J'entendais Alan Berger : « Traite en priorité ce qui marche. » Je me demandais si j'aurais le courage de dire « OK », de parler d'autre chose, de me concentrer sur l'avenir. Avec le recul, c'est évident. Mais sur le moment, on ne sait pas à quel point un projet va être important. On ne sait pas si on se bat parce qu'on a raison ou pour satisfaire son ego et son désir de victoire et pour éviter de confirmer ce que tout le monde pense : qu'on a tort, qu'on manquait d'expérience et qu'on était dépassé par les événements.

Je tenais ma liste de sujets posée sur mes genoux. Je l'avais tenue si fort qu'elle était froissée et moite. Les mots « le repaire d'un méchant dans *James Bond* » me sautaient au visage. Juste au-dessus de mon champ de vision, l'aurore étincelait.

Oppenheim me scrutait. Il me dit qu'on ne pouvait pas continuer sous l'égide de NBC News.

— Je ne peux pas permettre que tu consultes d'autres sources.

Je pensai à McGowan sous les projecteurs de la télé en train de dire : « J'espère qu'ils seront courageux aussi » ; à Nestor, se demandant : « C'est comme ça que marche le monde ? » ; à Gutierrez, écoutant Weinstein dire : « Je fais ça souvent » ; à Annabella Sciorra me disant : « Je suis désolée. »

Je lançai un regard sévère à Oppenheim.

— Non.

Il avait l'air fâché.

— Pardon ?

Je répétai :

— Non. Je ne vais pas... faire ça. Je ne vais pas cesser les contacts avec mes sources. Beaucoup de femmes ont risqué beaucoup pour que l'histoire sorte et elles risquent encore beaucoup...

— C'est le problème, dit-il en haussant le ton. Ça te tient trop à cœur.

Je me demandais si c'était vrai. Auletta m'avait avoué avoir fait une « fixation » sur son enquête. Je supposais que moi aussi. Mais est-ce que j'avais en plus grillé mes sources ? Et j'étais sceptique, prêt à suivre les faits où qu'ils mènent. Et j'avais hâte d'entendre ce que Weinstein avait à dire, ce qu'on ne m'avait pas autorisé à faire.

— OK. Et alors ? Je prends ça à cœur. Ça me tient à cœur. Nous avons des preuves, Noah. Et s'il y a une chance que ça sorte au grand jour avant que la même chose n'arrive à quelqu'un d'autre, alors je ne peux pas arrêter.

Je voulais que mes propos soient virils, je voulais paraître sûr de moi, mais je sentais ma voix se briser.

— Si tu me demandes de faire mes cartons, poursuivis-je, c'est ton entreprise d'information, c'est toi qui décides. Mais il faut que tu me le dises clairement.

— Je ne te demande pas de faire tes cartons.

Pourtant, il détournait de nouveau le regard. Il y eut un long silence, puis il m'adressa un faible sourire.

— On s'est bien amusés. Maintenant, on pourrait revenir aux eaux polluées en Californie, non ?

— Oui. J'imagine.

Je me levai et le remerciai.

Je sortis de son bureau, pris l'ascenseur, passai devant la représentation en chrome de l'emblème de NBC – un paon qui disait : « NBC est en couleurs maintenant. Vous pouvez la regarder en couleurs. N'est-ce pas incroyable ? » Et ça l'était. Ça l'était vraiment. Je traversai les box de la salle de rédaction de « Today », puis montai l'escalier jusqu'au troisième étage avec un goût aigre dans la bouche et des parenthèses rouges sur la paume de mes mains à l'endroit où mes ongles s'étaient enfoncés dans la peau.

PARTIE III
ARMÉE D'ESPIONS

CHAPITRE 29

FAKAKTA

Oppenheim m'avait dit : « Que Dieu soit avec toi ! » Pour présenter un article au *New York Magazine*, curieusement. (Il n'y avait que dans le milieu journalistique de Manhattan que le paradis désignait un bihebdomadaire grand public.) Mais comment avoir Dieu avec soi quand les interviews étaient enfermées sur des serveurs de NBC ? Je fis signe à McHugh de me rejoindre dans un bureau vide pour lui raconter ce qui venait de se passer avec Oppenheim.

— C'est pour ça que ce type continue de s'en sortir, dit-il. Ils ont trouvé l'argument de la dispute avec les avocats de Weinstein, sans nous le dire, et ont attendu de nous asséner le coup de grâce. Ils essayaient de nous pousser à boucler notre reportage. C'est pour ça que personne ne s'intéresse beaucoup à cette récente victime avec laquelle on communique.

Je le regardai, hochai la tête. C'était donc la fin.

— C'est des conneries, ajouta-t-il. Ce qui vient de se passer ici, dans cette entreprise. Ce sujet est important.

— Tout le reportage est important, dis-je avec lassitude. Ils détiennent tout.

Il me fixa avec un regard intense.

— Suis-moi.

Une fois de retour à nos boxes, McHugh jeta un coup d'œil autour de nous, puis se pencha pour ouvrir un tiroir. Il fouilla dans un fatras de matériel audiovisuel d'où il sortit un disque dur argenté.

— Disons que tu aurais les interviews.

Il fit glisser sur le bureau un disque dur USB portant les mots « Poison Valley » écrits au marqueur noir dans un coin.

— Rich..., commençai-je.

Il haussa les épaules.

— Sauvegarde.

Je ris.

— Ils vont te virer, lui dis-je.

— Soyons honnêtes, ni toi ni moi n'allons avoir de boulot après ça.

Je m'approchai de lui comme si j'allais le prendre dans mes bras et il m'écarta d'un geste de la main.

— C'est bon, ça va. Mais ne les laisse pas enterrer ça.

Quelques minutes plus tard, je me rendis à la banque. Je ne voulais pas laisser Oppenheim revenir sur sa suggestion d'aller proposer mon reportage ailleurs. Mais qui appeler ? En consultant mon téléphone, je vis l'e-mail qu'Auletta m'avait envoyé la veille. S'il y avait bien un organe de presse qui savait ce que c'était que de se dresser contre Weinstein, c'était le *New Yorker*. Je composai le numéro d'Auletta.

— Ils ne le diffusent pas ? Avec ce que vous avez ? Avec l'enregistrement ? C'est ridicule.

Il ajouta qu'il passerait des coups de fil et me recontacterait.

J'essayais de joindre Jonathan depuis le rendez-vous avec Oppenheim.

Je lui écrivis :

« Appelle-moi. »

Puis, mesquinement :

« Je suis en train de vivre le truc le plus énorme de ma vie et tu n'as pas été là pour moi. Je prends des décisions cruciales et je les prends sans toi, et ça craint. Je me démène pour toi, mais toi, tu n'en fais pas autant. »

Quand il finit par m'appeler, il était fâché.

— Je ne peux pas quitter des réunions à cause de cette avalanche de textos que tu m'envoies, c'est ridicule.

— J'ai beaucoup de choses à régler. Et j'ai l'impression de le faire seul.

— Tu n'es pas seul.

— Alors viens.

— Tu sais que je ne peux pas. On monte une boîte, ce que tu réalises à peine…

— Il se passe des choses bizarres autour de moi. J'ai l'impression de devenir fou.

On raccrocha, tous les deux en colère. À ce moment-là, je descendais au sous-sol vers la salle des coffres. Je plaçai le disque dur dans le coffre-fort de la banque, puis je le regardai retourner à sa place dans un bruit de crissement d'ongles sur un tableau noir.

Le lendemain, Auletta me mit en contact avec David Remnick, le rédacteur en chef du *New Yorker*. Remnick et moi convînmes d'un horaire pour un entretien la semaine suivante. Il m'écrivit : « C'est un problème que nous connaissons bien[1]. »

Au 30 Rock, l'angoisse devenait palpable dans la salle de rédaction. Greenberg semblait tendu. McHugh l'accula et lui exprima son incrédulité au sujet du conflit d'intérêts. Il lui rappela que nous avions vérifié les liens entre Weinstein et ma famille dans l'industrie et déterminé qu'il n'y en avait aucun. Greenberg lui répondit vaguement qu'ils trouveraient comment avancer.

— Alors NBC ne va pas enterrer le reportage ? lui demanda McHugh.

— Écoute, je ne vais pas discuter de ça, répondit Greenberg.

— Je ne discute pas. Mais sache que je ne suis pas d'accord.

Quand je vis Greenberg, j'avais moi aussi des questions.

— Ce truc du conflit d'intérêts. Noah a dit que Harvey t'en avait parlé.

Il prit le temps de dissimuler son air paniqué pour paraître sincèrement perplexe.

— Je n'ai jamais parlé de ça avec Harvey, répliqua-t-il.

En début d'après-midi, Oppenheim m'envoya un texto pour me proposer un rendez-vous. Quand j'entrai dans son bureau, il me lança :

— J'ai passé la journée à en parler.

Il semblait ne pas avoir dormi.

— Nous pensons tous qu'il y a un potentiel…

De toute évidence, à cause de mon air optimiste, il poursuivit :

— Un potentiel moyen de résoudre le problème.

Celui ou ceux qui avaient décidé que ce reportage ne pouvait pas être diffusé venaient visiblement de se rendre compte qu'il ne pouvait pas ne pas l'être non plus. Du moins pas de la manière dont Oppenheim avait clos le sujet la veille.

— Nous allons recourir au producteur le plus expérimenté de l'entreprise, une personne de « Dateline » qui travaille ici depuis vingt ou trente ans, et lui demander de revenir sur toute votre enquête, de tout mettre à plat.

— Qui ?

— Corvo va superviser. Il est irréprochable. Il va choisir quelqu'un.

Corvo, le vétéran de « Dateline », un employé dévoué, mais à ce que j'en savais, un homme de principe.

— Si ça vient d'une véritable volonté de le diffuser, alors j'apprécie. Auscultez-le à fond. Le reportage tient.

— Il ne s'agit pas que de vérifier. Pour moi, l'enregistrement de Harvey Weinstein qui pelote les seins d'une femme il y a deux ans, ce n'est pas une nouvelle nationale.

J'allai répliquer, mais il leva la main pour m'en dissuader.

— Mais c'est une nouvelle quelque part. Écris-le pour le *Hollywood Reporter*, là, ce sera une nouvelle. Pour « Today », un producteur de films qui pelote une femme, c'est super, mais ce n'est pas de l'actualité.

Il ajouta qu'ils en voulaient davantage. Je répondis que ça m'allait très bien aussi. Je pouvais accepter la proposition de Gutierrez, filmer Canosa et refilmer Nestor.

— Non, non, non. On prend ce producteur pour déjà examiner ça de près. Tous ceux auxquels on a pensé sont en vacances jusqu'à lundi. Attendons jusque-là.

— Noah, si tu en veux plus, il faut que je puisse agir.

— Je sais, je sais. Je dis juste : attends lundi.

— C'est *fakakt*, me dit McHugh.

— Rich, arrête avec le yiddish, c'est *fakakta*.

— Ça remet en question ma crédibilité, salement…

— Non, pas du tout.

— Et ça, alors ? Un producteur de confiance a fait examiner tous les éléments. Je suis là depuis le début…

Une jeune productrice de « Today » ouvrit la porte.

— Oh, désolée ! dit-elle gaiement.

Nous nous trouvions au service du courrier près de l'open space de « Today ». Ailleurs, tout était occupé. Elle se mit à trier le courrier et à farfouiller dans des formulaires FedEx.

Nous restâmes un moment sans rien dire, gênés. Je parvins à lui demander :

— Alors, ça va ?

— Oui. Super. Mais c'est dommage que l'été soit fini.

— C'est sûr.

Quand la porte se referma derrière elle, je me tournai vers McHugh.

— Rich, je ne vais pas les laisser te mettre à la porte.

— Mais c'est « ça » qui me met à la porte, dit McHugh à voix basse. C'est quoi leur idée exactement ?

— En gros, ils font appel à une sorte de procureur et s'ils veulent stopper le projet, bien sûr, ils peuvent, mais il était très prometteur.

Rich me considéra comme si j'étais fou.

— Ils ont dit non, puis ils se sont rendu compte que c'est un scandale de relations publiques. Et maintenant ils vont jouer à qui perd gagne avec nous jusqu'à plus soif et on sera encore en train de mettre le sujet sur le tapis en mars. En gros, ils vont continuer leur : « Il nous faut plus, il nous faut plus. » Ils ne vont pas nous dire : « C'est bon, allez-y. »

— Désolée ! lança de nouveau la jeune productrice d'une voix guillerette.

Le plus discrètement possible, elle alla chercher un document qu'elle avait oublié.

J'eus un petit sourire tendu, puis je demandai à McHugh :

— Ça sent un peu le complot, ton truc. Peut-être qu'ils vont le diffuser.

— Bref, c'est un vrai problème que le président de NBC News s'entretienne directement avec Harvey et nous affirme le contraire.

Il était fâché.

— Qu'est-ce que tu comptes faire pour le rendez-vous avec Remnick la semaine prochaine ? me demanda-t-il.

— Je le maintiens et on garde cette option sous le coude. Ou éventuellement on propose de le faire pour les deux. Je ne sais pas.

— Sois prudent. Parce que supposons que ça sorte dans une autre publication, et que ça donne une mauvaise image de NBC… Ils pourraient facilement s'en prendre à nous…

— Salut ! dit l'une des trois stagiaires qui venaient d'entrer. Faites comme si on n'était pas là.

Malgré le scepticisme de McHugh, en quittant Rockefeller Plaza, j'avais retrouvé le moral. Je traversai Times Square sous ses néons éblouissants, animé d'un optimisme tout nouveau. Jonathan, au téléphone depuis Los Angeles, m'avait dit : « Mieux vaut tenir NBC que voir venir d'autres médias. Noah est dépassé par la situation, il n'est pas malveillant. »

Mon sentiment que les obstacles du mois passé n'avaient été qu'un rêve fébrile éphémère fut renforcé quand Thomas McFadden, de la sécurité de NBC, me recontacta. Il avait du nouveau. On avait trouvé d'où venait au moins un des messages de menaces. Il s'avérait que j'étais vraiment harcelé par un type atteint de troubles psychiques. Pas de grande conspiration, personne qui m'espionnait devant mon appartement.

L'humeur de Harvey Weinstein changeait aussi. Dans les conversations avec son entourage, il était de nouveau passé de la joie d'apprendre que ses contacts à NBC avaient promis d'enterrer le reportage à l'inquiétude qu'il soit encore d'actualité. Weinstein demanda à Boies – dont il savait qu'il était un ami de Lack – s'il pouvait passer un coup de fil au dirigeant de la chaîne.

Boies ne put que répondre : « Je peux appeler Andy et voir s'il voudra bien me le dire. »

D'autres sources m'apprenaient qu'elles recevaient des appels perturbants de Weinstein ou de ses associés. Katrina Wolfe, filmée à visage découvert pour révéler qu'elle avait été témoin du processus d'accord à Londres, me dit nerveusement qu'elle avait reçu un coup de fil d'une productrice de Weinstein du nom de Denise Doyle Chambers. Elle lui avait déclaré qu'une autre productrice, Pam Lubell, et elle travaillaient de nouveau pour Weinstein. Elles effectuaient des recherches pour un livre « amusant sur le bon vieux temps, l'âge d'or de Miramax ». Weinstein les avait chargées de dresser la liste de tous les employés qu'elles connaissaient puis de les contacter. Plus tard, on se demanderait à quel point ces deux femmes avaient cru à cette histoire. Quoi qu'il en soit, Lubell semblait convaincue : elle rédigea même une proposition de livre. Sur sa couverture, on voyait une photo en noir et blanc de Bob et Harvey Weinstein souriants. Le titre reprenait les paroles de Mary Hopkin, « Those Were The Days » : *Miramax : those were the days my friend, We thought they'd never end.* (C'était le bon vieux temps, mon ami, nous croyions qu'il n'aurait pas de fin).

Mais le prétexte, usé jusqu'à la corde, s'effilocha vite. Au début du mois d'août, Weinstein rappela Doyle Chambers et Lubell. « Vous savez quoi, on va mettre le livre en stand-by. » Il leur demanda d'appeler certains de leurs amis figurant sur la liste pour déterminer si la presse les avait contactés.

Au téléphone avec Wolfe, Doyle Chambers ne discuta pas beaucoup du bon vieux temps avant d'en venir au fait. Weinstein désirait savoir si Wolfe avait eu des nouvelles des journalistes, de moi en particulier. Et il voulait des copies des e-mails qu'elle recevait ou envoyait. Wolfe, secouée, envoya mes messages à Doyle Chambers et nia y avoir jamais répondu.

Et ça ne s'arrêtait pas là. À la liste de noms que Doyle Chambers et Lubell avaient établie s'en ajoutait une plus longue. Elle comprenait peu de grands noms liés aux jours de gloire mais beaucoup de ceux de femmes avec qui Weinstein avait travaillé. Certains noms étaient même surlignés en rouge pour indiquer l'urgence de la situation. Doyle Chambers et Lubell mettaient leur liste à jour sans savoir qu'elle était envoyée aux bureaux de Black Cube à Tel-Aviv et à Londres, puis à des agents tout autour du globe qui les utilisaient pour les recherches sollicitées par Weinstein.

Au même moment, John Ksar, un agent avec qui j'avais travaillé à l'agence de Harry Walker, répondait aux questions d'une société de gestion de fonds basée à Londres. Sa représentante, Diana Filip, lui expliqua qu'elle organisait un gala en faveur de la représentation des femmes dans le monde du travail. Elle cherchait un reporter qui connaissait bien le sujet pour prononcer une allocution, voire plusieurs.

Ksar, dans le métier depuis longtemps, était au fait des tentatives de pêche aux informations. Mais Filip avait préparé toutes ses réponses. Elle fournissait tous les détails, y compris les noms des investisseurs qui seraient présents. Elle déclara que sa société finalisait encore la décision. Ils devaient me rencontrer d'abord. Dans un e-mail, elle écrivit : « Je souhaiterais que ce rendez-vous ait lieu dans les semaines à venir. Il se trouve que je prévois de venir à NY la semaine prochaine. Si M. Farrow est disponible, ce pourrait être une bonne opportunité[2]. » Ce fut le premier d'une série de messages disant qu'un rendez-vous devait avoir lieu dans les meilleurs délais ; finalement, voyant que ça traînait, elle se contenta d'un coup de fil. Pendant plus d'un mois, les e-mails de Diana Filip s'enchaînèrent. Ksar supposa qu'elle était vraiment très intéressée par le journalisme d'investigation.

CHAPITRE 30

BOUTEILLE

À l'aube, après mon dernier entretien avec Oppenheim, les détectives privés se postèrent devant la porte de mon immeuble. Khaykin était déjà arrivé quand Ostrovskiy sortit du *bagel store* du coin de la rue. Ostrovskiy lui avait demandé par texto :

« Tu veux un truc ? »

Khaykin avait répondu :

« Non mec, merci. »

Quelques minutes plus tard, ils se mettaient en position dans la rue.

Aussitôt après l'entrevue avec Oppenheim, j'avais envoyé un e-mail à David Corvo et nous avions convenu de nous voir. J'enfilai une chemise blanche à col boutonné, fourrai mes notes dans un sac, puis sortis de chez moi.

Juste après 8 h 30, les détectives repérèrent un jeune homme aux cheveux blonds vêtu d'une chemise blanche et portant une besace. Ils l'observèrent avec attention. La veille, on leur avait remis des photos de moi. Ils avaient également entrepris des recherches dans des bases de données. Une grande partie du travail de surveillance consiste en conjectures, mais elles semblaient vraiment être leur marque de fabrique. Ostrovskiy, qui conduisait, tourna à l'angle de la rue juste après la cible en filmant à l'aide d'un caméscope Panasonic. Il envoya un texto :

« Je me dirige vers le 30 Rock. »

Khaykin, lui, donnait la chasse à pied. Il descendit dans le métro à la station Columbus Circle, puis prit une rame vers le centre-ville.

Les longues journées de planque laissaient peu de temps aux détectives privés pour aller aux toilettes. Plus tard, ce jour-là, Ostrovskiy envoya un texto depuis la voiture où il attendait la prochaine sortie de leur cible.

« T'es loin ? J'ai besoin de me servir d'une bouteille. Si t'es dans le coin, je peux attendre. »

Khaykin n'était pas dans le coin. Ostrovskiy regarda la bouteille de la boisson qu'il avait finie plus tôt et se résigna à l'utiliser. Il envoya ensuite un nouveau texto à son patron :

« OK. C'est bon maintenant. »

Quand j'atteignis Rockefeller Plaza, j'avais transpiré dans ma chemise blanche. Corvo, dans son bureau proche de ceux du reste de l'équipe de « Dateline », me sourit.

— Comment ça va ? me demanda-t-il.

— Si j'ai bien compris, nous allons travailler ensemble.

— Oh, ça. On ne m'a donné que les grandes lignes.

Je lui fis un bref récapitulatif : l'enregistrement ; les nombreuses allégations à l'encontre de Harvey Weinstein demeurées dans le script après l'examen du service juridique ; la détermination inébranlable de Gutierrez d'être nommée et de piloter l'histoire ; la proposition de Nestor d'apparaître à visage découvert pour remplacer McGowan. Pendant que je lui livrais la liste, il hochait aimablement la tête. Il me dit ensuite en souriant : « Ça a l'air convaincant. »

Par le passé, Corvo avait déjà traité de difficiles histoires d'agression sexuelle. En 1999, pendant la période où Andy Lack avait exercé chez NBC, il avait supervisé l'interview, diffusée sur cette chaîne, de Juanita Broaddrick qui accusait Bill Clinton de l'avoir violée vingt et un ans plus tôt. La chaîne avait réexaminé l'interview pendant un peu plus d'un mois après son enregistrement, ne la diffusant qu'après que Broaddrick, contrariée, eut proposé l'histoire au *Wall Street Journal*, au *Washington Post* et au *New York Times*. Plus tard, en faisant référence à la journaliste du *Wall Street Journal* qui finit par publier l'affaire[1], elle dirait : « Si Dorothy Rabinowitz ne m'avait pas interviewée, je pense que NBC n'aurait jamais passé l'interview. »

J'ignorais que Corvo avait aussi une expérience personnelle de harcèlement sexuel. En 2017, il avait fait une fixation sur une employée et lui avait envoyé des messages lubriques.

« Afin d'éviter tout malentendu, nous devons établir une “règle de base” très claire : quand tu vas à la piscine, tu dois me le faire savoir. Même un coup d'œil de loin me fera plaisir. » Par un jour de forte chaleur, il lui écrivit : « J'adore le beau temps, mais tu vas à la fête de l'école habillée comme ça ? »[2] À maintes reprises, il inventa des raisons de se retrouver seul avec elle. Elle finit par se plaindre à la direction. Elle fut promue à un nouveau poste et resta ensuite dans l'entreprise de nombreuses années. L'ascension de Corvo au sein de la chaîne continua sans interruption.

Je quittai le rendez-vous avec Corvo rassuré. Le lendemain, à mon insu, NBC finalisa une rupture conventionnelle du contrat de travail de presque un million de dollars avec l'accusatrice de Corvo. Quand le *Daily Beast* relata plus tard les allégations, la chaîne déclara que l'indemnité n'était que pure coïncidence, sans lien avec la plainte. L'accord lui interdisait de parler de sa période de travail chez NBC en termes péjoratifs.

Quelques jours plus tard, les détectives privés étaient de nouveau en planque dans l'Upper West Side. Cette fois, Ostrovskiy était de service. Il envoya un texto à son patron :

« Pour l'instant, je ne l'ai pas vu. »

Puis il repéra le jeune homme aux cheveux blonds. Il sortit de sa voiture et le suivit à pied. Il s'approcha très près. Il fronça alors les sourcils et composa un numéro sur son téléphone.

Dans mon appartement à l'étage, je répondis :

— Allô ?

J'entendis une brève exclamation en russe avant que ça raccroche. Le voisin à qui je ressemblais passa gaiement devant Ostrovskiy sans se rendre compte de rien. Il ne venait assurément pas de répondre à un coup de fil.

Ostrovskiy écrivit à Khaykin :

« On dirait que rien ne marche. Je retourne devant le domicile. »

Il chercha de meilleures photos de moi sur Google. Il joignit ensuite un cliché de moi et ma sœur Dylan, âgés d'environ quatre et six ans, dans les bras de nos parents.

« Trouvé une bonne image de carte d'identité.

Avec celle-là, on devrait être bons »

« Lol », répondit Khaykin.

Plus tard, comme pour s'assurer qu'Ostrovskiy plaisantait, il lui envoya une copie d'écran d'un dossier au titre en Times New Roman indiquant ma date de naissance.

Les bureaux du *New Yorker* entouraient le trente-septième étage du One World Trade Center, un ouroboros d'actualités, de commentaires savants et de fourre-tout. Ils étaient lumineux, spacieux et modernes. Mon rendez-vous avec David Remnick était prévu pour midi. Quand j'entrai, mon téléphone émit un scherzo de notifications. Je venais de recevoir une série de nouveaux textos-spams, me demandant cette fois d'accepter ou non de participer à une espèce de sondage politique. Je les supprimai pendant qu'un assistant me faisait entrer dans la petite salle de conférences contiguë au bureau de Remnick.

Même à cent ans, David Remnick serait encore qualifié de jeune prodige. Il avait commencé comme journaliste sportif et chroniqueur judiciaire pour le *Washington Post* avant de devenir le correspondant du journal à Moscou, ce qui lui avait valu à la trentaine d'être acclamé par la critique pour un ouvrage et de recevoir le prix Pulitzer. Cet été-là, il frôlait la soixantaine. Quelques cheveux blancs se mêlaient à ses boucles brunes, mais il y avait encore quelque chose de juvénile chez lui. Quand sa femme me dit plus tard qu'il était grand, je fus surpris. C'était un des rares hommes de sa stature, physique et professionnelle, qui ne vous donnait pas la sensation d'être tout petit. Il était assis, en jean et veste, dans un des sièges de bureau installés autour de la table de conférence. Il avait l'air détendu, mais curieux.

Il était accompagné d'une jeune rédactrice en chef, Deirdre Foley-Mendelssohn, qui avait rejoint le magazine plus tôt dans l'année après une période chez *Harper's* et *Paris Review*. Elle était mince, silencieuse et passionnée. La veille au soir, Remnick était allé dans son bureau et lui avait suggéré de revoir le profil de Weinstein établi par Auletta. Elle avait fait davantage, elle avait beaucoup lu.

Pendant que j'exposais les grandes lignes du reportage, je voyais que Remnick réfléchissait intensément.

— Et vous pensez pouvoir en obtenir davantage ? me demanda-t-il.

— Je sais que je peux, lui répondis-je.

Je lui parlai ensuite des pistes dont NBC essayait de différer l'exploitation.

Il me demanda s'il pouvait écouter l'enregistrement et, pour la deuxième fois de l'été, je me retrouvai face à un membre de la direction d'un organe de presse à poser mon téléphone sur la table et à appuyer sur « play ».

Remnick et Foley-Mendelssohn écoutèrent. Leur réaction fut l'antithèse de celle d'Oppenheim. À la fin de l'enregistrement, il y eut un silence de sidération. Finalement, Foley-Mendelssohn s'exprima.

— Ce n'est pas simplement qu'il avoue sa conduite. C'est le ton qu'il emploie, le fait qu'il ne comprend pas quand on lui dit non.

— Et NBC vous laisse partir avec ça ? demanda Remnick. Qui en particulier ? Oppenheim ?

— En effet, c'est lui.

— Et il est scénariste, dites-vous ?

— Il a écrit *Jackie*.

— Ça, lâcha Remnick en pesant ses mots, c'est un mauvais film.

Ce matin-là, Ostrovskiy et un collègue avaient fait un dernier arrêt infructueux devant l'immeuble du *New York Times*. Ensuite, Khaykin avait appelé pour transmettre de nouvelles instructions me concernant : « Tracez ce téléphone. » Ostrovskiy repensa à Khaykin en train de se vanter l'automne précédent d'être capable de faire ce genre de chose.

Peu après midi, il commença à envoyer des captures d'écran de cartes avec des épingles indiquant la latitude, la longitude et l'altitude d'une cible en mouvement. Peut-être Khaykin avait-il dit la vérité après tout : les endroits indiqués correspondaient exactement à l'itinéraire que j'avais emprunté pour me rendre au rendez-vous avec Remnick.

Je fis preuve de franchise avec les éditeurs du *New Yorker* sur tous les aspects du reportage, dont mes espoirs de lui voir un avenir chez NBC. « Je ne sais honnêtement pas ce qui se passe là-bas. Mais j'y travaille et s'il y a une chance que ce dernier examen soit sincère, je dois tenter le coup. Je le dois à mon producteur. »

Remnick me fit bien comprendre que si NBC enterrait encore l'histoire ou n'entendait pas diffuser sa première version, il était intéressé. Bien entendu, il resterait des recherches à entreprendre. Plus j'accumulais de preuves, mieux c'était. Remnick savait d'expérience que Weinstein et son équipe de juristes seraient prêts à se battre. Mais pour la première fois de l'été, un organisme de presse m'encourageait activement. Remnick me demanda de tenir Foley-Mendelssohn informée à mesure que les éléments les plus importants, dont l'interview devant la caméra que Canosa envisageait, se mettaient en place.

— Je ne vous demande pas de me promettre quoi que ce soit pour l'instant, lui dis-je, mais je pense qu'il y a assez de matériau pour publier quelque chose de conséquent.

Il hocha la tête.

— Je pense que c'est possible.

Après l'entretien, il retourna dans son bureau. Je saluai Foley-Mendelssohn. Elle me dit : « S'ils ne vous laissent pas continuer pour une raison ou pour une autre, appelez-nous. »

Quand je retournai dans le hall, environ deux cents messages envahirent mon téléphone. Identiques, l'un après l'autre : « (Sondage) Est-ce que Trump doit être mis en accusation ? Répondez pour voter. Pour vous désinscrire de notre liste… » Chacun venait d'un numéro différent. Je me mis à effacer les textos, puis abandonnai et répondis pour me désinscrire, ce qui ne sembla pas avoir d'effet.

Après avoir reçu les cartes, Ostrovskiy écrivit à Khaykin :

« C'est la zone autour du World Trade Center. J'y vais. »

Puis :

« Immeuble à cette adresse ? Ou il est peut-être dehors ? »

Khaykin répondit :

« Pas de données. »

« OK, je vais regarder. »

Parmi la rafale de textos de sondages, je reçus un message de McHugh qui me demandait une heure probable d'arrivée. Je devais retourner à NBC. Je me dirigeai vers le métro, puis changeai d'avis. Je ressentais une étrange anxiété depuis le jour où je m'étais demandé si j'étais suivi. Je retournai dans la rue pour héler un taxi. En regagnant les quartiers résidentiels, je croisai les détectives privés sans le savoir.

Peu après, McHugh et moi nous trouvions avec les deux productrices que Corvo avait chargées de travailler sur l'examen du reportage. Toutes les deux semblaient sincèrement intéressées, mais il était clair que son sort serait décidé par de plus hautes instances. Le rendez-vous fut bref : l'une et l'autre étaient en plein tournage pour « Dateline ». McHugh et moi leur présentâmes le matériau de reportage que nous pouvions imprimer rapidement, en expliquant bien qu'il y en avait plus, notamment les éléments sensibles conservés dans le coffre à la banque. Elles ne demandèrent pas à écouter l'enregistrement. Et, de fait, ne le demandèrent jamais.

Après le rendez-vous, McHugh avait raté l'appel d'un numéro qu'il ne reconnut pas. C'était Lanny Davis, l'avocat et responsable des relations publiques.

Davis lui avait laissé un message : « J'ai entendu dire que vous enquêtez avec Ronan Farrow sur Harvey. C'est vrai ? Ce reportage est encore en cours ? Quand prévoyez-vous de le diffuser ? »

McHugh lui répondit qu'il ne pouvait pas s'exprimer sur les reportages en cours. Davis l'informa qu'il était en vacances et lui dicta son numéro de portable. « J'ai travaillé avec les Clinton pendant de nombreuses années et je travaille à présent avec Harvey. Et je suis là pour aider. » McHugh raccrocha vite et sembla un peu décontenancé pendant le reste de l'après-midi.

Ce soir-là, je réservai un vol pour Los Angeles. J'espérais pouvoir enfin persuader Canosa d'apparaître à visage découvert. Nestor avait elle aussi accepté que nous nous voyions pour planifier une éventuelle interview à visage découvert.

J'entrais dans le terminal des départs de JFK quand Canosa m'appela. Elle semblait nerveuse.

— Il m'a téléphoné.

Visiblement, Weinstein restait proche d'elle et lui disait à quel point il appréciait sa loyauté.

— Si vous avez le sentiment de ne pas pouvoir le faire…

— Non, répondit-elle fermement.

Son visage serait caché, mais elle le ferait.

Nous convînmes d'un horaire pour nous voir.

La raison la plus récente qu'avait offerte Oppenheim pour arrêter le reportage – en attendant que Corvo le confie à un producteur – avait fait long feu. McHugh et moi informâmes NBC que nous continuions les interviews.

Après le coup raté du World Trade Center, les détectives privés traînèrent dans le quartier. Khaykin fumait cigarette sur cigarette, jetant des coups d'œil à son téléphone dans l'attente de nouvelles données GPS qui ne vinrent jamais. Ce soir-là, Ostrovskiy surveilla mon appartement, sans succès. Il envoya un texto à son patron :

« Ne t'inquiète pas pour le retard sur Ronan. Sérieusement, je comprends la situation et je ne m'attendais pas à être payé avant de l'avoir trouvé. »

CHAPITRE 31

SYZYGIE

Harvey Weinstein était également frustré par l'absence de nouvelles. Comme promis, David Boies appela Andy Lack pour savoir si l'enquête était toujours en cours.

Lack se montra rassurant et aimable. Il éluda la question des allégations, comme il l'avait fait plus tôt quand Weinstein avait sous-entendu que coucher avec ses employées était une pratique courante. Quand il était producteur exécutif de « West 57th », Lack, alors marié, avait eu des aventures avec des employées subalternes et des comédiennes. Jane Wallace, collaboratrice de cette émission, confia qu'il s'était montré « très insistant » envers elle. Quand elle avait été embauchée, il l'avait invitée à dîner « tous les jours pendant un mois » sous prétexte de fêter son contrat. « Quand ton patron te dit ça, qu'est-ce que tu peux répondre ? me confia-t-elle plus tard. Tout le monde sait que si tu réponds non, tu auras des ennuis. » Elle ajouta : « En fin de compte, c'était assez banal, mais il ne m'a pas seulement draguée. Il m'a travaillée au corps. » Leur liaison finit par mal tourner. Lack devint instable, dit-elle. Quand elle claqua la porte de l'émission, il lui cria : « Ton nom ne sera jamais cité au générique ! » À la suite de cela, il déploya une stratégie dont le public n'avait pas conscience à l'époque : la chaîne lui offrit une somme substantielle pour qu'elle signe un accord de confidentialité[1]. Wallace accepta. « C'est seulement une fois partie que j'ai pris la mesure de la chose. Je me suis rendu compte à quel point j'étais dégoûtée. Le pire, c'est que si tout ça ne s'était pas passé, je n'aurais jamais quitté l'émission. J'adorais ce job. »

D'anciens collaborateurs de Lack évoquent une autre employée avec qui il avait entretenu une relation : Jennifer Laird. Quand elle avait mis un terme à leur liaison, Lack avait pris des mesures qu'ils qualifient de punitives. Quand Laird demanda à changer de poste, il refusa. Il la força à travailler plus longtemps, notamment le week-end, et à annuler ses vacances. Lack, par le biais d'un porte-parole, nia toute mesure de représailles envers son employée. Cette dernière confirma qu'ils avaient entretenu une liaison et expliqua que les conséquences avaient été « extrêmement désagréables ». Elle ajouta : « Ce n'est pas pour rien qu'il ne faut jamais sortir avec son patron. » La réputation de Lack l'avait précédé dans son dernier poste chez NBC. Quand l'un des directeurs avait appris que Steve Burke comptait réintégrer Lack, il protesta : « C'est à cause de lui que vous avez tous ces problèmes aujourd'hui ! »

Ce jour-là, quand Boies lui téléphona, Lack se montra plus bavard au sujet de l'enquête pour NBC. « On a prévenu Harvey qu'on ne diffuserait rien là-dessus. Si on change d'avis, on l'avertira. »

Alors que je reprenais l'avion direction Los Angeles après la réunion au *New Yorker*, Rich Greenberg appela McHugh, hors de lui. Il rapporta qu'Oppenheim lui avait demandé de « mettre l'affaire en suspens ».

— Ça signifie que je ne peux pas continuer à enquêter ? demanda McHugh.

— Ça vient d'en haut. C'est un ordre.

Le lendemain matin, Greenberg m'appela pour me répéter la même chose.

— Noah a été très clair. On ne peut pas filmer l'interview. On met tout en pause.

J'étais chez Jonathan dans West Hollywood. Il s'avança vers moi, bouche bée.

— Si je comprends bien, tu m'ordonnes d'arrêter mon travail, dis-je à Greenberg.

Il y eut un long silence.

— On met tout en pause, répéta-t-il.

— L'interview est programmée. Tu me demandes de l'annuler. Comment tu peux appeler ça une pause ? Est-ce qu'on sait combien de temps va durer cette pause ?

— Ronan, me répéta-t-il un peu énervé. Tu dois tout arrêter.

— Pour combien de temps ? Et pourquoi NBC News nous demande ça ?

Il parut décontenancé.

— Je... Il... Les avocats de Harvey ont expliqué que tous les employés sont soumis à une clause de confidentialité. Et on ne peut pas les inciter à enfreindre leur contrat.

— Rich, ce n'est pas comme ça que ça fonctionne. Le fait de mener cette interview ne va pas...

— C'est la décision de Noah. Je comprends qu'elle ne te plaise pas, mais je crois que ni toi ni moi ne sommes en mesure de la contester.

Je faisais les cent pas dans l'appartement en discutant de l'affaire avec Jonathan. La proposition d'Oppenheim de s'adresser à un autre média me paraissait risquée.

— Il sait bien que si quelqu'un d'autre publie cette histoire, ce sera un scandale, non ? me fit remarquer Jonathan.

Je voulais continuer à enquêter coûte que coûte. Mais ce faisant, je risquais de provoquer une réaction ouvertement hostile et la chaîne pouvait décider de me retirer tous les éléments.

Jonathan me suggéra quoi faire. J'appelai Noah Oppenheim pour l'informer, sans agressivité et amicalement, que j'allais le prendre au mot et proposer mon article à un journal. Je lui expliquai en toute franchise qu'un rédacteur en chef avait témoigné de l'intérêt pour mon sujet. Je ne donnai aucun nom. Je proposai que NBC filme mes interviews dans l'optique de les diffuser plus tard pour proposer une version télévisée, une fois l'article paru dans la presse.

— Je ne veux pas te mettre de bâtons dans les roues. Ta proposition me paraît raisonnable, répondit Oppenheim, apparemment soulagé. Laisse-moi y réfléchir dix minutes et je te recontacte.

Comme promis, dix minutes plus tard, il m'envoya un texto pour me donner son accord. Je lui demandai si nous pouvions toujours disposer d'une équipe de NBC pour la prochaine interview avec Canosa. J'ajoutai que ça ne l'obligerait pas à la diffuser mais leur réserverait une option.

« Malheureusement, répliqua-t-il, on ne peut pas avancer avec NBC tant que la vérification des témoignages n'est pas terminée[2]. »

Vingt-quatre heures plus tard, Oppenheim allait retrouver Corvo ainsi que les producteurs travaillant pour lui, et mettrait fin à ce processus de vérification. L'un des producteurs annonça aux autres que Nestor « n'était pas prête à témoigner à visage découvert ». Cette dernière, qui m'avait déjà assuré qu'elle parlerait devant la caméra si besoin, protesta. Finalement, Corvo prétendit que le reportage n'était pas assez visuel et ne passerait pas bien à la télévision.

De son côté, Greenberg ordonna à McHugh de ne plus répondre à des appels concernant cette enquête.

— Arrêtez tout, ordonna-t-il.

Pensant à toutes les fois où Weinstein avait réussi à étouffer l'affaire, McHugh répliqua : « On le laisse gagner. »

Sans aucun média pour me soutenir, je n'avais personne à consulter au sujet de la sécurité et aucune protection si Weinstein décidait de me poursuivre personnellement.

J'appelai Foley-Mendelssohn.

— De toute évidence, il a déjà menacé NBC. Je sais que le plus important, c'est l'enquête, mais j'essaie d'évaluer à quel point je suis en danger.

— Envoie-moi tout ce que tu as, me dit-elle. On peut en discuter.

— Mais tu me conseillerais de continuer à mener les interviews même si aucun média ne me soutient ?

Elle prit le temps de réfléchir.

— Je ne sais pas exactement quels sont les risques juridiques. Mais à mon avis, tu ne devrais pas annuler les interviews. Ne t'arrête pas.

Elle me proposa de me mettre en contact avec l'avocat du *New Yorker*, Fabio Bertoni. Donner un conseil juridique, même informel, à un journaliste qui n'écrivait pas encore dans les colonnes du magazine, ne faisait pas partie des procédures standard. Mais Foley-Mendelssohn semblait mesurer à quel point j'étais désespéré.

En attendant des nouvelles de Remnick, j'envoyai à Foley-Mendelssohn beaucoup de textos anxieux, pour l'informer que je poursuivais mon enquête, tout en essayant d'interpréter ses réponses dans l'espoir d'obtenir davantage d'informations.

Comme promis, Fabio Bertoni me contacta. Par le passé, il avait travaillé pour le magazine *The American Lawyer* et l'éditeur HarperCollins où il avait fait face aux mêmes menaces que celles qui pesaient sur moi. Quand je lui expliquai que NBC tenait à ce que je cesse mon enquête, soi-disant par peur des répercussions juridiques, il sembla sincèrement interloqué.

— Les répercussions n'arrivent qu'une fois le reportage diffusé, dit-il. Il serait très inhabituel d'entreprendre une action juridique avant même la diffusion.

Quand j'ajoutai que NBC avait invoqué le conflit d'intérêts, il parut encore plus perplexe. Sa réaction fut celle que j'avais eue lors de ma discussion avec la chaîne : une très grande part du journalisme d'investigation centré sur la politique et les entreprises serait impossible si les médias rechignaient à utiliser comme sources des employés ayant signé des contrats avec clause de confidentialité. Mon expérience avec le *New Yorker* me donnait l'impression d'avancer en terrain vierge.

— Alors est-ce que je continue, même en sachant qu'il me menace ouvertement ? demandai-je.

— Eh bien, il est très facile de menacer quelqu'un de poursuites judiciaires, mais il est beaucoup plus difficile de les mettre à exécution.

Comme j'avais promis à Canosa de la filmer et que je ne voulais pas la décourager en changeant d'avis, j'entrepris d'engager moi-même une équipe de tournage. McHugh (qui avait reçu l'ordre de ne plus collaborer au tournage mais qui était décidé à le faire malgré tout, parce que c'était dans sa nature) me recommanda plusieurs personnes. Le jour que nous avions choisi pour filmer l'interview, un lundi de la fin août, coïncidait avec une éclipse totale du soleil. La plupart des techniciens free-lance que je contactai étaient occupés à filmer l'événement dans des endroits stratégiques comme le Wyoming. Les rares encore disponibles à New York présentaient presque tous le même problème : ils avaient travaillé, ou allaient travailler, sur des productions de Weinstein. Je finis par trouver un cameraman du nom d'Ulli Beonnekamp. Il me proposa un prix raisonnable, soit parce qu'il savait que je travaillais seul, soit parce qu'il jugeait que le sujet valait le coup.

Je demandai à Canosa si elle serait plus à l'aise de tourner l'interview dans une chambre d'hôtel et elle répondit qu'elle préférait aller chez Jonathan (elle aimait bien son chien). Alors que la syzygie se mettait en place, l'équipe et moi entreprîmes de préparer l'appartement de West Hollywood. On amena des sacs de sable et des tripodes et on tapissa les fenêtres de tissu occultant. D'une façon générale, on ne fit pas grand cas du mobilier de Jonathan.

En milieu d'après-midi, je reçus un texto d'Oppenheim :

« Je tiens à répéter par écrit que ton enquête, y compris l'interview d'aujourd'hui, se fait sans le soutien ni le support de NBC. Il faut que ce soit clair pour toi et tous ceux avec qui tu seras amené à t'entretenir[3]. »

Je lui fis la réponse suivante :

« Tu sais ce que j'en pense. Mais je comprends et je respecte ta position. »

Quand Canosa arriva, je fus honnête avec elle en lui expliquant que l'avenir de notre interview était incertain, mais qu'elle n'en avait pas moins de valeur pour autant. Je lui assurai que je ferais tout mon possible pour qu'elle soit rendue publique. Canosa était toujours partante et on commença à filmer. L'interview était accablante.

— Il nous met dans une situation où on sait qu'il vaut mieux se taire plutôt que parler, confia-t-elle au sujet de Weinstein.

— Et si un média hésitait à prendre cette affaire au sérieux, à considérer vos allégations comme crédibles, que leur répondriez-vous ? demandai-je.

— Je leur dirais : si vous ne rendez pas cela public, si vous n'allez pas jusqu'au bout et n'étalez pas ses agissements au grand jour, vous commettrez une erreur historique. Cette affaire sera révélée tôt ou tard. C'est dans votre intérêt d'y participer plutôt que d'attendre que quelqu'un d'autre en parle. Sans quoi tout le monde saura que vous aviez ces informations en votre possession et que vous avez choisi de vous taire alors que vous auriez pu protéger de nombreuses femmes pour les années à venir.

CHAPITRE 32

OURAGAN

Durant ces dernières semaines d'août, un ouragan de catégorie 4 menaçait le golfe du Mexique. Alors qu'Emily Nestor et moi étions installés dans un café de Brentwood, des scènes de chaos se succédaient sur un écran de télévision placé dans un coin. Depuis que Nestor m'avait assuré être prête à témoigner à visage découvert si nécessaire, elle n'avait pas fait marche arrière. Toutefois, je ne l'avais pas encore avertie que NBC nous avait lâchés et que le processus allait donc désormais passer par une vérification minutieuse des témoignages destinés à être imprimés.

— Je voudrais savoir si vous êtes toujours d'accord pour qu'on cite votre nom.

Je lui expliquai que le *New Yorker* allait prendre une décision en fonction du premier jet que j'allais leur envoyer. J'ajoutai que chaque nom avait son importance.

— J'ai eu beaucoup de temps pour réfléchir à tout ça, dit-elle.

J'observai attentivement le visage de cette inconnue à qui j'avais demandé de bouleverser sa vie et que j'avais ensuite fait patienter pendant des mois. Elle resta silencieuse un moment puis reprit :

— Je suis d'accord.

En sortant du café, je me hâtai d'apporter les dernières touches à ma première version. Voici la description que je fis du reportage que j'allais présenter au *New Yorker* et que NBC avait refusé :

> *Au cours d'une enquête de neuf mois, cinq femmes m'ont directement rapporté que Harvey Weinstein avait commis envers elles de multiples actes de harcèlement et d'agression sexuels. Ces allégations comprennent*

des propositions à caractère sexuel déplacées envers des employées, des attouchements et des gestes tels que ceux qui ont été rapportés sur l'enregistrement destiné à la police de New York, ainsi que deux accusations de viol. Ces accusations s'étalent sur une vingtaine d'années. La plupart de ces femmes ont travaillé pour Weinstein et, dans tous les cas, ces rencontres avaient lieu sous des prétextes professionnels utilisés par Weinstein pour les attirer dans des chambres d'hôtel où il leur faisait alors des avances. À trois reprises au moins, Weinstein a eu recours à d'importants accords financiers assortis de clauses de confidentialité afin d'éviter des poursuites judiciaires et des révélations publiques.
Seize employés travaillant ou ayant travaillé pour Weinstein en tant que responsables ou assistants ont corroboré ces allégations en affirmant qu'ils avaient assisté à des avances non désirées, des attouchements déplacés et que, systématiquement, Weinstein utilisait les ressources de l'entreprise pour entretenir des relations sexuelles telles que celles décrites par ces témoignages.

J'envoyai le premier jet à Foley-Mendelssohn. Sur l'écran de télévision muet du salon de Jonathan, l'ouragan Harvey s'abattait sur le pays.

De retour au 30, Rockefeller Plaza, les appels de Weinstein et ses intermédiaires étaient incessants. Un jour, Lanny Davis reçut une demande de la part de Weinstein semblable à celles auxquelles Boies devait faire face. Davis était en pleine réunion avec l'équipe de Weinstein et le *New York Times*, pour discuter des allégations selon lesquelles Weinstein avait détourné des fonds de l'amfAR, la fondation de recherche pour la lutte contre le sida.

Peu après, Weinstein confia à Davis :

— Je viens d'avoir un gars de NBC au téléphone. Tu voudrais bien te rendre sur place pour voir où en est cette enquête ?

— Harvey, je t'ai dit que je ne me mêlais pas de ces histoires-là.

— Tout ce que je te demande, c'est d'aller sur place, de discuter quelques minutes avec quelqu'un pour savoir où ils en sont, insista Weinstein.

— Si je le fais, je n'y vais pas seul.

— Pourquoi ? demanda Weinstein nerveux.

— Parce que je ne suis pas censé me mêler de cette histoire et je veux que quelqu'un puisse attester de ma bonne foi.

Un peu froissé, Weinstein finit par accepter et Davis, accompagné par un employé de la Weinstein Company, se dirigea vers le 30 Rock. Au comptoir en marbre noir de la réception du Rockefeller Plaza, Lanny Davis annonça qu'il venait voir Noah Oppenheim.

— M. Oppenheim est au courant de ma venue, affirma-t-il au réceptionniste.

Plus tard, NBC prétendit avoir été piégé. Sur ce, Davis me confia :

— Moi qui rechigne toujours à utiliser ce mot, je dois bien dire qu'il s'agit d'un mensonge. Je suis absolument certain qu'ils étaient au courant de ma venue.

Il répéta qu'Oppenheim savait qu'il devait venir le voir.

Ce qui est sûr, c'est que, cinq minutes plus tard, Oppenheim descendit à l'accueil. L'employé de la Weinstein Company qui accompagnait Davis observait la scène d'un peu plus loin.

— Où en est l'enquête de Ronan Farrow sur Harvey ? demanda Davis.

Oppenheim répondit immédiatement :

— Oh, il ne travaille plus là-dessus. Il ne travaille plus pour nous.

Vu sa façon de répondre, Davis se demanda si je n'avais pas tout simplement été mis à la porte.

Nous étions le 5 septembre et il faisait toujours très chaud quand je me dirigeai vers les bureaux du *New Yorker*. Dans l'ascenseur, je fis un petit signe de croix, presque involontaire. Remnick et Foley-Mendelssohn, ainsi que Bertoni, l'avocat, Dorothy Wickenden, la rédactrice en chef du magazine, et Natalie Raabe, chargée de la communication, étaient installés en face de moi dans la salle de réunion de Remnick. Je n'avais pas la moindre idée de ce qu'il allait dire.

— Je pense que tout le monde est au courant de l'histoire, annonça-t-il. Mais Ronan, rappelle-nous les faits.

Je répétai plus ou moins ce que j'avais écrit pour présenter mon projet, en expliquant comment s'était déroulée l'interview avec Canosa. Je mentionnai les pressions constantes que subissaient mes sources, notamment les appels incessants.

— Est-ce que ces sources seraient prêtes à témoigner devant un tribunal ? demanda Bertoni. Pouvez-vous leur poser la question ?

J'expliquai que j'avais déjà demandé à plusieurs sources majeures qui m'avaient répondu par l'affirmative.

La conversation s'accéléra : Remnick et Bertoni me posèrent tour à tour des questions sur des points de détail et les preuves qui les étayaient. Est-ce que j'avais en ma possession les messages de Reiter, l'employé qui se disait témoin de ces attitudes déplacées et l'avait reconnu devant Nestor ? La réponse était oui. Gutierrez était-elle prête à nous montrer son contrat ? Oui. Foley-Mendelssohn, qui à ce stade connaissait bien le dossier, intervint de temps à autre pour leur rappeler l'existence de telle source secondaire ou tel document.

Plus tard, certains présents à la réunion utilisèrent les mêmes adjectifs pour me décrire : triste, désespéré, prêt à tout pour défendre mon dossier. L'un d'eux déclara que je ressemblais à un thésard défendant son travail.

Je repensai à la rencontre avec Oppenheim qui avait eu lieu quelques semaines plus tôt, lorsqu'il avait enterré mon enquête. J'observai les visages qui m'entouraient en me demandant comment leur faire saisir la portée de tout cela. Wickenden, rédactrice de longue date pour le magazine, dit d'une voix basse :

— Vous travaillez là-dessus depuis longtemps, n'est-ce pas ?

Je repensais à la voix de Sciorra. À Gutierrez frémissant en entendant l'enregistrement de Weinstein. À Nestor quand elle avait décidé de franchir le pas.

— Je sais qu'il y a une chance que l'affaire aille au tribunal. Je sais aussi qu'avant de publier ce papier, il faudra de nouveau tout revérifier. Mais je pense que ça vaut la peine.

Le silence s'abattit sur la pièce et des regards furent échangés.

— D'accord, dit Remnick simplement. Tu travailleras avec Deirdre. Aucune garantie jusqu'à ce que tout soit vérifié.

Remnick était pensif, calme. Il avait publié le reportage controversé de Seymour Hersh sur la sécurité nationale en Afghanistan et au Pakistan, et l'enquête de Lawrence Wright consacrée à la scientologie. Il relevait à présent un nouveau défi.

— On ne laisse rien au hasard. On s'en tient aux faits.

Peu après, à l'hôtel Loews Regency sur Park Avenue, Harvey Weinstein eut rendez-vous avec une actrice avant de s'isoler avec l'un de ses compagnons habituels, Dylan Howard, du *National Enquirer*. Howard et Weinstein passaient désormais beaucoup de temps ensemble. Howard disait souvent aux collègues qui essayaient de le joindre : « Je suis avec Harvey. » Il sortit plusieurs dossiers. Weinstein et lui passèrent des heures à les éplucher et à échanger des propos à voix basse. À un moment, un assistant de Weinstein s'approcha pour l'informer qu'il avait reçu un appel. Weinstein couvrit les documents à la hâte en s'exclamant : « Qu'est-ce que tu fous là, putain ?! » Howard lança à l'assistant un regard désolé. Il lui glissa plus tard à l'oreille : « Je n'envie pas ton job ! »

Howard avait continué à s'intéresser aux opposants de Weinstein. Ainsi qu'à Matt Lauer, qui était depuis longtemps la cible des tabloïdes. Howard avait étudié en détail le « dossier mortel » contenant des révélations inédites sur Lauer, l'*Enquirer* avait publié trois papiers négatifs sur le présentateur de « Today Show ». Un quatrième serait publié peu après sa rencontre avec Weinstein au Loews Regency. Tous ces articles traitaient des infidélités de Lauer, en particulier dans le cadre professionnel. « NBC donne une nouvelle chance à Lauer le pervers[1] », disait l'un des gros titres. « Hé, Matt, c'est pas ta femme[2] ! » lançait un autre.

CHAPITRE 33

VODKA

À ce stade, Weinstein, désespéré, avait déployé sa technique habituelle mélangeant intimidation et influence dans les médias. Le patron d'Howard, David Pecker d'American Media Inc., allié de longue date, commençait à apparaître plus souvent dans les e-mails de Weinstein. « Cher David, j'ai essayé de te joindre, lui écrivit-il fin septembre. Es-tu disponible pour qu'on discute[1] ? » Pecker répondit : « Je suis en Arabie saoudite pour affaires[2]. » Plus tard, Weinstein proposa qu'ils s'unissent pour acheter le magazine *Rolling Stone* que Pecker pourrait ajouter à son empire médiatique et gérer depuis les coulisses[3]. D'abord réticent, Pecker accepta. « Je peux réduire les coûts et augmenter les profits jusqu'à 10 millions de dollars… Si tu le veux, tu peux en avoir cinquante-deux pour cent pour 45 millions de dollars. Je veux bien assurer la gestion pour toi et me charger du magazine papier et numérique[4]. »

Weinstein intensifia ses relations avec NBC également. Il échangea des e-mails avec Deborah Turness, qui avait précédé Oppenheim à son poste actuel et était dorénavant chargée de la production internationale. Weinstein fit une offre à Turness pour un documentaire sur Clinton qu'il était en train de produire. « Votre série documentaire sur Hillary paraît très intéressante, répondit-elle. Je suis partante pour transformer plusieurs créneaux du soir en "créneaux Hillary[5]" ! »

Au cours de ce même mois, il écrivit à Ron Meyer, chef historique de Universal Studios, qui occupait toujours à l'époque le poste de vice-président de NBCUniversal. « Cher Ron, je voulais te proposer que Universal s'occupe de nos productions et de la VOD. On est en discussion avec eux et ce serait bien qu'ils aient l'appui d'un chef[6]. »

Meyer répondit : « Avec plaisir[7]. » Des e-mails de David Glasser, président de la Weinstein Company, attestent du montage financier : une proposition provisoire soumise à l'équipe dirigeante de la société pour accord[8]. Les associés de Glasser mirent au point les détails avec deux responsables du secteur télévisuel chez NBCUniversal[9]. « J'ai hâte que nous fassions affaire ensemble, lui écrivit bientôt Meyer. Comme je te l'ai dit, si la réponse est négative, préviens-moi[10]. » Le contrat ne vit jamais le jour.

Weinstein avait paru soulagé après l'entrevue entre Lanny Davis et Oppenheim, et le coup de téléphone entre Boies et Lack. Il avait pris cela comme deux confirmations que l'enquête était enterrée, et moi avec. Mais il en voulait davantage. Il demanda à son équipe juridique de se renseigner de nouveau auprès de NBC. Bientôt, Susan Weiner s'entretenait au téléphone avec l'un des avocats de Davis, répétant les mêmes paroles : je ne travaillais plus pour NBC News.

Je n'étais pas au courant de tout cela. Il me restait encore un peu de temps avant la fin de mon contrat avec NBC News et je pensais pouvoir le renouveler. Les remous provoqués par mon enquête m'avaient secoué, mais j'avais confiance en mes patrons et en la chaîne. Greenberg paraissait enthousiaste à l'idée que je poursuive mon travail d'investigation pour eux. Don Nash, producteur exécutif de « Today », me proposa de devenir le correspondant principal de l'émission.

Le 11 septembre, quand McHugh et moi revînmes de l'un de nos reportages en cours, pour un sujet consacré au système de santé, je m'entretins une nouvelle fois avec Oppenheim. Nous discutâmes un peu de ses projets à Hollywood, notamment d'un script sur Harry Houdini qu'il préparait depuis longtemps. Il réfléchissait à des acteurs pour le rôle principal.

Je lui suggérai Michael Fassbender. Il répondit, comme une caricature d'agent hollywoodien, que Fassbender n'était pas assez bankable. Je répliquai à voix basse en citant *Assassin's Creed* et nous tombâmes d'accord pour dire qu'il n'y avait pas que du bon à Hollywood.

Je lui fis part de mes espoirs pour l'avenir. Il me regarda d'un air compatissant en me disant qu'il y avait réfléchi.

— On n'a plus de budget pour toi, conclut-il.

— Ah bon ?

Il ajouta que la chaîne pourrait peut-être me faire travailler ponctuellement.

— On ne peut pas s'engager sur du long terme. Désolé, j'ai essayé.

Après ce rendez-vous, j'appelai Jonathan et lui annonçai :

— Je vais bientôt perdre mon job. J'imagine qu'on ne réalisera jamais notre rêve. Toi magnat de la presse, moi à la télé…

— Tu n'as jamais été du matin de toute façon, répliqua-t-il.

De retour chez Jonathan à Los Angeles, je reçus un appel d'un numéro anglais inconnu. Mon interlocuteur se présenta comme Seth Freedman, collaborateur régulier du *Guardian*. Il m'expliqua qu'il travaillait sur une « sorte d'article collaboratif avec des journalistes de toute la presse sur un sujet très sensible concernant l'industrie du cinéma ». La description était bizarre et plutôt vague.

— Au cours de notre enquête, on est tombés sur des éléments qu'on ne peut vraiment pas utiliser, continua Freedman. Je me suis dit que ça pouvait peut-être vous être utile.

Il me parla de McGowan, disant qu'elle les avait « beaucoup aidés pour cet article ». Puis il me proposa de me mettre en contact avec une autre source connue si je voulais bien lui en dire plus sur mon travail.

— On m'a dit que vous enquêtiez sur un sujet similaire, ajouta-t-il.

— Et qui est cette personne qui vous a suggéré que ça pouvait m'intéresser ?

— Si cela ne vous ennuie pas, je préférerais ne pas citer son nom, pas parce que je ne vous fais pas confiance, mais parce que cette personne ne souhaite pas être impliquée dans le dossier.

Je répondis à Freedman que j'étais prêt à entendre ses informations mais que je ne pouvais rien lui révéler. Il resta silencieux un instant, insatisfait.

— Au Royaume-Uni, si quelqu'un accuse quelqu'un d'autre, la loi est très stricte et personne ne publiera ces accusations à moins qu'elles soient confirmées par des preuves. Est-ce différent aux États-Unis ? Est-ce qu'on peut dire : « Untel a dit ça à propos d'untel » ou faut-il produire des preuves aussi ?

Tout cela sonnait comme un avertissement.

— Sans connaître le contenu de votre dossier, je ne peux vraiment pas me prononcer, répondis-je avant de raccrocher poliment.

Freedman réitéra ce type d'appels au cours du même mois, à partir d'instructions qu'il avait reçues via e-mails et WhatsApp, de la part d'un chef de projet chez Black Cube.

Deux semaines environ après mon entrevue avec Oppenheim, Susan Weiner m'appela :

— Si je vous téléphone, c'est parce que nous continuons de recevoir des appels concernant votre enquête sur M. Weinstein. Je croyais que nous avions été clairs : NBC n'est en aucun cas impliqué dans ce projet.

J'expliquai à Weiner que si Oppenheim avait clairement affirmé que la chaîne ne diffuserait pas l'enquête en premier, nous nous réservions la possibilité de le faire une fois l'article publié dans la presse. Greenberg avait à plusieurs reprises répété à McHugh que cette possibilité n'avait pas été complètement écartée.

— Je ne peux pas m'exprimer au nom de Rich et Noah, mais je crois que NBC n'a aucun intérêt à être lié à cette affaire. La chaîne ne veut pas être mentionnée. Or, il paraît que vous vous présentez comme un journaliste de NBC.

À ce stade, Harvey Weinstein avait mis la main sur de nombreux e-mails que j'avais rédigés à d'éventuelles sources. Weiner en lut un à voix haute.

— J'ai un message sous les yeux où vous dites travailler pour NBC News.

— C'est tout à fait exact.

J'avais été honnête avec mes sources. Depuis que mon article avait été repris par un journal, je n'avais jamais sous-entendu que NBC était impliqué. J'avais cependant mentionné ma collaboration avec la chaîne comme faisant partie de mon expérience professionnelle. Et même après ma conversation avec Oppenheim au sujet du budget, je continuais de croire que cette collaboration pourrait se poursuivre, de façon ponctuelle.

— Si je comprends bien, votre contrat a touché à sa fin, déclara Weiner. Si vous sous-entendez d'une façon ou d'une autre que NBC a quoi que ce soit à voir avec cette affaire, nous nous verrons forcés de rendre cette information publique.

— Susan, on a travaillé ensemble pendant des années. Vous pouvez assurer à Noah que je ne sous-entendrai aucune implication de NBC là-dedans, mais il est inutile de…

— À l'évidence, nous ne souhaitons pas discuter publiquement de votre contrat mais nous y serons forcés si nous continuons de recevoir des plaintes à ce sujet. Noah veut être sûr que le nom « NBC » n'apparaîtra pas dans votre enquête.

Dans ses conversations avec divers interlocuteurs au cours de cette période, Weinstein se montrait euphorique. Le fait d'avoir étouffé cette enquête ne faisait qu'exacerber l'attitude m'as-tu-vu et intimidante qui était la sienne. « Il ne cessait de répéter : "Si je peux forcer une chaîne de télé à étouffer une enquête, je ne ferai qu'une bouchée d'un journal papier" », se souvient l'un de ses collaborateurs. Weinstein semblait faire référence aux problèmes qu'il avait rencontrés avec le *New York Times*. « Il était triomphal, rapporte un proche collaborateur, cadre chez la Weinstein Company. Il n'arrêtait pas de nous lancer : "Je les ai forcés à enterrer cette enquête, putain, je suis le seul à pouvoir faire ça." »

La veille du coup de téléphone de Weiner, en fin de journée, Weinstein avait envoyé au président de NBC News un e-mail chaleureux, enterrant la hache de guerre :

De : « Office, HW » HW[redacted]
Date : lundi 25 septembre 2017 à 16 h 53
À : NBCUniversal noah[redacted]
Objet : De la part de Harvey Weinstein

Cher Noah,
Je sais que nous n'avons pas toujours été dans le même camp, mais aujourd'hui avec mon équipe, nous avons regardé Megyn Kelly et nous l'avons trouvée fantastique. Félicitations, je vais t'envoyer un petit cadeau pour fêter ça. Le format est génial, aussi. Si nous pouvons faire quoi que ce soit pour vous aider, nous avons une bonne programmation TV/Ciné à venir. La partie WILL&GRACE était super et très drôle. Vraiment, l'ensemble était top, top, top.
Amicalement,
Harvey

À quoi Oppenheim répliqua :

« Merci Harvey, j'apprécie ton message ![11] »

Peu après, l'équipe de Weinstein reçut une confirmation d'envoi de la part du service de coursier :

« Une bouteille de vodka Grey Goose a été livrée à Noah Oppenheim[12]. »

CHAPITRE 34

LA LETTRE

Courant septembre, ceux qui me représentaient chez Creative Artists Agency ne cessaient de m'appeler. Pour commencer, Alan Berger, mon agent, et Bryan Lourd, son patron et l'un des chefs de l'agence, me répétaient que Weinstein les harcelait. Je leur répondis que si jamais je publiais un article sur Weinstein, je lui proposerais de le rencontrer dès que nécessaire. Quand Lourd transmit le message à Weinstein, ce dernier ne voulut rien entendre. Il débarqua dans le bureau de Lourd à Los Angeles et se lança dans une diatribe qui dura plus d'une heure.

— Il a expliqué qu'il était loin d'être parfait et travaillait sur lui depuis longtemps maintenant, et qu'il avait l'impression qu'on dressait de lui un portrait démodé, si j'ose dire, me rapporta Lourd. Franchement, je ne pouvais pas m'empêcher de me demander : « Je n'ai rien fait pour provoquer ça, pourquoi est-ce que ça me tombe dessus ? »

Weinstein précisa qu'il avait embauché plusieurs avocats. Qu'il ne voulait pas me causer de problèmes. Qu'il fallait qu'on se rencontre au plus vite.

Le mardi suivant, le jour de ma conversation téléphonique avec Weiner, Weinstein envoya un nouvel e-mail à Lourd lui demandant s'il pouvait me parler immédiatement et exigeant qu'on le tienne au courant de l'avancée de l'enquête.

Il n'est pas disponible pour un rendez-vous actuellement.
Il vous rappellera bientôt.
Je crois qu'il poursuit son enquête.
B.[1]

Ce vendredi-là, Weinstein ne cessa de contacter Berger et Lourd. Il informa le premier que son équipe juridique était prête. Il mentionna notamment Harder, Boies et – j'eus un choc en entendant son nom – Lisa Bloom.

Quelques heures plus tard, plusieurs exemplaires d'une lettre parvinrent à l'agence[2]. Cela me fait penser à la scène de *Harry Potter* quand les invitations pour Poudlard se mettent à voler à travers les cheminées et les fenêtres. Berger m'appela pour me lire le courrier. Il ne s'agissait pas d'une invitation à rejoindre les rangs de l'école des sorciers. Il s'agissait de Charles Harder transmettant la menace de Harvey Weinstein de m'attaquer en justice, sur la base d'un accord qu'il prétendait avoir passé avec NBC News :

Cher monsieur Farrow,
Nous représentons la société Weinstein Company.
D'après nos informations, vous avez interrogé un certain nombre de personnes affiliées à la Weinstein Company et/ou ses employés et cadres (désignés collectivement par « TWC ») et avez contacté d'autres membres du personnel de TWC dans le but d'obtenir davantage d'entretiens, en prétendant travailler sur une enquête pour NBCUniversal News Group (« NBC »). NBC nous a informés par écrit que le groupe ne travaillait plus sur aucune enquête concernant ou incluant TWC (y compris ses employés et dirigeants), et que ces activités avaient pris fin. D'où il découle que :

1. Toutes les interviews que vous avez menées ou auxquelles vous avez participé concernant TWC (y compris ses employés et dirigeants) sont propriété de NBC, elles ne vous appartiennent pas et vous n'avez pas l'autorisation de NBC de les utiliser.

2. Nous exigeons que vous retourniez tout le travail concernant TWC (y compris ses employés et dirigeants) à Susan Weiner, Esq., vice-présidente, directrice juridique adjointe, NBCUniversal, 30, Rockefeller Plaza, New York, NY 10112.

3. Si NBC vous autorisait à utiliser ces contenus, TWC jugerait NBC conjointement responsable de vos actions illégales, y compris la diffamation.

4. Toutes les interviews que vous avez menées ou auxquelles vous avez participé concernant TWC (y compris ses employés et dirigeants) sont désormais nulles parce qu'elles ont été réalisées en utilisant le nom de NBC. NBC a rompu ce contrat. Par conséquent, vous n'avez pas le droit d'utiliser ces interviews à des fins personnelles sous peine d'encourir des poursuites pour déformation de faits, tromperie et/ou escroquerie.

5. Si vous soumettez vos interviews concernant TWC (y compris ses employés et dirigeants) à un autre média, merci de me transmettre les noms et coordonnées des personnes concernées afin de pouvoir leur notifier la position juridique de mon client.

6. Si vous avez l'intention de publier ou d'utiliser ces interviews ou informations concernant TWC (y compris ses employés et dirigeants) aujourd'hui ou dans l'avenir, nous vous demandons de fournir à mon client via le service juridique une liste de chaque déclaration que vous comptez publier, incluant celles émanant de vous ou d'une tierce personne afin que mon client puisse vous notifier d'éventuels propos erronés ou diffamatoires, et vous demander de cesser la publication ou l'utilisation de ces déclarations sous peine de poursuites judiciaires passibles de plusieurs millions de dollars d'indemnités. Par ailleurs, nous vous demandons de donner à mon client un délai d'au moins quinze (15) jours pour vous fournir une réponse avant publication ou utilisation de ces déclarations.

7. Vous devez cesser ou interrompre toute communication avec des employés actuels ou passés de TWC. Ces personnes ont signé des contrats de confidentialité et toute communication avec elles constitue une rupture intentionnelle de ces clauses contractuelles.

Je fus frappé de constater à quel point les arguments listés dans ce courrier reflétaient les propos que m'avait tenus Oppenheim. Plus tard, NBC nia avoir conclu un accord avec Weinstein et prétendit que Harder avait mal interprété leurs propos.

Je transmis ce courrier à Bertoni.

— Je ne veux pas le négliger, commenta-t-il, mais à ce stade, ça me paraît ridicule.

Selon lui, que NBC réclame des droits sur le contenu des interviews était discutable et il jugeait improbable que la chaîne mette vraiment cette menace à exécution. Il trouva « tout simplement choquant » que NBC exige une attestation écrite signalant la fin des interviews.

Lorsque Lisa Bloom m'appela une dernière fois cet été-là, je lui fis part de mon étonnement.

— Lisa, tu avais juré, en tant qu'avocate et amie, que tu n'en parlerais pas à son équipe.

— Ronan, je fais partie de son équipe.

Je repensai à ses appels, ses textos et ses messages sur mon répondeur me demandant davantage d'informations, me faisant miroiter de potentiels clients, m'incitant à discuter de Blac Chyna. Elle me rappela qu'elle m'avait bien dit connaître Weinstein et Boies. Mais c'était après m'avoir promis de ne répéter mes propos à personne. Elle n'avait pas expliqué qu'en fait, elle *représentait* Weinstein dans l'affaire sur laquelle elle ne cessait de m'interroger.

Bloom m'informa que Weinstein avait posé une option d'adaptation sur son livre et qu'elle se trouvait donc dans une situation inconfortable.

— Ronan, viens me voir. Je peux t'aider. Je peux parler à David et à Harvey. Je peux te faciliter les choses.

— Lisa, ce ne serait pas correct.

— Je ne sais pas à quelles femmes tu as parlé, mais je peux te donner des informations à leur sujet. S'il s'agit de Rose McGowan, on a tout un dossier sur elle. Je l'ai étudié moi-même quand l'affaire a commencé à sortir. Elle est dingue.

Gardant mon calme, je répliquai :

— Toute information que tu jugeras utile pour moi est la bienvenue.

Puis je raccrochai. Bloom ne m'envoya jamais rien sur McGowan.

CHAPITRE 35

MIMIC

Je ne tins pas compte de la menace de Harder et, sur les conseils de Bertoni, n'y répondis même pas. Je me contentai de poursuivre mon enquête. Je finis par joindre Mira Sorvino au téléphone. Fille de l'acteur Paul Sorvino, elle avait percé dans le cinéma dans les années 90 et reçu un oscar en 1995 pour *Maudite Aphrodite*, l'un des films de Woody Allen que Weinstein avait mentionné dans ses menaces à NBC. Elle avait ensuite mené une véritable carrière de star de cinéma pendant un ou deux ans, en interprétant notamment le personnage principal d'un autre film produit par Weinstein : *Mimic*. Après quoi, elle avait plus ou moins disparu.

Lors de notre premier appel téléphonique, Sorvino sembla pétrifiée :

— J'ai déjà perdu une si grande partie de ma carrière à cause de ça.

« Ça » désignait le harcèlement sexuel dont elle avait été victime de la part de Weinstein quand ils travaillaient ensemble. Au Festival du film international de Toronto en 1995, lors de la promotion de *Maudite Aphrodite*, elle se retrouva dans une chambre d'hôtel avec Weinstein. « Il a commencé à me masser les épaules, ce qui m'a mise mal à l'aise, puis c'est devenu plus physique, il me courait après. »

Il essaya de l'embrasser et elle tenta de lui échapper en lui disant que c'était contraire à sa religion de sortir avec des hommes mariés. Sur ce, elle quitta la pièce.

Quelques semaines plus tard, à New York, son téléphone sonna à minuit passé. C'était Weinstein, lui proposant de passer la voir pour lui soumettre de nouvelles idées concernant la promo du film.

Sorvino suggéra de le retrouver dans un *diner* ouvert toute la nuit mais il répliqua qu'il arrivait chez elle avant de raccrocher. « J'ai flippé », me confia-t-elle. Elle appela un ami en lui demandant de venir se faire passer pour son petit ami. L'ami en question n'était pas encore arrivé quand Weinstein sonna à la porte. « Harvey avait réussi à entrer malgré le concierge. J'ai ouvert la porte, terrifiée, en brandissant devant moi mon chihuahua comme si ça pouvait m'aider. » Quand elle annonça à Weinstein que son nouveau copain était en route, il sembla déçu et quitta les lieux.

Sorvino avait peur et était intimidée. Quand elle s'en ouvrit à une employée de Miramax, celle-ci eut l'air « choquée et horrifiée que j'aie mentionné ça ». Elle se souvient de l'expression sur son visage, « tout à coup comme radioactive ».

Elle était convaincue qu'après avoir éconduit Weinstein, il s'était vengé contre elle et l'avait mise sur la liste noire pour nuire à sa carrière. Mais elle savait à quel point cela serait difficile à prouver. Sorvino participa à quelques autres films produits par Weinstein après *Maudite Aphrodite*. Elle tourna dans *Mimic*. Après que lui et son frère Bob avaient renvoyé le réalisateur Guillermo del Toro et remonté le film contre son avis, elle s'y était opposée et avait défendu del Toro. « Je ne sais pas si c'est à cause du désaccord qu'on a eu sur *Mimic* ou du fait que j'ai refusé ses avances, mais j'ai la forte impression qu'il s'est vengé parce que je l'avais repoussé et avais ouvertement parlé de son harcèlement. » Ses soupçons furent confirmés plus tard : le réalisateur Peter Jackson rapporta que lorsqu'il avait envisagé d'engager Sorvino et Ashley Judd dans *Le Seigneur des anneaux*, Weinstein était intervenu pour contrer ses plans. « Miramax nous a expliqué que c'était un cauchemar de travailler avec elles et qu'on devait les éviter à tout prix, confia-t-il à des journalistes. À l'époque, on n'avait aucune raison de mettre en doute leurs propos. Mais avec le recul, il est fort probable que Miramax avait lancé une grande campagne de diffamation[1]. »

Pendant des années, Sorvino hésita à parler de cette histoire, trouvant que ça n'en valait pas la peine. Cependant, son expérience, comme celle des autres femmes qui ont reçu des avances de la part de Weinstein, s'avéra cruciale pour dénoncer son comportement et corroborer la violence de son attitude.

Pour toutes les personnes concernées, l'affaire Weinstein revêtait une dimension personnelle, impliquant un certain traumatisme ainsi que des répercussions juridiques et professionnelles. Mais elle revêtait également une dimension universelle à l'échelle de toute l'industrie du cinéma et d'une génération devant survivre aux abus sexuels. Sorvino était impressionnante. Elle était sortie d'Harvard avec les honneurs du jury. Elle s'impliqua dans diverses associations défendant les femmes victimes d'abus sexuels et devint notamment ambassadrice de l'ONU contre le trafic d'êtres humains. Dès notre première conversation, il m'apparut que son sens aigu de la morale prévalait dans toutes ses analyses et qu'elle était extrêmement mesurée dans ses propos.

« Peu après que vous m'avez contactée, m'écrivit-elle, j'ai fait un cauchemar. J'ai rêvé que vous arriviez avec une caméra pour me poser des questions sur mon travail avec Woody. » Elle était désolée pour ma sœur, me dit-elle. Je lui répondis – mal à l'aise, parlant trop vite et changeant rapidement de sujet – que la moitié de mes amis acteurs avaient travaillé avec lui, que ça n'enlevait rien à la qualité de son travail à elle, que c'était le problème de ma sœur, pas le mien, et qu'elle n'avait pas à être désolée. Mais je voyais bien qu'elle était préoccupée et s'inquiétait malgré tout.

Sorvino décida de m'aider et, au cours de nos conversations téléphoniques, me raconta tout en détail. Mais elle avait toujours cette peur dans la voix. « Quand les gens se rebellent contre des hommes de pouvoir, il y a toujours une sanction. » Je pris conscience que ses peurs dépassaient le cadre strictement professionnel. Elle me demanda si j'avais un garde du corps, si j'avais envisagé la possibilité d'être enlevé ou victime d'un « accident ». Je l'assurai que tout allait bien, que j'étais prudent tout en me demandant quelles étaient ces précautions exactement en dehors de fréquents coups d'œil jetés par-dessus mon épaule. « Vous devriez faire attention, il a le bras long. Il connaît des tas de gens qui peuvent faire du mal aux autres. »

Les témoignages ne cessaient d'affluer. Comme les représentants de Rosanna Arquette s'étaient murés dans le silence, je contactai sa sœur, qui me promit de lui transmettre ma requête. Quelques jours plus tard, j'avais Arquette au bout du fil. « Je savais que ce jour allait arriver, me dit-elle. L'anxiété que je ressens en ce moment est inimaginable. » Elle prit un moment pour se ressaisir. « J'ai une alarme qui ne cesse de retentir en moi et qui me dit "Danger, danger". »

Arquette me raconta qu'au début des années 90, elle avait accepté une invitation à dîner de la part de Weinstein au Beverly Hills Hotel où elle devait récupérer le script d'un nouveau film. À l'hôtel, on l'envoya à l'étage, dans la chambre du producteur. Quand elle arriva, Weinstein lui ouvrit la porte, vêtu d'un peignoir de bain blanc. Il lui expliqua qu'il avait mal à la nuque et qu'il avait besoin d'un massage. Elle répliqua qu'elle pouvait lui recommander une bonne masseuse. « À ce moment-là, il m'a pris la main et l'a posée sur son cou. » Quand elle ôta sa main brusquement, il la lui saisit de nouveau et la dirigea vers son pénis, qui était visible et en érection. « J'avais le cœur qui battait à cent à l'heure. Je ne savais pas si je devais m'enfuir ou me débattre. » Elle dit à Weinstein qu'elle ne céderait pas à ses avances.

Weinstein répliqua qu'elle commettait une grosse erreur en le repoussant. Il nomma une actrice et une mannequin qui avaient vu leur carrière fleurir après l'avoir satisfait. Arquette lui lança qu'elle n'agirait pas comme ces filles-là et claqua la porte. Son histoire avait de l'importance parce qu'elle suivait exactement le même schéma que d'autres que j'avais entendues : prétexte professionnel, entrevue dans une chambre d'hôtel, demande de massage, peignoir de bain.

Comme Sorvino, Arquette était persuadée que sa carrière en avait souffert. « Il m'a rendu les choses très difficiles pendant des années », ajouta-t-elle. Après cela, elle décrocha un petit rôle dans *Pulp Fiction*. Mais elle avait l'impression que c'était uniquement parce que le rôle n'était pas important et que Weinstein voulait plaire à Tarantino. Autre raison : elle pensait que son histoire d'amour avec Tarantino à l'époque l'avait protégée de toutes représailles, et que cette protection avait disparu quand ils s'étaient séparés. Plus tard, Tarantino affirma publiquement qu'il aurait pu et dû faire plus[2].

Arquette défendait elle aussi les droits humains et se battait contre l'exploitation sexuelle. Elle ne pouvait pas échapper à ce milieu. Elle évoqua une cabale qui dépassait largement Weinstein. « C'est un *boys' club*, la mafia de Hollywood. Ils se protègent mutuellement. » Au fil des conversations, elle accepta de participer à mon projet.

Quand je lui appris que Weinstein avait connaissance de mon enquête, Arquette me mit en garde : « Il va tout mettre en œuvre pour harceler les gens et les réduire au silence. Leur faire du mal. C'est son truc. » Elle ne pensait pas que mon article puisse voir le jour. « Ils vont discréditer toutes les femmes qui prennent la parole. Ils vont les harceler. Et tout à coup, les victimes vont devenir coupables. »

À cette époque, Black Cube avait déjà fait circuler un autre dossier qui étudiait la probabilité qu'Arquette puisse parler, mentionnant son amitié avec McGowan, ses prises de position contre le harcèlement sexuel via les réseaux sociaux, et même ses liens familiaux avec une victime d'abus sexuels[3].

Le jour de ma première conversation avec Arquette, Lacy Lynch, l'agent littéraire de McGowan, envoya un e-mail à Weinstein pour le rencontrer. Une semaine plus tard, Weinstein, Lynch et Jan Miller, la fondatrice de l'agence employant Lynch, se retrouvèrent au Lambs Club, un restaurant de Manhattan décoré de photos de Broadway et Hollywood. Lynch et Miller parlèrent à Weinstein des nouveautés qu'elles venaient d'acquérir.

« Je viens de dîner avec Lacy Lynch et Jan », écrivit ensuite Weinstein à Glasser, le président de sa société, à qui il raconta qu'elles lui avaient parlé d'un livre traitant des violences policières. « Je crois que ce serait parfait pour Jay-Z[4] », conclut-il.

Cet été-là, Lynch avait tenté de se rapprocher de Weinstein. Elle redoutait qu'il puisse se venger contre certains de ses clients qu'il connaissait. Plus tard, elle déclarerait publiquement qu'elle savait qu'il s'intéressait à elle à cause de sa relation avec McGowan, et qu'elle restait sur ses gardes[5]. Si ce fut le cas, il ne s'en rendit pas compte. Au Lambs Club, les trois parlèrent business. Puis Weinstein proposa aux femmes des billets pour voir une représentation de *Dear Evan Hansen* à Broadway.

Depuis que Lynch avait présenté McGowan à Diana Filip, les deux femmes avaient passé du temps ensemble. Elles se retrouvaient parfois au bar d'un hôtel à L.A. ou à New York. D'autres fois, elles faisaient de longues balades. Un jour, McGowan emmena Filip sur la promenade de Venice Beach. Elles mangèrent une glace tout en marchant. Le contrat dont elles avaient discuté n'était qu'un début. À l'automne, Filip envisageait sérieusement d'investir dans la société de production de McGowan.

En septembre, à Los Angeles, elles s'entretinrent avec un collègue de Filip chez Reuben Capital Partners. Comme elle, il était beau et s'exprimait avec un accent raffiné et indéterminé. Il se présenta sous le nom de Paul Laurent. Il témoigna autant de curiosité et d'attention à l'égard de McGowan que Filip. Ils discutèrent d'une collaboration potentielle et de leur désir de proposer des histoires qui puissent défendre les femmes et leur donner la parole.

McGowan se demandait encore sous quelle forme elle pouvait raconter ce qu'elle avait vécu, et Filip était prête à l'aider. Elles discutèrent ensemble de la façon dont McGowan pouvait explicitement désigner Weinstein et dans quelles circonstances. Elles reparlèrent des propos que McGowan avait tenus devant la presse et du livre qu'elle était en train d'écrire. À l'occasion d'un de leurs tête-à-tête, McGowan avoua à Filip qu'elle ne pouvait faire confiance à personne d'autre qu'elle.

CHAPITRE 36

EN CHASSE

Depuis plusieurs mois, des sources me répétaient qu'Asia Argento, l'actrice italienne, avait des choses à raconter au sujet de Weinstein. C'était la fille de Dario Argento, un célèbre réalisateur de films d'horreur. Elle avait interprété une voleuse glamour dans un film policier distribué par Weinstein, *B. Monkey*. Hollywood avait vite saisi son potentiel de femme fatale exotique, rôle qu'elle interpréta d'ailleurs dans *XXX*, avec Vin Diesel. Mais ce costume ne lui allait pas parfaitement. Argento avait quelque chose de différent, de sombre, comme une blessure intérieure.

Comme beaucoup d'autres avant elle, elle en avait parlé à ses agents, à ses managers et à ses collègues, mais cela n'avait abouti à rien. Quant à moi, j'avais commencé à suivre Argento sur les réseaux sociaux et nous « likions » respectivement nos photos. Le jour de ma première conversation avec Arquette, Argento et moi avions échangé des messages. Peu après, nous nous parlions au téléphone.

Argento était terrifiée, sa voix tremblait. Dans une série d'interviews, longues et souvent pleines d'émotion, elle me raconta que Weinstein l'avait agressée alors qu'ils travaillaient ensemble. En 1997, elle avait été invitée à ce qu'elle pensait être une fête organisée par Miramax à l'hôtel de Cap-Eden-Roc, sur la Côte d'Azur. C'était Fabrizio Lombardo, le responsable du studio en Italie, qui l'avait invitée. Comme me l'apprirent plusieurs dirigeants et assistants de Miramax, le poste de Lombardo était tout autre : nullement responsable du studio, il agissait en fait comme le « pimp » de Weinstein en Europe. Il nia à l'époque et continue de nier à ce jour.

Il contesta également ce qu'Argento me rapporta ensuite : qu'il l'avait menée non à une fête mais dans la chambre d'hôtel de Weinstein. Elle se souvient que Lombardo lui avait dit : « Oh, on est arrivés trop tôt », avant de la laisser seule avec le producteur. Au départ, ce dernier se montra flatteur, la félicitant pour son travail. Puis il quitta la pièce. Il revint en peignoir de bain, avec un flacon de lotion. « Il m'a demandé de lui faire un massage. J'ai pensé : "Non mais ça va pas, je ne suis pas complètement conne !" Mais rétrospectivement, je me dis que j'étais vraiment conne. »

Elle accepta à contrecœur de lui faire un massage, il souleva sa jupe, la força à écarter les jambes et se mit à lui faire un cunnilingus alors même qu'elle lui demandait d'arrêter. « Ça n'en finissait pas. C'était un cauchemar. » Au bout d'un moment, elle cessa de dire non et feignit le plaisir en pensant que c'était le seul moyen que le calvaire se termine. « Je n'étais pas consentante. Je n'ai cessé de répéter "non, non, non". C'est horrible. Un gros bonhomme dégoûtant qui essaie de te manger. C'est comme un conte de fées qui fait peur. » Souhaitant raconter son histoire avec toutes ses complexités, elle m'expliqua qu'elle n'avait pas essayé de le repousser physiquement, attitude qui suscita chez elle une culpabilité qui allait durer des années.

« Comme beaucoup de victimes, je me sentais responsable. Parce que si j'avais été forte, je lui aurais donné un coup de pied dans les couilles et je me serais enfuie. Mais je ne l'ai pas fait. Et donc je me sentais responsable. » Elle qualifie cet incident d'« affreux traumatisme ». Argento raconte qu'après cela, Weinstein ne cessa de la contacter, « c'était presque du harcèlement ». Pendant quelques mois, il parut obsédé par elle et lui envoya des cadeaux très coûteux. Ce qui compliqua l'affaire, concède-t-elle, c'est qu'elle céda plus ou moins à ses avances. « Il me faisait croire qu'il était mon ami et qu'il m'appréciait vraiment. » Elle l'accompagnait à des dîners et eut des rapports sexuels avec lui à plusieurs reprises au cours des années qui suivirent. Le premier eut lieu quelques mois après l'agression présumée, au moment de la sortie de *B. Monkey*. « Je me suis sentie obligée, raconte-t-elle. Parce que le film sortait et que je ne voulais pas le mettre en colère. » Elle pensait que Weinstein allait ruiner sa carrière si elle ne cédait pas à ses avances. Quelques années plus tard, quand elle se retrouva mère célibataire et qu'elle cherchait un moyen de faire garder son enfant, Weinstein proposa de payer une nourrice. Elle répète qu'elle s'était sentie obligée de céder à ses avances. Elle les décrit comme non réciproques et « onanistes ».

Telle est la complexe réalité des agressions sexuelles : elles sont souvent perpétrées par des supérieurs hiérarchiques, des membres de la famille, des gens qu'on ne peut pas éviter au quotidien. Argento savait que garder contact avec lui allait porter atteinte à sa crédibilité concernant l'agression. Elle donna de nombreuses raisons pour expliquer son rapprochement avec Weinstein. Elle était intimidée, fatiguée d'être harcelée. Après cette première agression, chaque fois qu'elle le voyait, elle se sentait impuissante, même des années plus tard. « Quand je le vois, je me sens minuscule, stupide et faible. » Elle se mit à pleurer en tentant de m'expliquer : « Après le viol, il a gagné. »

Argento incarnait, plus qu'aucune autre source, la grande complexité de ce genre de situation. Après sa participation à mon enquête, elle conclut un accord financier avec un acteur, Jimmy Bennett, pour obtenir son silence alors qu'il prétendait avoir eu des rapports sexuels avec elle quand il avait dix-sept ans[1]. Elle fut accusée d'agression sexuelle sur mineur. En Californie, l'État où Bennett prétend que ces faits se sont déroulés, elle aurait été accusée de viol. L'avocat d'Argento contesta la plainte de Bennett, soutenant que celui-ci avait « agressé sexuellement[2] » sa cliente et que même si le paiement était un geste d'apaisement, il n'interdisait pas à Bennett de divulguer son accusation. Mais la presse ne manqua pas de souligner le fait qu'Argento avait passé avec l'acteur un accord de confidentialité, alors même que l'homme qu'elle avait accusé d'agression recourait régulièrement à ce genre de stratégie.

Cet accord ne change rien à la réalité des faits : les accusations d'Argento concernant Harvey Weinstein furent corroborées par des témoins et des personnes de son entourage à qui elle s'en était ouverte à l'époque. Ceux qui commettent des agressions sexuelles peuvent aussi en avoir été victimes. N'importe quel psychologue spécialisé sur le sujet vous dira que c'est même très souvent le cas. Mais cette conception des choses ne remporte pas vraiment l'adhésion dans un monde où les victimes sont censées être des saints, sans quoi on les considère comme des pécheurs. Les femmes qui prirent publiquement la parole cet été-là étaient de simples femmes. Reconnaître qu'elles firent alors preuve de courage – y compris Argento – ne préjuge en rien de leurs actes futurs.

Même avant ce scandale ultérieur, Argento catalysait beaucoup de tensions. Si difficiles qu'aient été ces confessions pour les autres sources, en Italie, comme l'avait prouvé le cas de Gutierrez, le contexte culturel était encore plus sexiste. Après ses allégations contre Weinstein, la presse italienne taxa Argento de « putain ».

Au cours de nos conversations téléphoniques cet automne-là, Argento semblait consciente que sa réputation était trop sulfureuse, le contexte italien trop tendu, pour qu'elle puisse envisager une suite. « Ma réputation, je m'en fiche, je l'ai foutue en l'air toute seule depuis des années, à cause de nombreuses expériences traumatisantes, dont celle-là, me confia-t-elle. Mais ça, ça va vraiment détruire ma vie, ma carrière, tout. » Je lui dis que c'était entièrement sa décision, mais qu'à mon avis, cela aiderait d'autres femmes. Alors qu'Argento pesait le pour et le contre, son compagnon, le chef et présentateur de télévision Anthony Bourdain, l'enjoignit à continuer, répétant que cela valait le coup, que cela ferait la différence. Elle finit par accepter de témoigner.

Les témoignages se multiplièrent. Sorvino me suggéra de contacter Sophie Dix, une actrice anglaise qui lui avait raconté une histoire horrible quelques années plus tôt. Dix avait joué dans un film avec Colin Firth distribué par Weinstein, *L'Heure du cochon*, au début des années 90, avant de poursuivre sa carrière à la télévision pour se retirer finalement de la profession. Quand j'entrai en contact avec elle, Dix fut d'abord effrayée. « J'ai peur qu'il s'en prenne à moi, m'écrivit-elle. Peut-être que je ne devrais pas m'exprimer publiquement. » Mais au cours de nos appels téléphoniques (une demi-douzaine), elle me raconta que Weinstein l'avait invitée dans sa chambre d'hôtel pour regarder les rushes du film puis l'avait poussée sur le lit en essayant de lui ôter ses vêtements. Elle s'était réfugiée dans la salle de bains où elle était restée longtemps enfermée puis, quand elle avait fini par ouvrir la porte, elle avait découvert Weinstein en train de se masturber de l'autre côté. Elle s'était enfuie au moment où le room service avait frappé à la porte. C'était le « cas typique de quelqu'un qui ne comprend pas ce que "non" veut dire. Je lui ai dit non au moins mille fois ».

Comme toutes les allégations dont mon article se fit l'écho, l'expérience de Dix fut attestée, entre autres, par des témoignages de proches à qui elle avait raconté l'incident en détail à l'époque. Les amis et collègues de Dix lui exprimèrent leur soutien mais n'allèrent pas plus loin. Plus tard, Colin Firth rejoindrait les rangs des hommes qui, comme Tarantino, présenteraient publiquement leurs excuses pour avoir entendu ces histoires sans vraiment écouter[3]. Dix raconta à de nombreuses personnes que Weinstein l'avait appelée plus tard cette année-là pour lui dire : « Je suis désolé, est-ce que je peux faire quelque chose pour toi ? » En dépit de ces excuses, elle le sentit assez menaçant. Elle pensa qu'il essayait peut-être de l'enregistrer pour la piéger et la faire chanter un jour. Elle déclina poliment sa proposition et raccrocha. Après cela, Dix avait déchanté et, dégoûtée par la profession, pris ses distances avec le cinéma. Au moment où je la contactai, elle travaillait comme scénariste et productrice, et craignait que ses collaborateurs à Hollywood ne l'abandonnent alors qu'elle avait besoin d'eux pour mener ses projets. Mais des amis, dont l'actrice Rachel Weisz, la persuadèrent que cela valait la peine de prendre le risque. Elle ajouta son témoignage à ma liste.

De son côté, Argento me mit en contact avec l'actrice française Emma de Caunes. Cette dernière me raconta qu'elle avait rencontré Weinstein en 2010 lors d'une soirée au festival de Cannes et, quelques mois plus tard, avait reçu une invitation à déjeuner au Ritz, à Paris. Au cours de ce déjeuner, Weinstein lui annonça qu'il allait produire le film d'un grand réalisateur dont le tournage se déroulerait en France et pour lequel il recherchait une actrice principale. Comme cela s'était passé avec Dix et Canosa, il s'excusa pour aller dans sa chambre : le film était adapté d'un livre qui se trouvait là-haut et il lui proposa de le suivre.

Avisée, de Caunes expliqua qu'elle n'avait pas le temps, car elle était en retard pour une émission de télévision qu'elle présentait. Mais il insista jusqu'à ce qu'elle cède. Une fois dans la chambre, il disparut dans la salle de bains en laissant la porte ouverte. Elle pensa qu'il se lavait les mains jusqu'à ce qu'elle entende la douche couler. « Je me suis dit : mais attends, il prend une douche, ou quoi ? »

Weinstein ressortit, nu, le sexe en érection. Il lui demanda de s'allonger sur le lit en précisant que beaucoup d'autres femmes l'avaient fait avant elle. « J'étais pétrifiée, raconte de Caunes. Mais je ne voulais pas le montrer parce que je sentais que ça l'excitait encore plus. Il était comme un chasseur devant un animal sauvage. La peur les excite. » Elle lui annonça qu'elle s'en allait. Weinstein fut pris de panique. « On n'a rien fait ! lança-t-il. C'est comme dans un film de Walt Disney ! »

« Je l'ai regardé, j'ai pris mon courage à deux mains, et je lui ai dit : "J'ai toujours détesté Walt Disney." Et je suis partie en claquant la porte. » En descendant l'escalier jusqu'au hall de l'hôtel, elle tremblait. Weinstein l'appela sans relâche au cours des heures qui suivirent, lui proposant des cadeaux et lui répétant qu'il ne s'était rien passé. Un réalisateur qui travaillait avec elle pour l'émission télévisée confirme qu'elle arriva au studio bouleversée et qu'elle lui raconta l'incident.

De Caunes, âgée d'une trentaine d'années à l'époque, était déjà une actrice établie et se demanda ce qui aurait pu arriver si elle avait été plus jeune et plus vulnérable. Elle finit par prendre la parole publiquement, pour ces femmes-là. « Je sais que tout le monde, et je dis bien tout le monde, à Hollywood, est au courant de ces pratiques, m'affirma de Caunes. Il ne s'en cache pas. Vu sa façon de faire, tout le monde le sait et voit ce qui se passe. Mais ils ont tous trop peur pour dire quoi que ce soit. »

CHAPITRE 37

IMPASSE

Presque chaque jour, je me trouvais dans une nouvelle impasse. Certaines des accusatrices refusaient de me parler. Pendant tout l'été, j'avais essayé de joindre Lauren O'Connor, une ancienne scout littéraire de la Weinstein Company. En 2015, elle avait rédigé une note interne déplorant le comportement de Weinstein. Il l'avait agressée verbalement et elle avait entendu parler de son attitude envers les femmes. Un jour, une jeune femme était venue frapper à la porte de la chambre d'hôtel d'O'Connor en pleurant, tremblant, et lui avait raconté que Weinstein lui avait demandé de le masser. « J'ai vingt-huit ans et j'essaie de bâtir ma carrière, écrivit O'Connor dans cette note. Harvey Weinstein a soixante-quatre ans, il est mondialement connu et il dirige cette entreprise. L'équilibre des forces est le suivant : moi 0, Harvey Weinstein 10[1]. » Mais O'Connor avait signé un contrat de confidentialité et avait peur de parler. À la fin du mois de septembre, un intermédiaire me contacta pour m'informer qu'O'Connor avait consulté un avocat et pris sa décision. « Elle est terrifiée et refuse de parler. À qui que ce soit. » Elle ne voulait pas non plus que j'utilise son nom.

Ce fut un coup dur. J'avais lu son nom dans certains documents. Mais l'intermédiaire avait décrit la panique viscérale d'O'Connor. J'étais bien conscient d'être un homme écrivant un article sur le consentement des femmes, face à une femme qui me répétait ne pas vouloir gâcher sa vie pour ça. Elle finit par livrer son histoire publiquement. Mais à l'époque, je lui promis de ne pas la mentionner dans mon enquête.

Ensuite, il y avait celles qui hésitaient. L'actrice Claire Forlani posterait plus tard un texte sur les réseaux sociaux exprimant le dilemme qu'elle avait ressenti à ce sujet : « J'en ai parlé à des proches qui m'ont tous conseillé de me taire. J'avais déjà dit à Ronan que je témoignerais mais j'ai suivi les conseils de mon entourage (tous des hommes, comme par hasard) et je n'ai pas rappelé Ronan[2]. »

Je parcourais Hollywood en long et en large en quête de nouvelles pistes. Certains proches de Weinstein semblaient ignorer sincèrement les accusations portées contre lui. Fin septembre, je contactai Meryl Streep, qui collaborait avec lui depuis des années et avait notamment tourné dans *La Dame de fer*, le biopic sur Margaret Thatcher qui avait valu à l'actrice son plus récent oscar. Quand je réussis à la joindre, elle était en pleine organisation d'une fête de retrouvailles avec des amies d'enfance :

— J'organise une réception et je suis devant les fourneaux ! m'écrivit-elle.

— Vous avez l'air d'être en plein malstrom, commentai-je.

Du tac au tac, elle répliqua :

— Un *femalestrom*.[3]

Elle me demanda sur qui j'enquêtais. Quand je lui répondis que je m'intéressais à Harvey Weinstein, elle protesta :

— Mais il soutient tellement de bonnes causes !

Weinstein s'était toujours bien tenu avec elle. Elle avait assisté et parfois participé à ses collectes de fonds pour les démocrates et à ses opérations de philanthropie. Elle savait qu'il était agressif quand il s'agissait de finaliser un projet de film. Mais ça n'allait pas plus loin.

— Je la crois, confiai-je à Jonathan plus tard.

— Mais quoi qu'elle dise, tu la croirais, non ? répliqua-t-il en réfléchissant.

— Oui.

— Parce que c'est Meryl…

— Parce que c'est Meryl Streep. Je vois ce que tu veux dire.

D'autres personnes de la profession avec qui je m'entretins me donnèrent un autre son de cloche. Selon elles, l'attitude prédatrice de Weinstein était un secret de polichinelle et même si elles n'en avaient jamais été témoins, elles en avaient entendu parler. Susan Sarandon, qui avait fermement refusé pendant des années de travailler avec des personnes accusées d'agression sexuelle, me lança quelques noms pour m'aider. Quand je lui révélai quel était mon but, elle lâcha un « Oh, Ronan ! » sur un ton taquin et mélodieux. Sans moquerie, mais grisée par avance de ce qui allait me tomber dessus : « Tu vas avoir des ennuis ! »

De nouvelles voix s'ajoutaient malgré tout au cortège de plaintes contre Weinstein. Quand je contactai le réalisateur Brett Ratner, je lui demandai de ne surtout pas ébruiter notre conversation. Je lui expliquai que des femmes vulnérables pouvaient subir de terribles conséquences si Weinstein commençait à s'agiter. « Est-ce que vous êtes d'accord pour ne rien répéter de ce que je vais vous dire ? » lui demandai-je. Ratner promit que oui. Il me confia qu'une femme de sa connaissance avait peut-être un témoignage à apporter contre Weinstein. Mais il paraissait incertain. Six mois plus tard, six femmes accuseraient Ratner de harcèlement sexuel dans un article du *Los Angeles Times*[4]. Il réfuta la plupart de ces accusations. Et il informa Weinstein de mon enquête quasi immédiatement. « Harvey dit que Brett Ratner lui a téléphoné, et maintenant il est dans tous ses états », m'annonça Berger sur le ton paniqué qui présidait désormais à nos échanges. Jusque-là, Berger m'avait soutenu malgré ses inquiétudes quant aux répercussions potentielles sur sa propre carrière. « Tout ça cause trop de remous, conclut-il. Publie ton article ou passe à autre chose. »

De son côté, Weinstein menait lui aussi sa petite enquête. En octobre, il contacta la personne responsable, selon lui, de mon supposé conflit d'intérêts. Il demanda à ses assistants de la joindre. Sur un plateau de tournage en plein Central Park, un autre assistant apporta un téléphone à Woody Allen.

Weinstein semblait vouloir mettre en place une stratégie visant à la fois à étouffer les allégations d'agressions sexuelles et à se débarrasser de moi. « Comment est-ce que tu t'en es sorti ? » lui demanda Weinstein. Il voulait qu'Allen intercède en sa faveur, mais ce dernier refusa. Néanmoins, il connaissait certaines choses que Weinstein utiliserait par la suite. Cette semaine-là, les reçus bancaires de Weinstein firent état de l'achat d'un livre d'interviews avec Allen, rédigé par l'un de ses plus grands fans, recensant tous les arguments que lui et son équipe de détectives privés et RP avaient réunis pour discréditer ma sœur, le procureur, et le juge qui avait suggéré qu'elle disait la vérité.

— Oh, merde, je suis désolé, dit Allen à Weinstein. Bonne chance.

Weinstein contactait également certaines de mes sources, parfois pour leur faire peur. Le lendemain du jour où j'avais reçu le courrier de Harder, Weinstein appela une nouvelle fois Canosa. C'était Yom Kippour, la fête juive du pardon, mais ce n'était pas vraiment le motif de son appel. Il lui dit qu'il savait que des gens étaient en train de parler. « Tu ne me feras jamais ce coup-là », lui dit-il. Ne sachant pas s'il s'agissait d'une question ou d'une menace, Canosa raccrocha, bouleversée. J'informai Remnick que nos sources commençaient à paniquer et que Weinstein redoublait d'efforts pour les faire taire. « Je jeûne, il menace, répliqua Remnick. Le judaïsme s'exprime de bien des façons. »

Courant octobre, Weinstein et son équipe se réunirent une nouvelle fois dans un salon privé du Tribeca Grill. Il était là depuis un moment, entouré de ses avocats, discutant des derniers développements de l'affaire amfAR. Puis ils changèrent de sujet au moment où des membres de Black Cube se joignirent à eux. Ils se concentrèrent sur les nouvelles avancées. Les dernières informations qu'ils apportaient étaient triomphales. « On a une très bonne nouvelle », annonça l'un d'entre eux en souriant. Soucieux de ne pas décevoir de nouveau, ils avaient frappé fort. Ils avaient obtenu un document crucial après lequel Weinstein avait couru tout l'été et décrivirent le casse-tête compliqué qui les avait menés jusque-là.

Il y avait trois employés de Black Cube présents ce jour-là : Yanus, le directeur, ainsi que le chef de projet dont il était le supérieur. Le troisième membre de l'équipe était une employée qui travaillait sur cette opération depuis longtemps. Vêtue d'une chemise blanche et d'un blazer, elle paraissait très professionnelle. Elle était blonde, avait les pommettes hautes, un nez bien dessiné et un joli accent difficilement identifiable. On l'avait présentée à Weinstein sous le nom d'Anna.

Anna se montrait extrêmement polie envers Yanus et leur collègue, les laissant mener la conversation. Quand ils se tournèrent vers elle, elle expliqua avec enthousiasme qu'elle avait mis plusieurs mois à gagner la confiance d'une cible importante et avait secrètement enregistré des heures de conversation. Sous les yeux ébahis de Weinstein, les trois membres de Black Cube lurent à voix haute les passages qui, selon eux, allaient figurer dans le futur livre de Rose McGowan.

CHAPITRE 38

CÉLÉBRITÉ

Courant septembre, le *New Yorker* travailla intensément sur l'article. Foley-Mendelssohn, Remnick et le reste de l'équipe examinèrent à la loupe tous les témoignages et relurent les différentes versions du texte. Je restais tard le soir au World Trade Center pour passer des coups de téléphone. En arrivant chez moi à l'aube un matin, j'aperçus une Nissan Pathfinder gris métallisé garée devant mon immeuble et j'eus un coup au cœur. Je n'avais toujours aucune preuve qu'on me suivait, mais ma méfiance persistait.

Quelques amis m'avaient proposé de m'héberger durant l'été et, à chaque fois, j'avais répondu en riant que tout allait bien. L'une d'entre eux, Sophie, fille d'un riche homme d'affaires habituée aux menaces, m'avait conseillé de prendre cela au sérieux et de l'appeler si j'avais besoin de résider en lieu sûr. Je finis par la contacter.

À la fin du mois, je préparai mes affaires pour emménager dans ce qui allait devenir mon refuge : une aile immense dans un palais de Chelsea. La famille de Sophie en possédait plusieurs étages. J'aurais pu y loger confortablement tout mon entourage. Les pièces étaient vastes comme des hangars d'avion, imposantes et magnifiques, meublées de canapés sur lesquels on avait peur de s'asseoir et d'objets d'art qu'on avait peur de toucher.

L'immeuble était protégé par plusieurs systèmes : une carte d'accès, une clé, un code. Je me sentais davantage en sécurité. Mais, tapie au fond de moi, j'avais toujours cette sensation paranoïaque d'être surveillé. Polone m'avait conseillé de me procurer une arme. J'avais éclaté de rire. Mais au fil du temps, vu que plusieurs sources me conseillaient la même chose, je me mis à y réfléchir plus sérieusement.

À un stand de tir du New Jersey, je m'essayai aux pistolets et aux revolvers. Je me répétais que c'était un loisir ou, au pire, juste au cas où. Mais en visant ma cible, armé d'un Glock 19, en évaluant son poids et en appuyant sur la gâchette, je me sentais nerveux et agité, bien loin d'un type avec un hobby.

Les signes indiquant que le *New York Times* s'intéressait de près à l'affaire se multipliaient, eux aussi. J'avais appris que deux journalistes d'investigation respectées (Jodi Kantor, qui avait été mentionnée dans les dossiers envoyés par les détectives privés, et Megan Twohey) étaient chargées de l'enquête. Elles étaient excellentes et démarchaient les sources avec autant d'acharnement que moi. Comme Arquette et Nestor avaient été contactées par elles, je leur conseillai de travailler avec qui elles voulaient, tant qu'elles se sentaient à l'aise. « C'est mieux pour tout le monde que nous soyons nombreux à travailler sur cette affaire », expliquai-je par texto à Nestor. J'étais soulagé que le *New York Times* soit sur le coup. J'étais vraiment heureux que d'autres personnes puissent partager ce fardeau et s'assurent que l'affaire éclate au grand jour, quoi qu'il advienne de mon article. Mais au fond de moi, je me sentais également en compétition et je m'apitoyais un peu sur mon sort. Pendant six mois, le seul soutien que j'avais reçu avait été celui de Noah Oppenheim faisant la grimace et rechignant devant mon enquête de peur d'en subir les retombées. Maintenant, j'avais enfin le *New Yorker* de mon côté, mais c'était peut-être trop tard. Je ne savais pas de quels éléments disposait le *New York Times*. S'ils publiaient avant nous, il se pouvait que mon article soit du réchauffé. Cette course effrénée constituait une autre source de pression qui me donnait l'impression de travailler non-stop au risque de me retrouver sur le carreau.

McHugh m'envoya un texto fin septembre pour m'informer que, d'après ses sources, le *New York Times* était sur le point de publier quelque chose. NBC lui avait interdit de répondre à des appels concernant les allégations d'agression sexuelle, mais il avait continué à travailler sur l'affaire amfAR, l'association pour la lutte contre le sida. Une source lui avait indiqué que, selon une déclaration d'impôts de l'association, 600 000 dollars avaient été versés à l'American Repertory Theater, qui avait monté *Finding Neverland*, la comédie musicale que Weinstein avait ensuite produite à Broadway et à laquelle il avait invité Gutierrez après leur première rencontre. McHugh avait demandé la permission de travailler sur cette affaire. Après en avoir discuté avec Oppenheim, Greenberg l'y avait autorisé. Mais cette autorisation avait été très critiquée et McHugh sentait que la chaîne se montrait réticente face à ce projet. « Ils étaient très peu réactifs », déplora-t-il plus tard. Il se demandait s'ils voulaient vraiment qu'ils continuent d'enquêter ou simplement éviter de donner l'impression d'avoir étouffé deux affaires sur Weinstein l'une après l'autre.

« Twohey a déposé son article aujourd'hui », m'écrivit McHugh. On se demanda ce qu'allait bien pouvoir publier le *New York Times* et s'il s'agissait d'un article de fond. « Quoi qu'il en soit, conclut McHugh, Harvey va passer un sale quart d'heure. »

Weinstein et Dylan Howard avaient à peu près la même conversation au même moment. Leur relation était de plus en plus étroite. « Cher Dylan, écrivit Weinstein, je voulais simplement t'avertir que le *New York Times* allait publier son article aujourd'hui[1]. »

Le lendemain, le site du journal annonçait un scoop concernant Weinstein. Je cliquai sur le lien. « Ça concerne uniquement amfAR[2] », m'écrivit McHugh par texto. C'était une fausse alerte.

« Dans combien de temps peux-tu sortir cette affaire ? me demanda McHugh. Mets Remnick au courant pour Weinstein et amfAR. Tu tiens un bon article. Il est temps de publier. » Auletta me tint à peu près le même discours. « Dépêche-toi ! Fixe un rendez-vous avec lui au plus vite et publie. »

Je tannai Foley-Mendelssohn et Remnick. Le *New Yorker* ne tentait nullement de ralentir la cadence, mais leur priorité était de vérifier l'exactitude des faits et d'agir avec prudence. « On ne va pas se dépêcher pour coiffer quelqu'un d'autre au poteau », trancha Remnick. L'article serait prêt quand il serait prêt, une fois tous les faits scrupuleusement vérifiés. « On est un transatlantique, pas un hors-bord. On sait très bien que le *New York Times* risque de nous passer devant. »

Néanmoins, Remnick commençait à corriger l'article et, ce faisant, il me bombardait de questions : « Où est l'équipe de Weinstein ? Pourquoi est-ce qu'il descend toujours dans des hôtels ? » Quand je n'étais pas en rendez-vous ou au téléphone avec des sources, j'étais en réunion avec Foley-Mendelssohn ou Remnick, en train de peaufiner l'article. Nous nous demandions à quel moment contacter Weinstein pour qu'il commente. « Plus tôt on le contactera, mieux ce sera », dis-je à Remnick et à Foley-Mendelssohn fin septembre. Par équité et pour éviter que Weinstein ne harcèle davantage les femmes dont les noms seraient publiés, Remnick décida de conclure le plus vite possible les vérifications avant de contacter Weinstein.

Il accepta de mettre les bouchées doubles. Peter Canby, qui était de longue date chargé de la vérification des faits pour le magazine, mit deux autres journalistes sur le coup pour accélérer le processus. Même en interne, l'affaire était traitée dans le plus grand secret. Les journalistes chargés de vérifier les faits devaient s'en remettre à moi et à Foley-Mendelssohn et n'étaient pas au courant de l'ensemble de l'enquête. Foley-Mendelssohn suggéra de faire appel à E. Tammy Kim, une ancienne avocate disposée à nous aider. Quand on la contacta pour lui proposer cette mission, elle croisa les bras et demanda d'un air sérieux : « Est-ce que ça va concerner une célébrité, ou quelque chose dans le genre ? » Le reste de la mission fut confié à Fergus McIntosh, un jeune Écossais qui avait rejoint le magazine quelques années plus tôt après ses études à Oxford. McIntosh était poli, bien élevé et un peu timide. Dès fin août, Kim et McIntosh planchaient sur l'affaire, avançant rapidement, enchaînant les heures de travail et les coups de téléphone aux sources.

CHAPITRE 39

RÉPERCUSSIONS

À New York, la canicule battait son plein. Les sources que je contactais ainsi que les intermédiaires de Weinstein m'appelant régulièrement pour me menacer étaient disséminés aux quatre coins du monde, en Europe, en Australie, en Chine. Mon téléphone ressemblait à une bombe à retardement. Le sommeil était devenu pour moi un réflexe involontaire, une brève parenthèse au cours de laquelle, subitement, j'ouvrais les yeux et me retrouvais dans la pénombre. Je prenais alors conscience que je m'étais assoupi l'espace d'une heure, ma joue portant la marque du bureau du *New Yorker* où j'avais posé la tête. J'espérais que Jeffrey Toobin ou Dexter Filkins, quel que soit le nom du collègue dont j'avais emprunté l'espace de travail, ne découvrirait pas que j'avais bavé sur la souris de leur ordinateur. Quand je rentrais dormir à Chelsea, j'arrivais juste à somnoler. Quand je me regardais dans le miroir, je me trouvais pâle, les traits tirés et plus mince qu'au début de l'été, comme un enfant tuberculeux dans une publicité pour un tonique de l'époque victorienne.

Lorsque les journalistes chargés de vérifier les faits se mirent à appeler les sources tous azimuts, les menaces de Weinstein redoublèrent. Le premier lundi d'octobre, il envoya son premier courrier d'avocat au *New Yorker*. « Ce cabinet d'avocats, ainsi que mes collègues David Boies, Esq. de Boies Schiller Flexner LLP et Lisa Bloom, Esq. de The Bloom Firm, défendent The Weinstein Company », écrivit Charles Harder. Il taxa l'enquête journalistique de « diffamatoire ». « Nous exigeons que vous renonciez à la publication de cet article et que vous nous fournissiez une liste de toutes les déclarations au sujet de TWC (y compris ses employés et/ou dirigeants) que vous comptez publier. » Le courrier évoquait explicitement NBC : « Il est à noter que NBC News a travaillé dans le passé avec Ronan Farrow sur un sujet concernant TWC. Cependant, après avoir vérifié le travail de M. Farrow, NBC News a rejeté son enquête et mit un terme au projet. Il serait gênant que le *New Yorker* reprenne le travail de M. Farrow refusé par NBC, pour le publier. Le *New Yorker* s'exposerait alors à de fortes pénalités en raison de la responsabilité engagée. »

La récente conversation entre Weinstein et Woody Allen semblait sous-tendre ce courrier. Harder expliqua en plusieurs pages en quoi l'agression sexuelle subie par ma sœur m'empêchait d'enquêter sur Weinstein. « La colère personnelle de M. Farrow est légitime. Mais un rédacteur en chef ne devrait pas laisser ces sentiments présider à un article sans fondement et diffamatoire animé par une vengeance personnelle. » Il cita ensuite le livre qu'avait acheté Weinstein, rédigé par un fan de Woody Allen, déclarant qu'on m'avait manipulé pour me faire gober les révélations de ma sœur.

Il y avait également d'autres arguments plus farfelus. « Comme deuxième exemple, je citerai l'oncle de Ronan Farrow, John Charles Villers-Farrow [*sic*], qui a été poursuivi et a plaidé coupable à une sentence de dix (10) ans de prison pour avoir agressé sexuellement deux garçons. Nous n'avons à ce jour pas trouvé de preuve attestant que Ronan Farrow a publiquement dénoncé son oncle, et il est possible qu'il lui ait apporté son soutien. Quoi qu'il en soit, et étant donné les critiques ouvertes adressées par Farrow à son père dont il n'est pas proche, ses actions portent atteinte à sa crédibilité et à son jugement de journaliste.[1] »

Si mes souvenirs étaient bons, je n'avais jamais vu cet oncle. D'après les informations que j'avais pu obtenir, les accusations contre lui tenaient la route. Ma mère et ma sœur avaient coupé les ponts avec lui. On ne m'avait jamais questionné sur des membres de ma famille qui ne soient pas des personnages publics. Si on l'avait fait, je n'aurais pas éludé le sujet. Je ne comprenais pas bien ce que tout cela avait à voir avec l'affaire Weinstein.

J'étais frappé que les arguments mentionnés dans la lettre fassent entièrement écho à ceux qu'Oppenheim m'avait cités. Je repensai aux chroniques et aux apparitions télévisées que Bloom avait faites pour défendre ma sœur tout en se forgeant une réputation de porte-parole des femmes. Je commençais à m'habituer au fait que tous ces gens se pliaient à la machine Weinstein. Mais je me posais tout de même des questions sur Bloom.

La première semaine d'octobre, les assistants de Weinstein envoyèrent un e-mail à Dylan Howard : « Nous avons essayé de vous appeler, mais Harvey voulait savoir si vous pouviez le retrouver devant l'immeuble du *New York Times* sur 8th Avenue près de 43rd Street[2]. » À l'origine, Weinstein avait demandé à Howard, par le biais de ses assistants, de les rejoindre pour se rendre ensemble jusqu'au QG du journal. Mais Bloom et Weinstein étaient partis sans Howard si bien que le rédacteur en chef de l'*Enquirer* allait devoir faire le trajet tout seul chargé de tous les dossiers contenant des « calomnies » sur les accusatrices de Weinstein, d'après l'un des témoins. Plus tard, Howard nia s'être rendu au journal. Ce qui est indéniable, c'est que Weinstein, lui, était présent à cette réunion, pour entendre ce que le *New York Times* s'apprêtait à publier.

Quand mes sources m'appelèrent pour m'en informer, j'étais dans un taxi. Je tentai à plusieurs reprises de joindre Jonathan. Il était en train de lancer sa start-up sur la côte ouest. Il était de plus en plus occupé et moi, j'avais de plus en plus besoin de lui.

— Quoi ? finit-il par me dire sur un ton sec quand il me rappela. Il sortait tout juste d'une réunion.

— Le *New York Times* va publier.

— OK, commenta-t-il sur un ton légèrement impatient. Tu savais que c'était le risque.

— C'est bien que l'affaire éclate au grand jour. Je suis juste… Tous ces mois. Toute cette année… Et maintenant je n'ai plus de boulot.

J'étais en train de craquer et je me mis à pleurer. C'était assez pathétique.

— J'ai visé trop haut, repris-je. J'ai misé trop gros. Si ça se trouve, je n'aurai même pas d'article au bout du compte. Et toutes ces femmes vont se sentir abandonnées…

— Calme-toi ! me lança Jonathan pour me ramener à la réalité. Ce qui se passe, c'est que tu n'as ni dormi ni mangé depuis deux semaines.

Un klaxon retentit dans la rue.

— Tu es dans un taxi ? me demanda-t-il.

— Oui, répondis-je en reniflant.

— Oh, bon sang. On va reparler de tout ça, mais avant, tu vas donner un gros pourboire au chauffeur.

Après réception du courrier de Weinstein et Harder, Remnick me convoqua dans son bureau ainsi que Bertoni et Foley-Mendelssohn. Les arguments juridiques de Weinstein, du moins absurde au plus absurde, étaient les suivants : toutes les opinions négatives à son propos étaient diffamatoires ; les enquêtes journalistiques concernant des entreprises dont les employés signaient des contrats de confidentialité étaient non recevables ; il avait passé un accord avec NBC ; ma sœur avait été agressée sexuellement ; un membre de ma famille élargie avait abusé d'un enfant. (Jonathan hurla de rire en lisant ce courrier. « Cette lettre est merveilleuse ! J'adore. ») Mais moi, j'avais déjà vu des médias utiliser ce genre d'arguments. En entrant dans le bureau de Remnick, une partie de moi s'attendait à ce qu'il capitule ou objecte. Il déclara simplement : « C'est la lettre la plus écœurante que j'aie jamais reçue à propos d'un article. »

Toujours un peu anxieux, je rappelai à Remnick que Weinstein menaçait également de me poursuivre personnellement et que je n'avais pas d'avocat. « Que ce soit clair, m'interrompit-il. Nous te défendrons jusqu'au bout contre Harvey Weinstein, quoi qu'il arrive. » Bertoni répondit à Harder : « Concernant vos déclarations sur l'indépendance et l'éthique de M. Farrow, nous considérons les problèmes que vous soulevez nuls et non avenus[3]. »

Quand je quittai le journal ce soir-là, Remnick m'appela pour m'informer qu'Anthony Bourdain, le compagnon d'Asia Argento, l'avait contacté. Il avait toujours incité Argento à parler, mais malgré tout, mon cœur se serra : de façon répétée, les femmes qui avaient retiré leur témoignage l'avaient fait à la suite de l'intervention de leur mari, leur petit ami, leur père. L'intervention d'un compagnon était rarement une bonne nouvelle. Mais il y a toujours des exceptions : Bourdain avait assuré que l'attitude de Weinstein était écœurante et que tout le monde le savait depuis trop longtemps. « Je ne suis pas un homme de foi, déclara-t-il. Mais je prie pour que vous ayez le courage de publier votre enquête. »

L'équipe du *New Yorker* se rallia autour de l'enquête, qui consistait à présent à étayer toutes les allégations les unes après les autres. Nous attendions d'avoir tout vérifié avant de contacter Weinstein pour qu'il commente. Plusieurs de ses intermédiaires avaient pris contact avec nous et déjà répondu en détail, sur un ton non pas vindicatif mais résigné. L'un des membres de son équipe juridique avait pris l'étonnante initiative d'appeler peu après réception du courrier de Harder pour signaler que les accusations qu'il contenait étaient fausses et inopportunes. « Je ne pense pas que vous vous trompiez, dit l'avocat. En ce qui concerne les allégations de comportement déplacé, elles sont pour la majorité vraies. »

La température montait et le bureau de Foley-Mendelssohn était une véritable fournaise. Nous planchions sur les différents brouillons de l'article, le front couvert de sueur. Il y avait un débat passionné sur le choix des termes, Remnick recommandant la prudence dans la mesure du possible. Nous avions initialement exclu le mot « viol » de peur qu'il attire trop l'attention ou soit jugé préjudiciable. Foley-Mendelssohn et Kim, chargée de vérifier les faits, insistaient pour le garder. Bannir ce mot consistait selon elles à amoindrir les actes. Remnick et Bertoni finirent par se ranger à leur avis et on l'utilisa avec parcimonie.

Un jour de grosse chaleur, je me rendis chez Remnick, dans l'Upper West Side. Devant l'immeuble de pierre, il y avait une pancarte en alu « Fallout Shelter ». Dans son appartement, le salon haut de plafond était envahi de livres. L'épouse de Remnick, l'ancienne journaliste du *New York Times* Esther Fein, m'invita à la cuisine pour me servir un en-cas. Le couple, qui s'était rencontré à la fin des années 80, était allé ensemble à Moscou pour des journaux rivaux,

Remnick travaillant alors pour le *Washington Post*. Une partie de leur bibliothèque était réservée aux réussites de leurs deux fils et de leur fille, montrant leur évolution au fil des années, comme dans les films. Dans son petit bureau, Remnick et moi travaillâmes de nouveau sur l'article. J'étais abattu par la chaleur et la fatigue et il se montra très patient, même quand je me fourvoyais complètement sur les corrections.

J'avais la sensation de vivre le calme avant la tempête. Durant cette première semaine d'octobre, Kim Masters publia un article dans le *Hollywood Reporter* intitulé « Les avocats de Harvey Weinstein se battent contre le *NY Times* et le *New Yorker* à cause de révélations explosives[4] ». *Variety* le relaya quelques minutes plus tard[5]. Sur les chaînes du câble, les journaux commencèrent à ébruiter l'affaire. Cette révélation eut comme avantage de donner du courage à nos sources. Ce jour-là, l'actrice Jessica Barth, qui avait tourné dans les films *Ted* avec Seth MacFarlane, me contacta pour me confier que Weinstein l'avait agressée sexuellement lors d'une entrevue dans un hôtel, incident qui fut prouvé par la suite. Les gros titres étaient explosifs. Tout ce qui surviendrait par la suite ne passerait pas inaperçu.

CHAPITRE 40

DINOSAURE

Au cours de ce mois d'octobre, l'univers de Harvey Weinstein fut bouleversé. Il paraissait hagard. Lui qui était coutumier des coups de sang se montra encore plus colérique que d'habitude. Il devint de plus en plus méfiant au sein même de son entreprise. On apprit plus tard qu'il avait surveillé les communications d'Irwin Reiter qui avait envoyé à Nestor des messages de soutien et que Weinstein avait surnommé la « police du sexe ». Le 3 octobre, Weinstein demanda à un informaticien de supprimer un dossier intitulé les « amies de HW » qui recensait les coordonnées de dizaines de femmes dans le monde[1].

Le 5 octobre au matin, Weinstein convoqua presque toute son équipe juridique dans ses bureaux de Greenwich Street où une cellule de crise avait été constituée avec les moyens du bord. Bloom était présente, ainsi que Howard. Pamela Lubell et Denise Doyle Chambers, les employées de longue date qui avaient été rappelées pour établir une liste de cibles à contacter, étaient là elles aussi, sans illusion quant à leur proposition de livre. Davis et Harder étaient en liaison téléphonique, sur haut-parleur. Hors de lui, Weinstein hurlait à tue-tête. L'article du *New York Times* n'était pas encore sorti, mais il savait la publication imminente. Il balança une série de noms à Lubell, Doyle Chambers et leurs assistants : des membres du comité et des alliés de l'industrie du divertissement dont il espérait le soutien une fois que l'affaire éclaterait. Bloom et les autres analysaient des photos imprimées ou numériques montrant Weinstein et des femmes sur la liste des cibles : McGowan et Judd à son bras, souriant poliment. « Il nous hurlait : "Envoyez ça aux membres du comité !" » se souvient Lubell. Et elle s'exécuta.

Au même moment, je m'installai dans un fauteuil vide au siège du *New Yorker* et appelai la Weinstein Company pour leur demander de commenter. D'un ton nerveux, le réceptionniste que j'eus au bout du fil me dit qu'il allait voir si Weinstein était disponible. Peu après, j'entendis ce dernier me saluer de sa voix de baryton : « Wouahou, qu'est-ce qui me vaut cet honneur ? » Malgré ce qu'on a pu écrire sur cet homme avant et après l'affaire, on a rarement évoqué l'une de ses qualités : il était assez drôle. Cela étant, son ton vira rapidement à la colère. Weinstein me raccrocha au nez plusieurs fois au cours de cet automne et ce jour-là ne fit pas exception. Je lui expliquai que je voulais être juste et inclure ses éventuels commentaires. Je lui demandai si je pouvais enregistrer sa réponse. Il sembla paniqué et raccrocha. Le schéma se répéta cet après-midi-là. Quand je réussis à lui parler, il sembla renoncer à sa prudence initiale et accepta que je l'enregistre tout en restant sur ses gardes.

— Comment vous êtes-vous présenté auprès de toutes ces femmes ? me demanda-t-il.

Je fus un peu décontenancé.

— En fonction du moment où je les ai contactées, j'ai mentionné ou non la chaîne pour laquelle je travaillais, répondis-je.

Je tentai de lui faire comprendre que cela ne nous mènerait nulle part, mais il m'interrompit.

— Ah bon ? Par exemple, vous avez dit que vous étiez journaliste pour NBC ? Et qu'est-ce que vos amis de NBC disent de ça aujourd'hui ?

Je me sentis rougir.

— J'appelle pour recueillir vos commentaires, répétai-je.

— Non. Je sais ce que vous voulez. Je sais que vous avez peur, que vous êtes isolé et que vos patrons vous ont laissé tomber. Et votre père…

Remnick, devant le bureau à ce moment-là, tapota doucement au carreau. Il secoua la tête en me faisant signe de mettre fin à la conversation.

— Je serai heureux de vous parler, à vous ou à n'importe qui de votre équipe, dis-je.

Weinstein éclata de rire.

— Vous n'avez pas réussi à sauver quelqu'un que vous aimiez, alors maintenant vous pensez que vous allez sauver tout le monde.

Voilà ce qu'il me dit, mot pour mot.

Il m'invita à envoyer toutes mes questions à Lisa Bloom. À la fin de notre conversation, redevenu charmant, il me remercia poliment.

Peu après 14 heures, les téléphones sonnèrent et un assistant entra dans la salle de réunion de Weinstein pour leur donner les dernières nouvelles. « L'article du *New York Times* est prêt », annonça-t-il. « Merde », lâcha Dylan Howard. Il demanda aux assistants d'imprimer une copie pour tout le monde. Pendant que l'équipe se plongeait dans l'article, la tension retomba. L'espace d'un bref instant, Weinstein fut soulagé. Il était content que l'article soit publié un jeudi et non un dimanche, qui était selon lui le moment de prédilection pour les scoops. À la suite de quoi, il s'en alla pour rejoindre sa femme, Georgina Chapman, qui assistait à un défilé de mode de sa marque de vêtements, Marchesa. Weinstein répéta plusieurs fois à des membres de son équipe qu'elle lui avait dit : « Je suis avec toi. » Mais il redoutait déjà les futurs articles. Après celui du *New Yorker*, il avouerait en confidence : « Elle va me quitter. »

Foley-Mendelssohn et moi étions assis face à Remnick dans son bureau et lisions l'article du *New York Times*, lui sur son écran d'ordinateur, nous sur nos téléphones. Le texte était puissant et Ashley Judd avait enfin ajouté le nom de Weinstein aux déclarations qu'elle avait confiées à *Variety* deux ans plus tôt. Elle avait alors mentionné un producteur qui lui avait fait des avances. L'étrange coup de téléphone que j'avais reçu de la part de Nick Kristof quelques mois plus tôt prenait enfin tout son sens. L'article incluait aussi les témoignages d'O'Connor et de Nestor faisant état respectivement d'agressions verbales et de propositions déplacées.

Il n'y avait aucune accusation d'agression ou de viol. Lisa Bloom publia rapidement un communiqué de presse affirmant que ces allégations étaient, pour la plupart, fondées sur un malentendu. « Je lui ai expliqué qu'en raison de la différence de statut entre le dirigeant d'une grande compagnie comme la sienne et la plupart des entreprises du secteur, quelles que soient ses raisons, certaines de ses paroles et attitudes pouvaient être perçues comme déplacées, voire intimidantes. » Selon elle, Weinstein était simplement un « vieux dinosaure qui devait prendre de nouvelles habitudes[2] ». Dans les journaux télévisés, le lendemain matin, Bloom tenta de discréditer les allégations contenues dans cet article en les faisant passer pour des exagérations. Elle dit à George Stephanopoulos : « Vous utilisez le terme de "harcèlement sexuel", qui est une définition juridique. Pour ma part, je parlerais de faute professionnelle. Je ne sais pas si la plupart des gens perçoivent la différence, mais le harcèlement sexuel est violent et envahissant[3]. » Elle affirma avoir fermement conseillé à Weinstein de ne pas s'adresser à ses collègues comme il parlait à ses « copains, tu sais, quand tu vas boire une bière avec eux ». Weinstein lui-même déclara qu'il appartenait à la « génération des années 60 et 70, où les attitudes sur le lieu de travail étaient différentes ». Il affirma être en pleine « transformation », guidé par Lisa Bloom[4]. Il promit de se consacrer à la lutte contre la National Rifle Association. Bloom et lui affirmèrent qu'il allait suivre une thérapie, lancer une fondation pour un cursus de cinéma réservé aux femmes à la University of South California et que tout irait pour le mieux.

Dans le bureau de Remnick, je levai les yeux de l'article. Mon téléphone se mit à vibrer. C'était un texto de Jonathan. « Le *Times* a publié. Ils parlent de harcèlement, pas d'agression. Dépêche-toi. » Peu après, un texto de McHugh enfonça le clou. Selon lui, le *New York Times* avait « moins d'éléments que nous ».

— C'est un travail qui tient bien la route, commenta Remnick après avoir lu l'article.

— Mais ils sont loin derrière nous, ajouta Foley-Mendelssohn avec un soulagement non dissimulé.

— Alors on continue ? hasardai-je.

— On continue, m'affirma Remnick.

CHAPITRE 41

MÉCHANT

Après la lecture de l'article du *New York Times*, Weinstein, qui s'était dit soulagé, transmit à son équipe un message qui se voulait stimulant : « Relevez vos manches. On part au combat. » L'un de ses assistants lui signala qu'il en avait assez et claqua la porte. Weinstein tenta de le retenir puis lui proposa de lui rédiger une excellente recommandation. « Je l'ai regardé d'un air de dire : “Tu te fous de ma gueule ?” » se rappelle l'assistant.

Ce soir-là, le comité de direction de la Weinstein Company se réunit en session extraordinaire via visioconférence. Les neuf membres du comité, tous des hommes, étaient en ligne, Weinstein inclus. Pendant des années, la rancœur avait grandi entre quelques-uns d'entre eux qui tentaient d'évincer Weinstein et un noyau de fidèles qui le jugeaient indispensable à la réussite de l'entreprise. Malheureusement, il est fréquent que les hommes puissants qui harcèlent leur entourage le fassent avec l'appui de leur comité. Weinstein et son frère Bob occupaient deux sièges dans le comité et la charte de l'entreprise les autorisait à en nommer un troisième. Au fil du temps, Weinstein avait réussi à nommer beaucoup de ses fidèles aux autres sièges. En 2015, année où le contrat de Weinstein devait être renouvelé, il contrôlait six des neuf sièges et usait de cette influence pour échapper à ses responsabilités financières. Quand l'un de ses opposants, Lance Maerov, avait demandé à consulter le dossier personnel de Weinstein, Boies et Weinstein s'y étaient opposés et avaient engagé un avocat pour en faire un vague résumé. Maerov avait plus tard affirmé à un journaliste de *Fortune* qu'ils avaient dissimulé des informations[1].

Ce soir de début octobre, Weinstein téléphona au comité. Il nia tout puis assura que l'affaire du *New York Times* allait vite retomber. Durant cette conversation, les deux factions rivales au sein du comité ainsi que les deux frères se lancèrent dans une amère dispute. Lubell s'en souvient : « Bob qui disait : "Je vais te couler, Harvey, c'est fini pour toi !" et Harvey : "On va fouiller tous tes comptes !" Je n'ai jamais entendu autant de méchancetés en une seule fois. »

Le lendemain, au petit matin, Weinstein assaillit ses alliés de messages téléphoniques et d'e-mails débordant d'émotions. Parmi eux se trouvaient plusieurs responsables de NBC et Comcast. Meyer, le vice-président de NBCUniversal, l'appela pour lui témoigner sa solidarité. (Weinstein répondit : « Cher Ron, merci de ton message. Je suis en route pour L.A. Amitiés, Harvey. » Les deux hommes convinrent d'un rendez-vous.)

À 1 h 44 du matin le 6 octobre, Weinstein envoya un e-mail à Brian Roberts, président de Comcast, le patron du patron du patron de Noah Oppenheim pour lui demander un service. « Cher Brian, il y a toujours un moment dans la vie où on a besoin d'aide, et ce moment est arrivé pour moi[2]. »

Dans les dossiers d'Auletta, j'avais trouvé un entretien enregistré avec Roberts, où il se montrait comme l'un des rares défenseurs de Weinstein contre ceux qui le traitaient de brute. Au sujet de son amitié avec Weinstein et du temps qu'ils avaient passé ensemble à New York ou à Martha's Vineyard, il disait : « Ça a été un plaisir. Personnellement, tous ces trucs de Hollywood ne m'impressionnent pas trop. » Concernant la personnalité de Weinstein, Roberts commenta : « C'est un type qui fait de grandes choses et a bâti une solide entreprise. » Roberts qualifie Weinstein de « bon père de famille, quelqu'un de bien. Un gros nounours ».

Comcast, la société mère de NBC, était une entreprise familiale fondée par le père de Roberts[3]. Les textes de l'entreprise donnaient à Roberts un pouvoir inébranlable[4]. « Le président sera M. Brian L.

Roberts s'il souhaite occuper ces fonctions et s'il est disponible. [...] Le PDG sera M. Brian L. Roberts s'il souhaite occuper ces fonctions et s'il est disponible. » Plusieurs responsables ayant travaillé pour lui le décrivent comme doux et serviable. Il fut le seul de la hiérarchie à venir plus tard me présenter ses excuses en me disant qu'il avait des filles et qu'il croyait en mon article. Mais d'après les responsables sous ses ordres, Roberts évitait également tout conflit. Sur les sujets controversés, il « ne prenait pas position », rapporta l'un d'eux. « Contrairement à Steve, il n'ira pas faire le sale boulot. » (Steve Burke, qui travailla sous les ordres de Roberts comme PDG de NBCUniversal.)

Burke entretenait lui aussi de bonnes relations avec Weinstein. Un ancien membre de l'équipe de Weinstein (qui facilita la livraison de costumes de Minions pour son spectacle produit au Radio City Music Hall où il rencontra Ambra Gutierrez) affirma que Burke « mangeait dans la main de Weinstein ». Et d'après les employés de Roberts, Burke évitait tout autant le conflit. L'un d'eux se rappela un jour où un autre personnage éminent de Hollywood et son avocat se mirent à appeler NBC pour étouffer l'affaire. Cette même source se souvient avoir dit à Burke que la chaîne avait l'intention de poursuivre cette enquête et que Burke avait insisté en disant : « Arrêtez tout », ajoutant que cette personnalité hollywoodienne « vous en sera éternellement redevable ».

« Steve, nous allons démolir la réputation de NBC News », répondit l'employé. À la suite de l'intervention d'un autre membre de son équipe, Burke accepta de poursuivre l'enquête. Avant d'entrer chez NBCUniversal, Burke avait travaillé chez Disney où il avait obtenu d'excellents résultats dans les chaînes de magasins et les parcs d'attractions[5]. Mais selon ses employés, il était moins habitué au monde des médias. « Je ne crois même pas qu'il essayait de protéger ses amis. Il se disait simplement : “Ce type a du pouvoir, je reçois ces appels, je n'ai pas besoin de m'attirer des problèmes.” Il ne se doute même pas que ce n'est pas éthique », commente le collaborateur qui avait insisté pour qu'ils poursuivent l'enquête.

Chez NBC News, l'inquiétude grandissait autour de Weinstein. Peu après que Twohey avait publié son article sur le scandale de l'amfAR, McHugh avait l'intention de faire paraître un autre reportage qu'il considérait comme un complément important du premier. À la dernière minute, l'équipe dirigeante suspendit la diffusion. Greenberg, qui s'était montré enthousiaste jusque-là, changea d'avis, jugeant que cette nouvelle chronique n'apportait pas suffisamment d'éléments nouveaux. Ce fut seulement une fois que Janice Min, ancienne éditrice en chef du *Hollywood Reporter*, eut tweeté qu'une autre affaire liée à Weinstein patientait dans les tiroirs de NBC que Greenberg recontacta McHugh pour qu'il relance rapidement son sujet.

Oppenheim m'avait assuré que je pouvais terminer les projets sur lesquels j'étais engagé pour eux, mais quand mon prochain créneau arriva, on m'informa que le planning ne leur permettait pas de me donner du temps de parole. Mon intervention fut donc reprogrammée, mais on me resservit la même excuse la fois suivante. « Noah dit que Ronan n'a pas le droit de venir sur le plateau, confia un producteur à McHugh. Il s'est passé quelque chose ? » Lauer se contenta donc de lire mon texte à l'antenne.

Le jour de la publication de l'article du *New York Times*, les journaux du soir de CBS News et ABC News couvrirent largement le scandale grandissant. Les deux chaînes répétèrent cela le lendemain matin en ajoutant des interviews inédites. Seule NBC ne mentionna pas l'affaire le soir même et ne proposa aucun reportage inédit le lendemain. Au lieu de quoi, Craig Melvin, remplaçant Lauer, se contenta de lire une déclaration de moins d'une minute qui relayait largement les réfutations de Weinstein[6]. Durant le week-end, le même schéma se répéta : le « Saturday Night Live », qui s'était copieusement moqué de Bill O'Reilly, Roger Ailes et Donald Trump pour les mêmes motifs, ne mentionna pas l'affaire Weinstein[7].

Néanmoins, NBC orientait discrètement l'affaire. Oppenheim et Kornblau, le chef de la communication, prirent la parole devant les journalistes. Ils expliquèrent que NBC n'était que marginalement impliquée dans l'histoire. « Oppenheim affirme que Ronan est venu le voir il y a quelques mois parce qu'il voulait enquêter sur le harcèlement sexuel, mais au bout de deux ou trois mois, il n'avait pas réuni assez d'informations et n'avait convaincu aucune femme de s'exprimer devant la caméra », pouvait-on lire dans une note interne. « Il n'avait vraiment rien de solide », commenta Oppenheim à mon sujet au cours d'une conversation téléphonique. « Je comprends qu'il prenne tout cela assez personnellement et qu'il soit très impliqué émotionnellement. » Quand on lui demanda s'il avait des contacts avec Weinstein, Oppenheim répondit en riant : « Je ne fréquente pas ce genre de cercles. »

Plusieurs personnes me rapportèrent que, durant ces quelques jours, NBC évita de parler de Weinstein, à la demande d'Oppenheim. « Noah est littéralement allé les voir pour leur dire : "Ne parlez pas de cette affaire" », se rappelle quelqu'un qui avait assisté à une conversation entre Oppenheim et un producteur. Plus tard, cette semaine-là, Oppenheim retrouva un groupe de directeurs de la chaîne pour une réunion ordinaire. « Est-ce qu'on fait quelque chose au sujet de cette affaire ? » demanda l'un d'eux. Oppenheim secoua la tête : « Il s'en sortira, commenta-t-il en parlant de Weinstein. Il sera de retour d'ici un an et demi. C'est Hollywood. »

PARTIE IV
SLEEPER

CHAPITRE 42

LEÇON

Une nouvelle source s'ajouta à notre enquête après la publication de l'article du *New York Times*. Un ami commun me parla de l'expérience de Lucia Evans, consultante en marketing. À l'été 2004, Weinstein l'avait abordée au Cipriani Upstairs, une boîte de Manhattan. Elle s'apprêtait à entrer en dernière année à Middlebury College tout en essayant de débuter dans le cinéma. Après avoir obtenu son numéro, Weinstein se mit à l'appeler tard le soir, parfois par le biais d'un assistant, pour lui proposer des rendez-vous. Déclinant les rendez-vous tardifs, elle se dit disposée à le rencontrer pendant la journée.

Quand elle arriva au rendez-vous, l'immeuble était rempli de gens. On la mena dans un bureau meublé comme une salle de gym dont le sol était jonché de plats à emporter. Weinstein était seul. Evans le trouva effrayant. « Sa simple présence était intimidante, me confia-t-elle. Dès le début, il s'est mis à me flatter tout en me dépréciant et en me donnant une mauvaise image de moi-même. » Weinstein lui dit qu'elle pourrait être « fantastique dans "Project Runway" » (l'émission que Weinstein avait contribué à produire et qui devait sortir dans le courant de l'année) mais seulement si elle perdait du poids. Il lui parla également de deux scripts, un film d'horreur et une histoire d'amour pour ados, et ajouta que l'un de ses assistants en discuterait avec elle.

« Après ça, il m'a agressée. Il m'a forcée à lui faire une fellation. » Comme elle refusait, Weinstein sortit son pénis de son pantalon et attira sa tête vers lui pour qu'elle le prenne dans sa bouche. « J'ai répété sans m'arrêter que je ne voulais pas faire ça, j'ai dit : "Non, arrêtez." J'ai essayé de m'enfuir, mais peut-être que je n'ai pas assez insisté. Je ne voulais pas le frapper ou me battre. Il est costaud. Il était plus fort que moi. J'ai fini par renoncer. C'est le plus horrible dans cette histoire et c'est pour ça qu'il a réussi à faire ça à tant de femmes pendant aussi longtemps : on renonce et ensuite on se sent coupable. »

D'après elle, cet enchaînement d'événements ressemblait à une routine bien huilée. « J'ai l'impression que c'est une habitude. La directrice de casting est une femme, Harvey demande à rencontrer l'actrice. Tout était fait pour me mettre à l'aise dès le début. Ensuite, la honte lui a permis de me faire taire. »

Ce jour-là, nous avions envoyé une note détaillant les événements à Bloom et elle avait promis de nous répondre. Comme nous n'avions toujours pas de nouvelles le samedi, je décidai de l'appeler. Je tombai sur le répondeur et elle m'envoya un texto : « Je ne suis pas disponible aujourd'hui. » Quand je finis par la joindre, j'étais chez Remnick. Nous étions tous les deux occupés à corriger le texte. Bloom semblait désespérée et décrocha d'un ton très sec. Quand je lui rappelai que Weinstein m'avait demandé de la tenir au courant, elle me lança : « Je ne peux rien dire ! Je ne peux pas commenter cette affaire ! » Elle me suggéra d'appeler Harder, Boies ou n'importe qui d'autre.

Elle paraissait blessée et encline à m'adresser des reproches. Elle me rappela qu'elle n'avait eu de cesse de me contacter, « pendant des mois ! ». Comme si les informations que j'aurais pu lui donner avaient pu l'éloigner de Weinstein. Or, il se trouve que nous avions bel et bien discuté, Bloom et moi, et à chaque fois elle m'avait offert des informations sur les femmes qui accusaient Weinstein sans jamais à son tour demander d'infos sur son client. L'été avait été chargé pour Bloom. Elle représentait également Roy Price, cadre d'Amazon Studios, accusé de harcèlement ; elle cesserait de le représenter à l'automne, sous le feu des critiques. Quarante minutes après notre coup de téléphone, Bloom annonça sa démission dans un tweet.

Quasiment jusqu'à la fin, elle avait envoyé des e-mails à la Weinstein Company pour discréditer les accusatrices[1].

Vu que l'équipe de Weinstein semblait se démanteler, nous décidâmes de nous adresser directement au principal intéressé. Au cours de ce week-end et pendant la semaine qui s'ensuivit, j'eus des conversations informelles avec lui au téléphone, puis des discussions plus longues où je fus assisté de Remnick, Foley-Mendelssohn et Bertoni, tandis que Weinstein, lui, était entouré de ses avocats et de ses conseillers. Il avait ajouté à son équipe l'agence de relations publiques Sitrick and Company qui avait envoyé pour la représenter une ancienne journaliste du *Los Angeles Times*, Sallie Hofmeister, une femme posée.

Les conversations furent en grande partie placées sous le sceau du secret. Mais il y avait également des moments pour lesquels aucune règle n'avait été fixée ou que Weinstein avait explicitement qualifiés de publiables. Parfois, il semblait abattu. Quand il me disait : « Salut, Ronan », on pouvait presque trouver ça attendrissant. Mais le plus souvent, c'était le bon vieux Harvey Weinstein au bout du fil, arrogant et furieux. « Permettez-moi de vous instruire, dit-il. Je vais vous éclairer un peu. »

Weinstein répéta à plusieurs reprises qu'un rapport n'était pas considéré comme un viol si la femme revenait vers lui plus tard. Il ne semblait pas comprendre que ce genre de situations pouvait pourtant bel et bien survenir, dans le cadre professionnel ou familial, et que c'était puni par la loi. Il se dit également sceptique vis-à-vis des accusations selon lesquelles il se serait vengé sur leurs carrières. « Il n'y a pas de vengeance à Hollywood », déclara-t-il en ajoutant que l'idée qu'un homme puissant intimide des femmes était un « mythe ». Quand je lui demandai comment c'était possible, il me répondit que les gens n'avaient qu'à appeler un Ronan Farrow, une Jodi Kantor ou une Kim Masters pour que la vengeance disparaisse. Je fus ébahi par sa logique : il contribuait à créer un problème puis il utilisait la réaction même à ce problème pour prétendre qu'il n'avait pas existé.

Lors de nos précédents échanges, plus informels, j'eus l'impression que Weinstein vivait dans une réalité parallèle. Il admettait avoir mal agi puis citait en exemple le jour où il avait écrit un commentaire méchant dans le cahier d'une fille ou regardé une collègue de travers. À chaque fois que je lui rappelais que nous parlions de plusieurs accusations de viol, il paraissait surpris. Il me dit qu'il avait été dépassé par les événements et n'avait donc pas étudié en détail tous les faits qui lui étaient reprochés. Et ça paraissait assez crédible.

Plus tard, ses conseillers entrèrent en lice et mirent au point la réponse officielle que nous publiâmes avec l'article : un déni total de tout « rapport sexuel non consenti », sans revenir en détail sur les allégations. Cela semblait refléter l'opinion sincère de Weinstein : il ne niait pas vraiment que ces faits se soient déroulés, mais prétendait que les rapports avaient été consentis et qu'on les avait ensuite déformés pour en tirer profit.

Il passa un temps fou à critiquer la personnalité des femmes qui l'accusaient. « Harvey, j'ai une question, intervint Remnick à un moment donné, en toute sincérité. Qu'est-ce que tout cela a à voir avec ton comportement ? » Discuter des faits précis ne semblait absolument pas l'intéresser. Parfois, il ne semblait même pas s'en souvenir. À un moment, il se lança dans une longue discussion sur une allégation qui n'était même pas présente dans l'article. Il avait mélangé un nom qu'on lui avait donné avec un autre issu de ses souvenirs.

Chaque fois que je mentionnais l'enregistrement audio de la police, Weinstein s'énervait qu'une copie puisse encore exister. « Vous avez une copie de cet enregistrement qui a été détruit par un procureur ? me demanda-t-il, incrédule. Cet enregistrement qui a été détruit ? » Plus tard, les porte-parole du cabinet de Vance expliquèrent qu'ils n'avaient jamais accepté de détruire une preuve. Pourtant, Weinstein en était convaincu. Hofmeister appela par la suite pour me préciser le problème : Weinstein craignait qu'on n'enfreigne l'accord qu'il avait passé. « Il y a eu un accord passé entre la police et le procureur, je crois. En tout cas, ce qui est sûr, c'est que toutes les parties ont accepté de détruire l'enregistrement. »

Weinstein insistait également sur ce qu'il prenait pour un arrangement avec NBC News. « Ils sont furieux chez NBC. » Il voulait savoir ce que j'allais faire des vidéos que j'avais tournées là-bas. Il ajouta que la chaîne lui avait promis de me poursuivre si je les utilisais contre lui. Quand David Remnick entendit cela, il mit fin au débat : « NBC n'est pas le cœur du sujet ici. Cette affaire avec NBC, ce n'est rien du tout. »

Au fur et à mesure que les conversations progressaient, l'humeur de Weinstein empirait. « Emily a signé une clause de confidentialité, rappela-t-il au sujet de Nestor. Faites attention à elle. On l'aime bien. » Ses collaborateurs, n'en croyant pas leurs oreilles, se mirent à parler en même temps pour couvrir ses paroles. « Elle est mignonne et gentille, poursuivit Weinstein. Elle ne mérite pas ça. » Il formula des menaces envers le *New Yorker* également, disant qu'il poursuivrait le magazine en justice ou ferait fuiter nos infos pour nous couper l'herbe sous le pied. « Attention, répétait-il. Attention, les gars. »

À un moment donné, comme Hofmeister et les autres n'arrivaient pas à faire taire Weinstein, ils raccrochèrent.

— On les a perdus, constata Remnick après cette brusque interruption.

— Ils ont voulu l'empêcher de parler, dit Foley-Mendelssohn.

— Oui, c'est du bon travail d'avocat, ça, renchérit Bertoni en secouant la tête. Voilà pourquoi il les paie aussi cher, pour qu'ils raccrochent le téléphone.

Quand la communication reprit quelques minutes plus tard, Remnick dit :

— Sallie ? Est-ce qu'un des avocats a appuyé sur le bouton ?

— Vous êtes toujours là ? demanda Hofmeister.

— Oui, nous, nous sommes bien là, répondit Remnick.

Quand Weinstein nous donna des détails, nous les inclûmes dans notre article. À la fin, même si sa colère était toujours présente, Weinstein parut résigné. À plusieurs reprises, il concéda que nous étions justes et qu'il « méritait » une grande partie de ce qui lui arrivait.

Le 10 octobre à 1 heure du matin, Foley-Mendelssohn nous transmit la version définitive de l'article et nous fîmes une relecture finale à partir de 5 heures du matin. À l'heure d'ouverture des bureaux, le reste de l'équipe était sur le pont : Kim et McIntosh vérifièrent les derniers détails ; quant à Michael Luo, l'ancien collaborateur respecté du *New York Times* désormais chargé du site du *New Yorker*, il effectua les dernières mises au point pour la version numérique. Quand j'arrivai, les bureaux du magazine étaient calmes et lumineux. Quand Monica Racic, la rédactrice multimédia du magazine, s'installa à son bureau pour lancer la publication, Foley-Mendelssohn et quelques autres prirent place autour d'elle. Je fis une photo. L'idée était simplement de garder une trace de ce moment sans triomphalisme, mais Remnick ne put s'empêcher de sourire. « Ce n'est pas notre style », expliqua-t-il et il nous renvoya tous à notre poste.

Quand l'article fut envoyé, je m'approchai d'une des fenêtres du bureau, contemplant l'Hudson. Je me sentais bizarre. En fond sonore, Peggy Lee chantait « Is that all there is to a fire ? » et j'espérais que les femmes qui avaient témoigné n'auraient pas l'impression que tout cela avait été vain. Je me demandais ce que j'allais devenir. Je n'avais pas de contrat avec le *New Yorker* en dehors de cet article et aucune perspective pour la télévision. Je voyais mon reflet dans la vitre, les cernes noirs sous mes yeux et, au-delà, l'horizon scintillant. Un hélicoptère de médias planait au-dessus de la rivière, observant la ville.

Mon téléphone émit plusieurs sonneries. Je me précipitai vers l'ordinateur le plus proche pour me connecter à Internet. De ma boîte de réception à mon compte Twitter, en passant par Facebook, les alertes ne cessaient pas de retentir. Je recevais une quantité de messages, les uns après les autres.

Plus tard, je recevrais des messages de collègues journalistes, notamment Kantor et Twohey qui avaient longuement et durement travaillé sur leur article. Elles avaient reçu beaucoup d'intimidations. Un journaliste qui avait lui aussi publié un article sur Weinstein me montra les messages qu'il avait reçus à l'époque, lesquels avaient fini par devenir des menaces explicites dirigées contre lui et sa famille. Il avait dû faire appel au FBI. Il avait malgré tout publié son papier.

Mais la plupart des messages émanaient d'inconnus qui avaient eux aussi des témoignages à apporter. Certains étaient écrits par des femmes, d'autres par des hommes. Certains rendaient compte de violence sexuelle, d'autres parlaient de corruption ou autres types de crimes. Tous faisaient état d'un abus de pouvoir et d'abus du système (qu'il soit gouvernemental, médiatique ou juridique) utilisé pour dissimuler tout ça.

Ce jour-là, Melissa Lonner, l'ancienne productrice de l'émission « Today » que j'avais rencontrée quand elle travaillait pour Sirius XM, m'envoya un message auquel je ne prêtai guère attention : « Il y a d'autres Harvey autour de toi. »

CHAPITRE 43

CABALE

Ce jour-là, Noah Oppenheim m'envoya un texto : « Je pense que nous allons pouvoir conclure un nouveau contrat. » Cela les avait embêtés que je travaille pour eux, et à présent c'était l'inverse qui les ennuyait. Il m'appela moins d'une heure après la publication de l'article. « Je suis content que ça ait marché, me dit-il. C'est très bien. Comme tu peux l'imaginer, toute l'équipe de "Nightly" sur MSNBC aimerait t'inviter pour parler de l'affaire. Alors je voulais juste voir avec toi où tu en étais. » Il ajouta que, pour l'occasion, NBC acceptait que je me présente comme un journaliste de la chaîne.

« La seule raison qui me ferait hésiter à venir sur NBC, c'est que je ne veux mettre personne dans une situation inconfortable. À l'évidence, Harvey utilise toute cette histoire avec NBC contre moi, lui répondis-je. Si on me demande comment tout ça s'est passé avec la chaîne, je ne veux pas me retrouver obligé de dissimuler des informations. »

Oppenheim et Kornblau ne simplifiaient pas la situation. Je fus contacté par plusieurs journalistes à qui les deux dirigeants avaient tenu des discours contradictoires au sujet de la genèse de l'article. Stressé, j'avais transmis les appels à Raabe, la directrice de la communication du *New Yorker*, et à Jonathan. Pendant qu'Oppenheim et moi étions en discussion, Jake Tapper, de CNN, avait tweeté : « En parlant de complicité médiatique, on peut se demander pourquoi Ronan Farrow de NBC a publié cet article dans le *New Yorker*[1]. » Peu après, Tapper lisait cette déclaration à l'antenne : « Une source chez NBC a déclaré au *Daily Beast* : "L'enquête qu'il menait pour NBC News ne satisfaisait pas la chaîne à l'époque. Son travail était loin d'être aussi avancé qu'aujourd'hui. À ce moment-là, il n'avait aucun témoin prêt à prendre la parole publiquement ou à être cité. L'article qu'il a publié n'a rien à voir avec le projet qu'il avait soumis à NBC." » Il ajouta d'un air dubitatif : « Tout ça m'a l'air d'un gros mensonge. »[2]

Quand je dis à Oppenheim que je ne voulais pas mentir si on m'interrogeait, il lâcha un petit rire nerveux :

— Oui, enfin, écoute, à moins que... à moins que tu ne veuilles... Bon, j'ai l'impression que tu ne veux pas... À moins que tu n'évoques...

— Écoute, Noah, l'interrompis-je, mon objectif a toujours été de mettre en avant le témoignage de ces femmes.

Il me demanda si je voulais faire un saut au 30, Rockefeller Center pour tourner un spot rapide pour « Nightly News ». J'avais l'impression qu'on m'appelait surtout pour désamorcer un problème de relations publiques. Cela étant, les témoignages de ces femmes méritaient d'être portés à l'antenne de NBC. Par ailleurs, je voulais récupérer mon poste chez eux. Je me convainquis que passer sous silence la genèse de l'histoire ne revenait pas à mentir.

Quelques heures plus tard, mon téléphone sonna : « Ronan, c'est Matt Lauer. Je vais être la 567e personne à te le dire, mais félicitations pour cet incroyable article ! »

L'arrangement avec Oppenheim me mettait dans une position délicate. Quand j'étais interviewé par d'autres médias, j'évitais les questions personnelles et réorientais la conversation vers les femmes qui avaient témoigné et leurs allégations. Dans les programmes de NBC, j'étais présenté comme contributeur ou correspondant, journaliste d'investigation ou pas, ressuscité à la hâte pour l'occasion. Quand j'arrivai cet après-midi-là pour enregistrer mon interview pour « Nightly News », des collègues m'abordèrent, l'air grave. Un producteur qui travaillait souvent sur des affaires policières vint me dire, tremblant, qu'il aurait été ravi de m'aider et qu'il ne comprenait pas ce qui s'était passé. Un correspondant m'envoya le texto suivant : « En tant que victime d'abus sexuels, j'ai l'impression que nous travaillons au sein d'une cabale médiatique digne du Vatican, qui cherche à étouffer les crimes sexuels. » Ces gens-là faisaient partie des meilleurs journalistes que je connaisse, ils m'avaient rendu fier de travailler pour NBC News. Ils croyaient profondément aux idéaux de la chaîne : la défense de la vérité et la transparence. « Chez NBC, les gens qui se souciaient du vrai journalisme étaient très mal à l'aise, me confia plus tard un autre membre de l'équipe d'investigation. Il a fallu beaucoup de temps pour qu'on digère tout ça. »

C'était étrange de se retrouver interviewé par un collègue et d'être l'objet des gros titres du jour. Le reportage incluait les passages que Harris et Weiner avaient retirés de mon scénario initial, dans lesquels de nombreux employés attestaient avoir été témoins de comportements déplacés. « De nouvelles accusations secouent Hollywood alors qu'un enregistrement d'une rencontre entre Weinstein et l'une de ses accusatrices lors d'une entrevue avec la police vient d'être découvert, annonça Lester Holt ce soir-là. Voici Anne Thompson pour NBC. » Cette formulation impersonnelle était étrange elle aussi. Personne ne disait qui avait découvert cet enregistrement. Certainement pas Noah Oppenheim.

Quelques heures plus tard, dans une salle d'attente que j'avais jadis mise à disposition des invités de mon émission, je regardai Rachel Maddow lancer son programme sur un petit écran dans un coin. Pendant vingt minutes, elle présenta les récents développements dans cette affaire de harcèlement et d'agression sexuels impliquant une célébrité, insistant sur les failles des médias. Elle fit le lien entre l'affaire Cosby, les plaintes au sein de Fox News et le scandale de l'enregistrement « Access Hollywood ». « Cet enregistrement est sorti il y a un an jour pour jour », commenta-t-elle à juste titre.

Quand elle aborda l'affaire Weinstein[3], Maddow, comme tout le monde, fit grand cas de l'enregistrement de la police. Elle était assise devant un grand écran où il était écrit « Je fais ça souvent », et se demanda à voix haute pourquoi tout cela était resté secret aussi longtemps. « Ces allégations étaient connues et apparemment acceptées. »

Le public était « en train de prendre conscience qu'une vaste conspiration sévissait dans le milieu afin d'étouffer cette affaire ».

Je me sentais épuisé et tiraillé. Malgré les hésitations et la semi-promesse d'Oppenheim, j'aspirais encore à travailler pour NBC News. J'essayai de voir au-delà de ce moment où j'étais au centre de l'attention, en me demandant ce que j'allais faire ensuite. Mais Maddow était sur le point de poser la première pierre de notre discussion, ce qui ne faisait que renforcer mes doutes quant à ma place chez NBC.

Sur le plateau, Maddow était installée, maquillée, vêtue d'une veste noire. Elle se pencha vers moi, dans un geste d'empathie et de curiosité. « Évidemment, cette enquête a été très longue pour vous. Vous travailliez pour NBC News quand vous l'avez commencée. Vous avez fini par la publier dans le *New Yorker*. Si vous pouvez nous parler de ça, je serais ravie de vous entendre là-dessus. » Je déviai sur d'autres sujets et elle me regarda droit dans les yeux en disant : « Ronan, j'ai encore quelques questions pour vous à ce propos. Je n'étais pas censée vous garder aussi longtemps, mais je vais le faire quand même. » Après une coupure publicitaire, elle revint à la charge : « Pourquoi avez-vous finalement publié cet article dans le *New Yorker* plutôt que NBC ? »

Je sentais le regard de Maddow sur moi et les spots au-dessus de ma tête. Malgré toutes les perches qu'elle m'avait tendues, je n'avais pas prévu de réponse. « Il faudrait demander à NBC et à ses dirigeants de vous donner tous les détails de l'histoire, répondis-je. Au cours des dernières années, de nombreux médias ont tenté de creuser cette affaire et subi d'énormes pressions. Tout ça commence à sortir peu à peu. » J'expliquai que j'avais été menacé personnellement de poursuites, ainsi que le *New York Times*. J'ajoutai que je ne pouvais pas parler des menaces reçues par les autres, mais qu'ils avaient bel et bien subi des pressions.

« NBC prétend que l'enquête n'était pas diffusable, qu'elle n'était pas aboutie quand vous la leur avez soumise », dit-elle en référence aux explications d'Oppenheim et Kornblau selon lesquelles mon enquête était vide et que j'étais parti la proposer ailleurs de mon plein gré. Maddow appuya son index sur son bureau brillant et haussa les sourcils, sceptique. « Mais manifestement, quand vous l'avez soumise au *New Yorker*, elle était terminée. »

J'avais clairement dit à Oppenheim que j'éluderais les questions mais sans mentir. « Je suis arrivé au *New Yorker* avec un reportage explosif qui aurait dû être publié plus tôt et le magazine a tout de suite accepté. Il n'est pas exact de dire que l'enquête n'était pas aboutie. En fait, elle l'était déjà quand j'étais encore avec NBC. »

La promesse que j'avais faite de maintenir la paix s'éloignait de moi, et mon avenir sur la chaîne avec elle. Maddow me gratifia d'un regard plein de compassion.

— Je sais qu'une partie de cette histoire, du point de vue journalistique, n'est pas la chose la plus facile à raconter et je sais que vous ne voulez pas vous mettre au centre de l'attention.

— C'est important. Ces femmes ont fait preuve d'un immense courage en prenant la parole. Parler de tout ça les bouleverse et réveille leur traumatisme, mais elles sont convaincues qu'en s'exprimant, elles peuvent sauver d'autres femmes. Donc le sujet ici, ce n'est pas moi, ni le travail exceptionnel accompli par Jodi Kantor. En définitive, nous sommes au service de ces femmes qui se sont engagées dans une démarche vraiment difficile. J'espère que les gens entendront leur voix et se concentreront là-dessus. »

Sur ce, je quittai le plateau et fondis en larmes.

CHAPITRE 44

CHARGEUR

Dès la fin de l'émission, Maddow reçut un coup de téléphone. Elle faisait les cent pas sur le plateau, son téléphone pressé contre son oreille. Même à une certaine distance, on pouvait entendre la voix de Griffin à l'autre bout du fil. Ensuite, ce fut au tour d'Oppenheim de m'appeler.

— Alors est-ce que je suis un ex-journaliste de NBC ? demandai-je sur le ton de la plaisanterie.

— Je ne suis pas responsable des propos de Rachel Maddow. Crois-moi… Écoute, c'est comme ça. C'est tout ce que je peux dire. Malheureusement, tout ça a mis le feu aux poudres.

Oppenheim avait l'air nerveux. Apparemment, on lui demandait instamment de faire une déclaration expliquant que cette histoire n'était pas passée par NBC. Il voulait que je signe cette déclaration.

Nous eûmes de nouveau la même conversation qu'un peu plus tôt, mais cette fois il défendait le point de vue inverse. Quand je lui demandai s'il avait parlé à Weinstein, il me répondit sèchement :

— Jamais de la vie !

— Noah, quand tu m'as montré cet article relatant la collaboration entre Harvey et Woody Allen, tu m'as dit : « Je répète les mots de Harvey », lui rappelai-je.

Il poussa un gémissement et répliqua :

— Bon, Harvey Weinstein m'a appelé, mais une seule fois !

Notre conversation téléphonique dura des heures. Mark Kornblau intervint pour me proposer de signer un communiqué de presse kafkaïen disant que mon enquête journalistique avait été examinée par NBC mais qu'elle n'avait pas convaincu. J'avais mal à la tête. En réalité, ce n'était pas la première fois que Kornblau essayait de dissimuler des éléments dans une affaire à scandale. En 2007, alors qu'il était porte-parole de John Edwards, le candidat à la présidentielle, il avait passé des mois à dissimuler des informations concernant un enfant qu'Edwards aurait conçu avec Rielle Hunter, une vidéaste de campagne. Kornblau avait demandé à Edwards de signer une non-reconnaissance de paternité. Quand celui-ci avait refusé, Hunter avait écrit : « C'est à ce moment-là que Mark a appris la vérité[1]. » Mais Mark Kornblau, qui resta actif dans la campagne pendant encore un mois et croyait manifestement Edwards, continuait de démentir publiquement. Par la suite, quand Edwards fut poursuivi pour avoir enfreint les lois de financement de campagne alors qu'il essayait d'étouffer cette affaire, les avocats accusèrent Kornblau d'avoir dissimulé l'incident lors des interrogatoires préliminaires. Kornblau se défendit en prétendant qu'on ne lui avait simplement pas posé la question[2]. Edwards fut finalement acquitté pour un chef d'accusation et les autres chefs furent abandonnés pour vice de procédure.

À l'époque, j'ignorais tout de cette histoire. J'avais confiance dans les responsables de la chaîne. J'envisageais encore un avenir professionnel avec eux. Je leur dis que je ne pouvais pas produire de fausse déclaration. Mais je leur promis de ne plus répondre à des questions du type de celles de Maddow.

À un moment, la communication avec Oppenheim fut coupée, car je n'avais plus de batterie. J'étais toujours dans la salle d'attente des invités de MSNBC. J'empruntai un chargeur et branchai mon portable. Pendant que j'attendais qu'il recharge, un présentateur célèbre passa par là, vint s'asseoir près de moi et me dit :

— Noah est un pauvre malade, Andy est un pauvre malade et il faut qu'ils dégagent tous les deux.

— Tu veux dire qu'il y a d'autres affaires en dehors de celle-ci ?

— Il y a eu trois affaires dont j'ai eu personnellement connaissance.

— L'enregistrement « Access », commençai-je, celle-ci…

— Et une autre. Impliquant quelqu'un de chez nous.

J'écarquillai les yeux. À ce moment-là, mon téléphone avait récupéré de la batterie, et Oppenheim m'appela.

Sous les lumières du studio 1A, Matt Lauer me regarda comme si j'étais un bâton de dynamite allumé puis entreprit de récapituler la situation : « Vous avez travaillé longtemps sur cette enquête, pour NBC News et pour le *New Yorker*. Je sais que ça a été long et difficile de convaincre ces actrices de témoigner publiquement[3]. » Sa première phrase suggérait une collaboration avec NBC qui n'avait jamais vraiment existé. Dès le premier jour de tournage, nous avions obtenu le témoignage d'une femme. Sur l'enregistrement qui existe de cette conversation entre Lauer et moi, on peut voir que j'ai l'air surpris par ses déclarations. Lui était étrange ce jour-là, inquiet. Quand j'évoquai la complexité des agressions sexuelles au travail et des formes de représailles qu'elles pouvaient induire, il bougea dans son siège avant d'enchaîner directement sur la déclaration de Hofmeister sur Weinstein. Un rayon de lumière glissa sur son costume bleu marine impeccable quand il changea de position.

Quelques heures plus tard, Oppenheim réunit les producteurs et les journalistes de la cellule d'investigation pour « faire retomber la tension » et éviter les « malentendus ». Quand il répéta que la chaîne n'avait jamais travaillé sur cette affaire, McHugh prit la parole. « Excuse-moi, Noah, mais je ne suis pas d'accord. » Oppenheim ouvrit de grands yeux. La réunion tourna au vinaigre. Les journalistes commencèrent à poser des questions. Pourquoi est-ce qu'ils avaient abandonné ? Si Oppenheim n'était pas satisfait du résultat, pourquoi McHugh et moi n'avions pas pu continuer nos investigations ? Aucune réponse ne semblait leur convenir. Un journaliste travaillant là depuis longtemps déclara par la suite : « Je ne vois pas quelles circonstances pourraient justifier qu'une rédaction – même si elle ne croit pas trop à ton sujet à ce moment-là – ne te donne pas tous les moyens pour parvenir à tes fins. Tout ça ne m'a pas fait rire et ça n'a fait rire personne. »

Le lendemain, McHugh reçut un appel de l'assistant d'Oppenheim : « Noah voudrait vous voir. » Oppenheim voulait discuter avec lui de sa prise de parole devant tout le groupe (il prononça ces mots avec un dégoût évident).

— Pendant toute votre enquête, nous avons eu les avocats de Harvey Weinstein au téléphone et pas une seule fois ils nous ont ordonné d'arrêter de travailler, assura Oppenheim.

— On m'a demandé de tout arrêter, rappela McHugh. Avec Ronan, on a senti que la direction de NBC n'allait pas soutenir notre travail.

— C'est moi qui ai lancé cette enquête, putain ! explosa Oppenheim. Et maintenant tout le monde m'accuse d'être complice d'un violeur. Je suis le seul ici à avoir donné un boulot à Ronan après que MSNBC a supprimé son émission, et c'est moi qui ai eu l'idée de…

— Je ne t'accuse pas, se défendit McHugh.

Mais Oppenheim était blessé, vexé. Le fait que David Remnick ait répondu simplement aux questions qu'il évitait semblait l'irriter tout particulièrement. (« Dès que Farrow est arrivé chez vous, est-ce que vous avez accepté de publier son article ? » avait demandé un journaliste de CBS à Remnick. « Absolument[4] ! » avait-il répondu.)

— David Remnick a étouffé l'enquête de Ken Auletta ! hurla Oppenheim. Il n'a rien fait pendant seize ans jusqu'à ce que Ronan débarque dans son magazine. C'est insupportable d'entendre une leçon de morale de la part de quelqu'un qui a lui-même étouffé une affaire, qui n'a rien fait pendant toutes ces années et qui maintenant se donne des airs de héros parce qu'il a laissé Ronan faire son travail !

Le fait est que Remnick m'a laissé faire mon travail. Contrairement à Oppenheim. McHugh rapporterait par la suite que cette réunion était « dingue ». Il lui semblait évident qu'Oppenheim recherchait un allié en interne. Il pesa le pour et le contre. C'était le patron de son patron qu'il avait en face de lui. McHugh n'avait pas la même visibilité que moi. La chaîne avait réellement le pouvoir de l'empêcher de travailler et il n'avait pas de filet de sécurité. Il avait quatre filles et son contrat se terminait bientôt.

Quand il sortit du bureau, il avait la nette impression que son avenir était en jeu et il se demandait comment résister à ces pressions venues d'en haut.

Cette affaire était tentaculaire et ne touchait pas seulement les employés de NBC. Hillary Clinton avait gardé le silence pendant le week-end qui avait séparé la publication du *New York Times* et celle du *New Yorker*, déclinant les interviews des journalistes tandis que d'autres hommes politiques s'empressaient de publier des communiqués moralisateurs. Tina Brown, la rédactrice en chef du magazine *Talk* détenu par Weinstein, affirma à la presse qu'elle avait averti l'équipe Clinton de la réputation de Weinstein durant la campagne de 2008[5]. La journaliste et actrice Lena Dunham révéla comment, lors de la campagne de 2016, elle avait informé les collaborateurs de Clinton qu'il était problématique d'accepter les fonds versés par Weinstein. « Je veux juste que vous sachiez que Harvey est un violeur, et que ça va finir par se savoir[6] », avait-elle confié à un membre de l'équipe de communication, entre autres.

Cinq jours plus tard, Clinton publia un communiqué dans lequel elle se disait « choquée et atterrée[7] ». Je contactai Nick Merrill, son collaborateur qui s'était inquiété de mon enquête, et lui dis que mon livre sur la politique étrangère allait comporter des interviews avec quelques secrétaires d'État et que j'allais y expliquer pourquoi Clinton avait décliné. Finalement, on me donna une date pour un rendez-vous téléphonique avec elle.

Woody Allen, qui avait témoigné sa compassion avec Weinstein au téléphone le mois précédent, la réitéra en public. « Personne n'est jamais venu me raconter d'horreurs sur lui. Parce que ça ne m'intéresse pas. Ce qui m'intéresse, ce sont mes films. » Il ajouta : « Toute cette affaire est triste pour tous ceux qui sont impliqués. Tragique pour les pauvres femmes qui l'ont subie, triste pour Harvey que sa vie soit si bouleversée. » Plus tard, en réponse aux critiques que lui valurent ces commentaires, il précisa sa pensée, disant que Weinstein était un « homme triste et malade ». À ses yeux, il était important d'éviter une « chasse aux sorcières où chaque homme qui ferait de l'œil à une collègue au bureau se verrait contraint d'appeler un avocat[8] ».

Meryl Streep, qui avait été tellement surprise d'apprendre l'existence de ces allégations, répéta ses déclarations en public. Elle reçut beaucoup de critiques, dont certaines étaient injustes et exagérées. Un artiste urbain d'extrême droite placarda dans Los Angeles une image de Streep et Weinstein enlacés, avec un trait de pinceau rouge barrant les yeux de l'actrice et disant : « Elle savait.[9] » Streep fit paraître un communiqué via son responsable de la communication. (Comme Hollywood aime recycler les mêmes personnes, il se trouve qu'il s'agissait de Leslee Dart, également responsable de la communication de Woody Allen, qui avait supervisé ses nombreuses tentatives pour discréditer ma sœur.) « Il faut clarifier une chose. Tout le monde n'était pas au courant, fit savoir Streep. Et si tout le monde avait su, je ne crois pas que tous les journalistes de l'industrie du divertissement auraient gardé le silence pendant des dizaines d'années[10]. » Je crois sincèrement qu'elle ne savait rien de tout ça. Mais elle se trompait au sujet des médias : ils savaient et avaient fermé les yeux.

CHAPITRE 45

NUISETTE

Les femmes concernées par l'article réagirent, elles aussi. Pour certaines c'était douloureux, pour d'autres enthousiasmant. Toutes avaient la sensation qu'on leur avait ôté un poids. Après des mois difficiles, McGowan me remercia. « Tu es parti au combat et tu as réussi, putain ! m'écrivit-elle. Tu nous as rendu un immense service. Et tu as été COURAGEUX. » Elle expliqua qu'elle avait fait face à l'offensive grandissante de Weinstein tandis que ses propres factures d'avocat avaient flambé. « Je sais que tu es en colère contre moi, mais ça a été difficile. En coulisses, Harder et Bloom me terrorisaient. »

McGowan s'était retrouvée très isolée. Elle s'était confiée à peu de gens en dehors de sa nouvelle amie « Diana Filip » (« Anna » dans la dernière réunion avec Weinstein). Le jour de la publication de mon article, celle-ci prit des nouvelles de McGowan :

> *Coucou,*
> *J'ai beaucoup pensé à toi ces derniers jours. C'est fou ce qui se passe ! Comment vas-tu ? Tu dois être à la fois soulagée et stressée. Tu dois recevoir plein de messages, j'espère que tout le monde te soutient.*
> *Je voulais juste te dire que je te trouve très courageuse. Je suis très fière de toi.*
> *Je vais t'envoyer un e-mail pour te mettre en contact avec Paul pour que vous puissiez organiser un rendez-vous et discuter affaires.*
> *Xx*[1]

À ce stade, de nombreuses sources avaient évoqué des contacts avec des personnes qu'elles trouvaient suspectes. Zelda Perkins, l'assistante impliquée dans les règlements à l'amiable de Londres, finit par me répondre en me disant d'abord qu'elle n'avait pas le droit de me parler de sa collaboration avec Weinstein, mais elle finit par me raconter toute l'histoire. Elle ajouta qu'elle avait reçu des questions qui lui paraissaient un peu louches, d'un journaliste du *Guardian* baptisé Seth Freedman.

Annabella Sciorra m'écrivit elle aussi, ce même jour : « Vous avez fait un travail remarquable en le dénonçant mais aussi en traduisant la douleur que ces femmes ont endurée et continuent d'endurer », écrivit-elle. Quand je la rappelai, elle ajouta qu'elle faisait partie de ces femmes qui continuaient de souffrir. Pendant notre première conversation téléphonique, elle avait gardé les yeux fixés sur l'East River, derrière la fenêtre de son salon, pendant qu'elle peinait à me raconter son histoire. « Je pensais : c'est le moment que tu as attendu toute ta vie… » Et puis la panique s'était emparée d'elle. « Je me suis mise à trembler. J'avais envie de raccrocher. »[2]

La vérité, c'est qu'elle avait essayé en vain de parler de Weinstein depuis plus de vingt ans. Il la terrorisait ; elle dormait encore avec une batte de baseball à côté de son lit. Elle m'avoua que Weinstein l'avait brutalement violée et, durant les années qui avaient suivi, l'avait à plusieurs reprises harcelée sexuellement.

Au début des années 90, après l'apparition de Sciorra dans *Chassé-croisé*, produit par Weinstein, elle avait intégré le « cercle de Miramax ». Il y avait tellement de projections, d'événements et de dîners qu'il était difficile d'imaginer une vie en dehors de l'écosystème Weinstein. Elle se souvient d'un dîner à New York : « Harvey était là et je me suis levée pour partir. Il m'a proposé de me déposer. Ce n'était pas la première fois, donc il n'y avait rien de vraiment extraordinaire. Je pensais qu'il allait simplement me ramener chez moi. » Dans la voiture, Weinstein dit au revoir à Sciorra et elle monta jusqu'à son appartement. Seule chez elle, elle se préparait à aller au lit quand on frappa à la porte. « Il n'était pas si tard, on n'était pas en plein milieu de la nuit, donc j'ai entrouvert la porte pour voir qui c'était. Il l'a poussée pour l'ouvrir en grand. »

Sciorra s'interrompit. Elle avait du mal, physiquement, à raconter son histoire. « Weinstein est entré comme s'il était chez lui, comme si c'était son appartement, et il s'est mis à déboutonner sa chemise. Ses intentions étaient donc très claires. Moi j'étais en nuisette. J'étais assez dénudée. » Il fit le tour de l'appartement. Sciorra eut l'impression qu'il vérifiait si elle était seule.

Sciorra me dit qu'entendre Gutierrez sur l'enregistrement où ils avaient piégé Weinstein « fut vraiment un déclic pour [elle] ». Weinstein avait employé les mêmes techniques pour l'acculer en la forçant à se retirer dans la chambre. « Viens, allez, arrête, qu'est-ce que tu fais, viens ici », se souvient-elle. Elle essaya de résister. « Il ne va rien se passer entre nous, lui assura-t-elle. Il faut que tu t'en ailles. Sors d'ici, va-t'en. »

« Il m'a poussée sur le lit et m'a grimpé dessus. Je me débattais en criant. » Mais Weinstein lui bloqua les bras au-dessus de la tête d'une main et la força à avoir un rapport sexuel avec elle. « À la fin, il a éjaculé sur ma jambe et sur ma nuisette. » C'était un vêtement de famille, transmis par des parents italiens, en coton blanc brodé. « Il m'a dit : "Je sais me retirer pile quand il faut" et a ajouté "Maintenant ça c'est pour toi". » Sciorra s'interrompit, bouleversée, le souffle coupé. « À ce moment-là, il a essayé de me faire un cunnilingus. J'ai voulu l'en empêcher mais je n'avais plus beaucoup de force. » Elle raconte qu'à ce moment-là, elle fut prise de tremblements. « Je crois que d'une certaine façon, c'est ça qui l'a forcé à partir, il a dû penser que je faisais une crise ou quelque chose comme ça. »

Les comptes rendus de ces expériences qui finirent par être publiés par le *New Yorker* étaient précis et factuels. Ils ne tentaient pas de rendre la douleur et l'horreur d'un témoignage comme celui de Sciorra. Sa voix se brisa. Ses souvenirs s'exprimaient sous forme de sanglots haletants. Quand vous avez entendu Annabella Sciorra vous raconter son histoire une fois, elle vous reste en mémoire pour toujours.

Durant les semaines et les mois qui suivirent l'agression présumée, Sciorra n'en parla à personne. Elle ne se rendit jamais à la police.

« Comme beaucoup de femmes, j'avais honte de ce qui s'était passé. J'ai lutté, j'ai lutté. Mais je ne cessais de me demander pourquoi j'avais ouvert cette porte. Qui ouvre sa porte en pleine nuit ? J'avais honte. Je me dégoûtais. Je me sentais nulle. » Elle devint de plus en plus déprimée et perdit du poids. Son père, qui n'était pas au courant de l'agression mais se faisait du souci pour elle, la supplia de trouver de l'aide et elle consulta un psychothérapeute. « Je ne crois pas que je l'ai dit au thérapeute. C'est pathétique. »

Comme beaucoup d'autres femmes, Sciorra soupçonna Weinstein de s'être vengé contre elle. Elle sentit l'impact de cet incident sur sa carrière quasi immédiatement. « Entre 1992 et 1995, je n'ai pas travaillé. On me répondait sans arrêt : “Vous avez la réputation d'être difficile, on nous a raconté ceci ou cela.” Je me suis dit que c'était la machine Harvey. » L'actrice Rosie Perez, une amie qui fut l'une des premières à entendre les confidences de Sciorra, me dit : « Tout lui souriait, et puis elle s'est mise à agir bizarrement et à s'enfermer. C'était incompréhensible. Pourquoi cette femme qui avait autant de talent, qui réussissait et enchaînait les succès, a tout perdu d'un seul coup ? En tant qu'actrice, ça m'a fait de la peine de voir que sa carrière ne s'épanouissait pas comme elle aurait dû. »

Quelques années plus tard, Sciorra reçut de nouvelles propositions de travail et avec elles, de nouvelles avances non désirées de la part de Weinstein. En 1995, elle était à Londres pour le tournage de *Témoin innocent*, qui n'était pas produit par Weinstein. Selon Sciorra, celui-ci se mit à lui laisser des messages lui demandant de la rappeler ou de venir le voir à son hôtel. Elle ne savait pas comment il l'avait trouvée. Un soir, il frappa à sa porte sans relâche. « Je n'ai pas réussi à dormir pendant plusieurs nuits d'affilée. J'empilais des meubles devant la porte, comme dans les films. »

Deux ans plus tard, Sciorra interpréta le personnage de Liz Randone, l'épouse d'un flic corrompu, dans *Cop Land*. Elle avait passé le casting sans avoir conscience qu'il s'agissait d'un film Miramax et avait appris que Weinstein le produisait seulement une fois les négociations du contrat engagées. En mai 1997, un peu avant la sortie du film, Sciorra se rendit au Festival de Cannes. Quand elle arriva à l'hôtel du Cap-Eden-Roc à Antibes, un associé de Miramax lui apprit que Weinstein occupait la chambre voisine de la sienne. « J'ai eu un haut-le-cœur », se souvient-elle. Un matin, alors qu'elle dormait encore, on frappa à sa porte. Endormie, pensant qu'elle avait dû oublier un rendez-vous avec une maquilleuse ou une coiffeuse, elle alla ouvrir. « Harvey était là, en caleçon, avec un flacon d'huile dans une main et une cassette vidéo dans l'autre. C'était horrible, parce que j'avais déjà vécu ça. » Elle raconte qu'elle tenta de s'enfuir. « Il s'approcha de moi rapidement, alors j'ai appuyé sur tous les boutons pour appeler le room service. J'ai continué jusqu'à ce que quelqu'un arrive. » Quand le personnel de l'hôtel arriva, Weinstein s'en alla.

Au fil du temps, Sciorra se confia à quelques proches. Perez raconte qu'elle avait entendu parler du comportement de Weinstein dans cet hôtel de Londres et questionna Sciorra. Cette dernière lui rapporta l'incident qui avait eu lieu chez elle et Perez, qui avait été victime d'abus sexuel de la part d'un parent pendant son enfance, fondit en larmes. « Je lui ai dit : "Oh Annabella, il faut que tu alertes la police." Elle m'a répondu : "Je ne peux pas. Il va détruire ma carrière." »

Perez incita Sciorra à le dénoncer en se basant sur sa propre expérience. « Je lui ai dit que moi aussi j'avais attendu des années. "C'est épuisant, et dénoncer publiquement ces actes peut vraiment être ta bouée de secours. Alors saisis-la." Je lui ai expliqué que le souvenir ne s'effacerait jamais mais que peu à peu, il allait diminuer. En prenant la parole publiquement, on construit un pont qui nous permet de surpasser tout ça. »

Quand Sciorra décida de me parler, j'annonçai à Remnick que j'avais un témoignage supplémentaire. Il nomma David Rohde, un journaliste de guerre auprès de Reuters et du *New York Times*, pour m'assister. Rohde, qui par le passé s'était fait kidnapper par les talibans, avait un visage d'ange et semblait incapable de la moindre méchanceté.

Durant ce mois d'octobre, Foley-Mendelssohn et lui supervisèrent ce qui devint un article consacré aux difficultés personnelles que ces femmes avaient rencontrées quand elles avaient dû choisir de parler ou non. L'article évoquait l'expérience de Sciorra ainsi que celle de Daryl Hannah, qui m'avait confié que Weinstein l'avait harcelée sexuellement elle aussi. Hannah raconta que pendant une édition du Festival de Cannes au début des années 2000, Weinstein avait frappé à la porte de sa chambre d'hôtel sans relâche jusqu'à ce qu'elle s'échappe par une porte extérieure pour aller passer la nuit dans la chambre de sa maquilleuse. La nuit suivante, il réessaya et elle avait dû barricader sa porte à l'aide de meubles pour l'empêcher d'entrer. Quelques années plus tard, alors qu'elle était à Rome pour la première de *Kill Bill : Volume 2*, produit par Weinstein, il entra dans sa chambre. « Il avait une clé, me dit-elle. Il est passé par le salon et est entré dans ma chambre. Il a déboulé comme un animal en furie. Et je suis persuadée que si mon maquilleur n'avait pas été là, la situation aurait mal tourné. C'était effrayant. » Pour expliquer son intrusion, Weinstein annonça qu'elle était attendue en bas pour une fête. Mais quand elle descendit, il n'y avait personne à part lui. Il lui demanda si elle s'était fait refaire les seins et s'il pouvait les toucher. « Je lui ai répondu que non et il a répliqué : "Alors montre-les au moins." Je lui ai dit : "Va te faire foutre, Harvey." » Le lendemain, l'avion privé de Miramax décolla sans Hannah.

Sciorra et Hannah mentionnèrent toutes les deux les raisons pour lesquelles les femmes se taisent. Hannah avait raconté ces incidents à tout le monde. « Et ça n'a rien changé. Je crois que ça n'a aucune importance qu'on soit une actrice connue ou pas, qu'on ait vingt ans ou quarante, qu'on en parle ou pas. Parce que personne ne nous croit de toute façon. Pire que ça, on se fait juger, critiquer et accuser. »

Sciorra, quant à elle, avait eu peur de prendre la parole pour les mêmes raisons que les autres : parce qu'elle était traumatisée, qu'elle avait peur des retombées et qu'elle avait honte. « Maintenant, quand j'irai au restaurant ou à une soirée, tout le monde saura ce qui m'est arrivé. Ils me regarderont et ils sauront. Je suis quelqu'un d'introverti, et il n'y a rien de plus violent que ça. »

Mais il y avait également d'autres raisons qui expliquaient son silence. L'emprise de Weinstein sur les médias l'empêchait de faire confiance à qui que ce soit. « Je sais depuis longtemps que Weinstein est très puissant et qu'il a beaucoup de journalistes à sa botte. »

Elle ne pouvait pas le prouver, mais elle était convaincue que Weinstein l'espionnait, qu'il la suivait et envoyait des intermédiaires sous de faux prétextes. Elle savait que ça paraissait dingue. « J'ai eu peur de vous, parce que je pensais que Harvey vous envoyait pour me surveiller. J'ai eu peur de vous parler. » Quand je lui demandai si elle avait déjà été contactée par quelqu'un de louche, elle fouilla sa mémoire. Elle me dit qu'elle avait reçu un appel bizarre de la part d'un journaliste anglais. « Je me souviens bien de son accent. Et j'ai eu peur que Harvey soit derrière tout ça. » Elle chercha parmi ses textos et retrouva un message remontant au mois d'août, peu après que le même journaliste m'avait contacté :

« Bonjour madame Sciorra, ici Seth, le journaliste de Londres… Auriez-vous le temps pour une brève interview concernant notre article ? Dix minutes maximum, cela nous serait très utile… »

CHAPITRE 46

FAUSSE IDENTITÉ

Seth Freedman était assez reconnaissable[1] : de petite taille, il avait des yeux un peu fous, une grosse barbe et des cheveux toujours en bataille. Après avoir travaillé comme trader à Londres, il était parti servir dans l'armée de défense d'Israël pendant quinze mois dans les années 2000. Reconverti lanceur d'alerte, il avait fourni au *Guardian* des informations sur son ancien employeur qu'il accusait d'avoir trafiqué les prix de l'essence, ce qui avait causé son licenciement. Ses articles avaient une tonalité enjouée et plaisante, truffés de références à son usage de la drogue. En 2013, il avait écrit un roman intitulé *Dead Cat Bounce*[2] mettant en scène un jeune juif junkie travaillant dans la finance qui s'enfuyait combattre en Israël avant de s'enfoncer dans l'univers de l'espionnage et du crime, tout ça sous couvert d'activités journalistiques pour le *Guardian*.

Freedman écrivait comme s'exprimaient les gangsters dans les films de Guy Ritchie : « Le mojito parfait, c'est un rail de coke. Voyez ce que je veux dire ? Rhum, citron vert, sucre, menthe… Ouais, ouais, ouais, mais croyez-moi, c'est la coke du pauvre. La poudre du trouillard. La dope du mec réglo. »

Fin octobre 2017, après ma conversation avec Sciorra, je rappelai Freedman pour lui dire que je voulais lui parler. J'ajoutai que c'était urgent. Je reçus une avalanche de messages WhatsApp. « Félicitations pour votre article. J'ai suivi l'affaire de près. » Il m'expliqua qu'il travaillait pour un journal anglais et essayait de publier des articles sur l'affaire. Plus tard, il ajouta qu'il avait transmis à l'*Observer*, le supplément du dimanche du *Guardian*, des interviews qu'il avait enregistrées avec McGowan et une autre femme accusant Weinstein.

Les articles publiés ne mentionnaient pas Freedman, ne précisaient pas qui avait mené ces interviews ni pourquoi[3].

Freedman assurait qu'il avait partagé ces enregistrements parce qu'il était animé d'un désir sincère de faire éclater la vérité. Il me proposa son aide pour mon enquête. Il m'envoya rapidement la photo d'un document intitulé « Liste de cibles ». Il contenait une liste partielle qui comptait en tout une centaine de noms : d'anciennes employées, des journalistes hostiles, et surtout des actrices. Rose McGowan, Zelda Perkins, Annabella Sciorra. Beaucoup de mes sources y figuraient, notamment celles qui avaient fait part de leurs soupçons et de leur impression d'être surveillées ou suivies. Les cibles prioritaires figuraient en rouge. C'était la même liste que celle que Lubell et Doyle Chambers avaient aidé à constituer. Dans certains cas, la liste était annotée et comportait des ajouts relatifs aux conversations qu'elles avaient échangées avec telle ou telle personne.

Quelques heures après notre premier échange de messages, j'avais Freedman au bout du fil. Il commença par me redire l'intérêt qu'il portait à cette affaire, en tant que journaliste. « En novembre dernier, j'ai été informé qu'il allait se passer quelque chose. Certaines personnes enquêtaient sur Harvey Weinstein. À l'époque, j'avais simplement l'intention d'écrire un article sur Hollywood, la vie qu'on y menait là-bas. »

Mais au fil de notre conversation, j'en appris davantage au sujet de ces « personnes » qui « enquêtaient » sur les accusatrices de Weinstein. Au départ, il désignait ce mystérieux groupe de personnes par « ils ». « Je les connaissais déjà plus ou moins, mais dans un tout autre contexte. » Ensuite il passa au « nous ». « Au départ, nous avons pensé qu'il s'agissait simplement d'un conflit de pouvoir, version Hollywood. » Les premiers dossiers qu'ils avaient reçus se concentraient surtout sur les concurrents professionnels de Weinstein, dont certains faisaient partie du comité de l'amfAR. Mais quand l'affaire se concentra sur McGowan, Perkins et Dix, il commença à se sentir moins à l'aise.

— Il s'est avéré que cela concernait surtout des affaires d'agression sexuelles. Nous avons freiné des quatre fers parce que nous ne voulions pas être mêlés à ça. Comment est-ce qu'on pouvait se sortir de là ? Vu qu'il nous avait embauchés…

Je ne parvenais pas à comprendre avec qui Seth Freedman travaillait pour le compte de Weinstein.

— Est-ce que l'équipe qui travaillait pour lui était constituée de détectives privés ou de journalistes ? demandai-je.

— Plutôt des détectives, oui, répondit-il en restant sur ses gardes. J'ai été dans l'armée israélienne. Je connais beaucoup de gens dans les services secrets israéliens. Ça devrait vous suffire pour comprendre qui ils sont, sans que j'aie à vous en dire davantage.

J'insistai une nouvelle fois :

— Est-ce que vous pouvez me donner le nom de ces gens ou au moins de ce groupe ?

— Le groupe s'appelle Black Cube, finit-il par m'avouer.

Pour vous comme pour moi, l'expression « détective privé » évoque sûrement l'image d'un ancien flic alcoolique travaillant dans un bureau délabré. Mais pour les entreprises et les individus aisés, la profession offrait désormais des perspectives beaucoup plus riantes. Dans les années 70, un ancien avocat du nom de Jules Kroll avait fondé une entreprise portant son nom, travaillant pour des cabinets juridiques et des banques et employant d'anciens policiers, agents du FBI et comptables spécialisés. Il fit beaucoup d'émules. Dans les années 2000, Israël était devenu un véritable creuset pour les entreprises de ce genre. Le service militaire obligatoire ainsi que la tradition de secret caractéristique de son service de renseignement, le Mossad, créaient une source inépuisable de candidats bien formés[4]. Les entreprises israéliennes se mirent à développer des formes d'espionnage industriel moins conventionnelles, utilisant notamment des agents avec de fausses identités.

Black Cube perfectionna le dispositif. L'entreprise fut fondée en 2010 par Dan Zorella et le docteur Avi Yanus, qui avait eu des contacts par e-mail avec les avocats de Weinstein. Zorella et Yanus avaient travaillé dans une unité des services secrets israéliens[5]. D'emblée, Black Cube entretint des liens étroits avec l'armée israélienne et les chefs des services secrets. Meir Dagan, l'ancien directeur légendaire du Mossad, avait fait partie du comité de direction de l'entreprise jusqu'à sa mort en 2016. Dagan avait un jour parlé de Black Cube à un puissant homme d'affaires en ces termes : « Je peux vous trouver un Mossad personnalisé[6]. »

Le personnel de Black Cube s'étendit jusqu'à compter une centaine d'agents, couvrant une trentaine de langues[7]. L'entreprise ouvrit des bureaux à Londres et Paris avant de relocaliser son siège dans une tour ultramoderne de Tel-Aviv, derrière une porte noire anonyme. Dans les bureaux, il y avait une rangée d'autres portes anonymes, commandées par un système d'ouverture avec empreinte digitale. À l'accueil, les cubes noirs étaient omniprésents : au milieu du mobilier, sur les tableaux ornant les murs. Au sein de l'entreprise, les agents poussaient le développement des fausses identités jusqu'à l'extrême. Un simple bureau pouvait contenir des tiroirs avec vingt téléphones portables différents, chacun relié à un numéro et une identité différente. Chaque employé se soumettait régulièrement à des tests de routine au détecteur de mensonges pour s'assurer qu'aucune information ne fuite dans la presse. Même les concierges n'y échappaient pas.

La ligne de démarcation entre Black Cube et le renseignement israélien paraissait mince. L'agence privée était « le fournisseur exclusif des grandes entreprises et des organisations gouvernementales[8] », selon un document juridique. Il n'était donc pas surprenant qu'Ehud Barak, l'ancien Premier ministre israélien, ait recommandé Black Cube à Harvey Weinstein.

Je bombardai Tel-Aviv de coups de téléphone et d'e-mails et bientôt, cette entreprise qui se targuait d'être très discrète, commença à s'agiter. Je reçus un démenti formel d'un attaché de presse de Tel-Aviv du nom d'Aido Minkovsky qui, au fil des conversations, devenait de plus en plus flagorneur :

— Ma femme a vu des photos de vous. Hors de question qu'elle vienne à New York ! Elle n'a pas le droit. Je lui ai confisqué son visa.

— Vous êtes un flatteur, je respecte ça.

— Oui, ça fait partie de mon travail.

Ensuite, David Rohde et moi passâmes une série de coups de téléphone plus déterminants. Nous nous retrouvions tous les matins tôt dans son bureau, à cause du décalage horaire. Nous étions en contact avec deux personnes proches de l'opération Black Cube, qui se confiaient à nous à condition qu'on garantisse leur anonymat. Au départ, ils avaient tout nié en bloc. Ils prétendaient n'avoir jamais abordé personne en utilisant une couverture. Ils expliquèrent que leur agence s'était contentée d'effectuer des recherches internet pour Weinstein, et que leurs agents n'avaient jamais contacté de femme ni de journaliste. « Nous n'avons jamais eu de contact avec ces personnes », affirma celui qui avait la voix la plus grave et qui était le plus âgé. « J'ai également vérifié avec mes sources ici, nous n'avons jamais abordé ces personnes : Annabella Sciorra, Sophie Dix, Rose McGowan… » Et, quand je mentionnai que Ben Wallace et moi pensions avoir été ciblés : « Nous ne ciblons généralement pas les journalistes. » Ils le « jurèrent ». « Nous sommes des juifs du Talmud ! renchérit l'autre, plus jeune avec une voix plus aiguë. On ne jure pas à la légère. » Nos conversations étaient à la fois sérieuses et divertissantes.

Ils nous promirent d'envoyer des documents internes attestant que Black Cube n'avait pas suivi ces femmes ni les journalistes. « Je vous enverrai les documents aujourd'hui, me dit le premier. Nous utiliserons une adresse e-mail à usage unique. »

Trente minutes après la fin du coup de fil, je reçus un e-mail crypté de ProtonMail contenant des documents. Un autre arriva quelques heures plus tard, depuis un service d'encryptage différent, Zmail, contenant davantage de documents. Ils avaient été futés de les envoyer en plusieurs fois. « Bonjour, ami commun, disait le premier e-mail. Vous trouverez ci-joint de nouvelles informations concernant l'affaire HW&BC. Amitiés, l'équipe crypto[9]. »

Le compte ProtonMail était baptisé « Sleeper1973 ».

CHAPITRE 47

LA COURSE

La pièce jointe de l'e-mail était une liste complète des interventions de Black Cube pour Weinstein. On y trouvait le premier contrat daté du 28 octobre 2016 et ceux qui avaient suivi, y compris celui du 11 juillet 2017, révisé après la querelle au sujet des devis. Le dernier contenait les dispositions suivantes[1] :

Les principaux objectifs de cette mission sont :

a) Fournir des renseignements qui permettront au Client de faire cesser la publication d'un article négatif dans un grand journal new-yorkais (ci nommé « l'Article »)

b) Obtenir des informations supplémentaires sur un livre en cours de rédaction contenant des informations négatives et préjudiciables au sujet du Client (ci nommé « le Livre »).

Black Cube promettait de mettre à disposition une « équipe dédiée d'agents du renseignement expérimentés qui opéreront aux États-Unis et dans d'autres pays si nécessaire », laquelle comptait un chef de projet, des analystes du renseignement, des linguistes, et des « opérateurs d'avatars » embauchés spécifiquement pour créer de fausses identités sur les réseaux sociaux, ainsi que des « experts de terrain dotés de grandes compétences en ingénierie sociale ». L'agence acceptait d'engager un « journaliste d'investigation, à la demande du Client » à qui l'on demanderait de mener dix entretiens par mois pendant quatre mois pour 40 000 dollars. L'agence transmettrait « au Client tous les résultats de ces interviews effectuées par le journaliste ».

Black Cube promettait également les services d'un « agent à temps plein du nom d'Anna (ci nommée "l'Agent") qui serait basée à New York et à Los Angeles conformément aux instructions du Client et qui serait disponible à tout moment pour assister le Client et ses avocats durant les quatre prochains mois ».

Les devis en annexe étaient exorbitants : les honoraires avoisinaient 1,3 million de dollars. Les contrats étaient signés par le docteur Avi Yanus, directeur de Black Cube et par le cabinet juridique Boies Schiller Flexner. Voilà qui était surprenant. Le cabinet de Boies représentait le *New York Times*. Pourtant, l'avocat avait bien apposé son élégante signature sur un contrat destiné à enterrer l'enquête journalistique et à obtenir le livre de McGowan.

Black Cube tenait à souligner que ses méthodes étaient approuvées par des avocats du monde entier et qu'ils respectaient scrupuleusement le droit. Mais bientôt, des sources émanant du monde du renseignement privé m'apprirent que Black Cube avait la réputation de flirter avec l'illégalité. En 2016, deux de leurs agents avaient été emprisonnés en Roumanie pour avoir intimidé une avocate et piraté ses e-mails[2]. Ils furent par la suite condamnés avec sursis. « Entre les lois sur la vie privée, et celles sur les données, me dit une personne directement impliquée dans les opérations de Black Cube, c'est impossible de faire ce qu'ils font en restant dans la légalité. » Le chef d'une agence privée concurrente en Israël qui avait eu des contacts avec Black Cube me le confirma : « Plus de cinquante pour cent de leurs actions sont illégales. » Je lui demandai ce que je devais faire si je me sentais suivi et il répondit : « Mettez-vous à courir. »

Alors que nos échanges avec les Israéliens devenaient plus tendus, je passai plusieurs nuits d'affilée au *New Yorker* pour ne pas avoir à traverser la ville de nuit.

Quelques heures après avoir reçu les contrats, j'étais au téléphone avec Boies pour entamer une conversation qui s'étala sur plusieurs jours. Au départ, il hésitait à s'exprimer publiquement. Il prétexta qu'il était occupé par son travail *pro bono*, qui impliquait notamment des négociations pour faire libérer un jeune Américain emprisonné au Venezuela. Il s'inquiétait aussi que ses propos puissent être mal interprétés. « Comme le dit le méchant dans l'un des films de *Mission impossible*, c'est compliqué[3] », m'écrivit-il dans un e-mail. Je m'interrogeai sur cette citation. Elle provenait d'une scène issue du troisième film de la série. Billy Crudup, jusqu'alors gentil, est assis devant un Tom Cruise ensanglanté, attaché à une chaise comme tout héros qui se respecte à ce stade de l'intrigue, et débite un speech attendu dans lequel il révèle qu'il travaillait depuis le début pour le compte du méchant. « C'est compliqué », dit Crudup. Il craint d'être démasqué. « Est-ce que quelqu'un d'autre l'a vu ? » demande-t-il en parlant d'un détail qui le relie au méchant sur un ton qui nous fait penser qu'il a lu le scénario et sait pertinemment qu'il s'agit de sa dernière scène.

Boies finit par s'exprimer publiquement. « Nous n'aurions pas dû engager et payer des enquêteurs que nous n'avions pas choisis, me dit-il. À l'époque, cela nous paraissait être un arrangement raisonnable avec un client, mais nous n'avons pas réfléchi à tout ce que cela impliquait et j'ai commis une erreur. C'était une erreur, à ce moment-là. » Boies concéda que les actions visant à cibler et intimider les journalistes posaient problème. « D'une façon générale, je n'approuve pas qu'on fasse pression sur les journalistes. Si c'est ce qui s'est passé, alors c'était inapproprié. » Il sembla exprimer du regret. « Rétrospectivement, j'en savais suffisamment en 2015 pour me rendre compte qu'il y avait un problème et agir en conséquence, dit-il en évoquant la période définie par Nestor et Gutierrez. Je ne sais pas ce qui s'est passé après 2015, ni s'il s'est passé quelque chose, mais quoi qu'il en soit, je porte ma part de responsabilité. Je crois aussi que si les gens avaient agi plus tôt, cela aurait été préférable pour M. Weinstein. »

C'est tout à l'honneur de Boies d'avoir sans hésitation reconnu tous ses torts, notamment l'implication de l'agent baptisé Anna et du journaliste embauché pour l'occasion, qu'il désigna comme étant Freedman. Quand je lui envoyai les contrats signés avec Black Cube, il me répondit simplement : « C'est bien ma signature. » Les meilleurs personnages savent quand le moment est venu de tomber le masque.

Dans le bureau de Rohde le lendemain matin, nous étions de nouveau en communication avec les deux hommes proches de l'opération de Black Cube. Je les remerciai de nous avoir envoyé les documents. Ils paraissaient joyeux, persuadés que cela allait les dédouaner d'avoir utilisé des agents de renseignement intrusifs pour le compte de Weinstein.

— Nous ne sommes entrés en contact avec aucune de ces femmes en utilisant une fausse identité, m'affirma le plus âgé des deux. Ni aucun journaliste.

Quand je les interrogeai sur les contrats qui faisaient précisément référence à cela, ils ne parurent pas comprendre de quoi je parlais.

— Nous n'avons jamais écrit ça, intervint le plus jeune. Je peux vous l'assurer à cent pour cent.

Rohde et moi échangeâmes un regard interrogateur.

— J'ai le contrat sous les yeux. Il porte l'en-tête de Black Cube et il est signé par Avi. C'est le document que vous m'avez envoyé.

— Quand vous dites « vous nous avez envoyé », que voulez-vous dire par là ? demanda le plus âgé sur un ton prudent et inquiet.

— Il était inclus dans le lot de documents que vous m'avez fait parvenir hier. Le premier e-mail de Sleeper, pas le deuxième de Zmail, répondis-je.

Il y eut un silence.

— Nous ne vous avons envoyé qu'un seul e-mail hier, répondit le plus âgé. Celui de Zmail.

Je pris conscience de ce qui se passait. Les deux hommes avaient promis de m'envoyer un document Black Cube à partir d'un compte secret. Quelle était la probabilité qu'une autre source fasse fuiter une information hautement explosive précisément au même moment ? Pourtant, les deux e-mails provenaient de sources différentes, c'était la seule explication possible. J'étais tombé en pleine guerre civile entre espions.

Je changeai précipitamment de sujet et leur dis que nous avions déjà vérifié les documents auprès de Boies et d'autres.

— Ce sont des documents authentiques, expliquai-je.

Le plus âgé des deux sembla paniqué.

— Je ne sais pas qui vous a envoyé ça, mais nous allons enquêter, dit-il avant de se ressaisir. Nous allons régler ça à l'amiable.

Je me demandai à quoi pouvait ressembler l'autre possibilité.

J'envoyai rapidement un e-mail à la seconde mystérieuse adresse :

« Pourriez-vous me donner une information me permettant d'authentifier ces documents ? Certaines des parties impliquées nient l'authenticité de ce contrat. »

Je reçus une réponse immédiate :

« Ce n'est pas étonnant qu'ils nient, mais ils sont authentiques. Ils ont essayé de mettre la main sur le livre de Rose, par l'intermédiaire d'une fille baptisée Anna… Un agent du renseignement[4]. »

Un nouveau document était joint au message : une correspondance complète et des documents annexes aux contrats. Ils allaient tous s'avérer authentiques. Sans exception.

Je m'appuyai sur le dossier de ma chaise, pensif.

Qui es-tu, Sleeper ?

CHAPITRE 48

HANTISE

« Il faut qu'on trouve qui est cette personne », me dit Rohde, bientôt imité par tous nos collègues du *New Yorker*. Nous retournâmes la question dans tous les sens. « Sleeper1973 pourrait être une référence à Woody Allen, fis-je remarquer en pensant au film éponyme sorti cette année-là*. Ce qui est assez gonflé. » Quelqu'un qui avait le sens de l'humour, donc.

Mais Sleeper refusa de me donner des informations sur son identité, de m'appeler en communication cryptée, de me rencontrer en personne :

« Je peux comprendre que votre journal se pose des questions, mais j'ai peur de révéler mon identité. Toutes les communications peuvent être surveillées de nos jours… Je finirai par le payer tôt ou tard, m'écrivit Sleeper. Je suis sûr que vous connaissez NSO, et je ne suis pas prêt à prendre des risques inutiles. »

Le groupe NSO était une entreprise de cyberrenseignement israélienne, célèbre pour son logiciel Pegase qui pouvait s'emparer d'un téléphone portable et en extraire toutes les données. Il avait été utilisé pour cibler des dissidents et des journalistes dans le monde entier.

Mais Sleeper continuait d'envoyer des informations depuis son adresse e-mail cryptée et elles s'avéraient toutes authentiques. Comme McGowan m'avait dit qu'elle n'avait eu de contacts qu'avec des proches de confiance ces derniers mois et qu'elle ne voyait pas qui pouvait être Anna, l'agent infiltré, je demandai à Sleeper de me donner des pistes. Il me répondit aussitôt : « Concernant Anna, son

* *Woody et les robots* en français.

vrai nom est Stella Penn. Je vous joins des photos. Elle prétend avoir obtenu 125 pages du livre de Rose (comme prévu au contrat) et a discuté de leur contenu avec HW lui-même. »

En pièce jointe, je trouvai trois photos d'une blonde sculpturale avec un grand nez et des pommettes hautes.

J'étais dans un taxi sur l'autoroute du West Side. Je transmis les photos par texto à McGowan et à Ben Wallace.

« Oh mon Dieu, me répondit McGowan. Reuben Capital. Diana Filip. Putain. »

Wallace la reconnut immédiatement lui aussi. « Oui. Qui est-ce en réalité ? » me demanda-t-il.

Black Cube faisait en sorte que leurs agissements demeurent secrets. Mais, de temps en temps, un agent laissait trop de traces. À l'été 2017, alors que l'administration Trump s'attachait à démanteler les accords sur le nucléaire iranien de 2015, ceux qui défendaient cet accord furent contactés par un certain nombre de personnes[1]. Une femme qui se présentait sous le nom d'Adriana Gavrilo, de Reuben Capital Partners, envoya un e-mail à Rebecca Kahl, ancienne collaboratrice de l'Institut national démocrate et épouse de Colin Kahl, conseiller en politique étrangère de l'administration Obama. Gavrilo dit à Kahl qu'elle lançait un programme éducatif et sollicita à plusieurs reprises une entrevue pour discuter de l'école que fréquentait la fille de Kahl. Kahl, qui avait « peur d'être d'une certaine façon ciblée », cessa de lui répondre.

Quelques semaines plus tard, une femme du nom d'Eva Novak, d'une société de production de films basée à Londres, Shell Productions, envoya un e-mail à Ann Norris, ancienne employée du département d'État et épouse de Ben Rhodes, lui aussi conseiller d'Obama pour la politique étrangère. Novak voulait consulter Norris au sujet d'un film qu'elle décrivait comme étant un « mélange entre *Les Hommes du président* et *À la Maison-Blanche* », racontant la vie des membres du gouvernement pendant des moments de crise géopolitique, notamment les « négociations sur le nucléaire avec un pays hostile ». Trouvant cette requête « bizarre », Norris ne donna pas suite, elle non plus.

Plus tard, Freedman me fournirait d'autres documents relatifs à cette opération : une liste établie par Black Cube des membres de l'administration Obama, des informations potentiellement néfastes sur eux, des fausses déclarations attestant qu'ils complotaient avec les lobbyistes iraniens ou touchaient des pots-de-vin, et la rumeur selon laquelle l'un d'eux avait une liaison.

Il y avait d'autres exemples. Durant l'été 2017, une femme qui se présenta sous le nom de Diana Ilic, consultante pour un gros concepteur de logiciels européen et basée à Londres, se mit en contact avec des détracteurs d'AmTrust Financial Services Inc., les pressant de publier des déclarations sur leurs travaux qui pouvaient être utilisées contre eux[2]. Peu après, Maja Lazarov[3], de Caesar & Co, une agence de recrutement londonienne, fit la même chose auprès des employés de West Face Capital, une entreprise de gestion d'actifs canadienne[4].

Les comptes de réseaux sociaux liés à ces noms et les photos prises durant les réunions montraient un visage familier, avec des pommettes hautes encadrées par de longs cheveux blonds.

Tout cela menait à se poser la question :

Anna, Adriana, Eva, Diana, Maja.

Qui es-tu ?

Stella Penn Pechanac était née entre deux mondes et n'appartenait à aucun. « J'étais une Bosniaque musulmane et mon mari un Serbe orthodoxe, déclara sa mère par la suite. Et notre petite Steliza, elle était quoi ? » Sur ses photos d'enfance, la fillette n'était pas encore blonde mais brune, avec des yeux marron. Elle grandit dans la banlieue de Sarajevo, au milieu des vieilles voitures et des tours délabrées. C'était avant que la situation ne dégénère.

Pechanac vit tout cela se transformer en ruines sanglantes. La guerre fut déclarée, opposant les orthodoxes serbes aux musulmans bosniaques. Sarajevo était victime d'un blocus et isolée. Quand elle ne trouvait rien à manger, sa mère préparait de la soupe d'herbe. Pechanac était intelligente mais les opportunités d'éducation étaient peu nombreuses. Dans les pires moments, son enfance rappelait Guernica. Les snipers postés sur les toits rendaient les rues extrêmement dangereuses. Pendant six mois, la famille vécut dans un sous-sol de la taille d'un placard. Quand les premières bombes s'étaient abattues, les parents de Pechanac avaient réuni quelques affaires et partagé le sous-sol et son unique matelas. « Une femme est morte sur ce matelas », raconterait Pechanac en haussant les épaules. Après le bombardement, l'entrée de leur immeuble fut inondée de sang. « Ils se sont contentés de laver le sang avec des jets d'eau. J'avais sept ans. »

Une dizaine d'années avant l'affaire Weinstein, alors que Pechanac avait atteint la vingtaine, sa mère et elle revinrent à Sarajevo pour figurer dans un documentaire sur la guerre et la fuite de leur famille[5]. Sa mère parcourut les rues en pleurant, se remémorant le bain de sang. Pechanac semblait y participer à contrecœur. On la voit en marge du champ, mâcher un chewing-gum ou fumer tout en lançant des coups d'œil agacés vers la caméra.

À la fin, l'un des réalisateurs réussit à prendre à part cette jeune femme impassible devant l'entrée d'un immeuble en ruine et lui demanda ce que cela lui faisait de revivre tant de souvenirs douloureux. Elle haussa les épaules. « Ça me met en colère qu'elle ait vécu tout ça, dit-elle en parlant de sa mère. Mais personnellement, ça fait longtemps que je ne ressens plus rien. »

Pendant la Seconde Guerre mondiale, la grand-mère de Pechanac avait caché et protégé des juifs. L'État d'Israël lui avait accordé le titre de Juste parmi les nations, inédit pour une musulmane. Alors que Sarajevo brûlait, une famille juive leur rendit la pareille et aida les Pechanac à s'enfuir. Ils s'installèrent à Jérusalem et se convertirent au judaïsme. La jeune Stella Pechanac s'adapta à sa nouvelle identité et à ce nouveau contexte culturel. « Elle ne se sent pas patriote comme les gens nés en Israël, dit l'un de ses proches. D'une certaine façon, elle se sent toujours étrangère. »

À dix-huit ans, Pechanac s'engagea dans l'aviation israélienne. Après quoi, elle s'inscrivit à l'école de théâtre Nissan. Elle rêvait de Hollywood. Mais elle ne décrocha que quelques petits rôles dans des pièces ou des clips. « À toutes les auditions, se souvient-elle, on remarquait mon accent. On me faisait toujours sentir que j'étais différente. »

Le poste chez Black Cube représentait un compromis idéal. Les agents étaient formés en psychologie pour savoir comment manipuler leurs sources. Comme les meilleurs acteurs, ils savaient décrypter le langage corporel, les expressions trahissant le mensonge ou la vulnérabilité, et savaient les adopter eux-mêmes si nécessaire. Ils portaient des costumes, utilisaient la technologie comme dans les romans d'espionnage par le biais de caméras ou de stylos enregistreurs[6]. « Elle est allée travailler pour Black Cube, confia un proche, parce qu'elle avait besoin de jouer des rôles. »

Quand je leur présentai les preuves fournies par Sleeper, les hommes proches de l'opération Black Cube cessèrent de nier. Comme Boies, ils confirmèrent que Freedman était bien le journaliste désigné dans le contrat, et ils le décrivirent comme un associé informel. Ils expliquèrent en détail comment Pechanac s'était immiscée dans la vie de McGowan. Cette dernière était une proie facile. « Elle lui faisait confiance, dit notre interlocuteur le plus âgé. Elles sont devenues très amies. Je suis sûr qu'elle doit être sous le choc. » McGowan avait confié à Pechanac que tous les gens qui l'entouraient finissaient par être, d'une façon ou d'une autre, liés à Weinstein. Elle avait même soupçonné ses avocats. Mais « bien entendu, elle ne nous a jamais soupçonnés, nous ».

Quand j'en informai McGowan, elle chancela. « C'est comme dans le film *Hantise*. Tout le monde m'a menti depuis le début. » Elle m'avoua qu'elle avait eu l'impression de « vivre à l'intérieur d'une maison hantée »[7].

CHAPITRE 49

ASPIRATEUR

Il n'y avait pas que Black Cube. Les coups de téléphone s'enchaînaient et, peu à peu, le barrage se fissurait, laissant entrevoir le monde nébuleux du renseignement qui déversait ses secrets. Des objecteurs de conscience m'apportaient des informations sur leurs agences de renseignement. Et les responsables de ces mêmes agences multipliaient les informations sur leurs concurrents dans l'espoir que j'élargisse mon enquête et cesse de me concentrer sur leurs seules activités.

Des documents et des sources firent la lumière sur la relation de longue date unissant Weinstein, Kroll et Dan Karson, une des éminences de cette entreprise de sécurité privée. Un ancien employé de Weinstein se rappela une conversation téléphonique remontant au début de la décennie 2010 durant laquelle Karson déclara, à propos d'un chauffeur qui était en froid avec Weinstein : « Tu sais qu'on peut faire couler ce gars au fond d'un lac. » L'employé s'imagina qu'il s'agissait d'une image, mais il fut suffisamment gêné pour prendre la peine de noter l'incident. Au fil des années, Kroll avait permis à Weinstein de mettre des bâtons dans les roues des journalistes. D'après certaines sources de Kroll, Weinstein leur aurait demandé de trouver des informations négatives au sujet de David Carr, l'essayiste et journaliste aujourd'hui décédé, comme ce dernier s'en était d'ailleurs douté. L'un des dossiers montés par les détectives privés de Weinstein indiquait que Carr n'avait jamais mentionné à l'antenne les allégations d'agressions sexuelles portées contre Weinstein « par peur des représailles de HW[1] ».

En 2016 et 2017, Kroll et Karson avaient de nouveau collaboré avec Weinstein. Dans un e-mail daté d'octobre 2016, Kroll envoya à Weinstein onze photos de McGowan et lui lors d'événements publics[2], des années après qu'il l'aurait soi-disant agressée. Blair Berk, l'avocat de Weinstein, ajouta que l'une des photos, montrant McGowan discutant de façon rapprochée avec Weinstein, était « le bât qui blesse[3] ». Alors que Wallace s'intéressait à l'affaire, Kroll chercha des informations susceptibles de les décrédibiliser lui et Adam Moss, son rédacteur en chef au *New York Magazine*. « Aucune info négative sur Adam Moss pour l'instant (aucun procès pour diffamation, aucune comparution au tribunal ni jugements, etc.)[4] », écrivit Karson dans un e-mail. Kroll envoya également à Weinstein une critique des précédents articles de Wallace[5] ainsi qu'un compte rendu détaillé d'une plainte pour diffamation déposée en Angleterre à la suite d'un livre qu'il avait écrit[6].

PSOPS, l'entreprise fondée par Jack Palladino et Sandra Sutherland, les avait assistés dans la recherche d'informations négatives sur les journalistes et les femmes accusant Weinstein. L'un des comptes rendus de PSOPS sur McGowan contenait des sections intitulées « Mensonges/Exagérations/Contradictions », « Hypocrisie » et « Témoins potentiels de son mauvais caractère ». En sous-titre on pouvait lire : « Ex-amants[7] ». Palladino envoya à Weinstein un profil détaillé de Moss, le rédacteur en chef du *New York Magazine*, disant : « Notre enquête ne nous a révélé aucune piste personnelle sur Moss[8]. » PSOPS alla même jusqu'à établir le profil de l'ex-femme de Wallace, au cas où elle s'avérerait « utile à notre stratégie[9] ». Ils avaient également enquêté sur Jodi Kantor, du *New York Times*, et moi, dans l'espoir de découvrir nos sources. (Certaines de leurs observations étaient assez terre à terre. Un document précise, au sujet de Twitter : « Kantor ne suit PAS Ronan Farrow[10]. » On ne peut pas tout avoir.)

Weinstein avait également travaillé avec K2 Intelligence, une autre agence fondée par Jules Kroll après avoir vendu l'entreprise portant son nom dans les années 2000. Pendant l'enquête sur Gutierrez, K2 était gérée par Elkan Abramowitz, l'avocat de Weinstein. K2 engagea des détectives privés italiens pour déterrer des rumeurs sur la vie sexuelle de Gutierrez (les fêtes Bunga Bunga, les accusations de prostitution qu'elle contestait). Des employés de K2, qui avaient tous travaillé avant cela pour le procureur, relayèrent les infos sur Gutierrez à la partie plaignante. Les avocats de Weinstein présentèrent par ailleurs un dossier contenant les découvertes des détectives privés au procureur lors d'un rendez-vous. Deux employés de K2 affirment que ces contacts faisaient partie d'un « renvoi d'ascenseur » entre le procureur et des agences de détectives privés de luxe. Un porte-parole de Vance déclara par la suite que de tels échanges étaient courants. Et pour les gens riches bénéficiant de beaucoup de contacts, c'était vrai.

Il s'avéra également que Weinstein n'avait eu de cesse de prendre des journalistes sous sa coupe pour discréditer ses accusatrices. Ses communications révélèrent sa connivence avec Dylan Howard, du *National Enquirer*. Dans un échange daté de décembre 2016, Howard envoya à Weinstein une liste de contacts proposant de « discuter de la prochaine étape pour chacun d'eux[11] ». Weinstein le remercia puis Howard expliqua comment il avait obtenu des déclarations nuisibles à McGowan de la part de la productrice Elizabeth Avellan. Robert Rodriguez, l'ex-mari d'Avellan et père de ses enfants, l'avait quittée pour McGowan. Weinstein avait parié qu'Avellan devait lui en vouloir.

Sur certaines missions accomplies pour le compte de Weinstein, Howard avait recours à un sous-traitant du *National Enquirer*, une agence de photographie baptisée Coleman-Rayner. Pour la mission sur Avellan, Howard contacta un journaliste britannique qui collaborait à l'époque avec Coleman-Rayner et avait rédigé des articles *people* pour le *Sun*, le *Daily Mail* et l'*Enquirer*.

Quand je la joignis par téléphone, Avellan se souvenait bien de cet incident. Le journaliste « ne cessait d'appeler » et avait également contacté certains de ses proches. Avellan finit par le rappeler « de peur qu'il harcèle [ses] enfants ».

Avellan avait tenu à ce que leur discussion reste privée, et le journaliste avait accepté. Alors qu'il se trouvait en Californie, où les deux parties sont tenues par la loi de consentir à être enregistrées, il l'enregistra secrètement. C'est ainsi que Howard et Weinstein échangèrent leurs infos cet hiver-là. Howard lui écrivit : « J'ai un truc GÉNIAL… Elle s'en est prise violemment à Rose[12]. » Weinstein répondit : « C'est de la tuerie. Surtout si mes empreintes ne sont pas dessus[13]. » Howard l'assura qu'on ne ferait pas le lien et que la conversation avait été enregistrée.

Je restai au *New Yorker* jusque tard dans la nuit pour lire ces e-mails, un aspirateur résonnant non loin de moi. C'était seulement la partie visible de l'iceberg révélant la complicité entre le *National Enquirer* et des hommes puissants aux secrets bien gardés.

Alors qu'on se préparait à publier notre article sur l'armée de collaborateurs de Weinstein, la panique s'empara des institutions dont le nom y figurait. Au cours de plusieurs conversations téléphoniques, Dylan Howard exprima un mélange de flatterie et de menace. « Attention », dit-il comme l'avait fait Weinstein avant lui. Judd Burstein, un avocat travaillant avec Howard, renchérit par un courrier qualifiant notre enquête de diffamatoire. Comme il n'obtint aucune réaction, Howard perdit patience. Il déclara à deux de mes collègues, en parlant de moi : « Je vais l'avoir. »

Le cabinet d'avocats de Black Cube, basé à Londres, envoyait lui aussi des menaces, promettant de « prendre les mesures appropriées[14] » contre nous si nous publiions des documents Black Cube ou révélions les informations qu'ils contenaient. Au sein de l'agence, le docteur Avi Yanus, le directeur, envisagea de se débarrasser des documents. « Nous souhaiterions détruire tous les documents et informations en notre possession concernant cette affaire[15] », écrivit-il dans un e-mail. Puis il demanda à ses avocats de trouver un moyen pour stopper la publication du *New Yorker*.

Mais nous réussîmes à publier et l'article fit grand bruit. Des personnalités du monde médiatique se succédèrent les unes après les autres sur les plateaux de télévision pour exprimer leur incrédulité. Cela en disait long sur le fossé séparant les puissants et les faibles, que les hommes fortunés pouvaient intimider, surveiller, tromper à grande échelle.

Ostrovskiy, le détective privé, lut l'article dès sa publication. Il y découvrit la liste des cibles de Black Cube, notamment des journalistes, et repensa aux missions qu'il avait effectuées l'été précédent. Il transféra l'article à Khaykin en lui demandant s'il l'avait lu. Celui-ci lui répondit qu'ils allaient devoir en discuter en personne. Quelques jours plus tard, durant une mission de surveillance de routine, Ostrovskiy lui posa de nouveau la question. Agacé, Khaykin tenta de changer de sujet. Mais il finit par lâcher : « Maintenant tu sais pour qui on travaille. »

Quelque temps plus tard, Ostrovskiy revint à la charge. C'était en pleine nuit, et les deux détectives privés se trouvaient sur un bateau sillonnant les eaux glacées au nord de Sandy Hook, dans le New Jersey. Khaykin adorait naviguer et avait même une page sur les réseaux sociaux dédiée à cela. Les deux hommes retournaient à New York après avoir dîné dans un restaurant au bord de l'eau à Atlantic Highlands. Ostrovskiy profita de ce moment pour reparler de Black Cube.

Khaykin le fixa et lui dit : « Pour moi, c'est comme une mitzvah. Je fais une bonne action pour Israël. » Ostrovskiy resta sans voix. Ce n'était pas une mitzvah et ce n'était pas pour Israël.

« J'ai peur, mais c'est intéressant et excitant », commenta Ostrovskiy au sujet de leur travail pour Black Cube.

« C'est moi qui devrais avoir peur, toute cette affaire Weinstein s'est faite sous ma direction, répliqua Khaykin avant d'ajouter rapidement : Tout était légal. On n'a jamais enfreint la loi. » Mais il semblait nerveux.

Durant les derniers jours de l'enquête, les hommes proches de Black Cube avaient lancé une chasse effrénée pour retrouver la source qui m'avait transmis les contrats et les autres documents. « On cherche partout. On vérifie tout », me dit mon interlocuteur le plus âgé. Il ajouta qu'il avait lancé une nouvelle série de tests au détecteur de mensonges et promis de poursuivre en justice les coupables. « On a du mal à croire qu'un de nos employés pourrait se lancer dans une mission suicide comme celle-ci », ajouta le plus jeune.

« Je voudrais être sûr que vous n'êtes pas en danger, écrivis-je à Sleeper. Je ferai mon possible pour vous protéger. »

Comme d'habitude, la réponse fut rapide : « J'apprécie votre attention… Pour le moment, je me sens en sécurité. »

Juste avant la publication, je tentai une dernière fois d'obtenir l'identité de ma source. Je précisai qu'en savoir davantage sur son compte était de la plus haute importance, sur le plan journalistique. Sleeper me donna un indice qui permettait de révéler l'origine des documents. Et il me demanda de faire une chose pour garder le secret.

Il me donna une explication au sujet de ses motivations : « Je suis quelqu'un qui fait partie du système et qui en a assez des moyens illégaux et tordus par lesquels BC accède à ses informations. Par ailleurs, dans cette affaire, je crois réellement que HW est un délinquant sexuel et, en tant que femme, j'ai honte d'être mêlée à tout ça. »

Je pris le temps de réfléchir à cette révélation. Voilà ce que je peux vous dire au sujet de Sleeper, et des risques qu'elle encourut pour faire sortir cette affaire au grand jour : c'était une femme, et elle en avait assez.

« Disons que je ne vous donnerai jamais d'info que je ne peux pas garantir à cent pour cent, m'écrivit-elle dans son dernier message. Je travaille dans le milieu du renseignement. Le monde de l'espionnage et de l'action. J'espère que nous aurons l'occasion d'en discuter un jour. Le projet sur lequel je travaille est… démentiel, mon cher[16]. »

CHAPITRE 50

PLAYMATE

L'enquête sur Dylan Howard et l'*Enquirer* ouvrit une vanne. Les unes après les autres, des sources à l'intérieur ou gravitant autour d'American Media Inc. nous appelaient pour nous dire que Weinstein n'était pas le seul avec qui le tabloïde avait travaillé pour étouffer des affaires.

À la fin du mois de novembre, une avocate, Carol Heller, m'écrivit au sujet d'une affaire dont le *Wall Street Journal* s'était fait l'écho à l'automne 2016 : une mannequin de *Playboy* qui avait cédé à AMI les droits exclusifs de son témoignage où elle prétendait avoir eu une liaison avec Donald Trump – information qu'AMI n'avait jamais publiée. D'après Heller, la protagoniste, Karen McDougal, qui avait été nommée Playmate de l'année par le magazine, avait « trop peur » de parler. Si je parvenais à obtenir son témoignage, et celui d'autres qui avaient pris part à la transaction, je pourrais peut-être révéler le contrat qu'avait passé AMI et commencer à exposer cette culture de la dissimulation qui s'étendait bien au-delà de Hollywood, jusque dans la sphère politique.

Dans le courant du mois, je parvins à joindre McDougal au téléphone. Elle me dit que son contrat avec AMI l'avait « privée de ses droits ». Il comprenait une clause autorisant AMI à la forcer à recourir à un arbitrage puis à lui demander des dommages et intérêts. McDougal avait du mal à joindre les deux bouts. AMI pouvait vider son compte en banque. « À ce stade, j'ai l'impression que quoi que je dise, je vais avoir des ennuis », me confia-t-elle. « J'ai peur de prononcer son nom »[1], ajouta-t-elle au sujet de Trump. Mais comme je réussis à réunir un certain nombre d'éléments, y compris son contrat avec AMI et des témoignages sur la façon dont il avait été signé, McDougal commença à me raconter son histoire.

Elle avait grandi dans une petite ville du Michigan et travaillé dans une crèche avant de se lancer dans le mannequinat et de rencontrer Trump dans une soirée au manoir Playboy. C'était en juin 2006 et il était là pour tourner un épisode de *The Apprentice*. « Venez par ici, avait-il lancé à deux mannequins vêtues de corsets et de queues de lapin. Magnifiques. » Les cameramen zoomèrent et firent un plan panoramique comme s'ils étaient des photographes animaliers et que les seins étaient une espèce en voie de disparition. Trump avait épousé la mannequin slovène Melania Krauss deux ans plus tôt ; leur fils, Barron, était âgé de quelques mois. Mais Trump ne semblait pas encombré par ses obligations familiales. D'après les souvenirs de McDougal, il « n'avait d'yeux » que pour elle et lui répétait qu'elle était très belle. Trump demanda son numéro à McDougal et ils se mirent à se téléphoner régulièrement. Peu après, ils se retrouvèrent pour dîner dans un bungalow privé du Beverly Hills Hotel. Trump l'impressionna. « On a parlé pendant deux heures et ensuite c'était parti ! On s'est déshabillés et on a fait l'amour », écrivit McDougal dans des notes que j'obtins par la suite. Alors que McDougal se rhabillait et s'apprêtait à partir, Trump lui proposa de l'argent. « Je l'ai regardé (tristement) et je lui ai dit : "Non merci, je suis pas ce genre de fille." » Après cela, McDougal lui rendit visite « chaque fois qu'il était à L.A. (souvent) ».

Tout le temps que dura leur liaison, Trump paya les trajets de McDougal quand elle assistait à des événements, mais sans jamais révéler que l'argent venait de lui. « Pas de traces, écrivit-elle dans ses notes. À chaque fois que j'ai pris l'avion pour le retrouver, j'ai réservé les billets et l'hôtel et il m'a remboursée. » Durant leur liaison, il présenta McDougal à des membres de sa famille et lui fit visiter ses propriétés. Dans la Trump Tower, il lui indiqua la chambre de Melania. « Il m'a dit qu'elle aimait avoir son espace », écrivit McDougal.

En avril 2007, au bout de neuf mois, McDougal mit fin à la liaison. Rencontrer la famille de Trump avait fait naître en elle une certaine culpabilité. Par ailleurs, l'attitude de Trump heurtait de plus en plus sa sensibilité. Un jour, il qualifia la mère de McDougal, qui avait à peu près le même âge que lui, de « vieille peau ». Une autre fois, alors qu'elle le rejoignait dans sa limousine accompagnée d'une amie pour aller assister au concours de Miss Univers, il ne cessa de faire des commentaires au sujet de la taille des pénis et demanda à l'amie de McDougal quelles étaient ses préférences, à savoir si elle aimait mieux les « petites bites », les « grosses bites » ou les « bites noires ».

Un ami de McDougal, Johnny Crawford, fut le premier à lui proposer de vendre son histoire à un journal. McDougal vivait avec lui en 2016 et ils regardaient la campagne électorale. Crawford lui dit : « Tu sais, si tu as eu des relations sexuelles avec lui, ça pourrait te rapporter de l'argent. » À sa demande, McDougal rédigea des notes sur sa liaison avec Trump. Au départ, elle ne voulait pas raconter son histoire. Mais quand une de ses anciennes amies, la mannequin de *Playboy* Carrie Stevens, commença à en parler sur les réseaux sociaux, elle décida qu'il valait mieux que ça vienne d'elle.

Crawford engagea Jay Grdina, l'ex-mari de la star du porno Jenna Jameson, pour les aider à vendre le scoop. Grdina négocia deux rendez-vous entre McDougal et JJ Rendón, un Latino-Américain qui frayait dans le monde politique et à qui on reprochait déjà, à l'époque, d'avoir constitué de faux soutiens sur les réseaux sociaux et d'avoir piraté les comptes e-mail de ses adversaires[2]. Comme il n'était pas intéressé par le dossier, Grdina contacta Keith M. Davidson, un avocat qui avait la réputation d'avoir vendu des affaires salaces[3]. Davidson contacta AMI. Pecker et Howard, quant à eux, alertèrent Michael Cohen, l'avocat de Trump. Peu après, ce dernier appela Pecker pour lui demander de l'aide[4].

En juin 2016, McDougal rencontra Howard. Il lui fit une offre : elle s'élevait au départ à 10 000 dollars puis, une fois que Trump fut nommé candidat des Républicains, la somme augmenta considérablement. Le 5 août 2016, McDougal signa un contrat limité sur les droits de son histoire personnelle, accordant à AMI la propriété exclusive de tout compte rendu ayant trait à toute relation qu'elle avait pu entretenir avec « tout homme marié ». Sur la facture d'honoraires de Davidson il était bien précisé qu'il s'agissait de Donald Trump. En échange, AMI accepta de verser à McDougal 150 000 dollars. Les trois hommes impliqués dans le contrat, (Davidson, Crawford et Grdina) touchèrent quarante-cinq pour cent du versement pour leurs honoraires, laissant à McDougal un total de 82 500 dollars. Le jour de la signature, McDougal envoya un e-mail à Davidson pour exprimer sa confusion quant au contrat qu'elle avait signé, et ce qu'elle devait répondre à d'éventuels journalistes. « Si vous niez, tout ira bien, répondit Davidson. Il faut vraiment qu'on signe le contrat et qu'on verrouille cette histoire[5]... » McDougal me rapporta : « C'est moi qui ai signé, donc c'est ma faute, mais je n'ai pas compris tout ce que cela impliquait. »

Tandis que les électeurs se dirigeaient vers les urnes le jour des élections de 2016, Howard et l'avocat principal d'AMI appelèrent McDougal et son représentant juridique pour lui proposer de booster sa carrière en lui offrant les services d'un RP afin de gérer ses interviews. Ce RP s'appelait Matthew Hiltzik[6], attaché de presse d'Ivanka Trump, qui m'avait appelé de la part de Weinstein (mais ils n'eurent finalement pas recours à ses services). AMI s'empressait de répondre aux journalistes qui tentaient de contacter McDougal. En mai 2017, Jeffrey Toobin, du *New Yorker*, qui rédigeait un portrait de David Pecker, demanda à McDougal de commenter sa relation avec AMI et Trump. Howard, qui travaillait avec un autre RP, transmit à McDougal un brouillon de réponse portant pour objet « ENVOYEZ ÇA[7] ». En août 2017, Pecker fit venir McDougal à New York pour un déjeuner au cours duquel il la remercia de sa loyauté.

Fin 2017 et début 2018, alors que nous travaillions sur l'affaire, AMI se montra de plus en plus enclin à faire respecter le contrat. Dans un e-mail daté du 30 janvier, l'avocat d'AMI envoya un e-mail ayant pour objet « extension du contrat de McDougal[8] », proposant un avenant et une couverture de magazine pour faire passer la pilule.

L'article parut en février. McDougal avait surmonté sa peur et fait des révélations pour la première fois. Depuis quelques années, elle avait trouvé la foi et était devenue altruiste. « Chaque femme qui parle ouvre la voie à une autre », me dit-elle. Elle avait gardé le silence au sujet d'une affaire dans laquelle elle avait été consentante, mais elle pouvait contribuer à exposer un système tentaculaire qui muselait les femmes et dissimulait des comportements plus sérieux, voire criminels.

La Maison-Blanche qualifia l'affaire de « *fake news*[9] ». L'avocat d'AMI déclara à son tour que ce compte rendu était « erroné et diffamatoire » et que j'avais contribué à « un complot fomenté par McDougal et son avocat pour soutirer davantage d'argent à AMI ». De son côté, Howard menaça lui aussi de poursuivre le *New Yorker*. AMI répéta qu'il avait refusé de publier l'histoire de McDougal parce qu'il ne la trouvait pas crédible. Elle ne répondait probablement pas aux critères de qualité journalistique de l'*Enquirer*.

CHAPITRE 51

CHUPACABRA

Au moment où nous publiâmes, j'avais connaissance d'une autre transaction semblant suggérer que le contrat passé avec McDougal s'inscrivait dans une logique d'AMI visant à enterrer des scandales impliquant Trump. Des amis et des collègues de Dylan Howard me contactèrent pour m'informer que ce dernier s'était vanté d'avoir des éléments prouvant que Trump avait eu un enfant avec son ancienne femme de ménage à la fin des années 80. « Howard disait des choses quand il était bourré ou défoncé. Notamment qu'ils payaient pour obtenir des infos qu'ils ne publiaient pas, uniquement pour protéger des gens, me confia l'un de ses amis. Quand quelqu'un vous dit : « Au fait, le futur candidat à la présidence a un enfant caché », ça ne s'oublie pas.

En février 2018, j'étais dans le bureau de David Remnick et lui touchai un mot de cette affaire. « Tu sais ce que vont dire les gens quand ils apprendront que tu enquêtes sur ça », me lança-t-il. Nous éclatâmes de rire. J'étais bien placé pour savoir comment traiter les rumeurs de paternité.

Il n'y avait aucune preuve permettant d'étayer la thèse de l'enfant caché. Mais au printemps, de plus en plus de documents et de sources affirmèrent qu'AMI avait bel et bien acheté les droits de ce potentiel scandale, pour éviter qu'il ne s'ébruite.

Fin 2015, Dino Sajudin, ancien portier de la Trump Tower, avait raconté cette histoire à AMI, en fournissant les noms de la mère et de l'enfant présumés[1]. Pendant plusieurs semaines, les journalistes du *National Enquirer* menèrent l'enquête. Le tabloïde engagea deux détectives privés : Danno Hanks qui examina les archives de la famille, et Michael Mancuso, ancien officier de police criminelle, qui soumit Sajudin au détecteur de mensonges. Plusieurs journalistes mettaient en doute la crédibilité du portier. (Son ex-femme le qualifierait plus tard d'affabulateur. « Il a vu le chupacabra, dit-elle. Et le Yéti[2] ! ») Mais il réussit le test du détecteur de mensonges et affirma que des employés haut placés, notamment le chef de la sécurité de Trump, Matthew Calamari, lui avaient parlé de cette affaire.

Subitement, David Pecker ordonna aux journalistes d'interrompre leur enquête. En novembre 2015, Sajudin signa un accord de 30 000 dollars pour céder les droits exclusifs de l'information. Peu après, il retrouva un journaliste d'AMI dans un McDonald's de Pennsylvanie et signa un avenant l'exposant à une amende d'un million de dollars si l'ancien portier révélait cette information sans l'accord d'AMI. Le journaliste assura à Sajudin qu'il toucherait son argent. Celui-ci, visiblement content, rétorqua qu'il allait passer « un très joyeux Noël ».

Comme il le ferait plus tard dans le dossier McDougal, Michael Cohen, l'avocat de Trump, suivit de près le déroulement de l'affaire. « Il est incontestable que cela a été fait pour protéger Trump, m'affirma un ancien employé d'AMI. C'est clair et net. »

Par la suite, quand les journalistes cherchèrent à en savoir plus sur cette rumeur, l'*Enquirer* tenta de les égarer. À l'été 2017, deux journalistes de l'Associated Press, Jeff Horwitz et Jake Pearson avaient amassé beaucoup d'informations. Alors qu'ils s'apprêtaient à publier, Howard mit sur pied une équipe juridique musclée et menaça l'AP de poursuites. En juillet, sous l'injonction d'AMI, Sally Buzbee, rédactrice en chef de l'AP, et son avocat, rencontrèrent Howard et son équipe. Il avait engagé les représentants de Weinstein : les avocats Boies Schiller et Lanny Davis.

Le mois suivant, Buzbee annonça en interne que l'article ne verrait finalement pas le jour. « Après de difficiles discussions entre nous, les dirigeants de l'AP ont conclu qu'à ce moment-là, l'article ne remplissait pas les critères de rigueur qui sont les nôtres en matière de fiabilité des sources », expliqua-t-elle plus tard pour justifier cette décision. D'autres journalistes de l'Associated Press pensaient, quant à eux, que les sources étaient fiables et exprimèrent leur incompréhension face à cette décision. Horwitz quitta son poste pendant quelques jours et ses supérieurs durent le convaincre de revenir[3]. Pendant presque une année, l'affaire en resta là.

Mais au printemps suivant, tout allait changer. Les sources de l'*Enquirer* se mirent à parler. Début mars 2018, l'une d'entre elles était prête à transmettre une copie de l'avenant signé par Sajudin fin 2015. Je retrouvai cette source dans un restaurant indien délabré de Los Angeles où, pendant des heures, je tentai de la persuader de me montrer ce document. Ce soir-là, je rejoignis Jonathan chez lui à West Hollywood, avec une copie de l'avenant.

— À quel moment as-tu pris conscience…, me lança Jonathan sur un ton théâtral quand j'arrivai, tard.

— … que je te déteste ? Oui je sais, je sais.

Ce petit dialogue était classique entre nous.

— On était censés dîner ensemble.

— Désolé. Ça a duré plus longtemps que prévu.

— Tu m'as déjà dit ça hier, me répliqua-t-il.

Nous nous disputâmes à ce sujet. Je me demandais combien de temps nous allions pouvoir tenir comme ça, vu que j'étais toujours absent, épuisé, stressé. Plus tard dans la soirée, alors que Jonathan était allé se coucher, j'ouvris la porte à un livreur. De l'autre côté de la rue, un jeune homme d'une trentaine d'années, pâle, avec des cheveux noirs raides et une barbichette, se tenait près d'une voiture, sans me quitter des yeux. Je me sentais de nouveau épié.

Ayant eu moi-même affaire à la curiosité de la presse pendant toute ma vie, je ne voulais pas me montrer intrusif. Mais par respect pour les individus touchés par cette rumeur, je me devais de savoir s'ils souhaitaient s'exprimer ou non. Mi-mars, je frappai à la porte de Sajudin, dans les bois d'une campagne de Pennsylvanie. « Je ne parle pas gratuitement », m'annonça-t-il avant de me claquer la porte au nez. Mes e-mails et appels au sujet du supposé enfant caché (qui bien sûr n'était plus un enfant désormais) restèrent sans réponse. À la fin du mois, je parcourus Bay Area, en Californie, pour tenter ma chance auprès de nouvelles adresses que j'avais découvertes. Je ne trouvai qu'un seul membre de la famille, qui me dit : « Je ne suis pas censé vous parler. » J'essayai ensuite l'adresse d'un bureau. Le soi-disant enfant caché travaillait – je ne plaisante pas – dans une agence qui effectuait des tests génétiques.

Je tentai enfin de frapper à la porte de la maison familiale, dans le Queens. Elle était petite et décatie, recouverte de bardeaux. Sur un carré de pelouse s'élevait un petit autel avec une madone en plâtre. J'y passai plusieurs fois avant de tomber sur un homme d'un certain âge que je reconnus comme étant le mari de la femme ayant soi-disant eu cette aventure amoureuse. Il leva les mains en approchant vers moi. « Elle ne vous parlera pas, ni à vous ni à personne », lança-t-il. Il s'exprimait d'une manière directe avec un accent latino-américain. Il était convaincu que la rumeur était fausse. La transaction de l'*Enquirer* avait mis la famille dans une situation délicate.

— Je ne comprends pas pourquoi ils ont payé ce type, me dit-il. C'est moi le père.

— Je comprends, dis-je en le regardant d'un air peiné.

J'ajoutai que je voulais simplement m'assurer qu'ils aient eu l'opportunité de s'exprimer s'ils le souhaitaient. Je savais que c'était horrible d'avoir les journalistes qui vous rôdaient autour.

Il hocha la tête.

— Bien sûr. Vous êtes Farrow.

— Oui.

— Je sais bien.

Et ce fut à son tour de me regarder avec pitié.

Début avril, nous avions consolidé le dossier en ajoutant les témoignages de six employés travaillant ou ayant travaillé pour AMI, des textos et des e-mails datant de l'époque où la société avait conclu le contrat et l'avenant que Sajudin avait signé au McDonald's. Comme pour l'affaire McDougal, la Maison-Blanche nia en bloc et ajouta :

« Je vous renvoie vers AMI. » Étrange réaction face à un dossier mentionnant une collaboration légalement discutable du gouvernement avec cette société de médias.

Sean Lavery, chargé de vérifier les détails de cette histoire, envoya une note détaillée à Howard. Moins de trente minutes plus tard, Radar Online, un site internet d'AMI, publia un post révélant l'affaire : « Ronan Farrow du *New Yorker* appelle nos journalistes et sous-entend qu'une fois de plus, l'*Enquirer* aurait soi-disant étouffé des scandales sur le président Trump. Cela constituerait à ses yeux une menace pour la sécurité nationale[4]. »

Quelques minutes plus tard, nous reçûmes un e-mail de Howard. Comme il l'avait fait avec McDougal, il plaida l'intégrité journalistique et nia toute collaboration avec Trump. « Tu es en train de chier sur toute l'institution que représente le *New Yorker*, écrivit-il à Remnick. L'obsession malsaine de Ronan pour notre journal (*et peut-être pour moi – est-ce mon sourire ?*) vous met en danger. » Il ajouta, à mon sujet et en italiques : *« Il va faire les choux gras de l'Enquirer. »*[5]

Dylan Howard aimait bien les italiques.

Maintenant que Howard avait ouvertement exprimé son opinion, l'AP redoubla d'efforts, ressortit le brouillon de son article[6] et nous le publiâmes le lendemain dans le *New Yorker*.

Toutes les missions d'AMI pour le compte de Trump ne se terminèrent pas aussi bien. Plus tard, j'entendrais parler d'une autre affaire liée à Trump et à ses associés. Début 2016, une femme anonyme (désignée comme « Katie Johnson » dans un premier document juridique puis simplement « Mme X ») déposa plainte contre Trump. Elle prétendait qu'en 1994, alors qu'elle avait treize ans et qu'elle venait d'arriver à New York pour travailler en tant que mannequin, on lui avait proposé de la payer pour assister à des fêtes organisées par Jeffrey Epstein, l'investisseur milliardaire, où Trump était présent. De terribles allégations de violence sexuelle s'ensuivaient[7] : d'après la plainte, elle et d'autres mineures avaient été forcées d'avoir des rapports sexuels avec Trump et Epstein, culminant par une « attaque brutale » de Trump ; le document précisait que Trump avait violemment menacé la plaignante et sa famille si elle prenait la parole ; d'après ce document, Trump et Epstein savaient que les filles étaient mineures.

Le contexte de l'affaire était avéré : Epstein était un ami proche de Donald Trump[8]. « Je connais Jeff depuis quinze ans. Un mec génial, commenta Trump en 2002. Il est fantastique. Il paraît qu'il aime autant que moi les jolies femmes, surtout les jeunes. Une chose est sûre : Jeffrey sait s'amuser. » Julie K. Brown, journaliste au *Miami Herald*, publia ensuite un article relatant les rumeurs répétées selon lesquelles Epstein avait sexuellement agressé des mineures[9]. En 2019 des agents fédéraux arrêtèrent Epstein pour trafic sexuel, dévoilant un accord à l'amiable de 2008 qui avait protégé l'investisseur de poursuites fédérales. Cet accord avait été conclu par Alexander Acosta, alors procureur, devenu par la suite secrétaire du Travail dans le cabinet Trump. Peu après, Epstein serait retrouvé pendu dans sa cellule, apparemment à la suite d'un suicide.

Cependant, comme pour les affirmations de Sajudin au sujet de l'enfant caché, aucune preuve ne vint étayer cette allégation anonyme de viol. La plainte initiale, déposée en Californie puis abandonnée pour vice de procédure, fut déposée de nouveau à New York avant d'être abandonnée une nouvelle fois. Norm Lubow, ancien producteur du « Jerry Springer Show » qui avait fait éclater plusieurs scandales douteux impliquant des célébrités, agit comme intermédiaire entre la plaignante et la presse[10]. La plaignante elle-même resta quasiment injoignable. L'un des avocats qui la représentaient avoua même avoir du mal à la contacter. Peu de journalistes parvinrent à lui parler. L'une d'entre eux, Emily Shugerman, affirma que les avocats de la plaignante avaient annulé à plusieurs reprises des interviews Skype ou FaceTime, remplacées par de brefs appels téléphoniques. Shugerman se dit aussi peu convaincue que d'autres journalistes quant à la véracité de l'affaire[11]. Il se peut que la plaignante ait reçu des pressions. Ou qu'elle ait été une invention pure et simple.

Un détail, néanmoins, ne fut jamais publié. Selon plusieurs employés d'AMI et un associé de Trump, Pecker, qui était alors en contact régulier avec Trump, eut vent de cette plainte. Peu après,

Howard était au téléphone avec Cohen, l'avocat personnel de Trump pour s'assurer qu'ils allaient retrouver cette femme et régler le problème. « Dylan passait son temps au téléphone avec Cohen, raconte un employé d'AMI. L'affaire est devenue une priorité absolue. » Sous la directive de Cohen, Howard envoya un journaliste à l'adresse contenue dans la plainte initiale. Mais il trouva porte close dans le quartier désert de Twentynine Palms, en Californie. D'après un voisin, la maison était vide depuis l'automne.

Il n'y avait aucun moyen d'acheter ces témoignages-là. Néanmoins, quelques jours après la plainte anonyme, alors que plusieurs médias s'y intéressaient, AMI publia plusieurs articles visant à discréditer les propos rapportés dans la plainte[12]. Trump l'aurait qualifiée d'« écœurante » et de « mensongère ».

Fin 2016, cette femme anonyme refit surface, défendue par une nouvelle avocate, une ardente militante pour les femmes qu'Howard décrivit plus tard comme une amie de longue date : Lisa Bloom. Quand Howard apprit que Bloom travaillait sur ce dossier, il la contacta pour la mettre en garde. Bloom finit par annuler à la dernière minute la conférence de presse avec la plaignante, qui retira une fois pour toutes sa plainte.

D'autres journaux publiaient des articles suggérant l'existence d'un pacte entre Trump et AMI. Depuis le début de mon enquête sur McDougal, j'avais entendu des rumeurs selon lesquelles l'actrice de porno Stormy Daniels avait signé une clause de confidentialité lui interdisant de parler d'un rapport sexuel qu'elle disait avoir eu avec Trump. Deux mois après mes premiers entretiens avec McDougal, le *Wall Street Journal* rapporta que Daniels avait bel et bien signé un tel accord, directement par l'entremise de Michael Cohen[13]. Ce que ne précisait pas cet article, c'est que l'avocat de Daniels, Keith Davidson, qui avait précédemment représenté McDougal, avait d'abord contacté Dylan Howard pour lui parler de l'affaire. Pecker venait de faire une faveur à Trump et commençait à craindre d'éventuelles répercussions. Mais Howard renvoya Davidson vers Michael Cohen, qui monta une société écran afin de payer 130 000 dollars en échange de son silence.

Le contrat mentionnait des pseudonymes : Daniels était désignée sous le nom de « Peggy Peterson » et Trump « David Dennison ».

« Tu sais qui l'a vraiment mauvaise ? me confia plus tard Davidson. Le vrai David Dennison. Il était dans mon équipe de hockey au lycée. Et il est furieux. »

Les affaires enterrées par AMI pendant l'élection, comme celle de Sajudin et McDougal, en plus des précédentes réglées par Cohen, comme celle de Daniels et de la plaignante anonyme, soulevèrent des questions légales et politiques de taille. Ses règlements à l'amiable n'apparaissaient pas sur les dépenses que Trump avait publiées pendant l'élection. Quand nous publiâmes notre enquête, une organisation à but non lucratif de veille de la presse et un groupe politique de gauche déposèrent plainte et demandèrent au département de la Justice, au bureau pour l'éthique gouvernementale et à la commission d'élection fédérale de déterminer si les paiements à Daniels et McDougal enfreignaient la loi électorale fédérale[14]. Selon des experts juridiques, c'était peut-être le cas. Vu que cela s'était passé pendant la campagne, on ne pouvait pas écarter la possibilité qu'AMI ait eu l'intention d'aider le candidat. Cette hypothèse était renforcée par les échanges avec Cohen.

Les entreprises médiatiques sont exemptées de certaines obligations concernant le financement des campagnes électorales. Mais selon les experts, ces conditions ne s'appliquaient peut-être pas dans ce cas-là, où il était acquis qu'AMI n'agissait pas en tant que média mais comme plateforme d'expression pour un homme puissant.

Tous les employés d'AMI à qui je parlai convinrent que l'alliance avec Trump avait modifié leurs conditions de travail. « On n'imprimait pas un seul mot sur Trump sans son approbation », confia Jerry George, l'ancien rédacteur d'AMI. Plusieurs me dirent que Pecker avait fait un profit réel et que des proches du président Trump avaient par la suite présenté Pecker à de potentiels financeurs pour AMI. Pendant l'été 2017, Pecker se rendit dans le Bureau ovale[15] et dîna à la Maison-Blanche avec un homme d'affaires français connu pour conclure des marchés avec l'Arabie saoudite. Deux mois plus tard, cet homme d'affaires et Pecker rencontrèrent le prince héritier saoudien, Mohammed ben Salmane.

De nombreux employés d'AMI sentaient que la véritable récompense de tout ça c'était de pouvoir accumuler suffisamment d'éléments pour faire chanter Trump. Howard se vanta auprès de ses amis d'avoir refusé une proposition sur une chaîne de télévision parce qu'il sentait que son poste actuel, et les scoops sulfureux qu'il possédait sur tant de gens, lui donnaient davantage de pouvoir que n'importe quelle carrière traditionnelle de journaliste. « En théorie, on pourrait croire que Trump a l'avantage dans cette histoire, analysa Maxine Page d'AMI, mais en réalité, c'est Pecker qui tient les ficelles : il peut révéler toutes ces affaires s'il le souhaite. Il sait où sont enterrés les cadavres. » C'était quelque chose qui inquiétait McDougal elle aussi. « Quelqu'un de haut placé qui contrôle notre pays peut l'influencer, dit-elle au sujet de Trump, c'est énorme. »

La relation entre AMI et Trump constituait un exemple extrême du potentiel des médias à renoncer à l'objectivité pour forger des alliances avec les plus puissants. Mais, pour AMI, ce n'était pas du nouveau. Au fil des années, l'entreprise avait conclu des marchés pour enterrer des scandales concernant Arnold Schwarzenegger, Sylvester Stallone, Tiger Woods, Mark Wahlberg et bien d'autres. « On avait des révélations et on payait pour les obtenir tout en sachant pertinemment qu'on ne les publierait pas », me dit George.

Les uns après les autres, les employés de l'*Enquirer* décrivaient cette pratique consistant à acheter des témoignages dans le but d'enterrer les scoops. Ce que voulait le journal avant tout, c'était les faire taire.

PARTIE V
RUPTURE

CHAPITRE 52

CERCLE

Dylan Howard avait un côté extraverti, m'affirmèrent une dizaine de personnes qui travaillaient avec lui. D'anciens employés rapportèrent à l'Associated Press qu'il « parlait ouvertement de ses partenaires sexuels dans la salle de rédaction, commentait la vie sexuelle des employées et forçait des femmes à regarder ou écouter de la pornographie[1] ». En 2012, à la suite de plaintes émanant de ses collègues féminines, AMI lança une enquête interne, menée par un consultant extérieur. Officiellement, cette enquête n'aboutit à « rien de concluant ». L'avocat de l'entreprise confirma que plusieurs femmes s'étaient plaintes d'Howard, notamment après qu'il avait proposé de créer un profil Facebook pour le vagin d'une collègue. Maxine Page, journaliste de longue date chez AMI, rapporte qu'elle s'était plainte au nom de nombreuses collègues. Liz Crokin, autre journaliste chevronnée, raconte qu'après avoir expliqué au consultant extérieur que Howard l'avait harcelée, elle pensait que celui-ci avait usé de représailles contre elle en la cantonnant à des tâches subalternes. Howard nia ensuite toute allégation de comportement déplacé et, d'après un porte-parole, ces femmes étaient « mécontentes ».

Après mes articles, plusieurs collègues de Howard rapportèrent qu'il était furieux. Deux d'entre eux se souviennent l'avoir entendu dire qu'il allait « m'avoir ». L'un d'eux lui dit que c'était ridicule, que sa réaction le trahirait. Howard était pourtant déterminé.

L'espace d'un bref moment, je devins le grand méchant loup en une du *National Enquirer*. Quelques jours après l'article consacré au portier de Trump, le journal me contacta une première fois pour que je m'exprime au sujet de cet oncle que je ne me souvenais pas avoir rencontré, et que Weinstein avait mentionné : « Le *National Enquirer* va publier un article au sujet de l'oncle de Ronan Farrow, John Charles Villiers-Farrow qui a été condamné pour avoir abusé sexuellement de petits garçons de dix ans[2]. » Peu après, des intermédiaires se mirent à envoyer des messages agressifs réclamant des « photos cochonnes ». Comme je ne répondis pas, l'*Enquirer* déplora publiquement mon silence. Si je répondais quoi que ce soit d'un peu ironique ou franc, Howard le publiait aussi. Lui et ses collègues me demandèrent des commentaires sur des affaires montées de toutes pièces, dont l'une nous prêtait, à moi et un autre journaliste qui avait publié un article important contre AMI, des parties de jambes en l'air brésiliennes (si seulement ma vie était aussi excitante...).

Howard et ses associés me contactaient sans relâche par téléphone et par e-mail. Entre nous, c'était un jeu de ping-pong : répondre, échanger des faveurs avec Howard, troquer une information. L'autre journaliste ciblé par Howard avait engagé contre l'*Enquirer* un avocat de renom qui savait négocier ; il s'assura qu'AMI ne cite pas le nom de son client. Lui ne travaillait pas sur une enquête précisément dédiée à ce sujet. Mais moi si. Céder aux menaces de quelqu'un qui faisait l'objet d'une enquête journalistique était exactement ce qui avait permis d'enterrer l'affaire Weinstein l'année précédente. Je ne répondis pas et continuai de faire mon travail.

Ces machinations constituaient la forme de manipulation la moins élaborée de Howard. Selon plusieurs employés d'AMI, il avait eu recours à un sous-traitant associé à Coleman-Rayner (la structure utilisée pour créer des enregistrements secrets pour Weinstein) chargé notamment de suivre Jonathan à Los Angeles. Sa maison avait été surveillée, ses déplacements épiés. Howard avait dit : « On va filer le copain de Ronan », se souvient un employé. Et plus tard : « J'ai mis quelqu'un sur le coup, on va savoir où il va. » Howard nia les affirmations de ses employés. Finalement, la routine de Jonathan s'était avérée si ennuyeuse que le sous-traitant avait abandonné la surveillance.

« Mais je suis intéressant ! protesta Jonathan quand je lui racontai ça. Je fais des choses très intéressantes ! Je suis allé à un *escape game* ! »

À ce stade, l'étau se resserrait autour d'AMI. Plusieurs médias, notamment le *Wall Street Journal*, enquêtaient sur les transactions de l'entreprise pour le compte de Trump pendant la campagne électorale et leurs révélations avaient alerté la police. En avril 2018, des agents du FBI firent une descente à l'hôtel et au bureau de Cohen, cherchant des preuves des paiements versés à McDougal et des échanges entre Cohen, Pecker et Howard[3]. La police interrogea Pecker et Howard. En réaction à mes articles, ils nièrent tout, jugèrent qu'il était ridicule de penser qu'ils avaient agi en représailles et brandirent l'intégrité journalistique. Quelques mois plus tard, ils passèrent un accord afin d'éviter le procès dans une série de crimes potentiels, comprenant notamment une violation des lois de la campagne électorale, et reconnurent les faits. Ils concédèrent qu'au début de la campagne, Pecker avait rencontré Cohen et un autre employé de l'entreprise. « Pecker proposa son aide pour gérer les affaires négatives concernant les relations du candidat à la présidence avec les femmes, en identifiant les affaires de façon à pouvoir les récupérer et éviter leur publication[4] », pouvait-on lire dans l'accord passé. Ils les avaient fait taire, et leur intention était bel et bien de peser sur le débat électoral.

Selon les termes de l'accord, AMI ne devait « commettre aucun crime » pendant trois ans. Dans le courant de l'année, l'*Enquirer* dut expliquer s'il avait oui ou non enfreint cette clause. Howard avait chargé toute la rédaction d'enquêter sur Jeff Bezos, fondateur et PDG d'Amazon, soupçonné d'avoir trompé sa femme. Cette fois, il se montra plus prudent avec les photos compromettantes dont il était coutumier. (Howard semblait s'intéresser au pénis de Bezos plus que quiconque, en dehors de la femme et la maîtresse de celui-ci.) La routine habituelle se mit en place : AMI menaça de publier les photos et fit pression sur Bezos pour qu'il conclue un arrangement. Bezos, qui n'était pas tenu par les mêmes contraintes journalistiques que moi, passa à l'offensive. « Non, merci, monsieur Pecker, répondit-il dans une lettre ouverte. Plutôt que de céder à l'extorsion et au chantage, j'ai décidé de publier exactement ce qu'ils m'avaient envoyé, en dépit du coût personnel et de l'embarras que cela risque d'engendrer[5]. »

Début 2019, alors que les avocats des tribunaux fédéraux essayaient de déterminer si Howard avait violé son accord[6] et tandis qu'AMI était criblé de dettes, l'*Enquirer* et ses petites frères, le *Globe* et le *National Examiner* furent vendus au plus offrant. L'acquéreur, James Cohen, dont le père avait fondé la franchise Hudson News, était principalement connu comme collectionneur d'art et pour avoir organisé à sa fille une bat mitsvah d'un million de dollars[7]. Tout le monde se demanda si Cohen avait vraiment financé cet achat seul ou si d'autres personnes tiraient les ficelles dans l'ombre. Incapable de dissimuler sa joie, le *New York Post* cita une autre source proche d'AMI : « Tout ça ressemble à un vaste cercle privé[8]. »

L'étau se resserrait également sur l'ami de Howard, Harvey Weinstein. Durant les mois qui suivirent la publication de l'article, des dizaines de femmes supplémentaires accusèrent Weinstein de harcèlement sexuel et de violence. Ce nombre atteignit trente, puis soixante, et enfin quatre-vingts personnes[9]. Certaines, parmi lesquelles Canosa, déposèrent plainte. Les forces de police de Londres, Los Angeles et New York travaillaient sur l'affaire. Le lendemain de la publication de l'article dans le *New Yorker*, l'inspecteur Keri Thompson, membre de l'unité de la police de New York dédiée aux affaires non classées, qui avait supervisé le coup monté à l'aide d'un enregistrement de Gutierrez quelques années plus tôt, se mit à parcourir la côte est à la recherche de Lucia Evans, qui avait prétendu avoir été agressée sexuellement par Weinstein dans son bureau en 2004. Quand la police finit par trouver Evans, ils lui dirent que si elle déposait plainte, cela les aiderait à mettre Weinstein derrière les barreaux. Evans voulait les aider. Mais elle avait peur. Elle avait conscience que jouer un rôle dans une procédure criminelle pouvait être assez destructeur, et les enquêteurs le savaient bien. Les avocats de Weinstein n'allaient pas y aller de main morte. Ils emploieraient les grands moyens contre elle. « Je crois que dans ce genre de décision, l'instinct de survie prend le dessus, expliqua-t-elle. Quelles conséquences cela va avoir sur vous ? Comment cela va affecter votre vie, votre famille, vos amis ? » Après des mois d'insomnie, elle décida de porter plainte contre Weinstein.

Le 25 mai 2018 au matin, un SUV noir se gara devant l'entrée du commissariat de la première circonscription de New York. Sous les flashes des journalistes, Thompson et un autre inspecteur, Nick DiGaudio, vinrent accueillir Harvey Weinstein afin de le mener dans leurs locaux. Pour l'occasion, Weinstein était vêtu comme un gentil professeur d'un costume noir et d'un pull bleu clair avec un col V. Sous le bras, il portait un tas de livres sur Hollywood et Broadway. Weinstein s'engouffra dans l'immeuble où il fut accusé de viol et d'agression sexuelle. Quand il ressortit, les livres avaient disparu et il était menotté.

Il était accompagné de son dernier avocat, Benjamin Brafman, et d'un détective privé du nom d'Herman Weisberg. Ce dernier était un ancien officier de la police judiciaire de New York et son agence, Sage Intelligence and Security, se vantait de son expertise autant que les Israéliens de leurs anciens postes au sein du Mossad. Il appartenait à l'équipe de Weinstein depuis un moment : l'année précédente, avant la publication de mon article, il avait suivi de près l'affaire McGowan, et avait révélé lors d'une réunion avec Weinstein qu'elle faisait l'objet d'une enquête policière pour une affaire de détention de drogue. « Est-ce qu'on peut utiliser ça contre elle ? » avait demandé Weinstein tout excité. Weisberg était qualifié par certains de ses anciens collègues de « limier[10] » spécialisé dans la traque et l'interrogation de témoins.

Ce jour-là, Weinstein l'accusé paya une caution d'un million de dollars et rentra chez lui. Il portait un bracelet électronique qui l'autorisait à naviguer entre ses deux résidences, à New York et dans le Connecticut. Dans les mois qui suivirent, la police étoffa son dossier et une femme supplémentaire, Mimi Haleyi, ajouta une accusation d'« agression sexuelle ». Cette ancienne assistante de production soutenait que Weinstein l'avait agressée sexuellement chez lui en 2006[11]. Mais de son côté, l'offensive de Weinstein prit de l'ampleur elle aussi, entraînant dans son sillage ceux qui avaient accepté de participer à l'enquête et ceux qui la menaient.

Dans la presse et devant les avocats, Brafman soutenait que Weinstein avait reçu des messages amicaux de Haleyi[12], dont un qui aurait eu lieu après la date de l'agression présumée. Par ailleurs, les efforts de Weisberg portèrent leurs fruits : DiGaudio, le policier, fut discrédité. Un témoin secondaire dans le dossier Lucia Evans prétendit qu'elle avait donné à DiGaudio des informations qu'il n'avait pas transmises aux avocats. Le policer nia, mais Brafman n'avait pas besoin de plus pour lancer l'assaut[13]. DiGaudio se dit publiquement outré et accusa la police de conspiration contre Weinstein. Il fut dessaisi de l'enquête. La plainte de Lucia Evans contre Weinstein fut abandonnée. « Deux choses peuvent être vraies, me confia une source provenant du cabinet du procureur. Vous pouvez croire une victime mais consentir à abandonner les charges parce que les maintenir reviendrait à affaiblir les autres charges. »

Brafman attribua ce revirement à un morceau de bravoure d'espionnage privé. « Quels qu'aient été mes accomplissements dans l'affaire Weinstein, Herman y a joué un grand rôle », déclara-t-il en expliquant que Weisberg avait contribué à « mettre au jour des informations » concernant « plusieurs témoins clés »[14].

Très vite, les multiples charges retenues contre Weinstein menacèrent de s'envoler à leur tour. Quelques mois après l'abandon des charges d'Evans, une rumeur commença à circuler selon laquelle Weinstein et le comité de la Weinstein Company envisageaient de conclure un accord à l'amiable de 44 millions de dollars pour clore l'affaire au civil.

Il restait beaucoup de charges contre Weinstein. Certaines attendaient d'être traitées par le tribunal. À Londres et Los Angeles, la police continuait d'enquêter. Certaines des plaignantes voyaient d'un mauvais œil la perspective d'un arrangement à l'amiable et exigèrent publiquement un procès[15].

Alors que Weinstein se préparait au procès, Page Six publia un entrefilet à son sujet[16]. Sur une photo, on le voyait se pencher au-dessus du comptoir de Cipriani Dolci, au niveau mezzanine de Grand Central. Il portait un tee-shirt noir d'où émergeait son cou rose. Son jean trop ample laissait apercevoir son caleçon. Il paraissait plus maigre, plus vieux, plus voûté qu'auparavant. L'entrefilet concernait un groupe d'hommes en costumes sombres réuni autour de Weinstein, en pleine conversation. D'après l'article, l'un d'eux était détective privé, l'autre avocat[17].

Harvey Weinstein le déchu était là, entouré de ses mercenaires, en train de comploter, de planifier, de se préparer aux prochains combats. Pour Weinstein et ses semblables, l'armée d'espions était bien vivante.

CHAPITRE 53

AXIOME

Ce fut après l'histoire de l'enfant caché, à l'été suivant, que j'eus un premier indice quant aux activités de Black Cube après leur collaboration avec Weinstein. Je venais de m'engouffrer dans une rame de métro étouffante quand je reçus un coup de téléphone d'un certain « Axiome ». Un peu plus tard, je reçus un texto : « J'essaie de vous contacter directement, en privé. C'est au sujet d'une Poêle à Frire qui est Antiadhésive. Parfois quand je cuisine, le revêtement noir me fait peur. »

J'avais récemment posté sur les réseaux sociaux la photo d'une poêle à frire vendue sous la marque « Black Cube ». J'avais ajouté en légende : « Antiadhésive. Peut utiliser de fausses identités et des sociétés écrans pour extraire des informations. » (« Hahaha », avait commenté sèchement Gutierrez).

Quand le métro entra dans un tunnel, je répondis :

« Pouvez-vous m'en dire plus sur votre identité ? »

« Je peux dire que je travaille dans le renseignement. »

Puis, alors que je lui demandais davantage d'informations : « Il faudrait qu'on se rencontre discrètement, faites attention de ne pas être suivi. »

Quelques jours plus tard, je me frayais un chemin au milieu de la foule transpirante du quartier des théâtres. J'avais proposé qu'on se retrouve au restaurant brésilien où j'avais obtenu l'enregistrement de Gutierrez. J'arrivai à l'heure, demandai une table pour deux et m'installai. Mon téléphone sonna, indiquant un appel crypté. Le mot « Axiome » apparut une nouvelle fois sur l'écran.

« Ne commandez pas », m'ordonna un homme à l'autre bout du fil.

Je regardai autour de moi. Personne en vue.

« Vous portez un sac, une chemise bleu pâle et un jean un peu plus foncé », continua-t-il. Il me dit de partir et de marcher lentement.

« Marchez à contre-courant de la circulation. »

Je tournai la tête.

« Ne regardez pas autour de vous, poursuivit-il légèrement agacé. Je serai à un bloc et demi de là, donc arrêtez-vous pendant une minute, une minute trente aux intersections. Je vais vérifier que personne ne vous suit. »

Alors qu'il me baladait dans le quartier de Hell's Kitchen, j'essayai de glisser un nouveau coup d'œil. « Ne regardez pas, marchez normalement. Dans le sens contraire à la circulation. C'est bien, continuez. » Il me demanda de m'arrêter dans un restaurant péruvien situé en sous-sol et où le réseau mobile ne passait pas. « Demandez une table au fond. Tout au fond. »

J'obéis. Dix minutes plus tard, un homme s'assit devant moi. Il avait les cheveux noirs et frisés et il était un peu bedonnant. Il avait un accent ukrainien prononcé.

« Je suis une des parties concernées », m'annonça Ostrovskiy. Il poussa un téléphone vers moi en me faisant signe de regarder les photos. On y voyait mon quartier, ma porte d'entrée, mon gardien devant. Et la Nissan, avec deux hommes à l'intérieur : Ostrovskiy, brun et grassouillet et Khaykin, pâle, chauve, l'air agressif.

Ostrovskiy m'informa qu'ils travaillaient pour une agence de détectives privés de New York.

— Mais à la fin, c'est Black Cube qui appose son nom sur les rapports, m'expliqua-t-il.

— Pourquoi est-ce que vous faites ça ? lui demandai-je.

Si les sous-traitants effectuaient généralement du travail de routine (suivre les époux infidèles ou chercher à salir quelqu'un dans les affaires de gardes parentales, des choses qui « ne sont peut-être pas morales, mais légales »), leur mission pour Black Cube était tout autre. Il me raconta qu'ils m'avaient surveillé, en personne et également par téléphone. Je repensai aux textos indésirables, d'abord ceux de la météo puis l'avalanche de sondages politiques que j'avais reçus au World Trade Center. Il ne savait pas s'il y avait un lien, mais me dit qu'il avait obtenu des informations précises sur mes déplacements à peu près au moment où j'avais reçu ces textos. « J'ai peur, me dit-il, que ce soit illégal. » Il n'était pas d'accord avec la tactique utilisée contre moi. Les sous-traitants continuaient de suivre des gens pour le compte de Black Cube. Et Ostrovskiy voulait savoir pourquoi.

Il me lut une liste de noms, des cibles, ainsi que les dates et les heures de surveillance. D'un hôtel de luxe à l'autre, les sous-traitants avaient suivi des rencontres entre des agents de Black Cube et des cibles qui s'avéraient être des experts en technologie et cybercriminalité. Plusieurs d'entre eux savaient pirater et prendre le contrôle de téléphones portables – grâce, notamment, au logiciel Pegasus mis au point par l'entreprise de renseignement israélienne NSO Group, qui inquiétait Sleeper.

Ostrovskiy m'expliquaient qu'il ne connaissait pas toutes les informations mais qu'elles permettaient « qu'on remonte la piste jusqu'à moi ». Il craignait d'être surveillé. Il avait même ratissé le quartier avant d'entrer dans le restaurant.

Je devenais moi-même prudent. J'avais demandé à une collègue de me suivre à distance, puis de garder un œil sur le restaurant. Unjin Lee, une petite Coréenne toute mince, n'était pas championne de krav-maga, mais elle était capable de repérer si on me suivait.

Ostrovskiy et moi quittâmes le restaurant séparément, à dix minutes d'intervalle. Quand je fus assez loin, Lee m'appela. Un homme nous avait suivis tous les deux, se tenant à distance dans la rue et s'attardant non loin de l'entrée du restaurant pendant plus d'une heure.

Rien n'est certain dans ce monde, si ce n'est la mort, les impôts et les enquêtes du district sud de New York. À la suite de l'article de fin 2017 consacré à l'« armée d'espions », les enquêteurs fédéraux avaient commencé à s'intéresser à Black Cube et le département des fraudes et de la cybercriminalité avait lancé une enquête[1]. Il ne fallut pas longtemps pour que les enquêteurs, qui s'intéressaient également à Harvey Weinstein et AMI, demandent à me rencontrer, non en tant que journaliste mais en tant que témoin.

Les appels et les messages du district sud se multiplièrent quelques jours après la publication de l'article sur McDougal en février 2018 et ne diminuèrent pas au cours des mois suivants. Les appels provenaient des enquêteurs eux-mêmes et d'intermédiaires, notamment Preet Bharara, l'ancien procureur des États-Unis. Ils me contactèrent ainsi que Bertoni, l'avocat du *New Yorker*.

Un ancien camarade de la fac de droit, qui travaillait à présent dans la police, m'envoya des messages lui aussi, pour qu'on se retrouve. Peu après ma rencontre avec Ostrovskiy, je me rendis un soir de grosse chaleur dans un petit restaurant près de One World Trade.

J'étais assis au bar, en sueur, et mal fagoté, quand je l'entendis me saluer.

Je levai les yeux de mon téléphone. Il afficha un sourire parfait. Ses traits étaient aussi symétriques qu'une mannequin. Même son nom était un nom d'acteur, de scène, le nom d'un médecin de confiance dans une banlieue des années 50.

Il s'approcha et afficha un nouveau sourire :

— Ça fait longtemps !

— J'ai été occupé, répondis-je.

Je me sentais minable à côté de lui.

— Je ne vois pas à quoi tu as occupé ton temps.

Il nous commanda des boissons puis nous nous installâmes à une table.

Le dîner fut agréable, on échangea des nouvelles sur les uns et les autres. Je pris conscience que je n'avais presque plus de vie sociale.

Il m'apprit qu'il s'était marié.

— Et comment ça se passe ? lui demandai-je.

— C'est compliqué, répondit-il en haussant les épaules. Et toi ?

— Ça va bien, j'ai quelqu'un, il est formidable.

Silence. Je repensai à la longue année de tensions avec Jonathan.

— Mais c'est compliqué aussi ? me relança-t-il.

— Eh bien, la distance, c'est pas facile.

Il me regarda avec compassion.

— Tu subis beaucoup de pression en ce moment.

— Ça va mieux, maintenant. Tu dois être assez stressé toi aussi.

Il se pencha en avant. Il m'adressa le sourire le plus chaleureux depuis le début de la soirée, différent de celui des catalogues.

— Tu n'es pas obligé d'être sous pression comme ça, tu sais. Tu n'as pas à gérer tout ça seul.

Il tripotait un couteau posé devant lui, faisant glisser son index le long de la lame.

— Qu'est-ce que tu veux dire… ?

— Tu devrais venir.

— Où ça ?

— Te présenter en tant que témoin. Tu ne seras pas obligé de révéler tes sources si tu ne le souhaites pas.

Je me redressai sur mon siège.

— Tu sais très bien que tu ne peux pas me garantir ça.

— Et alors ? Si tu es une victime, il faut en parler.

Son intérêt personnel semblait innocent et séparé de sa requête professionnelle. Mais ces deux dynamiques entraient en conflit. Quand nous sortîmes et que nous nous saluâmes, il s'attarda un peu.

— Appelle-moi, me dit-il. Si tu changes d'avis au sujet de quoi que ce soit.

Puis il me lança son sourire parfait par-dessus son épaule et s'éloigna dans la nuit.

Bertoni et moi retournâmes ce dilemme dans tous les sens. Collaborer avec la police était une décision délicate pour un journal. Il y avait bien sûr des circonstances évidentes dans lesquelles les journalistes devaient prévenir la police, notamment s'ils recevaient une information que quelqu'un était en danger. Mais dans cette affaire, rien n'était facile. Il n'était pas inconcevable que j'aie été victime d'un crime, entre la surveillance téléphonique et les manipulations destinées à me dessaisir de certains documents. Mais je n'étais pas assez convaincu qu'un danger me menaçait, moi ou mes proches, pour aller au poste de police et répondre à des questions qui pourraient rapidement mener les enquêteurs à interroger des sources à qui j'avais promis le secret. Protéger ces sources, y compris Ostrovskiy, devait rester ma priorité. Et je n'étais pas seul dans l'affaire. Bertoni craignait que toute conversation avec la police ne constitue un dangereux précédent pour le *New Yorker*. Serions-nous en mesure de refuser de collaborer à une enquête concernant, par exemple, un lanceur d'alerte du gouvernement, si nous disions oui cette fois-ci ?

CHAPITRE 54

PEGASUS

Au départ, Ostrovskiy refusait de me dire le nom de son patron. Mais il m'avait donné plus d'indices que nécessaire. Dans l'une des photos qu'il m'avait montrées, on voyait même le numéro d'immatriculation de la Nissan. Je tapai sur Internet le nom qui y était rattaché et tombai sur un clip promotionnel[1]. « Je suis un homme de terrain. Celui qui agit, annonçait un homme avec un accent russe. Je m'appelle Roman Khaykin. Et je suis le fondateur d'InfoTactic Group. »

Une musique techno enjouée retentissait. Sur des images montrant des caméras à dissimuler dans sa boutonnière, un slogan s'affichait, promettant « l'équipement de surveillance le plus high-tech ». Khaykin, livrant sa meilleure imitation de James Bond ou Ethan Hunt, s'élançait d'un pas athlétique au milieu d'une foule. C'était captivant et un peu ridicule à la fois. InfoTactic était une petite boîte employant quelques free-lances, dont la plupart avaient un autre job alimentaire. Mais au cours de l'année passée, en travaillant pour les Israéliens, il avait cherché à placer la barre plus haut et se vantait de ses surveillances téléphoniques et de ses capacités à obtenir de façon illégale des documents financiers.

« Quand j'étais enfant et que j'ai appris à lire, mes parents étaient fascinés par ma capacité à mémoriser le texte de mon livre préféré de Sherlock Holmes », affirmait Khaykin d'un air très sérieux sur la vidéo.

Ostrovskiy continua de me donner des informations sur les opérations en cours menées par InfoTactic pour Black Cube. Parfois je me rendais sur place ou envoyais des collègues moins susceptibles que moi de se faire repérer, pour surveiller de loin. Le schéma était toujours le même : des agents infiltrés de Black Cube rencontraient des experts de la cybercriminalité et de la technologie dans des hôtels de luxe.

Ostrovskiy et moi nous nous retrouvions aussi, dans des petits restaurants de quartier qu'on quittait immédiatement pour aller déambuler dans les rues tout en échangeant des propos à bâtons rompus. Un jour, nous nous installâmes dans le recoin sombre d'un hall d'hôtel et discutâmes pendant une demi-heure avant qu'il ne s'excuse brusquement pour revenir l'air inquiet et me dire que nous devions nous en aller sans traîner. Il soupçonnait deux hommes assis près de nous de nous avoir pris en filature. Ils avaient l'air de pros. Ils nous regardaient avec trop d'attention. Nous montâmes dans un taxi, puis dans un autre. Il demanda au taxi de s'arrêter au bord du trottoir sur West Side Highway et d'attendre de voir si quelqu'un nous suivait ou ralentissait. L'année précédente, j'aurais trouvé cette paranoïa excessive.

Tout au long de 2018, je poursuivis mon enquête sur le monde du renseignement privé israélien, sans pour autant quitter des yeux Black Cube. J'étais en contact régulier avec Eido Minkovsky, le sympathique free-lance qui gérait les relations publiques de l'agence d'espionnage. « Ronan, mon ami », me lançait-il quand je l'appelais. Ou une fois, alors que je lui écrivis pour lui poser une question, il me répondit : « Ne te sépare pas de moi. » En janvier 2019, il accepta de prendre un verre avec moi lors d'une de ses fréquentes escales à New York.

Quelques heures avant ce rendez-vous, Ostrovskiy m'appela. Black Cube avait demandé à Roman Khaykin de trouver un stylo capable d'enregistrer une conversation. Ostrovskiy m'envoya une photo du stylo espion qu'ils avaient trouvé. Il était noir avec un clip argenté. On ne pouvait rien remarquer de suspect si on n'était pas au courant, mais il comportait quelques éléments reconnaissables comme un petit cercle chromé sur le canon.

Minkovsky et moi convînmes de nous retrouver dans un bar à vins de Hell's Kitchen. Quand j'arrivai, il était confortablement installé dans un coin, un grand sourire aux lèvres. Il commanda un cocktail avec son habituelle flagornerie. Puis il m'annonça qu'il allait prendre des notes sur mes questions. Il sortit de sa poche de veste un stylo noir avec un clip argenté.

— C'est drôle, j'ai le même, fis-je remarquer.

Son sourire s'évanouit.

— C'est un stylo spécial. De Minkovsky Industries.

Je lui demandai s'il comptait enregistrer la conversation. Il parut outré. Il informait Zorella, le fondateur de Black Cube, de toute entrevue, bien sûr. Il était obligé, il se soumettait régulièrement au détecteur de mensonges. Mais il ajouta : « Ronan, jamais je n'enregistrerais. »

Plus tard, Minkovsky soutiendrait que son stylo était parfaitement normal et qu'il n'en avait pas d'autres. Mais en allant au rendez-vous ce soir-là, j'envoyai un texto à Ostrovskiy : « Savez-vous à qui ce stylo a été donné ? » Pour toute réponse il m'envoya une série de photos, toutes de Minkovsky, juste avant qu'on se retrouve, à un coin de rue, se saisissant du stylo espion.

Quelques jours plus tard, le stylo espion réapparut dans la dernière opération de Black Cube. Un homme d'un certain âge avec une barbe blanche bien taillée, qui se présenta sous le nom de Michael Lambert, s'attabla pour déjeuner avec John Scott-Railton, enquêteur pour le groupe de veille Citizen Lab. Lambert avait dit qu'il travaillait pour une entreprise de technologie agricole basée à Paris, CPW-Consulting, et avait sollicité une entrevue pour discuter des recherches de Scott-Railton consacrées à l'utilisation de caméras montées sur des cerfs-volants afin de créer des cartes, comme cela se pratique, apparemment.

Mais quand leurs plats arrivèrent, les questions de Lambert dévièrent[2]. Citizen Lab, qui surveillait toutes les tentatives gouvernementales de piratage et d'espionnage des journalistes, avait récemment rapporté que le logiciel Pegasus de NSO Group avait compromis un iPhone appartenant à un ami du journaliste Jamal Khashoggi, peu avant que les agents saoudiens ne le découpent à la scie[3]. L'enquête avait suscité de vives critiques de NSO Group qui avait démenti avoir utilisé son logiciel pour cibler Khashoggi, tout en refusant de dire si oui ou non ce logiciel avait été vendu au gouvernement saoudien. Lambert voulait en savoir plus au sujet du travail de Citizen Lab sur NSO Group. Il demanda s'il y avait un « élément raciste » dans l'attention portée au groupe israélien. Il insista pour connaître l'opinion de Scott-Railton sur la Shoah. Pendant leur conversation, Lambert sortit un stylo noir orné d'un clip argenté et d'un cercle de chrome au niveau du canon. Il le posa sur le calepin devant lui, la pointe du stylo dirigée vers Scott-Railton.

Le scénario était familier. Au cours des opérations auxquelles Stella Penn Pechanac avait participé qui consistaient à cibler des employés de West Face Capital et des détracteurs d'AmTrust Financial Services, les agents de Black Cube avaient également sollicité des commentaires antisémites[4]. Mais cette fois-ci, la cible fit preuve de sagesse : soupçonnant un subterfuge, Scott-Railton s'était lui aussi équipé. Il enregistrait toute la conversation.

C'était une confrontation d'espion contre espion, et chacun avait apporté du renfort. Raphael Satter, un journaliste de l'Associated Press avec qui Scott-Railton travaillait, arriva équipé d'une caméra et se mit à questionner l'homme qui finalement ne s'appelait pas Michael Lambert. La couverture de l'agent de Black Cube avait été découverte. Depuis une table voisine, Ostrovskiy avait observé et photographié l'entrevue, lui aussi. Khaykin, qui était arrivé avant et s'était éclipsé, l'appela : « Notre gars s'est fait griller ! Va dans le hall immédiatement ! Il faut le sortir de là. »

L'agent de Black Cube s'échappa par une porte de service. Ostrovskiy le récupéra en voiture avec sa valise puis fit un tour du pâté de maison au cas où ils aient été pris en filature. Pendant ce temps, l'agent passait des coups de téléphone frénétiques pour essayer de réserver le premier vol quittant New York. Sur sa valise, une étiquette portait le nom ALMOG et une adresse en Israël. Ce nom était authentique : cet agent s'appelait Aharon Almog-Assouline, un agent des services de sécurité israéliens à la retraite qui fut plus tard désigné comme ayant participé à plusieurs opérations Black Cube[5].

Black Cube et NSO Group nièrent tout lien avec l'opération contre Citizen Lab. Mais dans les nombreux rendez-vous qu'Ostrovskiy m'avait décrits durant les mois précédents, Almog-Assouline était présent, pour cibler des personnages qui avaient critiqué NSO Group et soutenu que son logiciel était utilisé contre des journalistes.

Black Cube était furieux que l'opération ait avorté. L'agence ordonna à tous ceux qui connaissaient le dossier de se soumettre sans délai au détecteur de mensonges. Ostrovskiy appela, inquiet d'être bientôt percé à jour. Il voulait parler, et pas seulement à un journaliste. Il avait connaissance de certaines opérations d'espionnage, menées par des agents liés à un gouvernement étranger, sur le sol américain. Il avait déjà tenté d'en parler au FBI qui, sceptique, avait raccroché. Il me demanda si j'avais un bon contact au sein de la police. J'appelai Bertoni. Il continuait de penser qu'il fallait collaborer le moins possible avec les enquêteurs. Mais il convint qu'il n'y avait rien de mal à expliquer à une source comment contacter les autorités.

Je revis donc une dernière fois mon ancien camarade, dans un autre restaurant du quartier financier. Je venais de me prendre une averse. Lui, totalement sec, m'adressa un nouveau sourire parfait et commanda des boissons.

— Tu devrais y réfléchir, me répéta-t-il.

Sur la table, sa main était posée tout près de la mienne.

— Tu n'es pas obligé de gérer tout ça seul, ajouta-t-il.

Je pesai le pour et le contre, puis éloignai ma main de la sienne. Je lui dis que je ne parlerais pas, mais que certaines sources pouvaient peut-être le faire. Je lui demandai qui contacter.

Peu après, j'envoyai Ostrovskiy au district sud de New York. Il prit un avocat (John Tye, le même avocat lanceur d'alerte que j'avais consulté) et se constitua comme témoin.

CHAPITRE 55

EFFONDRÉE

Chez NBC News, l'année qui succéda à l'affaire Weinstein s'avéra pleine de tensions. Fin novembre 2017, Savannah Guthrie, vêtue d'une robe noire à fleurs digne d'une cérémonie funèbre, annonça que Matt Lauer avait été remercié la veille au soir. Une « plainte détaillée émanant d'une collègue pour comportement déplacé sur le lieu de travail » leur était parvenue moins de quarante-huit heures plus tôt. Elle se dit « atterrée » par ce qui arrivait à Lauer, « mon ami, mon cher ami » et souligna qu'il était « très apprécié de beaucoup de monde ».

Guthrie lut un communiqué d'Andy Lack témoignant de l'incompréhension de la direction. La collègue anonyme qui avait déposé plainte était « la première à s'en faire écho en vingt ans de service chez NBC News ».

Après l'annonce, Oppenheim réunit des membres de l'unité d'investigation dans la salle de réunion au quatrième étage. Il déclara que même si le comportement dénoncé par cette collègue demeurée anonyme était « inacceptable », la faute était d'ordre professionnelle, pas criminelle. « Ces comportements ont pris place sur le lieu de travail, et Matt Lauer est Matt Lauer, dit-il. Il y a donc un sérieux déséquilibre des pouvoirs. » Cependant, nuança Oppenheim, les employés de la chaîne qui avaient parlé à la collègue anonyme « dirent qu'elle n'avait pas utilisé les mots "criminel" ou "agression". » Peu après, des articles auxquels contribuait l'équipe de communication de NBC véhiculèrent le même message. Quand la chaîne collabora avec le magazine *People* sur une une annonçant que Hoda Kotb remplacerait Lauer (« Hoda et Savannah : on a le cœur brisé » pouvait-on lire en titre) tout cela devint plus explicite. « Plusieurs sources expliquent que le licenciement a été provoqué par une liaison contrevenant aux clauses des contrats de NBC[1] », détaillait l'article. « Des sources avaient initialement confié au *Post* que Lauer avait été accusé d'agression sexuelle, rapporta Page Six, mais rectifièrent ensuite en parlant de comportement déplacé[2]. » Des médias en contact avec NBC à l'époque déclarèrent que la chaîne ne chercha pas à rectifier ses propos.

Oppenheim répéta les propos de Lack selon lesquels la chaîne n'avait pris connaissance des plaintes contre Lauer que deux jours plus tôt, lorsque la collègue anonyme en avait parlé. Plusieurs journalistes présents trouvèrent ce communiqué étrange. *Variety* et le *New York Times* travaillaient tous les deux depuis des semaines sur des articles accusant Lauer de comportements déplacés à répétition, et ils avaient contacté plusieurs personnes de la chaîne à ce sujet. Et dans l'immeuble, ils étaient nombreux à avoir entendu des histoires du même ordre avant cette affaire. Lors de la réunion avec Oppenheim, McHugh intervint une nouvelle fois : « On est nombreux ici à avoir entendu des rumeurs au sujet de Matt bien avant lundi dernier… Disons-le comme ça. Avant cette date, est-ce que NBC avait connaissance d'allégations concernant des comportements déplacés ? »

« Non, répondit Oppenheim. Nous avons vérifié, et comme nous l'avons dit dans le communiqué, il n'y a eu aucune allégation en vingt ans. » Il affirma avoir vérifié « partout où pourrait se trouver une plainte de ce genre ». Les éléments de langage étaient intéressants : qu'il n'y ait aucune trace sur une affaire de ce genre concernant un personnage aussi important que Lauer, c'était presque une évidence. Weinstein lui-même avait soutenu qu'il n'existait aucune trace « officielle » des allégations de comportement déplacé dans son dossier. De même pour Bill O'Reilly chez Fox News. Mais ce n'était pas la question. McHugh ne l'avait pas interrogé sur l'existence de documents officiels, il avait demandé si NBC en avait eu « connaissance ». Et sur ce point, Oppenheim se montra plus flou. « Nous lisons tous le *New York Post* et passons tous devant des kiosques qui vendent le

National Enquirer, dit-il. On ne peut pas en tirer grand-chose, surtout quand les protagonistes dénoncent les bêtises du *National Enquirer.* »

Oppenheim avait raison : les employés d'AMI et des rapports internes révéleraient plus tard que Lauer avait été au centre de l'attention de l'*Enquirer* en 2017 et 2018. Un échange d'e-mails avec le tabloïde contenait même le CV de la collègue anonyme dont les accusations avaient précipité le licenciement de Lauer.

Peu après, Greenberg appela McHugh dans son bureau pour essayer, soupçonna ce dernier, de savoir s'il parlait ou non à la presse. McHugh expliqua que ce qu'il avait appris l'inquiétait et qu'il se demandait quelle influence aurait cette histoire sur le traitement de l'affaire Weinstein.

— C'est de ça que parlent les gens, ils disent tous que…

— Qu'on a couvert Matt Lauer, termina Greenberg.

— Exactement.

— Vous pensez vraiment que la chaîne était au courant pour Matt Lauer ?

McHugh le regarda dans les yeux et répondit :

— Oui.

Au cours des mois suivants, ils répétèrent que personne ne savait rien chez NBC. En mai 2018, NBCUniversal annonça les résultats de l'enquête : « Nous n'avons trouvé aucune preuve indiquant que NBC News, les responsables du "Today Show", les RH de la chaîne ou aucune personne haut placée dans le service ait reçu une plainte au sujet de Lauer avant le 27 novembre 2017[3]. » La chaîne avait refusé une enquête indépendante[4], à la fois au sein de l'entreprise et dans la presse. Des avocats extérieurs furent ensuite embauchés pour étudier les résultats, mais l'enquête fut menée de bout en bout par l'équipe de Kim Harris, qui incluait Stephanie Franco, vice-présidente de la société pour le secteur du droit du travail. Le jour où ce rapport interne fut communiqué, Oppenheim et Harris convoquèrent une nouvelle réunion de crise avec l'équipe d'investigation. Les journalistes réunis posèrent des questions, sceptiques. McHugh se trouvait parmi eux. « Est-ce que NBC a payé un employé détenant des informations sur Matt pour qu'il signe une clause de confidentialité ? » Harris cilla. « Heu, non », répondit-elle.

Puis il demanda s'il y avait eu des arrangements à l'amiable avec un employé au cours des « six ou sept dernières années » dans le cadre d'une affaire de harcèlement en général. Elle hésita de nouveau. « Pas à ma connaissance », répondit-elle.

À ce stade de la réunion, Harris montrait des signes d'impatience face aux journalistes qui demandaient de nouveau une enquête indépendante.

— J'ai l'impression qu'une enquête extérieure, quelles que soient les conclusions auxquelles elle parvienne, permettrait de clore le dossier, intervint une femme présente. C'est très frustrant.

— Eh bien, si la presse arrêtait d'en parler, le dossier serait clos, répliqua Harris.

Il y eut une pause puis un autre journaliste répliqua :

— Mais la presse, c'est nous.

Depuis le début, d'autres médias publiaient des enquêtes qui ne collaient pas avec les déclarations d'Oppenheim et Harris. Quelques heures après que NBC avait annoncé le licenciement de Lauer, *Variety* affirma que « plusieurs femmes [...] se sont plaintes auprès de leurs supérieurs du comportement de Lauer, ce qui est resté lettre morte vu la publicité lucrative dont jouissait l'émission ». D'après le journal, les plaintes contre Lauer étaient un secret de polichinelle[5]. Il avait donné un sex toy à une collègue, assorti d'un message explicite sur la façon dont il voulait qu'elle l'utilise. Il jouait à des jeux à connotation sexuelle pendant les coupures publicitaires. Des vidéos de la même teneur commencèrent à émerger, dont une de Lauer en 2006 semblant dire à Meredith Vieira : « Continue de te pencher comme ça, j'ai une belle vue[6]. » Lors d'un dîner dans le club privé Friars Club en 2008, Katie Couric fit un petit numéro incluant une « top 10 list » à la David Letterman, dans laquelle elle mentionna un rapport sexuel entre Lauer et Ann Curry, tandis que Jeff Zucker, alors directeur de NBCUniversal, évoqua le fait que la femme de Lauer l'avait forcé à dormir sur le canapé à cause de ses comportements.

Donald Trump, alors présentateur de « The Celebrity Apprentice », était présent. « L'idée c'était qu'il présente l'émission et ensuite, il couche avec les gens, des employées, explique Joe Scarborough. Alors est-ce que tout cela était secret ? Non. C'était connu de tous et tout le monde en riait[7]. »

Plusieurs jeunes employées de l'émission « Today » rapportèrent que Lauer les avait poursuivies de ses avances au bureau. Addie Collins, ancienne assistante de production, me raconta que Lauer l'avait draguée agressivement, presque obsessionnellement en 2000, alors qu'elle avait vingt-quatre ans. Elle avait gardé de nombreux messages qu'il lui avait envoyés via son e-mail professionnel ou le logiciel utilisé pour l'émission. « Ah, tu me tues… tu es magnifique aujourd'hui ! C'est dur de se concentrer[8]. » Étant donné la position de pouvoir de Lauer sur la chaîne, elle avait eu du mal à refuser quand il lui ordonnait de se présenter dans sa loge ou une fois même dans les toilettes, pour des petites gâteries. Elle avait consenti, mais elle en avait été malade, elle avait peur de perdre son travail, peur des retombées. Même si elle n'en avait aucune preuve, elle soupçonnait Lauer d'avoir contribué à plomber sa carrière.

Certaines d'entre elles affirmèrent ne pas avoir été consentantes dans leurs rapports avec Lauer. Une ancienne employée de NBC confia au *New York Times* en 2001 que Lauer l'avait convoquée dans son bureau puis, comme c'est possible dans tant de bureaux du 30 Rock, avait appuyé sur un bouton situé sur sa table qui fermait la porte à distance. Elle s'était sentie impuissante quand Lauer avait baissé son pantalon, l'avait basculée sur un siège et eu un rapport sexuel avec elle[9]. Elle avait perdu connaissance. L'assistante de Lauer l'avait conduite chez le médecin.

Courant 2018, j'avais entendu huit accusations d'agression sexuelle émanant de femmes ayant travaillé avec Lauer. La plupart d'entre elles possédaient des documents ou des témoignages de tiers susceptibles de confirmer leur version des faits. Plusieurs affirmaient en avoir parlé à des collègues et étaient persuadées que la chaîne était au courant.

Je commençais à prendre conscience d'un schéma récurrent entourant les femmes portant ces accusations. Après 2011 ou 2012 (période à laquelle Harris s'était référée en prétendant qu'aucun employé s'était vu offrir d'arrangement avec NBC), la chaîne avait en réalité passé des accords de confidentialité avec au moins sept femmes qui prétendaient avoir subi un harcèlement sexuel ou été victimes de discrimination au sein de la société. Ces clauses exigeaient de ces femmes qu'elles renoncent à leurs droits de porter plainte. Dans la plupart des cas, elles avaient reçu une compensation financière substantielle, disproportionnée selon les parties impliquées en comparaison des sommes traditionnellement allouées pour un licenciement. Quand Harris prétendit qu'à sa connaissance, il n'y avait eu aucun arrangement pour des cas de harcèlement, elle s'appuyait sur un point de détail : la plupart des compensations financières étaient qualifiées de « rupture majorée » proposée aux femmes qui quittaient leur poste. Mais les individus concernés, notamment du côté de l'entreprise, contestaient cette description, disant que ces arrangements étaient destinés à empêcher les femmes de porter leurs accusations publiquement.

Plusieurs de ces accusations ne concernaient pas Lauer, mais d'autres hommes haut placés dans la hiérarchie de NBC News. Deux arrangements, établis au cours des premières années de la période évoquée par Harris, avaient été passés avec des femmes qui s'étaient plaintes de harcèlement sexuel de la part de deux cadres ayant par la suite quitté la société. « Tout le monde savait pourquoi on s'était séparé d'eux, en réalité », déclara un membre de la direction de NBC qui avait été impliqué dans ce départ. NBC avait également passé en 2017 un accord avec la femme qui avait accusé Corvo (le producteur de « Dateline » qui avait supervisé l'affaire Weinstein) de l'avoir harcelée sexuellement.

Mais d'autres arrangements permettaient de remettre en doute l'affirmation de la chaîne selon laquelle elle n'était au courant d'aucune allégation contre Lauer.

Une présentatrice de la chaîne, qui signa un accord de confidentialité en 2012, confia que NBC lui avait fait cette proposition après qu'elle avait montré à des collègues les messages qu'elle considérait comme des propositions, de la part de Lauer et d'un autre cadre qui quitta plus tard la société. Ces collègues rapportèrent que les deux hommes faisaient des remarques obscènes au sujet de cette présentatrice, au micro, pendant les coupures publicitaires. « J'étais comme un morceau de viande sur un étal, dit-elle. J'arrivais au travail l'estomac noué. Quand je rentrais chez moi, je fondais en larmes. » Après avoir décliné ces avances, elle eut l'impression que ses opportunités professionnelles se réduisaient. « J'ai été punie, dit-elle. Ma carrière a connu un grand passage à vide. » Elle décida de ne pas rapporter l'incident car elle ne faisait pas confiance au service des ressources humaines de l'entreprise et qu'elle craignait que sa carrière n'en pâtisse davantage. Elle s'en ouvrit cependant à certains collègues et prépara sa reconversion.

Quand, au moment de son départ, NBC lui proposa cet arrangement, elle se souvient que son agent lui dit : « Je n'ai jamais rien vu de pareil. Ils veulent que tu signes une clause de confidentialité. Tu dois avoir un truc énorme contre eux. » L'agent me confia qu'il se souvenait bien de cet échange. Le contrat, que j'eus sous les yeux plus tard, demandait à la présentatrice de renoncer à son droit à porter plainte. Il lui interdisait de porter des jugements négatifs en public sur NBCUniversal, « excepté dans le cadre d'une enquête journalistique sérieuse ». Le courrier portait l'en-tête de NBC et était signé par elle et le chef qui l'avait harcelée.

Un autre arrangement fut conclu en 2013 entre une femme qui avait porté de sérieuses accusations contre Lauer, et la société. Quelques mois après que le scandale Lauer avait éclaté, je m'installai à côté d'Ann Curry, son ancienne coprésentatrice, dans un restaurant italien de Greenwich Village. Elle était assise sur un tabouret de bar à côté de moi, le visage grave. Elle m'avoua que la réputation de Lauer était bien connue à l'époque et qu'une fois, en 2010, une collègue était entrée dans son bureau et avait craqué, disant que Lauer s'était déshabillé devant elle et lui avait fait des avances. « Elle s'est complètement effondrée sous mes yeux », commenta Curry.

Plus tard, j'appris qu'il s'agissait de Melissa Lonner, productrice de l'émission « Today », que je rencontrai alors qu'elle avait quitté la chaîne pour aller travailler à la radio. Lonner raconta à ses collègues que Lauer et elle avaient assisté à une soirée professionnelle au 30 Rock la veille du jour où elle avait craqué devant Curry. Lauer lui avait demandé de quitter la soirée pour l'accompagner dans son bureau et elle l'avait suivi, pensant alors qu'il voulait discuter de son travail. Quand ils étaient entrés, il avait fermé la porte derrière eux.

Elle attendait là et lui dit : « Je croyais que tu voulais discuter. » Il lui demanda de s'asseoir sur le canapé et il se mit à bavarder. Il lui dit qu'il détestait le genre de cocktail qui se déroulait en ce moment même. Ensuite, il déboutonna son pantalon et lui montra son pénis en érection.

Lonner, bien que séparée de son époux, était encore mariée. Née dans les bidonvilles de Bangkok, elle avait travaillé dur pour en arriver là où elle était. Elle avait frissonné face aux avances de Lauer, avait émis un petit rire nerveux et avait plaisanté en disant qu'elle ne voulait pas de rapports intimes dans un bureau où « toutes les autres l'avaient déjà fait ».

Lauer lui dit qu'il savait qu'elle avait envie de ça et, en réponse à sa blague sur ses liaisons avec ses collègues, ajouta qu'elle devait aimer l'amour sale et que ce serait « une première » pour elle. Ensuite, elle raconte qu'il se mit en colère : « Melissa, tu es une allumeuse. Ce n'est pas bien. Tu m'as excité. »

Des sources proches de Lauer m'apprirent qu'il avait contesté sa version des événements et dit qu'il avait esquissé un geste obscène pour plaisanter mais ne s'était pas déshabillé devant elle et ne lui avait pas non plus fait d'avances. Mais Lonner, visiblement bouleversée, raconta dès le lendemain ce qui s'était passé et continua à soutenir sa version dans les années qui suivirent. Elle demanda à Curry et à une autre présentatrice de ne pas révéler son nom car elle était persuadée que Lauer allait détruire sa carrière. Mais Curry dit à deux de ses supérieurs qu'ils devaient prendre des mesures contre Lauer. « Je leur ai dit qu'il y avait un problème avec lui. Qu'il avait un problème avec les femmes. Qu'il fallait le garder à l'œil. » Pourtant, à sa connaissance, aucune mesure n'avait été prise.

Lonner raconta à ses collègues qu'elle s'était sentie déprimée après l'incident. Lauer ne lui avait plus adressé la parole pendant des semaines. Craignant de se faire virer, elle commença à chercher un autre travail. Mais quand elle reçut une offre de CNN, quelque chose d'étrange se produisit : plusieurs responsables au sein de la chaîne la convoquèrent dans leur bureau et tous lui tinrent le même discours. Ils lui dirent que Lauer tenait à ce qu'elle reste à son poste. « Je ne sais pas ce qui se passe entre lui et vous, lui dit l'un d'entre eux, mais je ne veux pas le fâcher. »

Elle resta donc chez NBC. Quelques années plus tard, alors que le terme de son contrat approchait, elle fut renvoyée. Apparemment, on ne lui donna aucune explication. D'après un avocat qu'elle consulta, ce départ retardé l'empêchait de porter plainte pour harcèlement à cause du délai de prescription. Quand Lonner quitta NBC News, son agent l'appela pour l'informer d'une chose inhabituelle : en plus des clauses standard de confidentialité et de non-dénigrement, la chaîne lui offrait une somme à six chiffres à condition qu'elle cède ses droits. « C'est du jamais vu, constata son agent. Tu dois vraiment en savoir beaucoup sur leur compte. » D'après Lonner, on voulait s'assurer qu'elle ne parlerait pas à la presse.

Bien qu'elle ait été une personnalité dans l'ombre des projecteurs, les tabloïdes eurent accès à certaines informations au sujet de Lonner, notamment qu'elle avait la réputation d'être difficile dans le cadre du travail. Elle dit à des amis qu'elle pensait avoir été victime de diffamation pour avoir refusé les avances de Lauer.

Quand je l'interrogeai au sujet de NBC, elle me répondit qu'elle ne pouvait pas commenter le sujet. NBC réfuta l'idée que le paiement fait à Lonner était lié à ses accusations envers Lauer. Mais la chaîne était bel et bien consciente qu'il y avait un lien. En 2018, quand un journaliste du *Daily Beast*, Lachlan Cartwright, enquêta sur les supposés arrangements financiers liés à des scandales sexuels, Stephanie Franco, juriste spécialisée en droit du travail chez NBCUniversal, contacta l'avocat de Lonner pour lui rappeler l'existence du contrat qui les liait. L'équipe juridique de NBC affirmerait par la suite que cet appel avait été passé en réponse à l'avocat de Lonner, et qu'il s'agissait d'expliquer à Lonner qu'elle n'avait plus d'obligation envers la chaîne, non de lui rappeler une quelconque règle de confidentialité.

Les arrangements continuèrent dans les années suivantes. En 2017, l'une des membres de l'équipe « Today » que j'avais vue pleurer sur le plateau un an plus tôt reçut une compensation financière à sept chiffres en échange de sa signature au bas d'une clause de confidentialité. Dans les communications que j'échangeai au sujet de ce contrat, les avocats soulignèrent que la promesse de silence était l'objectif premier, et non une clause annexe. Quand son contrat pour la chaîne avait touché à sa fin, elle avait fait part de ses inquiétudes concernant les questions de harcèlement et de discrimination, mais la chaîne répliqua que la compensation financière n'avait rien à voir avec tout ça. Elle avait également évoqué Lauer et son harcèlement à un vice président, sans lui donner tous les détails que j'aurais par la suite, à savoir ses messages et les textos qu'il lui avait envoyés. Comme il semblait y être indifférent, elle avait eu l'impression qu'il s'était vengé contre elle et répandu des rumeurs négatives à son sujet.

CHAPITRE 56

ZDOROVIE

La plainte qui avait provoqué le licenciement de Lauer se solda de la même façon : par un paiement assorti d'une clause de confidentialité. Lors de notre premier échange, Brooke Nevils, la collègue anonyme qui, selon les dirigeants de NBC et la presse, avaient eu des rapports consentants avec Lauer, me confia qu'elle doutait pouvoir un jour s'exprimer publiquement sur le sujet. Quand elle m'ouvrit la porte de son appartement de New York un jour de pluie, elle jeta un coup d'œil dans le couloir derrière moi. « Je vis dans la terreur, m'expliqua-t-elle. Et après ton histoire au sujet des espions, ma peur a grandi. Je savais contre qui je me battais. Et les moyens qu'ils employaient. »

Elle avait une petite trentaine d'années, mais possédait un air adolescent et dégingandé. « Grande, mal à l'aise et sans poitrine », se décrivit-elle en riant. Son appartement était peuplé d'œuvres d'art et de livres. Comme dans un roman de Murakami, il y avait des chats partout. Nevils en avait six jusqu'à ce matin-là où elle avait dû en euthanasier un à cause d'un problème de rein.

Elle me raconta cela avec l'indifférence de quelqu'un qui a beaucoup souffert. Au cours des deux dernières années, Nevils avait fait une tentative de suicide. Elle avait été hospitalisée pour un trouble de stress post-traumatique et avait sombré dans l'alcool avant de remonter la pente. Elle avait perdu six kilos et avait consulté son médecin vingt et une fois en dix mois. « J'ai perdu tout ce qui comptait pour moi. Mon travail. Mes projets. »

Nevils avait été élevée dans la banlieue de Chesterfield, dans le Missouri. D'après ses bulletins scolaires, c'était une enfant bavarde, souriante et qui possédait un vif sens de l'humour. Son père, ancien Marine au Vietnam, avait soutenu une thèse en marketing puis était devenu fournisseur civil pour le Pentagone. Sa mère, hôtesse de l'air de la TWA, était décédée d'une crise cardiaque un an environ avant notre rencontre. Nevils me dit que sa mère était « le genre de personne qui voulait rendre le monde meilleur ».

Nevils rêvait de devenir journaliste depuis ses treize ans, quand elle avait appris que Hemingway avait écrit pour le *Kansas City Star*. « Tu choisis le journalisme parce que tu crois en la vérité. Tu crois que les histoires des gens comptent. » Elle fronça les sourcils. La pluie battait les fenêtres. « Je croyais qu'on était du bon côté. » Après ses études à John Hopkins, elle fit des stages dans plusieurs rédactions. En 2008, elle décrocha le job de ses rêves chez NBC, au sein de son programme de formation. Durant les années qui suivirent, elle gravit les échelons, commençant par faire des visites guidées de l'entreprise puis devenir assistante et aider les stars.

En 2014, c'est ce qu'elle faisait : elle travaillait pour Meredith Vieira, une de ses idoles, son modèle. Quand on confia à Vieira la couverture des Jeux olympiques en 2014, elles se rendirent toutes les deux à Sochi, une station balnéaire sur la côte russe. À la fin d'une longue journée de travail, Vieira et Nevils se retrouvèrent au bar du luxueux hôtel où logeait l'équipe de NBC. Elles échangèrent des ragots en riant et en buvant des martinis. Il était tard, peut-être minuit, quand Lauer entra et jeta un coup d'œil dans le bar à la recherche de visages familiers. « Il m'avait toujours beaucoup intimidée. Au travail, il était un peu tyrannique. Si on n'avait pas été dans une ambiance aussi festive… » Sa voix s'éteignit. Mais les deux femmes étaient d'humeur joyeuse, et elles avaient bu. Elle tapota le siège bas à côté d'elle pour inviter Lauer à s'asseoir.

S'installant à côté d'elle, il lança : « Vous savez, moi ce que j'aime c'est une bonne vodka bien fraîche. » Il commanda des shots de vodka Beluga. Nevils en but six. « *Na zdorovie !* » lança Lauer. Littéralement, cela signifie : « Santé. » Quand il sortit son iPhone et se mit à faire des photos, Nevils sentit une certaine inquiétude monter en elle. Lauer était réputé pour publier des photos de collègues prises en soirée, et cela faisait partie de l'esprit potache qui présidait à l'émission « Today ». Nevils se sentait ivre et craignait que cela ne se voie sur les clichés.

Une fois qu'ils se séparèrent (Lauer pour regagner sa chambre, les deux femmes la leur, située à un étage supérieur) Vieira montra en souriant le pass officiel de Lauer qui lui garantissait l'accès aux événements qu'ils couvraient. Vieira et Lauer étaient comme des frères et sœurs, se taquinant sans arrêt. Ce fut la dernière blague d'une longue série entre eux. Les femmes téléphonèrent à Lauer pour lui demander, en gloussant, s'il ne lui manquait pas quelque chose. Nevils se souvient que Lauer, à son tour, lui demanda s'il ne lui manquait pas son pass à elle. Il l'avait.

Nevils se rendit dans la chambre de Lauer, une immense suite avec vue sur la mer Noire, pour récupérer son pass. Elle le trouva toujours en costume et ils échangèrent des propos banals. Nevils remarqua son papier à lettres chic, avec l'en-tête « Matthew Todd Lauer » à l'encre bleu marine, et songea à y écrire « est nul » pour faire une autre blague, avant de se raviser. Lauer se montrait parfois formel et autoritaire avec les jeunes employés comme elle. Elle le voyait à la télévision depuis qu'elle avait treize ans. Elle ne voulait pas s'attirer d'ennuis.

Nevils remonta à l'étage et, après avoir dit bonne nuit à Vieira, envoya un texto similaire à Lauer en lui disant qu'elles avaient eu du mal à insérer leur carte dans leur porte de chambre tellement elles étaient pompettes. Quelques minutes plus tard, alors que Nevils se brossait les dents, son BlackBerry professionnel vibra. Un message envoyé de l'adresse professionnelle de Lauer lui demandait de descendre. Elle répliqua qu'elle voulait bien à condition qu'il efface les photos d'elle prises alors qu'elle était ivre au bar. Il répondit que la proposition expirerait dans dix minutes. Plus tard, des sources proches de Lauer me confièrent qu'il avait pris cette histoire de photos pour un prétexte, et ses messages pour des invitations. Nevils n'avait aucune intention de flirter avec Lauer. Ses messages n'avaient été qu'un jeu, sur la même ligne que leurs échanges à eux trois pendant la soirée. Rétrospectivement, elle se dit que se rendre dans la chambre d'un homme en pleine nuit était une erreur. Elle explique qu'elle était ivre, qu'elle n'avait pas réfléchi aux conséquences et qu'elle n'avait aucune raison de se méfier de Lauer. « Il m'avait toujours traitée comme une petite sœur. J'avais été de nombreuses fois dans sa chambre. » Elle descendit sans réfléchir. Elle était encore habillée comme pendant sa journée de travail, avec un jean marron Uniqlo, un sweat vert ample Target et une des vestes Nike Sochi Olympics que l'équipe NBC avait reçues. Elle ne s'était pas rasé les jambes depuis des semaines. Elle pensait qu'elle n'en avait que pour cinq minutes.

Dans son appartement, face à moi, Nevils tenta en vain de retenir ses larmes. « Je suis une thérapie pour mon trouble de stress post-traumatique. Chaque semaine, une nouvelle chose me perturbe. Je suis tellement en colère que cet incident ait foutu ma vie en l'air. »

Quand Nevils arriva à sa porte, Lauer s'était changé et portait un tee-shirt et un boxer. Quand il la poussa contre la porte et commença à l'embrasser, elle prit conscience qu'elle était vraiment ivre. La tête lui tournait. « J'ai cru que j'allais vomir. Je n'arrêtais pas de penser : je vais vomir sur Matt Lauer. » Elle se sentait embarrassée par son pull ample et ses jambes poilues.

Lauer la poussa sur le lit, la retourna et lui demanda si elle aimait la sodomie. Elle déclina plusieurs fois et dit : « Non, ce n'est pas mon truc. » Nevils se souvient qu'elle était encore en train de lui expliquer que ça ne l'intéressait pas quand « il l'a fait quand même ». Il n'utilisa pas de lubrifiant. Le rapport s'avéra extrêmement douloureux. « J'avais tellement mal. Je me demandais : est-ce que c'est normal ? » Elle finit par arrêter de dire non et se mit à pleurer silencieusement, la tête enfouie dans un oreiller.

Quand Lauer en eut terminé, il lui demanda si elle avait aimé. « Oui », répondit-elle machinalement. Elle se sentait humiliée et elle avait mal. Elle lui demanda d'effacer les photos d'elle ivre et il lui donna son téléphone pour qu'elle le fasse.

— Est-ce que tu en as parlé à Meredith ? lui demanda-t-il.

— Non.

— Ne le fais pas.

Nevils se demanda s'il s'agissait d'un conseil ou d'une mise en garde.

De retour dans sa chambre, elle vomit. Elle retira son pantalon et s'endormit. Le lendemain quand elle se réveilla, il y avait du sang partout, imbibé dans ses sous-vêtements et ses draps. « J'avais mal quand je marchais, quand je m'asseyais. » Elle avait peur de lancer une recherche Google à ce sujet depuis son ordinateur professionnel. Plus tard, elle eut peur de passer un test pour les maladies sexuellement transmissibles. Qu'est-ce que dirait son petit ami avec qui elle sortait depuis cinq ans ? Les saignements durèrent plusieurs jours.

Nevils soutient que, même si Lauer interpréta mal leurs échanges, ce qui se passa dans cette chambre n'était pas un rapport consentant. « J'étais trop ivre pour consentir à quoi que ce soit. Et j'ai répété plusieurs fois que je ne voulais pas de rapport anal. »

Le lendemain, Lauer lui envoya une blague sur le fait qu'elle ne lui ait ni écrit ni appelé. Elle répondit que tout allait bien. Elle avait très peur de l'avoir mis en colère, inquiétude qui grandit pendant le reste du voyage car il l'ignora complètement. Quand elle finit par avoir le courage de l'appeler, il lui dit qu'ils parleraient quand ils seraient de retour à New York.

Une fois rentrés, Lauer l'invita dans son somptueux appartement de l'Upper East Side, où ils eurent deux rapports sexuels, et dans son bureau, où ils en eurent davantage. D'après des sources proches de Lauer, c'était parfois elle qui prenait l'initiative. Ce qui est incontestable, c'est que Nevils, comme d'autres femmes que j'avais interviewée, eut d'autres rapports sexuels avec l'homme qu'elle accusa d'agression. « C'est la chose pour laquelle je me sens le plus coupable. C'était de simples rapports. Nous n'avions pas de relation amoureuse. » À l'époque, Nevils confia à des amis qu'elle se sentait coincée. La position de pouvoir de Lauer (sur elle et sur son petit ami, dont le frère travaillait pour Lauer) la rendait incapable de dire non. Elle raconte que, pendant les semaines qui suivirent l'agression présumée, elle tenta de faire croire qu'elle était à l'aise et même heureuse de cette situation. Elle reconnaît que ses échanges avec Lauer pouvaient apparaître amicaux et aimables.

Mais en même temps, elle vivait dans la terreur que Lauer nuise à sa carrière. Leurs rapports lui causaient angoisse et honte, si bien qu'elle finit par rompre avec son petit ami. Elle évita tout rapport avec Lauer pendant les mois qui suivirent. Mais elle devait travailler avec lui. En septembre 2014, alors que Vieira décorait le plateau de l'émission avec des photos de collègues, l'assistant de Lauer demanda à Nevils de venir chez Lauer récupérer des photos. À 9 h 30, dans le petit bureau surplombant le plateau de l'émission « Today » où lui et moi nous étions parfois retrouvés, il indiqua un petit cadre photo numérique que Savannah Guthrie lui avait donné, posé sur un socle devant la fenêtre. « Prends-le », lui dit-il. Elle dut se pencher pour attraper le cadre. Elle raconte que, alors qu'elle passait en revue les photos pour se les envoyer par e-mail, il l'attrapa par les hanches et la pénétra avec son doigt. Elle, elle voulait simplement faire son travail. « Je n'ai pas réagi. Au fond de moi, je pense que j'ai échoué parce que je n'ai pas dit non. » La peau de Nevils marque facilement les bleus. Lauer laissa des marques violet foncé quand il la força à écarter les jambes. Elle se réfugia en pleurant auprès du nouvel homme qu'elle fréquentait, un producteur qui travaillait ce matin-là en régie, et lui rapporta ce qui s'était passé.

En novembre, elle se proposa de monter une vidéo d'au revoir pour son ex-petit ami, qui quittait son poste au sein de la chaîne. Il était courant de faire ça pour les employés qui partaient, et on incluait généralement des vœux de bonne continuation de la part des collègues. Quand elle demanda à Lauer d'y participer, il lui proposa de passer à son bureau pour qu'elle l'enregistre. Quand elle entra, il lui demanda de lui faire une fellation. « J'étais vraiment bouleversée. Je me sentais très mal. J'essayais de faire un truc sympa pour un collègue et j'ai dû sucer Matt pour le persuader de tourner la vidéo. Je me sentais malade. » « Pourquoi est-ce que tu fais ça ? » lui demanda-t-elle. Et Lauer de répondre : « Parce que c'est amusant. »

Les rapports sexuels prirent fin après ça. Elle raconte qu'une fois, un mois plus tard, alors qu'elle était en pleine dépression et ne savait pas quelle attitude adopter avec lui, elle lui envoya un texto pour lui dire qu'elle était à New York. Il répondit qu'il n'y était pas.

Nevils raconta son histoire à « un million de gens ». Elle en parla à son cercle d'amis. À ses collègues et ses supérieurs de NBC. Comme dans beaucoup de cas sur lesquels j'avais enquêté, Nevils leur raconta une version allégée, en omettant certains détails. Mais elle n'était jamais incohérente et soulignait l'importance de ces incidents. Quand elle accepta un autre poste au sein de la société, en tant que productrice pour Peacock Productions, elle en parla à l'un de ses patrons. Elle pensait qu'il fallait qu'ils sachent, au cas où l'affaire devienne publique. Ce n'était donc pas un secret.

Pendant plusieurs années, rien ne se passa. Elle n'était pas au courant des autres allégations pour harcèlement qui couraient au sein de l'entreprise, ni des paiements ou autres règlements à l'amiable. Elle ignorait que Peacock Productions avait été dirigé un jour par celle qui avait accusé Corvo.

« Si les accusatrices de Weinstein ne t'avaient pas parlé, je n'aurais jamais rien dit, me confia-t-elle. Je me suis reconnue dans ces témoignages. Et quand tu vois les pires moments de ta vie étalés dans le *New Yorker*, ça change ton existence. » Alors que l'étau se resserrait autour de Weinstein, des collègues de Nevils commencèrent à lui poser des questions au sujet de Lauer. Autour d'un verre, l'une de ses collègues de « Today » lui fit remarquer à quel point elle avait changé. Elle qui était auparavant confiante et bavarde, elle s'était renfermée. Elle avait refusé des opportunités de travail de peur que son histoire avec Lauer soit révélée si elle acceptait un poste plus en vue. Elle se mit à boire. Après des années de relations amoureuses à long terme, elle se mit à enchaîner les aventures.

Nevils raconta tout à sa collègue de « Today ». « Ce n'est pas ta faute, lui dit celle-ci en fondant en larmes. Et crois-moi, tu n'es pas la seule. » Cette collègue avait elle aussi eu des mésaventures avec Lauer, ce qui lui avait valu de perdre son job. Elle recommanda à Nevils d'en parler à Vieira. Elle se rendit chez cette dernière. « C'est Matt, n'est-ce pas ? lui demanda d'emblée Vieira. Je m'en suis doutée.

C'était le seul à avoir suffisamment d'influence sur toi pour te faire ça. » Vieira était bouleversée. Elle s'en voulait de n'avoir pas davantage protégé Nevils et craignait qu'il n'y ait d'autres victimes. « Pense à toutes les femmes à qui j'ai trouvé un poste là-bas », dit Vieira. Nevils ne cessait de s'excuser.

Les deux femmes savaient jusqu'où la chaîne était capable d'aller pour protéger ses dirigeants. Mais Nevils se sentait investie d'une mission envers les autres femmes. Vieira lui conseilla de déposer une plainte formelle auprès du service des ressources humaines de NBC. C'est ainsi qu'en novembre 2017, Nevils trouva un avocat et se retrouva en face de deux représentantes de NBCUniversal à qui elle raconta toute l'histoire.

Elle demanda l'anonymat, et on le lui accorda. Mais elle ne négligea aucun détail. Elle précisa qu'ils n'entretenaient pas de liaison. Elle décrivit l'incident en détail en soulignant qu'elle était trop ivre pour consentir et qu'elle avait dit non à plusieurs reprises lorsque Lauer lui avait parlé de rapport anal. Ce premier jour, elle n'employa pas le mot « viol ». Mais c'est pourtant bien ce qu'elle décrivit, sans ambiguïté. Son avocat, Ari Wilkenfeld intervint pour répéter qu'elle n'était pas consentante. L'une des représentantes de NBC répondit qu'ils comprenaient, même si plus tard, la chaîne prétendrait ne pas avoir trouvé de conclusion à cette affaire. Stephanie Franco, la juriste de NBCUniversal qui avait téléphoné à l'avocat de Lonner pour lui rappeler l'accord qu'elle avait passé, était présente lors de cette entrevue.

Au travail quelques jours plus tard, quand Lack et Oppenheim expliquèrent que l'incident n'avait rien de « criminel » et qu'il ne s'agissait pas d'une « agression », Nevils quitta son bureau, se rendit dans les toilettes les plus proches et vomit. Son malaise grandit lorsque NBC commença à qualifier l'incident de « liaison ». Des lettres de protestation commencèrent à parvenir au cabinet de son avocat. « Vous devriez avoir honte de vous jeter sur des hommes mariés », disait l'une d'entre elles.

La vie professionnelle de Nevils tourna au cauchemar. Elle devait assister aux mêmes réunions que tout le monde et discuter des nouvelles, et certains collègues proches de Lauer doutaient de ces allégations. Lors d'une réunion de l'équipe de « Dateline », Lester Holt demanda d'un air sceptique : « Est-ce que la punition n'est pas disproportionnée par rapport au crime ? » Bientôt, ses collègues se mirent à détourner le regard quand ils la croisaient dans le couloir. Après les articles désignant l'incident comme une « liaison », son petit ami de l'époque devint beaucoup moins compréhensif et lui demanda : « Comment est-ce que tu as pu faire ça ? » Les dirigeants de NBC la transformèrent en paria. « Il faut que tu saches que j'ai été violée, confia-t-elle à une amie. Et NBC a menti là-dessus. »

La chaîne parut faire peu d'efforts pour préserver l'anonymat de Nevils. Lack annonça que l'incident s'était déroulé à Sochi, réduisant le nombre de plaignantes potentielles à un petit groupe de femmes. Un membre de l'équipe de communication lâcha le nom de Nevils lors de conversations avec des collègues. Des sources proches de l'affaire dirent plus tard que Kornblau avait demandé à son équipe de ne pas faire ça. Wilkenfeld accusa publiquement NBC d'avoir révélé l'identité de Nevils. « Ils savent très bien ce qu'ils ont fait et il faut qu'ils arrêtent[1]. »

Au départ, Nevils n'avait pas demandé d'argent. Elle avait simplement voulu rendre service à d'autres femmes et poursuivre la carrière qu'elle aimait. Mais comme l'attention du public sur cette affaire et sur Nevils augmentait, NBC lui proposa un an de salaire pour quitter l'entreprise si elle signait un accord de confidentialité. Nevils avait l'impression que sa réputation avait été souillée. Elle craignait de perdre le job qu'elle aimait et tout espoir d'en retrouver un. Elle menaça la chaîne de les poursuivre en justice, si bien que de longues et difficiles négociations s'ensuivirent. D'après des sources proches du dossier, les avocats de la chaîne prétendirent que la situation émotionnelle de Nevils était provoquée par la mort de sa mère et n'avait rien à voir avec l'agression présumée. Son avocat lui conseilla donc de ne pas mentionner son deuil à son thérapeute, de peur que NBC ne réclame les comptes rendus de ses séances. La chaîne nia par la suite avoir évoqué le décès de sa mère. Alors que les négociations se poursuivaient en 2018, Nevils prit un congé maladie. Elle se fit hospitaliser pour stress post-traumatique et alcoolisme.

NBC voulait régler ce problème. La chaîne offrit à Nevils une somme à sept chiffres en échange de son silence. Elle lui donna un texte qu'elle dut lire expliquant qu'elle avait quitté son poste pour poursuivre d'autres projets, qu'elle avait été bien traitée et que NBC News incarnait un bon exemple dans la gestion des affaires d'agression sexuelle. D'après les sources proches du dossier, la chaîne chercha initialement à inclure une clause qui aurait empêché Nevils de parler à d'autres accusatrices de Lauer, mais Nevils refusa. La chaîne nia tout cela par la suite.

Les avocats serrèrent les rangs et poussèrent Nevils à accepter cette offre, comme ils l'avaient fait pour Gutierrez et beaucoup d'autres femmes. Pour Comcast, cette somme était une bagatelle. Pour Nevils, c'était une question de survie. Face aux opportunités professionnelles qu'elle avait perdues et au dommage qu'elle avait subi, elle sentit qu'elle n'avait pas le choix. NBC réussit l'exploit de faire signer non seulement Nevils mais également ses avocats et certains de ses proches afin qu'ils renoncent à leur droit de parler publiquement de la chaîne.

CHAPITRE 57

SCANDALES

Les allégations contre Lauer n'étaient pas les seules à émerger. Dès les premiers jours de l'affaire Weinstein, NBC avait été secouée par des accusations visant des hommes au plus haut de sa hiérarchie. Peu après le premier article sur Weinstein dans le *New Yorker*, la chaîne licencia Mark Halperin, le plus grand analyste politique de MSNBC et NBC News, après que cinq femmes l'avaient accusé de les avoir harcelées ou agressées sur leur lieu de travail (en les pelotant, leur montrant son sexe ou se frottant contre elles)[1]. Cela remontait à l'époque où il travaillait pour ABC, plus de dix ans auparavant.

Quelques jours plus tard, NBC licencia Matt Zimmerman, chargé de la programmation pour « Today », un proche de Lauer, pour avoir couché avec deux employées[2]. Moins d'un mois après le scandale Lauer, plusieurs médias révélèrent que la chaîne avait donné 40 000 dollars à une assistante de production en 1999 après qu'elle avait dénoncé un harcèlement sexuel de la part de Chris Matthews, l'une des plus grandes stars de MSNBC[3].

Ce n'était pas fini. Il y avait le paiement substantiel envers l'accusatrice de David Corvo pendant son implication dans l'affaire Weinstein. Et il y avait une autre affaire qui me secoua personnellement : trois femmes accusèrent Tom Brokaw de leur avoir fait des avances non désirées, des années plus tôt[4]. Il ne s'agissait pas d'agressions. Mais des collègues, parfois jeunes et débutantes dans leur profession alors que lui était sommet de sa carrière, rapportèrent qu'il leur avait fait des propositions et qu'elles avaient eu peur[5]. Furieux, désespéré, Brokaw nia en bloc[6].

Brokaw avait été quasiment l'un des seuls pontes de NBC à critiquer l'abandon de l'affaire Weinstein. Il m'avait expliqué qu'il s'en était plaint à la direction de NBC. Dans un e-mail qu'il m'avait adressé, il avait qualifié cela de « blessure que NBC s'infligeait à elle-même[7] ». Mais il avait deux facettes : Tom Brokaw, défenseur convaincu des affaires les plus difficiles, avait également fait partie de cette culture médiatique qui mettait les femmes mal à l'aise et laissait peu de place à la critique des stars.

Six, douze, puis plusieurs dizaines d'employées ayant travaillé ou travaillant encore pour la chaîne me décrivirent cette atmosphère de travail dans laquelle le harcèlement des femmes était permis. Plusieurs d'entre elles étaient convaincues que ces arrangements financiers avaient permis à ce genre de comportements de se reproduire au fil des années. Certaines précisèrent que la situation avait empiré sous la direction d'Andy Lack. Quand il arriva à la tête de NBC News, dans les années 80, « il y eut un changement soudain d'état d'esprit. Tout à coup, les comportements déplacés, le harcèlement verbal ou sexuel, étaient tolérés, me confia Linda Vester qui fut la première à dénoncer Brokaw. Il y a eu une multiplication des propos injurieux, humiliants, principalement envers les femmes. L'ambiance générale était comme ça sous la direction d'Andy Lack. C'était… c'était très dur. »

Toutes les employées disent qu'elles s'inquiétaient de l'effet que les plaintes et les arrangements avaient sur la couverture médiatique des scandales par la chaîne. D'après Vester, la peur des répercussions était l'une des tactiques de Lack. « Il étouffait certains scandales concernant des femmes, me dit-elle. Et ils étaient nombreux. »

NBC était en difficulté. Courant 2018, des enquêtes du *Washington Post*[8], *Esquire*[9], et le *Daily Beast*[10] décrivirent une culture de harcèlement au travail. Alors que le *Washington Post* s'apprêtait à révéler qu'Ann Curry avait alerté les dirigeants de NBC du harcèlement sexuel de Lauer envers plusieurs femmes, Stephanie Franco, la juriste de NBCUniversal spécialisée en droit du travail qui avait assisté à l'entrevue avec Nevils, l'appela. Curry se souvient que Franco voulait savoir ce qu'elle disait à la presse. « C'était vraiment un coup de fil destiné à m'intimider, me dit Curry. C'est l'impression que j'ai eue. »

Consternée par ce qui était à ses yeux une tentative de la faire taire plutôt qu'une prise de conscience du problème de harcèlement sexuel au travail, elle se montra plus directe :

— Vous devez protéger ces femmes. C'est votre rôle. Vous devez vous assurer que ce type ne leur fera pas de mal.

— Je peux essayer, si elles me laissent la possibilité de le faire[11], répondit Franco.

Plus tard, le rapport interne sur Lauer citerait cette conversation téléphonique avec Curry. Mais d'après Curry, Franco ne mentionna pas le rapport et ne posa aucune question sur le harcèlement sexuel au travail.

Plusieurs employés se rappellent d'autres occasions durant lesquelles la chaîne fit manifestement en sorte d'anticiper les révélations. Dans un cas en particulier, NBC engagea un journaliste qui avait, juste avant de devenir employé de la chaîne, passé des coups de fil aux femmes travaillant pour NBC en leur posant des questions sur le harcèlement. L'une de ces femmes me dit par texto : « C'est louche. »

Aucun autre journal n'avait davantage enquêté sur les accusations de harcèlement sexuel, notamment celles qui visaient Lauer, que le *National Enquirer*. Au fil des années, le tabloïde avait poursuivi les accusatrices de Lauer. En 2006, quand Addie Collins travaillait comme correspondante en Virginie, elle rentra chez elle et tomba sur un journaliste de l'*Enquirer* qui lui posa beaucoup de questions sur Lauer. Après son licenciement, le tabloïde se concentra sur Nevils, dont le nom n'avait pas encore été rendu public. C'est son CV qui figurait en pièce jointe d'un e-mail interne chez AMI que j'avais consulté plus tard. Peu après qu'elle se plaigne auprès de sa hiérarchie, l'*Enquirer* commença à appeler les collègues de Nevils et finalement, Nevils elle-même.

En mai 2018, après la réunion durant laquelle Oppenheim et Harris avaient tenté d'expliquer l'enquête interne visant Lauer à un service d'investigation sceptique, William Arkin, membre respecté de ce service, m'appela, ennuyé. Il me dit que deux sources, l'une connectée à Lauer, l'autre au sein de NBC, lui avaient révélé que

Weinstein avait fait savoir à la chaîne qu'il connaissait le comportement de Lauer et pouvait le révéler. Deux sources chez AMI me dirent ensuite qu'ils avaient entendu le même son de cloche. NBC nia avoir proféré la moindre menace.

Mais il n'y avait aucun doute que les allégations contre Lauer, et le recours de NBC aux accords de confidentialité avec des femmes victimes de harcèlement, risquaient de sortir au cours de notre enquête. La culture du secret, fragile, rendait NBC plus vulnérable aux intimidations et à l'entreprise de séduction de Harvey Weinstein, appuyées par ses avocats et autres intermédiaires, et par des appels passés à Lack, Griffin, Oppenheim, Roberts et Meyer que la chaîne avait initialement dissimulés. La chaîne avait systématiquement recours aux accords de confidentialité comme instrument de menace, donnant ainsi raison à Weinstein, persuadé que ce système était inébranlable. Et, alors que Weinstein et Dylan Howard se serraient les coudes, tous ces secrets étaient menacés. L'*Enquirer* avait sorti le dossier de Lauer, appelé les employés de NBC les uns après les autres pour les interroger et commencé à publier des articles remettant en question l'avenir de la star de télévision, qui incarnait les valeurs de la chaîne.

CHAPITRE 58

BLANCHIMENT

Rich McHugh dut lui aussi gérer les retombées de cette affaire, cette année-là. Lors de sa rencontre avec Oppenheim, il avait refusé d'adhérer à sa vision de l'enquête, provoqué sa colère et il s'était demandé ce qui adviendrait de lui dans l'avenir. Comme il n'avait pas cessé d'exprimer clairement son opinion pendant les réunions, il me confia : « En gros, on me surveillait. » Le service des ressources humaines l'appela pour lui proposer une augmentation de salaire à condition qu'il adhère à la vision du groupe (ce fut son impression d'après les réactions d'Oppenheim). D'un autre côté, la chaîne ne manqua pas de lui rappeler que son contrat se terminait bientôt.

— Je ne suis pas connu, me dit-il alors qu'il était assis dans un *diner* non loin de chez moi dans l'Upper West Side. Ils peuvent dire tout ce qu'ils veulent sur moi. Ils peuvent m'empêcher de trouver un job.

— Fais ce qu'il y a de mieux pour tes filles.

McHugh secoua la tête.

— Je ne suis pas sûr de pouvoir faire ça.

Il était inutile d'invoquer la famille : c'était justement la prise de conscience du monde dans lequel ses filles allaient entrer qui avait provoqué ce conflit moral.

Il décida finalement de ne pas accepter ce marché. « J'ai participé à ces réunions où ils ont menti à tout le monde, me dit-il. J'ai dû me taire. J'ai décidé que ça ne pouvait pas durer. »

Une année après qu'on lui avait demandé de cesser l'enquête sur l'affaire Weinstein, McHugh démissionna. À la suite de cela, il donna un entretien au *New York Times* où il expliqua que l'enquête avait été étouffée « par les plus hauts représentants de NBC[1] », qu'on lui avait ordonné de tout stopper et que la chaîne avait menti au sujet de ce qui s'était passé.

Mark Kornblau et la machine de relations publiques de NBC piquèrent une véritable crise. Refusant l'idée d'une enquête indépendante comme il l'avait fait pour le scandale Lauer, Lack publia dans la presse un nouveau communiqué rédigé en interne. Assis dans l'un des bureaux vitrés du *New Yorker*, je lus ce communiqué et ne sus pas comment y réagir. Plus tard, la chaîne reconnaîtrait qu'elle n'avait pas procédé à la moindre vérification des faits présentés dans cette note. Quelques heures seulement après sa publication, de nombreuses sources citées dans le document démentirent publiquement ce qui était écrit à leur sujet.

« Farrow n'avait aucune victime ni aucun témoin prêt à s'exprimer publiquement[2] », répétait ce communiqué. Ça n'avait jamais été vrai, à aucun stade de cette enquête. « Ambra a toujours accepté que Farrow cite son nom et utilise l'enregistrement qu'il avait fait d'elle, et j'ai filmé son interview à visage caché », affirma Nestor, furieuse, dans une déclaration qu'elle publia dans la presse peu après le communiqué de Lack. « Après que Rose McGowan a retiré son témoignage, Farrow et moi avons pris conscience que l'affaire risquait de ne pas être rendue publique et j'ai proposé qu'on révèle mon identité pour l'interview, voire qu'on la tourne une nouvelle fois, avec mon visage à découvert. Quoi qu'il en soit, cette interview ne les intéressait pas[3]. » Gutierrez ajoute : « J'étais disponible pour Ronan avant et après qu'il quitte NBC. Je n'ai jamais changé d'avis[4]. » Rose McGowan publia une déclaration via l'émission de Megyn Kelly, répétant qu'elle avait été d'accord pour témoigner pendant des mois.

Le communiqué de Lack contenait un long paragraphe dans lequel lui et son équipe de communication tentaient de décrédibiliser les sources. Ils jugeaient que les souvenirs d'Abby Ex sur les rendez-vous de Weinstein destinés à appâter ses proies étaient « basés sur de simples soupçons ». Elle contesta publiquement ces affirmations. « C'est incorrect, écrivit-elle. Harvey m'a demandé à de nombreuses reprises de me joindre à ces réunions, chose que j'ai refusée. Mais j'en ai été témoin et j'ai même directement assisté à une agression verbale et physique de sa part. J'ai dit tout ça devant la caméra de Ronan. » Le communiqué suggérait que Dennis Rice, le directeur marketing, ne faisait pas référence à Weinstein et que je l'avais cité à mauvais escient. En réalité, les déclarations de Rice étaient conçues pour lui donner une possibilité de démenti plausible en cas de répercussions, et il avait accepté que je le cite. Rice dit à un journaliste que McHugh et moi n'avions « rien sorti de son contexte. Je savais ce que je disais face à cette caméra, et que mes propos prendraient place dans une enquête visant Harvey[5] ». Le *New Yorker* avait plus tard repris ces propos sans problème.

Le communiqué de Lack était « mensonger et incorrect, écrivit Ex, perplexe face aux tentatives de la chaîne pour attaquer et exposer des sources sans les consulter. Voir ce communiqué de presse listant les sources, même sans nos noms, et sans une description entière et sincère de l'enquête, c'est tout sauf honnête et clair[6]. »

Le communiqué reconnaissait (pour la première fois, contredisant des déclarations antérieures) que Weinstein avait téléphoné et écrit « plusieurs fois » à Lack, Griffin et Oppenheim. Ces conversations ne cadraient pas avec les documents que j'allais découvrir plus tard ni avec les déclarations des personnes impliquées. Il ne faisait aucune mention des promesses de Griffin à Weinstein ni de l'amitié qui les liait, symbolisée par une bouteille de vodka Grey Goose.

Plusieurs journalistes d'investigation de la chaîne confièrent qu'ils avaient été atterrés que le communiqué souligne le manque de fondement de l'enquête. Un certain nombre de journalistes télévisés que je consultai s'accordèrent à dire que les enregistrements audio seuls étaient dignes d'être diffusés. McHugh et moi n'avions jamais nié que l'enquête était déjà bien avancée à NBC ou qu'elle aurait pu s'étoffer comme ça a été le cas par la suite au *New Yorker*. Le problème c'est au contraire que nous avions reçu l'ordre de tout arrêter. Le communiqué de presse de Lack ne mentionnait pas cette instruction donnée par Greenberg d'annuler les interviews, mais accusait Oppenheim. Il omettait que McHugh avait dû se retirer de l'enquête et qu'Oppenheim avait été le premier à suggérer qu'on contacte un autre média pour sortir cette affaire. « C'est inconsistant, avait dit un ancien correspondant à Oppenheim et Greenberg, quand ceux-ci avaient déploré notre manque de preuves. Je sais à quoi ressemble une affaire prête à être publiée ou pas. » Ce même correspondant ajouta que « en interne, tout le monde sait qu'on a commis une erreur ».

Le communiqué fut accueilli avec le même scepticisme de la part de la presse. Sur la chaîne elle-même, Megyn Kelly remit en question l'enquête interne de NBC, ajoutant sa voix à ceux qui réclamaient une enquête indépendante. Elle serait bientôt licenciée elle aussi, après un commentaire jugé raciste. Ce licenciement permit à la chaîne de se séparer d'une employée qui, selon plusieurs sources, commençait à provoquer des tensions au sein de la chaîne à cause de l'attention qu'elle portait aux scandales Weinstein et Lauer.

Ce communiqué n'était qu'une des nombreuses mesures au sein de la chaîne destinées à réécrire l'histoire de mon article. NBC engagea également Ed Sussman, un collaborateur de Wikipédia, pour effacer sur ce site les références à Oppenheim, Weinstein et Lauer. L'affaire Lauer, écrivit Sussman, « devrait être traitée séparément[7] ». Il tourna la chose à l'avantage de NBC, en incluant parfois des erreurs. Il proposa de rectifier le texte en écrivant par exemple qu'il s'était déroulé plusieurs mois (et non un seul) entre le feu vert du *New Yorker* pour l'article et sa publication. À d'autres endroits, il supprima simplement toute mention d'une éventuelle controverse.

« C'est l'un des exemples les plus frappants et honteux de manipulation que j'ai jamais vus sur Wikipédia, et j'en ai vu pas mal », déplora un éditeur de longue date de l'encyclopédie en ligne. Mais Sussman parvint la plupart du temps à ses fins : il maintint ses changements avec une obstination que des rédacteurs bénévoles ne pouvaient pas égaler. Et il fit appel à son réseau d'amis pour s'assurer que ses corrections ne soient pas modifiées[8]. Plusieurs pages Wikipédia, notamment celle d'Oppenheim, ne mentionnaient pas le fait qu'il avait étouffé l'affaire Weinstein. C'était presque comme si cela n'était jamais arrivé.

CHAPITRE 59

LISTE NOIRE

Après la publication du premier article dans le *New Yorker*, je me trouvai face à un dilemme similaire à celui qu'avait rencontré McHugh. Au début, respectant ma promesse envers Oppenheim et Kornblau, j'évitai les questions concernant l'historique de cet article à NBC. Sur CBS, Stephen Colbert me regarda en plissant les yeux quand je précisai que je ne voulais pas être au centre de l'attention et je changeai de sujet. « Cette affaire est en partie l'histoire d'un secret. Et vous en avez fait l'expérience. »

Ma sœur m'appela au cours de ces interviews.

— Tu les couvres ! me reprocha-t-elle.

— Je ne mens pas, me défendis-je.

— Non, mais tu omets des détails. C'est malhonnête.

Je repensai alors à nos moments de brouille. Je me rappelai les années difficiles après que je lui avais demandé d'arrêter d'accuser notre père. Je me revis entrant dans sa chambre à son retour de l'hôpital, la voyant tirer sur sa manche pour cacher les entailles rouge sang sur son avant-bras, lui disant que j'étais désolé et que je regrettais de ne pas en avoir fait plus.

Pendant l'automne, la chaîne revint sur la proposition d'Oppenheim au sujet d'un nouveau contrat. « Tu devrais poser tes conditions », dit-il. Griffin appela mes agents et dit : « C'est lui que nous voulons. Qu'est-ce qu'on doit faire ? » Avant que les accusations contre lui ne soient révélées, Brokaw m'envoya un e-mail au sujet de mes apparitions dans les médias et me dit : « Tu t'es très bien débrouillé. Maintenant pour la suite[1]… » Il m'informa que la chaîne lui avait demandé de me convaincre de revenir. « J'ai bien conscience que cette proposition est peut-être exagérée, mais tu devrais y réfléchir. Ça reste un super endroit pour faire du journalisme. » Il se dit confiant que la chaîne accepterait de publier un communiqué reconnaissant ses erreurs et d'établir de nouvelles directives pour éviter toute interférence éditoriale. Moi, j'avais envie de récupérer mon poste. Et je croyais aux valeurs que NBC avait représentées dans son âge d'or. Je me convainquis que peut-être, l'affaire Weinstein qu'ils avaient étouffée était une exception, et non un signe de problèmes plus profonds. Je répondis, à lui et à mes agents, que je voulais bien entendre les arguments de la chaîne.

Mais entre McHugh qui refusait de faire des compromis et la multiplication des sources décrivant un schéma de harcèlement et d'accords financiers au sein de la chaîne, cela devint de plus en plus difficile de s'entendre. Depuis que l'affaire Weinstein avait éclaté, j'étais en contact avec un groupe de sources qui avaient décrit une série de comportements déplacés à CBS : un personnage important qui avait la réputation de coucher avec des assistantes et d'en harceler ou agresser d'autres ; une pratique répandue consistant à acheter le silence des femmes ; des dizaines d'employées décrivant à quel point ces manigances détournaient la chaîne de ses priorités journalistiques. Finalement, je décidai que je ne pouvais pas évoquer les allégations contre Leslie Moonves et d'autres personnalités de CBS tout en passant sous silence les accusations se multipliant au 30, Rockefeller Plaza.

Je demandai à mes agents d'abandonner les négociations.

Les représailles furent immédiates. Alors que pour chaque scandale AMI, j'avais été invité dans toutes les émissions de MSNBC et NBC, les invitations furent retirées. Des présentateurs m'appelèrent, dont un en larmes, pour m'annoncer que Griffin avait donné l'ordre de ne pas m'inviter, malgré leurs objections. Un cadre de la chaîne affirma plus tard que Lack avait lui aussi donné ses instructions. « Ces gens sont perfides, m'écrivit un journaliste. Je suis très en colère. » D'autres cadres m'appelèrent pour me dire qu'ils savaient que j'allais bientôt publier un livre (j'avais réussi à terminer le livre sur la politique étrangère américaine que j'avais si longtemps négligé) et qu'ils seraient heureux de m'inviter à l'antenne pour la promo si j'acceptais de ne pas remuer le passé. J'appelai Maddow, qui m'écouta et me répondit que personne ne pouvait lui dicter qui inviter dans son émission. C'est ainsi que, pendant les deux années qui suivirent l'affaire Weinstein, je fus invité à son émission mais dans aucune autre de NBC ou MSNBC. Plus tard, alors que j'étais en train de terminer ce livre, le service litiges de NBC contacta l'éditeur, Hachette.

Après cette affaire, Noah Oppenheim me passa un coup de téléphone et ce fut notre dernière conversation. Tout en lui parlant, je parcourais de long en large l'étrange maison sécurisée de Chelsea, avec Jonathan qui suivait la conversation. « Je suis devenu l'incarnation de toute cette histoire », me dit-il. Le tollé provoqué par leurs déclarations publiques contradictoires, à lui et Kornblau, avait eu des répercussions jusque dans le monde politique. Sur Fox News, quelques jours plus tôt, Tucker Carlson avait réclamé la démission d'Oppenheim. « Soyons clairs, annonça Carlson. NBC ment. De nombreuses personnes puissantes savaient ce que faisait Harvey Weinstein et ont non seulement fermé les yeux sur ses crimes, mais activement pris son parti contre celui de ses victimes. La liste est longue mais tout en haut de cette liste, il y a NBC News[2]. » Il parut heureux de pouvoir attaquer à la fois un média important, les libéraux de Hollywood, et un prédateur sexuel. « Les responsables de médias n'ont pas le droit de mentir », conclut-il, comme s'il n'en avait jamais rencontré un.

Alors que je faisais les cent pas, Oppenheim me dit :

— Tu sais, j'ai reçu un appel ce matin de NBC Global Security m'annonçant qu'ils allaient envoyer une voiture de police chez moi à cause de toutes les menaces de mort que j'ai reçues.

Il avait l'air plus en colère qu'effrayé.

— J'ai trois jeunes enfants qui se demandent pourquoi la police est devant la porte.

Je lui dis que j'étais désolé d'entendre ça. C'était sincère.

— Même si tu pensais que NBC était lâche ou n'agissait pas correctement, ce qui est ton droit, j'espère que tu comprends à quel point c'est injuste et faux de tout faire reposer sur moi. Même si tu crois qu'il y a un méchant dans cette affaire, ce méchant ce n'est pas moi.

Il était agité et parlait en même temps que moi. Apparemment tout le monde se sentait coupable de son sort, sauf moi. Quand je lui rétorquai que des journalistes m'avaient dit que leurs critiques visaient Kornblau, lequel avait inondé la presse de fausses déclarations, il s'écria :

— Kornblau travaille pour Andy ! Il travaille pour le groupe ! Il ne travaille pas pour moi ! Je ne peux pas lui dire quoi faire. Je peux essayer et j'ai essayé.

Quand il prétendit ne jamais m'avoir menacé, je lui rappelai que Susan Weiner avait proféré des menaces explicites, sur ses ordres. Il répliqua :

— Susan Weiner est l'avocate d'Andy ! Ces gens ne travaillent pas pour moi !

Plus tard, d'autres contestèrent cette description de l'autorité d'Oppenheim en tant que président de NBC News.

— Tu ne cesses de répéter que c'est toi qui paies le prix mais que tu n'es pas responsable. Alors qui est responsable ? finis-je par demander.

— Mon patron ! OK ? J'ai un patron. Je ne dirige pas NBC News exclusivement, répondit-il avant de se reprendre. Tu sais, *tout le monde* était impliqué dans cette décision. Tu peux spéculer sur les motivations de Kim Harris, d'Andy et sur les miennes. Tout ce que je peux te dire c'est qu'au bout du compte, il y a eu un consensus pour tout arrêter, afin de préserver le confort de la chaîne.

Il me rappela, par deux fois, qu'il avait relancé ma carrière après l'annulation de mon émission. Que nous avions été amis. Il espérait que nous pourrions aller boire une bière et rire de tout ça d'ici quelques mois. J'avais du mal à comprendre ce qu'il me demandait. Au bout d'un moment, il finit par me le dire :

— Je demande simplement ta compréhension. Si un jour tu as l'occasion d'expliquer que je n'étais pas le méchant dans toute cette affaire, je t'en serai reconnaissant.

Voilà comment se termina son argumentation : un refus non seulement d'assumer ses responsabilités, mais aussi d'admettre que quelqu'un, quelque part, était bel et bien responsable. Il y avait eu « un consensus pour tout arrêter, afin de préserver le confort de la chaîne ». C'était un consensus qui se pliait aux avocats et aux menaces, qui hésitait, réfléchissait et haussait les épaules, qui avait étouffé de multiples allégations crédibles de comportements déplacés et ignoré un témoignage enregistré où le coupable reconnaissait ses torts. Cette phrase anodine, ce langage impersonnel dissimulait trop de silences. C'était un « consensus pour tout arrêter, afin de préserver le confort de la chaîne » qui avait protégé Harvey Weinstein et ses semblables ; un consensus omniprésent dans les cabinets d'avocats, les agences de relations publiques, les suites d'hôtels et les industries. Un consensus qui avalait les femmes toutes crues.

Noah Oppenheim n'était pas le méchant dans l'histoire.

— Je ne crois pas que tu iras boire une bière avec Noah Oppenheim d'ici quelques mois, me lança Jonathan un peu plus tard.

C'était un après-midi ensoleillé et nous étions chez lui, à Los Angeles.

— Finies les émissions du matin, j'imagine, ajoutai-je.

Je prenais de plus en plus conscience que j'allais passer l'année suivante à poursuivre des pistes au sujet de CBS et de NBC.

— Je vais prendre soin de toi, chéri, dit-il. Je serai aux petits soins.

Il me serra contre lui comme un enfant avec son nounours. J'éclatai de rire et je posai ma main sur la sienne. L'année avait été longue, pour moi et pour nous, mais nous tenions le coup.

Plus tard, quand je décidai de transformer une partie de mon enquête en livre, je lui en envoyai une première version et écrivis une question à son intention, précisément à cette page-ci : « Mariage ? » Sur la lune, voire ici, sur cette Terre. Il lut le manuscrit, trouva la proposition et me répondit : « Pourquoi pas ? »

La première fois que je vis ma sœur Dylan après la publication des premiers articles, elle me prit dans ses bras. Nous étions dans sa maison de campagne, non loin de chez ma mère et nos autres frères et sœurs, sous un manteau neigeux, à des années-lumière de la tempête journalistique alors en cours. Sa fille de deux ans, le portrait craché de sa mère (et qui portait une grenouillère lui ayant appartenu) se mit à gémir en agitant les bras. Ma sœur lui tendit une tétine où était accroché un petit singe en peluche, et nous la regardâmes s'éloigner d'un pas chancelant.

Mentalement, je passai en revue des images de Dylan et moi au même âge, et au cours des années suivantes : déguisés pour les spectacles de l'école, attendant le bus, construisant un royaume magique que personne d'autre ne pouvait toucher. Je nous revoyais installer nos rois et nos dragons, et je me rappelais entendre une voix adulte appeler ma sœur. Je me souvenais de son regard surpris, effrayé. Elle m'avait demandé si je serais toujours là pour la protéger. J'avais promis que oui.

Dans la campagne, avec sa fille qui gambadait autour de nous, elle me dit qu'elle était fière de mon enquête. Reconnaissante. Et puis l'émotion la submergea.

— Tu n'as pas eu droit à ça, commentai-je.

Quand elle avait pris la parole, en tant qu'enfant et de nouveau quelques années avant l'affaire Weinstein, elle avait eu l'impression de ne pas être écoutée.

— Non, répondit-elle.

C'était à chacun de prendre ses responsabilités. Mais derrière chaque scandale qui éclatait, d'autres restaient cachés. Dylan était frustrée. Comme beaucoup de sources qui avaient souffert à cause d'hommes puissants et dont je recevais constamment les témoignages, elle était en colère. Peu après, elle se joignit à leur cortège et annonça au monde qu'elle était frustrée elle aussi. Elle invita une équipe de télévision dans sa maison de campagne et ils éclairèrent l'intérieur comme un bloc opératoire. Une présentatrice lui donna la parole, Dylan prit une profonde inspiration, s'installa sous les spots et cette fois-ci, les gens l'écoutèrent.

La nuit était tombée quand je pénétrai dans le bureau de David Remnick au *New Yorker*. Je le trouvai en train de feuilleter un document.

— Zut, c'était pour moi, expliquai-je.

J'avais demandé à un collègue de l'imprimer et de me le laisser. Il s'agissait de notes, pas d'un texte entièrement rédigé. L'assistant de Remnick le lui avait donné.

— C'est intéressant, commenta-t-il avec un petit sourire espiègle.

Nous nous installâmes près d'une grande fenêtre avec vue sur l'Hudson. Bienveillant, Remnick m'avait donné des conseils pour la suite de ma carrière. Il me voyait comme un « gars fait pour la télé », peut-être un peu trop fasciné par ma propre image à l'écran. Et il se peut qu'il ait raison. « Tu n'as pas envie de faire ce job pour le restant de tes jours, n'est-ce pas ? » me demanda-t-il en indiquant d'un geste les bureaux du journal. Mais je pris conscience que si, j'avais envie de continuer à faire ce job.

Je lui indiquai le paquet de notes imprimées. La prochaine vague de scandales potentiels. Certaines traitaient de violence sexuelle. D'autres revenaient sur Eric Schneiderman, procureur général de New York, sur qui j'allais, en collaboration avec Jane Mayer, journaliste au *New Yorker*, publier un article contenant quatre allégations de violence physique le forçant à démissionner. Il y avait également l'enquête sur CBS qui allait finir par inclure douze plaintes pour agression et harcèlement contre Leslie Moonves, précipitant là aussi sa démission (la première émanant d'un PDG figurant parmi les cinq cents plus grandes entreprises du monde) et provoquant des changements au sein du comité de direction de CBS et de son service d'information. D'autres notes étaient relatives à différentes formes de corruption : fraude et dissimulation au sein des médias et du gouvernement. Certaines furent publiées depuis, d'autres non.

Il baissa de nouveau les yeux sur le document avant de me le rendre.

— C'est trop ? demandai-je.

Dehors, par la fenêtre, le ciel était changeant.

Il me regarda.

— J'allais dire qu'on a du pain sur la planche.

Dans les mois qui suivirent, je n'étais pas sûr de publier quoi que ce soit sur les accusations de harcèlement à NBC. Là-bas, tout était en place : les articles Wikipédia avaient été modifiés, les communiqués de presse jugés définitifs. Les gens qui avaient une opinion discordante avaient été payés et avaient trop peur d'enfreindre leur clause de confidentialité. Les hommes de NBC News avaient eu le dernier mot sur l'affaire Brooke Nevils, qui avait officiellement entretenu une liaison avec Lauer et n'avait pas été victime d'agression à l'insu de la chaîne.

Sauf que tout n'allait pas parfaitement. Début 2019, je retournai voir Nevils une nouvelle fois. Cette fois-ci, j'étais accompagné de Lavery, chargé de vérifier les faits auprès du *New Yorker*. La lumière de l'après-midi filtrait par la fenêtre. Nevils était entourée de chats, blancs, noirs et gris. Parmi eux se trouvait un nouveau chaton, qui avait pris la place de celui qu'elle avait perdu.

Nevils fouillait parmi les lettres que sa mère lui avait envoyées de son vivant. Des notes méticuleuses rédigées de son écriture poétique et arrondies, exprimant l'amour d'une mère pour sa fille. « Ma fille chérie, disait l'une d'entre elles. À chaque fois qu'une porte se ferme, une autre s'ouvre. »

Nevils avait l'impression d'avoir gâché sa vie en parlant publiquement. Pourtant, elle était de plus en plus convaincue d'avoir bien agi. « Toutes les femmes qui sont passées avant moi se sentent responsables. Et s'il y a eu des femmes après moi, c'est moi qui me sens responsable. » Elle me confia qu'elle était prête à prendre un nouveau risque. À raconter son histoire, pour les femmes de demain.

Alors que je m'apprêtais à partir, elle me regarda droit dans les yeux et répondit de nouveau à toutes mes questions concernant la chaîne. « Je suis obligée de te dire que je n'ai pas le droit de critiquer Andy Lack, Noah Oppenheim ni aucun employé de NBC News. »

Je hochai la tête. Elle esquissa un sourire.

En définitive, le courage de ces femmes prévaudra toujours. Et les scandales – les vrais, les gros – finissent toujours par éclater.

ÉPILOGUE

Peu après ma conversation avec Nevils, Igor Ostrovskiy et moi nous retrouvâmes dans un bistrot français de l'Upper West Side. Le soleil brillait derrière lui, éclairant notre petite table. Il paraissait épuisé, comme s'il n'avait pas dormi depuis des jours. Je lui demandai ce qui l'avait décidé à me transmettre autant d'informations au fil des mois.

« J'aime bien l'idée de lire le journal sans me dire que quelqu'un a pointé une arme sur la tempe du journaliste et décidé de ce qu'il devait écrire. Venant d'un pays où les journaux sont contrôlés par le pouvoir, il est hors de question que je laisse ça se produire dans un pays qui nous a donné, à ma femme, mon fils et moi, notre chance. »

Sa femme venait juste d'accoucher. Un petit garçon américain de la première génération.

« Je me suis retrouvé à suivre des journalistes dont j'avais lu les articles et dont je trouvais qu'ils faisaient quelque chose de bien pour la société. Si quelqu'un veut attaquer ça, il attaque mon pays. Mon foyer. »

Je le regardai attentivement. Quel étrange discours venant de celui qui m'avait suivi pendant tout un été et avait tenté d'empêcher mon enquête.

Après avoir refusé de se soumettre au détecteur de mensonges pour Black Cube, les missions pour InfoTactic cessèrent. À présent, il lançait sa propre boîte, Ostro Intelligence. Il allait demeurer détective privé, mais avec une orientation vers le service public, m'annonça-t-il avec fierté et sincérité, pour me montrer qu'il était sérieux. Il pourrait peut-être aider des groupes comme Citizen Lab. « Je vais essayer de m'impliquer davantage dans ce genre de choses, des initiatives qui améliorent la société, rechercher ce genre d'acteurs et faire parler d'eux. Vous savez, la presse est aussi essentielle à notre démocratie que le Congrès, les juges et les avocats. Elle doit maîtriser ce qui se passe. Et quand les puissants contrôlent la presse, ou la rendent impuissante, si le peuple ne peut pas se fier aux médias, c'est le peuple qui perd. Et les puissants peuvent faire ce qu'ils veulent. »

Ostrovskiy fit défiler des photos sur son téléphone, un vague sourire sur le visage. Une maman, rouge et fatiguée après son accouchement. Un nouveau bébé. Un homme imaginant comment devenir meilleur pour sa famille. Un chat gris-bleu avec des yeux intelligents et écarquillés, regardant le nouveau venu.

Le chat, à ce propos, s'appelait Spy.

NOTES

CHAPITRE 1 : ENREGISTREMENT

1. David A. Fahrenthold, « Trump Recorded Having Extremely Lewd Conversation About Women in 2005 », *The Washington Post*, 8 octobre 2016.

2. Enregistrement de Billy Bush dans « Access Hollywood » avec Donald Trump, 2005.

3. Interview de Jennifer Lopez par Billy Bush, « Access Hollywood », 2002.

4. Jack Shafer, « Why Did NBC News Sit on the Trump Tape for So Long ? », *Politico Magazine*, 10 octobre 2016.

5. « NBC Planned to Use Trump Audio to Influence Debate, Election », TMZ, 12 octobre 2016.

6. Paul Farhi, « NBC Waited for Green Light from Lawyers Before Airing Trump Video », *The Washington Post*, 8 octobre 2016.

7. « Get to Know Billy Bush – from Billy Himself, As His Parents Send Special Wishes », « Today Show », 22 août 2016.

8. « Here's How the *Today Show* Addressed Billy Bush's Suspension On-Air », « Entertainment Tonight », 10 octobre 2016.

9. Michael M. Grynbaum et John Koblin, « Gretchen Carlson of Fox News Files Harassment Suit Against Roger Ailes », *The New York Times*, 6 juillet 2016.

10. Edward Helmore, « Anti-Trump Protests Continue Across US as 10,000 March in New York », *The Guardian*, 12 novembre 2016.

11. Emanuella Grinberg, « These Tweets Show Why Women Don't Report Sexual Assault, » CNN, 13 octobre 2016.

12. Rose McGowan citée par Gene Maddaus, « Rose McGowan Says a Studio Executive Raped Her », *Variety*, 14 octobre 2016.

CHAPITRE 2 : MORDRE

1. Ronan Farrow, « From Aggressive Overtures to Sexual Assault : Harvey Weinstein's Accusers Tell Their Stories », *The New Yorker*, 10 octobre 2017. Des citations de cet article apparaissent aussi dans les chapitres suivants.

2. Catherine Shoard, « They Know Him as God, but You Can Call Him Harvey Weinstein », *The Guardian*, 23 février 2012.

3. Ken Auletta, « La Belle et la Bête », *The New Yorker,* 8 décembre 2002.

4. Harvey Weinstein cité par Margaret Sullivan : « At 18, Harvey Weinstein Penned Tales of an Aggressive Creep. It Sure Sounds Familiar Now », *The Washington Post*, 17 octobre 2017.

5. Edward Jay Epstein, « The Great Illusionist », *Slate*, 10 octobre 2005.

6. Donna Gigliotti citée par Ken Auletta, « La Belle et la Bête », *The New Yorker,* 8 décembre 2002.

7. Leena Kim, « A Night Out with NYC's Former Police Commissioner », *Town & Country*, 30 octobre 2016.

8. Ashley Lee, « Weinstein Co. Sets Exclusive Film and TV First-Look Deal with Jay Z », *The Hollywood Reporter*, 29 septembre 2016.

9. Harvey Weinstein cité par Zaid Jilani, « Harvey Weinstein Urged Clinton Campaign to Silence Sanders's Black Lives Matter Message », *The Intercept*, 7 octobre 2016.

10. Ashley Lee, « Harvey Weinstein, Jordan Roth Set Star-Studded Broadway Fundraiser for Hillary Clinton », *The Hollywood Reporter*, 30 septembre 2016.

11. Robert Viagas, « Highlights of Monday's All-Star Hillary Clinton Broadway Fundraiser », *Playbill*, 18 octobre 2016.

12. Stephen Galloway, « Harvey Weinstein, the Comeback Kid », *The Hollywood Reporter*, 19 septembre 2016.

13. James B. Stewart, « David Boies Pleads Not Guilty », *The New York Times*, 21 septembre 2018.

14. E-mail de Harvey Weinstein, 16 octobre 2016.

15. Page d'accueil du site Internet de Black Cube, « What makes us unique », sous « Cutting-Edge Analytical Skills ».

CHAPITRE 3 : CALOMNIE

1. Joe Palazzolo, Michael Rothfeld et Lukas I. Alpert, « National Enquirer Shielded Donald Trump From Playboy Model's Affair Allegation », *The Wall Street Journal,* 4 novembre 2016.

2. « Cedars Sinai Fires Six over Patient Privacy Breaches After Kardashian Gives Birth », Associated Press, 13 juillet 2013.

3. David Pecker cité par Jeffrey Toobin, « The *National Enquirer*'s Fervor for Trump, » *The New Yorker,* 26 juin 2017.

4. Maxwell Strachan, « David Pecker's DARKEST TRUMP SECRETS : A *National Enquirer* Insider Tells All ! », *HuffPost*, 24 août 2018.

5. Jack Shafer, « *Pravda* on the Checkout Line », *Politico Magazine*, janvier/février 2017.

6. « Dylan Howard est l'un de vos plus grands fans. Il vous écoute tous les jours », écrivit Lenny Dykstra, l'ancien joueur de baseball qui fut accusé, entre autres, d'outrage public à la pudeur, possession de cocaïne, et vol de voiture (qui conduira à une condamnation). Dykstra mit Howard et Jones en copie, et les deux hommes convinrent d'un rendez-vous. E-mail de Lenny Dykstra à Alex Jones, 10 octobre 2015.

7. « The Weinstein Company Partnering with American Media, Inc. to Produce Radar Online Talk Show », *My New York Eye*, 5 janvier 2015.

8. Ramin Setoodeh, « Ashley Judd Reveals Sexual Harassment by Studio Mogul », *Variety*, 6 octobre 2015.

9. E-mail de Dylan Howard à Harvey Weinstein, 7 décembre 2016.

CHAPITRE 4 : BOUTON

1. Jared Hunt, « *Today Show* Host Left $65 in W. Va. », *Charleston Gazette-mail*, 19 octobre 2012.

2. Emily Smith, « NBC Pays for Matt Lauer's Helicopter Rides to Work », Page Six, *New York Post*, 3 septembre 2014.

3. Ian Mohr, « Ronan Farrow Goes from Anchor's Desk to Cubicle », Page Six, *New York Post*, 14 décembre 2016.

4. Noah Oppenheim cité par Mike Fleming Jr., « Rising Star *Jackie* Screenwriter Noah Oppenheim Also Runs NBC's *Today* ? How Did That Happen ? », *Deadline*, 16 septembre 2016.

5. Oppenheim à Lauer : « There Is No Summer House », Today.com, 16 octobre 2007.

6. Noah Oppenheim cité par Mike Fleming Jr., « Rising Star *Jackie* Screenwriter Noah Oppenheim Also Runs NBC's *Today* ? How Did That Happen ? », *op. cit.*

7. Noah Oppenheim cité par Mike Fleming Jr., « Rising Star *Jackie* Screenwriter Noah Oppenheim Also Runs NBC's *Today ?* How Did That Happen ? », *op. cit.*

8. Alex French et Maximillion Potter, « Nobody Is Going to Believe You », *The Atlantic,* 23 janvier 2019.

CHAPITRE 5 : KANDAHAR

1. E-mail de Avi Yanus à Christopher Boies, 25 novembre 2016.

2. E-mail de Avi Yanus à Christopher Boies, 28 novembre 2016.

3. PJF Military Collection, Alamy.com stock photo, photo de Rose McGowan et du second maître de la marine américaine Jennifer L. Smolinski, spécialiste des renseignements du 22e régiment de la construction navale, sur le terrain d'aviation de Kandahar, Afghanistan, 29 mars 2010.

4. Rose McGowan, *Debout*, traduit de l'anglais par Thibaud Eliroff, HarperCollins, Paris, 2018.

5. Andy Thibault, « How Straight-Shooting State's Attorney Frank Maco Got Mixed Up in the Woody-Mia Mess », *Connecticut Magazine*, 1er avril 1997.

6. Ronan Farrow, « My Father, Woody Allen, and the Danger of Questions Unasked », *The Hollywood Reporter*, 11 mai 2016.

CHAPITRE 6 : CONTINENTAL

1. Richard Greenberg, « Desperation Up Close », *Dateline NBC* blog, mise à jour 23 janvier 2004.

2. Jennifer Senior (@JenSeniorNY) sur Twitter, 30 mars 2015.

3. David Carr, « The Emperor Miramaximus », *New York Magazine*, 3 décembre 2001.

CHAPITRE 7 : FANTÔMES

1. Bill Carter, « NBC News President Rouses the Network », *The New York Times*, 24 août 2014.
2. Michael Phillips, « “Brave” : Rose McGowan's Memoir Details Cult Life, Weinstein Assault and Hollywood's Abuse of Women », *Chicago Tribune*, 6 février 2018.

CHAPITRE 8 : ARME À FEU

1. Michael Schulman, « Shakeup at the Oscars », *The New Yorker*, 19 février 2017 ; et Jesse David Fox, « A Brief History of Harvey Weinstein's Oscar Campaign Tactics », *Vulture*, 29 janvier 2018.
2. Employé de *Variety*, « Partners Get Chewed in UTA's Family Feud », *Variety*, 15 janvier 1995.
3. Gavin Polone, « Gavin Polone on Bill Cosby and Hollywood's Culture of Payoffs, Rape and Secrecy (Guest Column) », *The Hollywood Reporter*, 4 décembre 2014.
4. Danika Fears et Maria Wiesner, « Model who accused Weinstein of molestation has sued before », Page Six, *New York Post,* 31 mars 2015.

CHAPITRE 9 : MINIONS

1. James C. McKinley Jr., « Harvey Weinstein Won't Face Charges After Groping Report », *The New York Times*, 10 avril 2015.
2. Jay Cassano et David Sirota, « Le procureur Vance de Manhattan empoche Manhattan DA Vance Took $10,000 From Head Of Law Firm On Trump Defense Team, Dropped Case », *International Business Times*, 10 octobre 2017.
3. David Sirota et Jay Cassano, « Harvey Weinstein's Lawyer Gave $10,000 To Manhattan DA After He Declined To File Sexual Assault Charges », *International Business Times*, 5 octobre 2017.

CHAPITRE 11 : BLOOM

1. Rebecca Dana, « Slyer Than Fox », *New Republic*, 25 mars 2013.
2. E-mail de Lisa Bloom à Ronan Farrow, 14 mars 2014.
3. Lisa Bloom dans *Ronan Farrow Daily*, MSNBC, 27 février 2015.

CHAPITRE 12 : DRÔLE

1. Jason Zengerle, « Charles Harder, the Lawyer Who Killed Gawker, Isn't Done Yet », *GQ*, 17 novembre 2016.

CHAPITRE 13 : POISON VALLEY

1. Ken Auletta, « La Belle et la Bête », *The New Yorker,* 8 décembre 2002.
2. E-mail de Diana Filip à Ronan Farrow, 31 juillet 2017.
3. E-mail de Diana Filip, transféré par Lacy Lynch à Rose McGowan, 10 avril 2017.
4. E-mail de Sara Ness à Harvey Weinstein, 11 avril 2017.
5. Nora Gallagher, « Hart and Hart May Be Prime-Time Private Eyes but Jack & Sandra Are for Real », *People Magazine*, 8 octobre 1979.
6. Michael Isikoff, « Clinton Team Works to Deflect Allegations on Nominee's Private Life », *The Washington Post*, 26 juillet 1992.
7. Jane Mayer, « Dept. of Snooping », *The New Yorker*, 16 février 1998.
8. Jack Palladino cité par Seth Rosenfeld, « Watching the Detective », *San Francisco Chronicle*, 31 janvier 1999.

CHAPITRE 14 : DÉBUTANT

1. Manuel Roig-Franzia, « Lanny Davis, the Ultimate Clinton Loyalist, Is Now Michael Cohen's Lawyer. But Don't Call It Revenge », *The Washington Post*, 23 août 2018.

2. Christina Wilkie, « Lanny Davis Wins Lobbying Fees Lawsuit Against Equatorial Guinea », *HuffPost*, 27 août 2013.
3. E-mail d'Avi Yanus à Christopher Boies, 24 avril 2017.
4. Phyllis Furman, « Proud as a Peacock », *New York Daily News*, 1er mars 1998.
5. « The Peripatetic News Career of Andrew Lack », *The New York Times*, 9 juin 2015.
6. E-mail d'Avi Yanus à Christopher Boies, 5 mai 2017.

CHAPITRE 15 : PARASITES

1. E-mail de Seth Freedman à Benjamin Wallace, 8 février 2017.

CHAPITRE 16 : A.H.

1. Anna Palmer, Jake Sherman et Daniel Lippman, *Politico Playbook*, 7 juin 2017.
2. Message LinkedIn d'Irwin Reiter à Emily Nestor, 30 décembre 2014.

CHAPITRE 17 : 666

1. E-mail d'Avi Yanus à Christopher Boies, 6 juin 2017.
2. E-mail d'Avi Yanus à Christopher Boies, 12 juin 2017.
3. E-mail d'Avi Yanus à Christopher Boies, 18 juin 2017.
4. E-mail d'Avi Yanus à Christopher Boies, 23 juin 2017.

CHAPITRE 18 : QUIDDITCH

1. Texto de Lisa Bloom, 13 juillet 2017.
2. « Confidential memo to counsel Re : Jodi Kantor/Ronan Farrow Twitter Contacts and Potential Sources », PSOPS report, 18 juillet 2017.
3. « JB Rutagarama », Black Cube profile, 2017.

CHAPITRE 19 : SPIRALE

1. Zelda Perkins citée par Ronan Farrow, « Harvey Weinstein's Secret Settlements », *The New Yorker*, 21 novembre 2017. Des citations de cet article apparaissent aussi dans les chapitres suivants.
2. Peter Kafka, « Why Did Three Sites Pass on a Story About an Amazon Exec Before It Landed at The Information ? », *Recode*, 12 septembre 2017.
3. E-mail de Diana Filip à Rose McGowan, 24 juillet 2017.

CHAPITRE 22 : AVANT-POSTES

1. E-mail de Diana Filip à Ronan Farrow, 31 juillet 2017.

CHAPITRE 23 : CANDY

1. Lettre d'Hillary Clinton, 20 juillet 2017.

CHAPITRE 24 : PAUSE

1. Yashar Ali, « Fox News Host Sent Unsolicited Lewd Text Messages To Colleagues, Sources Say », *HuffPost*, 4 août 2017.
2. Employé du *Hollywood Reporter*, « Jay-Z, Harvey Weinstein to Receive Inaugural Truthteller Award from L.A. Press Club », *The Hollywood Reporter*, 2 juin 2017.

CHAPITRE 26 : GARS

1. Jon Campbell, « Who Got Harvey Weinstein's Campaign Cash and Who Gave It Away », *Democrat and Chronicle*, 9 octobre 2017.
2. Emily Smith, « George Pataki Fetes His Daughter's New Book », Page Six, *New York Post*, 9 mars 2016.

Notes des pages 197 à 228

CHAPITRE 28 : PAON

1. Noah Oppenheim, « Reading “Clit Notes” », *Harvard Crimson*, 3 avril 1998.
2. Noah Oppenheim, « Transgender Absurd », *Harvard Crimson*, 24 février 1997.
3. Noah Oppenheim, « Remembering Harvard », *Harvard Crimson*, 22 mai 2000.
4. Noah Oppenheim, « Considering “Women's Issues” at Harvard », *Harvard Crimson*, 17 décembre 1999.
5. Noah Oppenheim, « The Postures of Punch Season », *Harvard Crimson*, 9 octobre 1998.

CHAPITRE 29 : FAKAKTA

1. E-mail de David Remnick à Ronan Farrow, 9 août 2017.
2. E-mail de Diana Filip à John Ksar, 11 août 2017.

CHAPITRE 30 : BOUTEILLE

1. Dorothy Rabinowitz, « Juanita Broaddrick Meets the Press », *The Wall Street Journal*, mise à jour 19 février 1999.
2. David Corvo cité par Lachlan Cartwright et Maxwell Tani, « Accused Sexual Harassers Thrived Under NBC News Chief Andy Lack », *The Daily Beast*, 21 septembre 2018.

CHAPITRE 31 : SYZYGIE

1. Lachlan Cartwright et Maxwell Tani, « Accused Sexual Harassers Thrived Under NBC News Chief Andy Lack », *The Daily Beast*, 21 septembre 2018.
2. Texto de Noah Oppenheim à Ronan Farrow, 17 août 2017.
3. Texto de Noah Oppenheim à Ronan Farrow, 21 août 2017.

CHAPITRE 32 : OURAGAN

1. « NBC Gives Sleazy Lauer One More Chance », *National Enquirer*, 19 décembre 2016.
2. « Hey Matt, That's Not Your Wife ! », *National Enquirer*, 25 septembre 2017.

CHAPITRE 33 : VODKA

1. E-mail de Harvey Weinstein à David Pecker, 28 septembre 2017.
2. E-mail de David Pecker à Harvey Weinstein, 28 septembre 2017.
3. E-mail de Harvey Weinstein à David Pecker, 28 septembre 2017.
4. E-mail de David Pecker à Harvey Weinstein, 28 septembre 2017.
5. E-mail de Deborah Turness à Harvey Weinstein, 20 septembre 2017.
6. E-mail de Harvey Weinstein à Ron Meyer, 27 septembre 2017.
7. E-mail de Ron Meyer à Harvey Weinstein, 27 septembre 2017.
8. E-mail de David Glasser à Harvey Weinstein, 27 septembre 2017.
9. E-mail de David Glasser à Harvey Weinstein, 27 septembre 2017.
10. E-mail de Ron Meyer à Harvey Weinstein, 2 octobre 2017.
11. Échange d'e-mails entre Harvey Weinstein et Noah Oppenheim, 25 septembre 2017.
12. E-mail au personnel de Weinstein, 25 septembre 2017. (Une source proche d'Oppenheim explique que si Oppenheim ne l'avait pas bue, un assistant l'aurait donnée à quelqu'un d'autre.)

CHAPITRE 34 : LA LETTRE

1. E-mail de Bryan Lourd à Harvey Weinstein, 26 septembre 2017.
2. Lettre de Harder Mirell & Abrams, 29 septembre 2017.

CHAPITRE 35 : MIMIC

1. Peter Jackson cité dans Molly Redden, « Peter Jackson : I Blacklisted Ashley Judd and Mira Sorvino Under Pressure from Weinstein », *The Guardian*, 16 décembre 2017.

2. « Tarantino on Weinstein : "I Knew Enough to Do More Than I Did" », *The New York Times*, 19 octobre 2017.

3. « Rosanna (Lisa) Arquette », profil Black Cube, 2017.

4. E-mail de Harvey Weinstein à David Glasser, 27 septembre 2017.

5. Megan Twohey, Jodi Kantor, Susan Dominus, Jim Rutenberg et Steve Eder, « Weinstein's Complicity Machine », *The New York Times*, 5 décembre 2017.

CHAPITRE 36 : EN CHASSE

1. Yohana Desta, « Asia Argento Accuser Jimmy Bennett Details Alleged Assault in Difficult First TV Interview », *Vanity Fair*, 25 septembre 2018.

2. Dino-Ray Ramos, « Asia Argento Claims Jimmy Bennett "Sexually Attacked Her", Launches "Phase Two" Of #MeToo Movement », *Deadline*, 5 septembre 2018.

3. Lisa O'Carroll, « Colin Firth Expresses Shame at Failing to Act on Weinstein Allegation », *The Guardian*, 13 octobre 2017.

CHAPITRE 37 : IMPASSE

1. Lauren O'Connor citée dans l'article de Jodi Kantor et Megan Twohey, « Harvey Weinstein Paid Off Sexual Harassment Accusers for Decades », *The New York Times*, 5 octobre 2017.

2. Claire Forlani citée dans l'article d'Ashley Lee, « Claire Forlani on Harvey Weinstein Encounters : "I Escaped Five Times" », *The Hollywood Reporter*, 12 octobre 2017.

3. E-mail de Meryl Streep à Ronan Farrow, 28 septembre 2017.

4. Amy Kaufman et Daniel Miller, « Six Women Accuse Filmmaker Brett Ratner of Sexual Harassment or Misconduct », *The Los Angeles Times*, 1er novembre 2017.

CHAPITRE 38 : CÉLÉBRITÉ

1. E-mail de Harvey Weinstein à Dylan Howard, 22 septembre 2017.
2. « Tumult After AIDS Fund-Raiser Supports Harvey Weinstein Production », *The New York Times*, 23 septembre 2017.

CHAPITRE 39 : RÉPERCUSSIONS

1. Lettre de Harder Mirell & Abrams, 2 octobre 2017.
2. E-mail du bureau de Harvey Weinstein à Dylan Howard, 4 octobre 2017.
3. E-mail de Fabio Bertoni à Charles Harder, 4 octobre 2017.
4. Kim Masters et Chris Gardner, « Harvey Weinstein Lawyers Battling *NY Times*, *New Yorker* Over Potentially Explosive Stories », *The Hollywood Reporter*, 4 octobre 2017.
5. Brent Lang, Gene Maddaus et Ramin Setoodeh, « Harvey Weinstein Lawyers Up for Bombshell *New York Times*, *New Yorker* Stories », *Variety*, 4 octobre 2017.

CHAPITRE 40 : DINOSAURE

1. Adam Ciralsky, « “Harvey's Concern Was Who Did Him In” : Inside Harvey Weinstein's Frantic Final Days », *Vanity Fair*, 18 janvier 2018.
2. Lisa Bloom (@LisaBloom) sur Twitter, 5 octobre 2017.
3. Lisa Bloom citée par Nicole Pelletiere, « Harvey Weinstein's Advisor, Lisa Bloom, Speaks Out : “There Was Misconduct” », ABC News, 6 octobre 2017.
4. Déclaration de Harvey Weinstein au *New York Times*, 5 octobre 2017.

CHAPITRE 41 : MÉCHANT

1. Shawn Tully, « How a Handful of Billionaires Kept Their Friend Harvey Weinstein in Power », *Fortune*, 19 novembre 2017.
2. E-mail de Harvey Weinstein à Brian Roberts, 6 octobre 2017.

3. Ellen Mayers, « How Comcast Founder Ralph Roberts Changed Cable », *Christian Science Monitor*, 19 juin 2015.

4. Tara Lachapelle, « Comcast's Roberts, CEO for Life, Doesn't Have to Explain », *Bloomberg*, 11 juin 2018.

5. Jeff Leeds, « Ex-Disney Exec Burke Knows His New Prey », *The Los Angeles Times*, 12 février 2004.

6. Yashar Ali, « At NBC News, the Harvey Weinstein Scandal Barely Exists », *HuffPost*, 6 octobre 2017.

7. Dave Itzkoff, « SNL Prepped Jokes About Harvey Weinstein, Then Shelved Them », *The New York Times*, 8 octobre 2017.

CHAPITRE 42 : LEÇON

1. Megan Twohey et Johanna Barr, « Lisa Bloom, Lawyer Advising Harvey Weinstein, Resigns Amid Criticism From Board Members », *The New York Times*, 7 octobre 2017.

CHAPITRE 43 : CABALE

1. Jake Tapper (@jaketapper) sur Twitter, 10 octobre 2017.

2. Lloyd Grove, « How NBC "Killed" Ronan Farrow's Weinstein Exposé », *The Daily Beast*, 11 octobre 2017.

3. « The Rachel Maddow Show », 10 octobre 2017.

CHAPITRE 44 : CHARGEUR

1. Rielle Hunter, *What Really Happened : John Edwards, Our Daughter, and Me*, BenBella Books, Dallas, Texas, 2012, Kindle.

2. Joe Johns et Ted Metzger, « Aide Recalls Bizarre Conversation with Edwards Mistress », CNN, 4 mai 2012.

3. « The Today Show » avec Matt Lauer, Hoda Kotb et Savannah Guthrie, 11 octobre 2017.

4. David Remnick sur « CBS Sunday Morning », 26 novembre 2017.

5. Megan Twohey, Jodi Kantor, Susan Dominus, Jim Rutenberg et Steve Eder, « Weinstein's Complicity Machine », *The New York Times*, 5 décembre 2017.

6. Lena Dunham citée par Megan Twohey, Jodi Kantor, Susan Dominus, Jim Rutenberg et Steve Eder, « Weinstein's Complicity Machine », *The New York Times*, 5 décembre 2017.

7. Jeremy Barr, « Hillary Clinton Says She's "Shocked and Appalled" by Harvey Weinstein Claims », *The Hollywood Reporter*, 10 octobre 2017.

8. « Harvey Weinstein a "Sad, Sick Man", Woody Allen », BBC News, 16 octobre 2017.

9. Rory Carroll, « Rightwing Artist Put Up Meryl Streep "She Knew" Posters as Revenge for Trump », *The Guardian*, 20 décembre 2017.

10. Meryl Streep citée par Emma Dibdin, « Meryl Streep Speaks Out Against Harvey Weinstein Following Sexual Harassment Allegations », *Elle*, 9 octobre 2017.

CHAPITRE 45 : NUISETTE

1. E-mail de Diana Filip à Rose McGowan, 10 octobre 2017.

2. Annabella Sciorra citée par Ronan Farrow, « Weighing the Costs of Speaking Out About Harvey Weinstein », *The New Yorker*, 27 octobre 2017. L'enquête contenue dans cet article est également citée dans d'autres chapitres de ce livre.

CHAPITRE 46 : FAUSSE IDENTITÉ

1. Miriam Shaviv, « IDF Vet Turned Author Teases UK with Mossad Alter Ego », *Times of Israel*, 8 février 2013.

2. Seth Freedman, *Dead Cat Bounce*, Cutting Edge Press United Kingdom, Londres, 2013, Kindle.

3. Mark Townsend, « Rose McGowan : "Hollywood Blacklisted Me Because I Got Raped" », *The Guardian*, 14 octobre 2017.

4. Adam Entous et Ronan Farrow, « Private Mossad for Hire », *The New Yorker*, 11 février 2019.

5. Personnel de *Haaretz*, « Ex-Mossad Chief Ephraim Halevy Joins Spy Firm Black Cube », *Haaretz*, 11 novembre 2018.

6. Adam Entous et Ronan Farrow, « Private Mossad for Hire », *The New Yorker*, 11 février 2019.
7. Yuval Hirshorn, « Inside Black Cube – The "Mossad" of the Business World », *Forbes Israel*, 9 juin 2018.
8. Hadas Magen, « Black Cube – A "Mossad-style" Business Intelligence Co », *Globes*, 2 avril 2017.
9. E-mail de Sleeper1973, 31 octobre 2017.

CHAPITRE 47 : LA COURSE

1. Accord entre Boies Schiller Flexner LLP et Black Cube, 11 juillet 2017.
2. Yuval Hirshorn, « Inside Black Cube – The "Mossad" of the Business World », *Forbes Israel*, 9 juin 2018.
3. E-mail de David Boies à Ronan Farrow, 4 novembre 2017.
4. E-mail de Sleeper1973 à Ronan Farrow, 1er novembre 2017.

CHAPITRE 48 : HANTISE

1. Ronan Farrow, « Israeli Operatives Who Aided Harvey Weinstein Collected Information on Former Obama Administration Officials », *The New Yorker*, 6 mai 2018.
2. Mark Maremont, « Mysterious Strangers Dog Controversial Insurer's Critics », *The Wall Street Journal*, 29 août 2017.
3. Mark Maremont, Jacquie McNish et Rob Copeland, « Former Israeli Actress Alleged to Be Operative for Corporate-Investigation Firm », *The Wall Street Journal*, 16 novembre 2017.
4. Matthew Goldstein et William K. Rashbaum, « Deception and Ruses Fill the Toolkit of Investigators Used by Weinstein », *The New York Times*, 15 novembre 2017.
5. *The Woman from Sarajevo*, 2007, dir. Ella Alterman.
6. Yuval Hirshorn, « Inside Black Cube – The "Mossad" of the Business World », *Forbes Israel*, 9 juin 2018.
7. Rose McGowan citée par Ronan Farrow dans « Harvey Weinstein's Army of Spies », *The New Yorker*, 6 novembre 2017. L'enquête contenue dans cet article est également citée dans d'autres chapitres de ce livre.

CHAPITRE 49 : ASPIRATEUR

1. « Confidential memo to counsel, Re : Jodi Kantor/Ronan Farrow Twitter Contacts and Potential Sources », rapport PSOPS, 18 juillet 2017.
2. E-mail de Dan Karson à Harvey Weinstein, 22 octobre 2016.
3. E-mail de Blair Berk à Harvey Weinstein, 23 octobre 2016.
4. E-mail de Dan Karson à Harvey Weinstein, 13 octobre 2016.
5. *Idem.*
6. E-mail de Dan Karson à Harvey Weinstein, 23 octobre 2016.
7. « Confidential memo to counsel, Re : Weinstein Inquiry, Re : Rose Arianna McGowan », rapport PSOPS, 8 novembre 2016.
8. « Confidential memo to counsel, Re : Weinstein Inquiry, Re : Adam Wender Moss », rapport PSOPS, 21 décembre 2016.
9. « Confidential memo to counsel, Re : Weinstein Inquiry », rapport PSOPS, 11 novembre 2016.
10. « Confidential memo to counsel, Re : Jodi Kantor/Ronan Farrow Twitter Contacts and Potential Sources », rapport PSOPS, 18 juillet 2017.
11. E-mail de Dylan Howard à Harvey Weinstein, 7 décembre 2016.
12. *Idem.*
13. E-mail de Harvey Weinstein à Dylan Howard, 6 décembre 2016.
14. E-mail des avocats anglais de Black Cube à Ronan Farrow, 2 novembre 2017.
15. E-mail de Avi Yanus, 31 octobre 2017.
16. E-mail de Sleeper1973 à Ronan Farrow, 2 novembre 2017.

CHAPITRE 50 : PLAYMATE

1. Karen McDougal citée par Ronan Farrow, dans « Donald Trump, a Playboy Model, and a System for Concealing Infidelity », *The New Yorker*, 16 février 2018. L'enquête contenue dans cet article est également citée dans d'autres chapitres de ce livre.
2. Jordan Robertson, Michael Riley, et Andrew Willis, « How to Hack an Election », *Bloomberg Businessweek*, 31 mars 2016.
3. Beth Reinhard et Emma Brown, « The Ex-Playmate and the Latin American Political Operative : An Untold Episode in the Push to Profit from an Alleged Affair with Trump », *The Washington Post*, 28 mai 2018.

4. Joe Palazzolo, Nicole Hong, Michael Rothfeld, Rebecca Davis O'Brien, et Rebecca Ballhaus, « Donald Trump Played Central Role in Hush Payoffs to Stormy Daniels and Karen McDougal », *The Wall Street Journal*, 9 novembre 2018.

5. E-mail de Keith Davidson à Karen McDougal, 5 août 2016.

6. Cameron Joseph, « Enquirer Gave Trump's Alleged Mistress a Trump Family Associate to Run Her PR », *Talking Points Memo*, 27 mars 2018.

7. E-mail de Dylan Howard à Karen McDougal, 23 juin 2017.

8. E-mail de l'avocat d'AMI, 30 janvier 2018.

9. Ronan Farrow, « Donald Trump, a Playboy Model, and a System for Concealing Infidelity », *The New Yorker*, 16 février 2018.

CHAPITRE 51 : CHUPACABRA

1. Ronan Farrow, « The National Enquirer, a Trump Rumor, and Another Secret Payment to Buy Silence », *The New Yorker*, 12 avril 2018. L'enquête contenue dans cet article est également citée dans d'autres chapitres de ce livre.

2. Nikki Benfatto citée par Edgar Sandoval et Rich Schapiro, « Ex-Wife of Former Trump Building Doorman Who Claimed the President Has a Love Child Says He's a Liar », *New York Daily News*, 12 avril 2018.

3. Michael Calderone, « How a Trump "Love Child" Rumor Roiled the Media », *Politico*, 12 avril 2018.

4. « Prez Love Child Shocker ! Ex-Trump Worker Peddling Rumor Donald Has Illegitimate Child », RadarOnline.com, 11 avril 2018.

5. E-mail de Dylan Howard à David Remnick, 11 avril 2018.

6. Jake Pearson et Jeff Horwitz, « $30,000 Rumor ? Tabloid Paid For, Spiked, Salacious Trump Tip », Associated Press, 12 avril 2018.

7. Katie Johnson v. Donald J. Trump et Jeffrey E. Epstein, Case 5:16-cv-00797-DMG-KS, United States District Court Central District of California, plainte déposée le 26 avril 2016 et Anonyme v. Donald J. Trump et Jeffrey E. Epstein, Case 1:16-cv-04642, United States District Court Southern District of New York, plainte déposée le 20 juin 2016.

8. Landon Thomas Jr., « Jeffrey Epstein : International Moneyman of Mystery », *New York Magazine*, 28 octobre 2002.

9. Julie K. Brown, « How a Future Trump Cabinet Member Gave a Serial Sex Abuser the Deal of a Lifetime », *Miami Herald*, 28 novembre 2018.

10. Jon Swaine, « Rape Lawsuits Against Donald Trump Linked to Former TV Producer », *The Guardian*, 7 juillet 2016.

11. Emily Shugerman, « I Talked to the Woman Accusing Donald Trump of Rape », *Revelist*, 13 juillet 2016.

12. « Trump Sued by Teen "Sex Slave" for Alleged "Rape" – Donald Blasts "Disgusting" Suit », RadarOnline.com, 28 avril 2016 ; et « Case Dismissed ! Judge Trashes Bogus Donald Trump Rape Lawsuit », RadarOnline.com, 2 mai 2016.

13. Michael Rothfeld et Joe Palazzolo, « Trump Lawyer Arranged $130,000 Payment for Adult-Film Star's Silence », *The Wall Street Journal*, mise à jour le 12 janvier 2018.

14. Greg Price, « McDougal Payment from American Media Was Trump Campaign Contribution, Watchdog Group Claims to FEC », *Newsweek*, 19 février 2018.

15. Jim Rutenberg, Kate Kelly, Jessica Silver-Greenberg, et Mike McIntire, « Wooing Saudi Business, Tabloid Mogul Had a Powerful Friend : Trump », *The New York Times*, 29 mars 2018.

CHAPITRE 52 : CERCLE

1. Jake Pearson et Jeff Horwitz, « AP Exclusive : Top Gossip Editor Accused of Sexual Misconduct », Associated Press, 5 décembre 2017.

2. E-mail d'AMI, 17 avril 2018.

3. Michael D. Shear, Matt Apuzzo, et Sharon LaFraniere, « Raids on Trump's Lawyer Sought Records of Payments to Women », *The New York Times*, 10 avril 2018.

4. Lettre du procureur des États-Unis pour le district sud de New York à American Media Inc., 20 septembre 2018.

5. Jeff Bezos, « No Thank You, Mr. Pecker », Medium.com, 7 février 2019.

6. Devlin Barrett, Matt Zapotosky, et Cleve R. Wootson Jr., « Federal Prosecutors Reviewing Bezos's Extortion Claim Against National Enquirer, Sources Say », *The Washington Post*, 8 février 2019.

7. Edmund Lee, « National Enquirer to Be Sold to James Cohen, Heir to Hudson News Founder », *The New York Times*, 18 avril 2019.

8. Keith J. Kelly, « Where Did Jimmy Cohen Get the Money to Buy AMI's National Enquirer ? » *New York Post*, 14 mai 2019.

9. Brooks Barnes et Jan Ransom, « Harvey Weinstein Is Said to Reach $44 Million Deal to Settle Lawsuits », *The New York Times*, 23 mai 2019.

10. Lachlan Cartwright et Pervaiz Shallwani, « Weinstein's Secret Weapon Is a "Bloodhound" NYPD Detective Turned Private Eye », *The Daily Beast*, 12 novembre 2018.

11. Elizabeth Wagmeister, « Former Weinstein Production Assistant Shares Graphic Account of Sexual Assault », *Variety*, 24 octobre 2017.

12. Jan Ransom, « Weinstein Releases Emails Suggesting Long Relationship With Accuser », *The New York Times*, 3 août 2018.

13. Tarpley Hitt et Pervaiz Shallwani, « Harvey Weinstein Bombshell : Detective Didn't Tell D.A. About Witness Who Said Sex-Assault Accuser Consented », *The Daily Beast*, 11 octobre 2018.

14. Benjamin Brafman cité par Lachlan Cartwright et Pervaiz Shallwani, « Weinstein's Secret Weapon Is a "Bloodhound" NYPD Detective Turned Private Eye », *The Daily Beast*, 12 novembre 2018.

15. Gene Maddaus, « Some Weinstein Accusers Balk at $30 Million Settlement », *Variety*, 24 mai 2019 ; et Jan Ransom et Danielle Ivory, « "Heartbroken" : Weinstein Accusers Say $44 Million Settlement Lets Him Off the Hook », *The New York Times*, 24 mai 2019.

16. Mara Siegler et Oli Coleman, « Harvey Weinstein spotted meeting with PI in Grand Central Terminal », Page Six, *New York Post*, 20 mars 2019.

17. *Idem.*

CHAPITRE 53 : AXIOME

1. Alan Feuer, « Federal Prosecutors Investigate Weinstein's Ties to Israeli Firm », *The New York Times*, 6 septembre 2018.

CHAPITRE 54 : PEGASUS

1. Vidéo promotionnelle de InfoTactic Group Inc., postée sur les comptes Facebook et Youtube de InfoTactic, 3 mars 2018.

2. Raphael Satter, « APNewsBreak : Undercover Agents Target Cybersecurity Watchdog », Associated Press, 26 janvier 2019.

3. Miles Kenyon, « Dubious Denials & Scripted Spin », Citizen Lab, 1er avril 2019.
4. Ross Marowits, « West Face Accuses Israeli Intelligence Firm of Covertly Targeting Employees », *Financial Post*, 29 novembre 2017.
5. Raphael Satter et Aron Heller, « Court Filing Links Spy Exposed by AP to Israel's Black Cube », Associated Press, 27 février 2019.

CHAPITRE 55 : EFFONDRÉE

1. Charlotte Triggs et Michele Corriston, « Hoda Kotb and Savannah Guthrie Are Today's New Anchor Team », People.com, 2 janvier 2018.
2. Emily Smith et Yaron Steinbuch, « Matt Lauer Allegedly Sexually Harassed Staffer During Olympics », Page Six, *New York Post*, 29 novembre 2017.
3. Claire Atkinson, « NBCUniversal Report Finds Managers Were Unaware of Matt Lauer's Sexual Misconduct », NBC News, 9 mai 2018.
4. Maxwell Tani, « Insiders Doubt NBC Did a Thorough Job on Its #MeToo Probe », *The Daily Beast*, 11 mai 2018, et David Usborne, « The Peacock Patriarchy », *Esquire*, 5 août 2018.
5. Ramin Setoodeh et Elizabeth Wagmeister, « Matt Lauer Accused of Sexual Harassment by Multiple Women », *Variety*, 29 novembre 2017.
6. Matt Lauer cité par David Usborne, « The Peacock Patriarchy », *Esquire*, 5 août 2018.
7. Joe Scarborough cité par David Usborne, « The Peacock Patriarchy », *Esquire*, 5 août 2018.
8. Ramin Setoodeh, « Inside Matt Lauer's Secret Relationship with a Today Production Assistant (EXCLUSIVE) », *Variety*, 14 décembre 2017.
9. Ellen Gabler, Jim Rutenberg, Michael M. Grynbaum et Rachel Abrams, « NBC Fires Matt Lauer, the Face of Today », *The New York Times*, 29 novembre 2017.

CHAPITRE 56 : ZDOROVIE

1. Ari Wilkenfeld cité par Elizabeth Wagmeister, « Matt Lauer Accuser's Attorney Says NBC Has Failed His Client During Today Interview », *Variety*, 15 décembre 2017.

CHAPITRE 57 : SCANDALES

1. Oliver Darcy, « Five Women Accuse Journalist and Game Change Co-Author Mark Halperin of Sexual Harassment », site internet CNNMoney, 26 octobre 2017.
2. Employé de *Variety*, « NBC News Fires Talent Booker Following Harassment Claims », *Variety*, 14 novembre 2017.
3. Erin Nyren, « Female Staffer Who Accused Chris Matthews of Sexual Harassment Received Severance from NBC », *Variety*, 17 décembre 2017.
4. Emily Stewart, « Tom Brokaw Is Accused of Sexual Harassment. He Says He's Been "Ambushed" », *Vox*, mise à jour 1er mai 2018.
5. Elizabeth Wagmeister et Ramin Setoodeh, « Tom Brokaw Accused of Sexual Harassment By Former NBC Anchor », *Variety*, 26 avril 2018.
6. Marisa Guthrie, « Tom Brokaw Rips "Sensational" Accuser Claims : I Was "Ambushed and Then Perp Walked" », *The Hollywood Reporter*, 27 avril 2018.
7. E-mail de Tom Brokaw à Ronan Farrow, 11 janvier 2018.
8. Sarah Ellison, « NBC News Faces Skepticism in Remedying In-House Sexual Harassment », *The Washington Post*, 26 avril 2018.
9. David Usborne, « The Peacock Patriarchy », *Esquire*, 5 août 2018.
10. Lachlan Cartwright et Maxwell Tani, « Accused Sexual Harassers Thrived Under NBC News Chief Andy Lack », *The Daily Beast*, 21 septembre 2018.
11. Maxwell Tani, « Insiders Doubt NBC Did a Thorough Job on Its #MeToo Probe », *The Daily Beast*, 11 mai 2018. (NBC News a affirmé qu'il avait contacté Curry pour les besoins de son rapport interne sur Lauer. Dans un communiqué paru dans le *Daily Beast*, la chaîne déclare : « Dès que nous avons pris connaissance des déclarations d'Ann Curry au *Washington Post*, un avocat de NBCUniversal l'a contactée le 25 avril 2018. »)

CHAPITRE 58 : BLANCHIMENT

1. John Koblin, « Ronan Farrow's Ex-Producer Says NBC Impeded Weinstein Reporting », *The New York Times*, 30 août 2018.
2. Note interne d'Andy Lack, « Facts on the NBC News Investigation of Harvey Weinstein », 3 septembre 2018.

3. Emily Nestor citée par Abid Rahman, « Weinstein Accuser Emily Nestor Backs Ronan Farrow in Row with "Shameful" NBC », *The Hollywood Reporter*, 3 septembre 2018.
4. Ambra Battilana (@AmbraBattilana) sur Twitter, 4 septembre 2018.
5. Ancien cadre de Miramax cité par Yashar Ali (@Yashar) sur Twitter, 4 septembre 2018.
6. Abby Ex (@abbylynnex) sur Twitter, 4 septembre 2018.
7. Ed Sussman, corrections proposées à la page Wikipédia de NBC News, « Talk : NBC News », Wikipédia, 14 février 2018.
8. Ashley Feinberg, « Facebook, Axios and NBC Paid This Guy to Whitewash Wikipedia Pages », *HuffPost*, 14 mars 2019.

CHAPITRE 59 : LISTE NOIRE

1. E-mail de Tom Brokaw à Ronan Farrow, 13 octobre 2017.
2. « Tucker Carlson Tonight », Fox News, 11 octobre 2017.

REMERCIEMENTS

Les faire taire *a été entièrement approuvé par Sean Lavery, chargé de vérifier les informations pour le* New Yorker, *et qui a travaillé sur de nombreuses enquêtes que j'ai effectuées pour le magazine. Sans son jugement infaillible et sa capacité à faire passer le travail avant tout, ce livre n'aurait pas vu le jour. Noor Ibrahim et Lindsay Gellman ont consacré de longues heures à effectuer des recherches avec talent. La géniale et infatigable Unjin Lee a supervisé et assisté l'équipe de recherches, m'a conseillé pendant les moments de stress et s'est livrée à quelques petites missions de contre-espionnage. Elle prévoit toujours de prendre des cours de krav-maga.*

Little, Brown and Company a soutenu ce projet pendant la longue phase d'enquête et de vérification. Les histoires difficiles ne parviennent à être racontées que si une structure veut bien affronter la tempête. Merci à Reagan Arthur, ma merveilleuse éditrice et Michael Pietsch de Hachette Book Group. Merci à Vanessa Mobley, éditrice de rêve et alliée de choc dans ce travail. Merci à Sabrina Callahan et Elizabeth Garriga pour les efforts qu'elles ont déployés afin de défendre le message de ce livre. Je me suis également appuyé sur Mike Noon, notre courageux chef du service correction, Janet Byrne, notre méticuleuse relectrice, et Gregg Kulick, notre talentueux concepteur. Liz McNamara de chez Davis Wright Tremaine et Carol Fein Ross de chez Hachette ont également défendu mon enquête en la validant sur le plan juridique. Quant à la légendaire Lynn Nesbitt, mon agent littéraire et amie, elle m'a accompagné pendant ce long chemin qu'a été l'affaire Weinstein et pendant la rédaction de ce livre.

J'espère que Les faire taire *sera lu comme un hommage aux journalistes que j'admire. Sans leur travail, les gens de pouvoir n'auraient aucun compte à rendre à personne. Chaque jour je suis reconnaissant envers l'équipe hors pair du* New Yorker *qui a sauvé l'enquête sur Weinstein et a continué à soutenir les investigations, l'une après l'autre.*

Je ne sais pas comment remercier David Remnick. Son attitude envers mes articles, et envers moi, a changé mon opinion du journalisme et de la vie. Vous connaissez cette vidéo dans laquelle Oprah Winfrey dit de Gayle King : « Elle est la mère que je n'ai jamais eue. Elle est la sœur que tout le monde voudrait avoir. Elle est l'amie que tout le monde mérite. Je ne connais pas de meilleure personne » ? C'est exactement ce qu'est David Remnick. Esther Fein, une merveilleuse journaliste, l'épouse de David Remnick, est d'une gentillesse exceptionnelle. Deirdre Foley-Mendelssohn, ma rédactrice en chef, est une professionnelle irremplaçable dotée d'un sens moral infaillible. C'est à elle que l'on doit le ton de nos articles du New Yorker *et c'est elle qui a trouvé le temps d'annoter avec beaucoup d'exigence ce livre malgré son travail, ses voyages et sa grossesse. David Rohde est mon intrépide collaborateur. Je ne suis pas convaincu par ses déclarations, retranscrites dans ce livre, selon lesquelles il n'est pas un ange. Lui et Michael Luo ont tous les deux été d'ardents défenseurs de l'enquête.*

Fabio Bertoni est un avocat impitoyable qui a relevé les défis juridiques et fait face aux menaces avec intégrité et bon sens. C'est facile pour les avocats de dire non. Les meilleurs avocats des médias conseillent comment dire oui avec prudence et équité. Natalie Raabe, chef du service communication du New Yorker, *est montée au créneau pour défendre nos articles contre une puissante machine de désinformation. D'autres ont joint leurs forces, parmi lesquels Peter Canby, le chef du service vérification du magazine, E. Tammy Kim, qui a vérifié si minutieusement le premier article sur Weinstein, ainsi que Fergus McIntosh, qui m'a également aidé à enquêter sur Black Cube et AMI. Natalie Meade a vérifié tous les articles suivants. Ils ont tous fait en sorte que les enquêtes soient précises, exactes et justes. D'autres rédacteurs du magazine, y compris Pam McCarthy et Dorothy Wickenden, ont fait preuve de gentillesse et de générosité. Roger Angell a gracieusement, sans le savoir, mis son bureau à ma disposition. J'adore le* New Yorker, ainsi que les gens qui y travaillent, qui m'inspirent et m'incitent à devenir un meilleur journaliste.

Je remercie mes patrons chez HBO, parmi lesquels Richard Pepler, Casey Bloys, Nancy Abraham et Lisa Heller, qui ont soutenu l'enquête à chaque étape et m'ont épaulé pendant les longs mois dédiés à l'écriture de ce livre.

J'ai également une dette envers les nombreux journalistes et publications qui ont aidé à révéler des scandales liés à ce livre. Merci aux journalistes qui ont repris l'affaire Weinstein puis partagé leurs opinions avec moi, même s'ils ne me connaissaient pas et que rien les y obligeait, sinon leur morale. Ken Auletta est un être unique et l'affaire Weinstein aurait pris un tour différent sans son travail. Ben Wallace s'est montré tout aussi généreux. Janice Min, Matt Belloni et Kim Masters également. Jodi Kantor et Megan Twohey ont toute mon admiration et leurs articles décisifs m'ont permis de me sentir moins seul et m'ont appris à taper plus vite.

Merci aux journalistes qui ont fait la lumière sur l'affaire AMI, notamment Jeff Horwitz et Jake Pearson de l'Associated Press, sans oublier Joe Palazzolo et Michael Rothfeld du Wall Street Journal. Merci à Shachar Alterman d'Uvda, la documentaliste Ella Alterman, Adam Ciralsky de Vanity Fair, Raphael Satter de l'Associated Press, John Scott-Railton de Citizen Lab et Adam Entous, mon collègue au New Yorker, pour leur aide sur l'enquête Black Cube.

Merci à ceux qui ont révélé les allégations de sévices au sein de NBC, notamment Ramin Setoodeh et Elizabeth Wagmeister de Variety, Sarah Ellison du Washington Post et Lachlan Cartwright du Daily Beast, qui a scrupuleusement étudié tous les accords financiers.

Merci aux journalistes et producteurs de NBC News qui continuent de faire du bon travail et croient en la promesse et les principes de la chaîne. Avant l'intervention de la hiérarchie, l'affaire Weinstein a été défendue par mes collègues et ceux de Rich McHugh. Je suis reconnaissant envers Anna Schechter, Tracy Connor, William Arkin, Cynthia McFadden, Stephanie Gosk et beaucoup d'autres dans l'équipe d'investigation. Rachel Maddow est restée fidèle à ses principes. Phoebe Curran, productrice associée, a contribué à l'enquête à ses débuts.

Rich McHugh a pris la bonne décision à chaque fois, même quand c'était ce qu'il y avait de pire pour lui. Sans son éthique inébranlable et son sens de la mission, sans oublier l'intégrité de sa femme Danie, nous aurions été perdus. C'est un héros et il vit dans le New Jersey.

Surtout, je tiens à remercier les sources. Je suis inspiré par ceux qui ont dénoncé des comportements contraires à l'éthique, et parfois à la loi, de l'intérieur. Le courage de Sleeper a permis de faire tomber un mur de dissimulations et a aidé des victimes de mensonges et de manipulation. Igor Ostrovskiy a placé les principes et le patriotisme avant sa propre protection en m'informant puis en acceptant que je cite son nom dans ce livre. Merci également à John Tye pour l'avoir soutenu dans ce processus et m'avoir aidé avec mes interrogations relatives à ma propre sécurité. La liste des objecteurs de conscience inclut de nombreux employés de Miramax et The Weinstein Company, de NBC News et AMI, du bureau du procureur de Manhattan, de la police de New York et de la circonscription sud. Je ne peux pas les nommer, pour la plupart. Je suis reconnaissant envers Abby Ex, Dede Nickerson, Dennis Rice et Irwin Reiter.

Je suis particulièrement reconnaissant envers les femmes qui ont pris tant de risques pour révéler des vérités importantes et difficiles. Rosanna Arquette a surmonté ses peurs pour m'aider avec l'affaire Weinstein puis a tenu bon, poussant d'autres sources à prendre la parole. Elle m'a été indispensable dans la suite des articles sur Weinstein, dans mon enquête sur CBS et d'autres enquêtes qui n'ont pas encore vu le jour.

Ambra Gutierrez s'est avérée essentielle pour faire éclater la vérité et son courage est inestimable. Son témoignage dans ces pages parle de lui-même. Emily Nestor est une personne solide et pleine de compassion. Avant même que je sois sûr de l'article, elle l'a défendu. Elle a continué à le faire malgré les tentatives répétées de la discréditer, elle ainsi que d'autres sources.

Les autres sont trop nombreuses pour qu'on les cite toutes, mais voici quelques noms : Ally Canosa, Annabella Sciorra, Asia Argento, Brooke Nevils, Daryl Hannah, Emma de Caunes, Jane Wallace, Jennifer Laird, Jessica Barth, Karen McDougal, Lauren O'Connor, Lucia Evans, Melissa Lonner, Mira Sorvino, Rose McGowan, Sophie Dix et Zelda Perkins.

Remerciements

Enfin, merci à ma famille. Ma mère, qui a soutenu une victime d'abus sexuels malgré le discrédit et l'intimidation, continue de me donner l'inspiration pour devenir quelqu'un de meilleur. Le courage de ma sœur Dylan m'a aidé à continuer et à comprendre l'incompréhensible ; elle a également fourni les illustrations intérieures de ce livre. Ma sœur Quincy, dont j'ai raté le mariage alors que je bouclais l'affaire Weinstein, s'est montrée très compréhensive. Je suis désolé Quincy !

J'ai déjà dédié ce livre à Jonathan et l'ai cité au fil des pages. Est-ce qu'il a vraiment besoin de plus d'attention que ça ?

TABLE DES MATIÈRES

Photocomposition Nord Compo

Achevé d'imprimer en octobre 2019
par CPI BRODARD & TAUPIN (72200 La Flèche)
pour le compte des Éditions Calmann-Lévy
21, rue du Montparnasse, 75006 Paris

PAPIER À BASE DE FIBRES CERTIFIÉES

CALMANN LÉVY s'engage pour l'environnement en réduisant l'empreinte carbone de ses livres. Celle de cet exemplaire est de :
1,3 kg éq. CO_2
Rendez-vous sur www.calmann-levy-durable.fr

N° d'éditeur : 7955894/01
N° d'imprimeur : 3034557
Dépôt légal : octobre 2019
Imprimé en France.